코로나19 바이러스
"친환경 99.9% 항균잉크 인쇄"
전격 도입

언제 끝날지 모를 코로나19 바이러스

99.9% 항균잉크(V-CLEAN99)를 도입하여 「안심도서」로

독자분들의 건강과 안전을 위해 노력하겠습니다.

Clean Zone

본 도서는 항균잉크로 인쇄하였습니다.

항균＋
99.9%
안심노서

항균잉크(V-CLEAN99)의 특징

◉ 바이러스, 박테리아, 곰팡이 등에 항균효과가 있는 산화아연을 적용

◉ 산화아연은 한국의 식약처와 미국의 FDA에서 식품첨가물로 인증받아 **강력한 항균력**을
구현하는 소재

◉ 황색포도상구균과 대장균에 대한 테스트를 완료하여 **99.9%의 강력한 항균효과** 확인

◉ 잉크 내 중금속, 잔류성 오염물질 등 **유해 물질 저감**

TEST REPORT

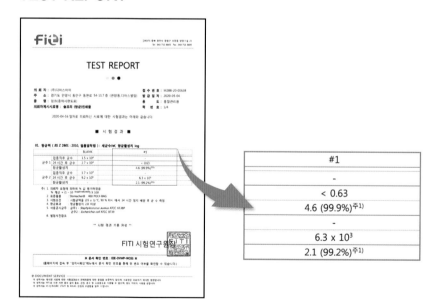

#1
-
< 0.63
4.6 (99.9%)주1)
6.3 x 10³
2.1 (99.2%)주1)

Clean Zone

SD에듀
㈜시대고시기획

최종점검 파이널로 시험에 통과하다!

최종점검 파이널

2022

PASS

유통 3급
관리사

SD에듀
(주)시대고시기획

21세기 디지털시대가 전개됨에 따라 유통업체의 전문화·대형화가 이루어지고 있으며, 인터넷쇼핑의 일반화, 소비자 트렌드의 변화, 입지별 변화 등으로 인해 유통산업을 둘러싸고 있는 직·간접적인 환경들이 급속하게 변화하고 있다. 즉, 21세기 지식기반 경제사회가 국제화·세계화·정보화의 추세로 나아감에 따라 유통 분야도 새로운 계기를 맞고 있다.

최근 유통업계의 변화와 혁신 속에 유통의 실체적 흐름을 파악하려는 관련 업체나 정부기관의 관심이 증가하고 있으며 국가 공인 유통 관련 전문가인 유통관리사에 대한 수요도 꾸준히 증가할 것으로 예상된다. 특히 유통업계 특성상 기계나 컴퓨터에 의해 대체되기 어려운 분야이기 때문에 향후에도 장기적인 인력채용이 꾸준히 발생할 것으로 전망된다.

이에 ㈜시대고시기획에서는 수험생들의 효과적인 학습을 돕기 위해 최근 출제경향에 맞춰 보완·개정한 최종모의고사를 발간하게 되었다.

01 효과적인 학습이 이루어지도록 최근 기출문제 경향을 분석한 「빨리보는 간단한 키워드」를 수록하였다.

02 중요이론을 집중 공략할 수 있는 핵심이론을 엄선하여 시험 전 일 최종 정리를 도와줄 「핵심특강 100 + 100선」을 수록하였다.

03 출제기준에 맞춘 다각적인 문제를 채택함으로써 그물망식 출제경향에도 완벽한 실전대비가 가능하도록 구성하였다.

04 2021년에 출제되었던 기출문제를 상세한 해설과 함께 수록함으로써 실력과 합격 가능여부를 스스로 체크해 볼 수 있도록 하였다.

시험을 준비하는 모든 수험생에게 꼭 필요한 도움이 되기를 바라는 마음 간절하며, 아울러 노력에 알찬 결실을 맺기를 기원한다.

편저자 씀

자격시험 안내

🏢 주 관
산업통상자원부

👥 시행처
대한상공회의소

👤 응시자격
제한 없음

🪪 검정기준
유통에 관한 전문적인 지식을 터득하고 관리업무 및 중소유통업 경영지도의 보조 업무 능력을 갖춘 자

🏅 합격기준
매 과목 100점 만점에 과목당 40점 이상, 전 과목 평균 60점 이상

📖 가점 부여기준
유통산업분야에서 2년 이상 근무한 자로서 산업통상자원부가 지정한 연수기관에서 30시간 이상 수료 후 2년 이내 3급 시험에 응시한 자에 대해 10점 가산

📅 2022년 시험일정

회 별	등 급	원서접수	시험일자	발표일자
1회	2·3급	04.21~04.27	05.14	06.14
2회	1·2·3급	07.28~08.03	08.20	09.20
3회	2·3급	10.27~11.02	11.19	12.20

※ 시험일정은 변경될 수 있으니 시행처의 확정공고를 확인하시기 바랍니다.

🖥 원서접수방법
인터넷 접수 - 대한상공회의소 자격평가사업단(http://license.korcham.net)

과목별 세부 출제기준

🖥 1과목 유통상식

대분류	중분류	세분류
유통의 이해	유통의 이해	• 유통의 기본개념과 기초 용어 • 유통산업의 환경과 사회적, 경제적 역할 • 도소매업의 유형과 특징 • 도소매업의 발전추세 • 유통업태의 유형과 특성
판매원의 자세	판매원의 자세	• 판매의 개념 • 판매원의 외형적 자세(복장 및 예절) • 판매원의 마음가짐 • 판매원의 매장 내에서 역할 • 판매원과 상사와의 관계 • 판매원과 동료와의 관계 • 판매원과 고객과의 관계
	양성평등의 이해	• 사회발전과 성역할의 변화 • 양성평등에 대한 이해
직업윤리	인간과 윤리	• 윤리의 개념　　　　　• 윤리의 기능과 성격 • 직업윤리의 개념과 성격　• 직업윤리의 필요성과 중요성 • 직업윤리의 특성
	직업과 직업윤리	• 직업의 의미 및 선택　　• 바람직한 직원윤리
	상인과 직업윤리	• 상인의 지위　　　　　• 상인의 윤리강령과 거래수칙
유통관련법규	유통산업발전법	• 유통산업발전법에서 규정하는 용어의 정의 • 유통산업시책의 기본방향 • 체인사업 관련 규정 • 상거래질서
	소비자기본법	• 소비자의 권리와 책무　• 소비자단체 • 소비자안전　　　　　• 소비자분쟁의 해결
	청소년보호법	• 청소년보호법에서 규정하는 용어의 정의 • 청소년유해매체물의 청소년대상 유통규제 • 청소년유해업소, 유해물 및 유해행위 등의 규제

2022 유통관리사 3급 최종점검 파이널

과목별 세부 출제기준

🖼 2과목 판매 및 고객관리

대분류	중분류	세분류
매장관리	상품지식	•상품의 이해 •상품분류 및 상품구성(진열) •브랜드의 이해와 브랜드전략 •디스플레이와 상품연출
	매장의 구성	•매장 레이아웃 계획 및 관리 •매장 공간 계획, 관리 •매장 환경 관리
판매관리	판매와 서비스	•서비스의 특징 •서비스의 구조와 품질 •판매의 절차와 특성 •디스플레이 기술과 응용 •상품에 대한 지식과 판매전략 •서비스와 고객행동 •POS의 이해와 활용 •정산관리
	촉진관리	•촉진관리전략의 이해 •프로모션믹스 관리 및 전략적 활용 •접객판매기술 •POP 광고(구매시점 광고)
	고객만족을 위한 판매기법	•고객유치와 접근 •고객욕구의 결정 •판매제시 •상품포장 •판매 마무리 •고객유지를 위한 사후관리
고객관리/응대	고객의 이해	•고객의 욕구와 심리 이해 •고객의 유형분석과 구매행동 •고객관계관리(CRM)
	고객응대	•고객응대 및 접객화법 •커뮤니케이션 •전화응대 예절과 고객칭찬 •고객만족과 충성도 관리
	고객의소리 관리	•고객의소리(VOC) 대응 및 관리 •고객불만 대응 및 관리

합격수기

시대고시 한권으로 끝내기로
10일 공부해서 유통관리사 3급 합격!!

2020년 2회 시험 합격자 **김*연**

시대고시에서 나온 유통관리사 3급 한권으로 끝내기 책으로 10일 공부해서 합격했어요.

책 이름대로 정말 한권으로 끝내고 싶어서 이 책을 구입했는데 개념 한 번 훑어보고 딸려 있는 문제들만 대강대강 풀었는데도 평균 80점 이상으로 무난하게 합격!!!

이 책은 이론 + 문제로 구성되어 있는데 이론은 정독까지도 아니고 그냥 틈나는 대로 한 번씩 쭉 훑었어요. 이론에 기출표시가 되어 있어서 그 부분은 좀 더 자세히 보고 나머지는 대강 훑고 지나갔어요.

이론이 끝나면 뒤에 기출유형이랑 적중예상까지 문제가 꽤 많이 실려 있는데 이 부분은 빠르게 풀면서 문제랑 정답 위주로 외우다시피 하면서 공부했어요. 웬만한 유형의 문제는 다 실려 있어서 개념이 이해가 안 되더라도 문제랑 답만 외워도 시험볼 때 보니까 비슷하게 출제되더라구요.

3급은 어려운 시험이 아니라 합격률도 높고 이 책 한권으로 10일만 봐도 무난하게 합격하는 시험입니다. 절대 시간 많이 잡고 공부하지 마세요!

2022 유통관리사 3급 최종점검 파이널

5개년 출제빈도표

1과목 유통상식

출제영역	2017	2018	2019	2020	2021	합계	비율(%)
제1장 유통의 이해	26	16	18	18	14	92	30.7
제2장 도·소매업의 이해	18	22	17	16	18	91	30.3
제3장 판매원의 자세	7	12	13	13	18	63	21
제4장 직업윤리	1	6	6	6	6	25	8.3
제5장 유통관련법규	8	4	6	7	4	29	9.7
합 계(문항 수)	60	60	60	60	60	300	100

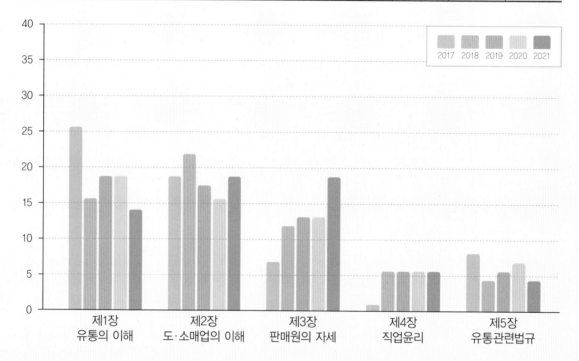

영역별 평균 출제비율

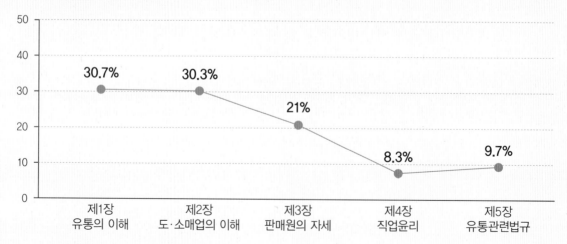

2과목 판매 및 고객관리

출제영역	2017	2018	2019	2020	2021	합 계	비율(%)
제1장 매장관리	26	21	16	33	27	123	32.8
제2장 판매관리	33	38	42	30	31	174	46.4
제3장 고객관리와 응대	16	16	17	12	17	78	20.8
합 계(문항 수)	75	75	75	75	75	375	100

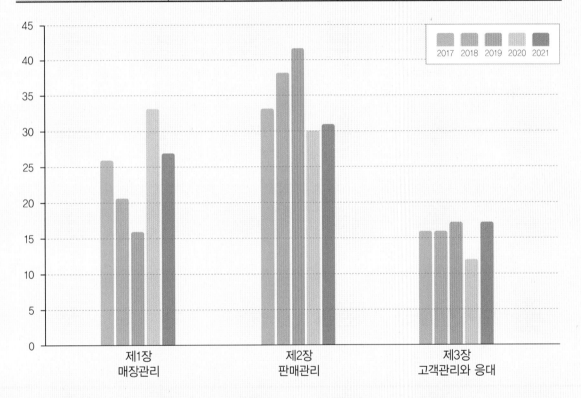

영역별 평균 출제비율

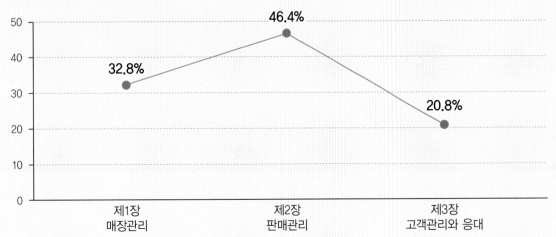

과목별 합격전략

 1과목 유통상식

1장 유통의 이해

1과목에서 출제비중이 가장 높은 부분으로 유통경로의 필요성과 유통경로별 특성 구분, 최근 유통환경의 변화 등을 중점적으로 학습해야 합니다. 최근에는 물류와 관련된 문제도 간혹 출제되고 있으니 이러한 출제경향을 파악하여 물류와 관련된 기출 이론을 함께 학습해 두면 좋습니다.

2장 도·소매업의 이해

1장에 이어서 출제비중이 역시 높은 부분으로 소매업과 도매업이 수행하는 기능에 대한 구분, 도매기관의 종류, 유통업태 및 신유통업태 각각의 특징에 대해 중점적으로 학습해야 합니다.

3장 판매원의 자세

판매원이 갖춰야 할 기본적인 태도와 판매기술, 매장 내에서의 역할에 대해 학습해야 하는 부분으로 내용은 그리 어렵지 않기 때문에 기본적인 내용만 훑으면서 학습해도 충분히 문제를 해결할 수 있습니다.

4장 직업윤리

출제비중이 가장 낮기 때문에 이론적으로 그리 중요하게 다루지 않아도 되는 부분입니다. 주로 기업윤리와 판매원의 윤리에 대해 출제되며 문제 난이도 또한 낮은 편에 속합니다.

5장 유통관련법규

최근 시험에서는 출제비중이 다소 낮아져 유통산업발전법, 소비자기본법, 청소년보호법 등에서 주로 문제가 출제되지만 종종 '방문판매 등에 관한 법률', '양성평등에 관한 법률'과 같이 생소한 법에서 출제되기도 하니, 최근 기출문제 경향을 파악하여 공부해 두는 것이 좋습니다.

 2과목 판매 및 고객관리

1장 매장관리

브랜드의 특성과 '편의품, 선매품, 전문품'에 대한 구분, 진열과 디스플레이, 레이아웃 방식에 대해 자주 출제되는 부분입니다. 출제비중이 다소 높기 때문에 자주 출제되는 이론을 중심으로 충분히 학습해야 합니다.

2장 판매관리

2과목에서 출제비중이 가장 높은 부분입니다. 서비스의 특성 및 서비스품질 측정모형, 상품 특성에 대한 판매전략, 바코드와 POS 시스템, 촉진관리 전략 등에서 자주 출제됩니다. 특히 POS 시스템에 대해서는 과목을 넘나들며 1과목에서도 간혹 출제되고 있기 때문에 잘 알아두어야 하는 이론입니다.

3장 고객관리와 응대

고객관계관리(CRM)와 고객충성도관리, 고객의 소리(컴플레인) 처리 방법에 대해 주로 출제됩니다. 다른 장에 비해 출제비중이 낮은 편이며 난이도 또한 어렵게 출제되지 않는 편이지만 기본적으로 중요한 내용은 숙지하면서 학습해야 합니다.

이 책의 차례

- ## 빨리보는 간단한 키워드

- ## 핵심특강 100+100선

유통상식 ·· 003
판매 및 고객관리 ······························· 029

- ## 최종모의고사

제1회 최종모의고사 ····························· 003
제2회 최종모의고사 ····························· 015
제3회 최종모의고사 ····························· 027
제4회 최종모의고사 ····························· 039
제5회 최종모의고사 ····························· 051
제6회 최종모의고사 ····························· 063
제7회 최종모의고사 ····························· 076
제8회 최종모의고사 ····························· 089
제9회 최종모의고사 ····························· 101
제10회 최종모의고사 ···························· 114

● 최종모의고사 정답 및 해설

제1회 정답 및 해설 ·· 129
세2회 정답 및 해설 ·· 134
제3회 정답 및 해설 ·· 139
제4회 정답 및 해설 ·· 143
제5회 정답 및 해설 ·· 147
제6회 정답 및 해설 ·· 151
제7회 정답 및 해설 ·· 155
제8회 정답 및 해설 ·· 160
제9회 정답 및 해설 ·· 165
제10회 정답 및 해설 ·· 169

● 부 록 - 최근기출문제 및 해설

2021년 제1회 기출문제 및 해설 ·························· 177
2021년 제2회 기출문제 및 해설 ·························· 193
2021년 제3회 기출문제 및 해설 ·························· 208

빨리보는 **간**단한 **키**워드

기출문제 키워드, 한눈에 보자!

최근기출문제의 출제경향을 분석해 그 핵심만을 담은 키워드 모음집. 빨.간.키! 전 과목 내용이 한 눈에 쏙쏙! 시험장에서도 빨간키를 통해 중요한 내용을 머릿속에 떠올려보세요. 열 권의 참고서가 부럽지 않답니다!

1과목 유통상식

문제 키워드	정답 키워드
유 통	생산과 소비 사이에 개입하는 과정이며 유통흐름을 통해 생산과 소비의 간격을 가교
유통기구	유통기능을 수행하는 사회적 기구
유통산업	어떤 상품과 서비스가 생산자로부터 소비자 및 최종사용자에게로 이전되는 과정에 참여하는 모든 개인 및 기업
유통경로의 기능	• 생산자와 소비자 연결 • 제품구색 불일치 완화 • 고객서비스 향상 • 쇼핑의 즐거움 제공 • 거래의 촉진 • 거래의 표준화 • 상품, 유행, 생활정보제공
유통환경의 변화 요인	• 인구통계적 특성의 변화 • 소비자 특성의 변화 • 법적 · 제도적 환경의 변화 • 사회 · 문화적 특성의 변화 • 경쟁 및 기술환경의 변화
유통산업의 경제적 역할	• 고용창출 역할 • 산업발전의 촉매역할 • 물가조정 역할 • 생산자와 소비자간 매개역할
중간상의 필요성	• 총거래수 최소원칙 • 분업의 원리 • 변동비 우위의 원리 • 집중준비의 원리
유통 효용	형태 효용, 시간 효용, 장소 효용, 소유 효용
유통경로의 길이 결정요인	제품특성, 수요특성, 공급특성, 유통비용구조
유통경로 상에서의 흐름	• 소유권의 흐름 • 촉진의 흐름 • 대금결제의 흐름 • 재화의 흐름 • 정보의 흐름
유통흐름에 참가할 수 있는 필요요건	• 상적 유통에 참가 : 소유권기능과 위험부담기능을 수행 • 물적 유통에 참가 : 재고, 운송 등의 물류기능을 수행 • 정보유통에 참가 : 정보전달기능을 수행 • 어떤 요소흐름에 참가하든 유통기관은 자금유통에 참가
서비스 유통경로	소비자들이 원하는 시기 및 장소에 서비스를 받을 수 있도록 하기 위해 설치되고 수립되는 것을 말한다.
로지스틱스(Logistics)	원자재 조달로부터 완제품의 배송 및 판매에 이르기까지 일련의 흐름을 효과적으로 수행하기 위한 활동
집중준비의 원칙	유통경로상 도매상이 개입하여 소매상의 대량 보관 기능을 분담하여 소매상은 최소량만을 보관하는 기능을 수행한다고 보는 이론
총거래수 최소화의 원칙	중간상의 개입으로 제조업자와 소비자 사이의 거래가 보다 효율적으로 이루어지므로 중간상의 개입이 정당화될 수 있다는 논리

약탈가격 (Predatory Pricing)	기업이 가격을 아주 낮게 책정해 경쟁기업들을 시장에서 몰아낸 뒤 다시 가격을 올려 손실을 회복하려는 가격정책(불공정거래행위)
집약적(개방적) 유통전략	• 가능한 많은 점포들이 자사 제품을 취급하도록 하는 경로전략 • 고객들의 편의성을 최대한 높이는 반면에 중간상들에 대한 통제가 어려운 전략
수직적 유통경로구조 (Vertical Marketing System)	생산에서 소비에 이르기까지의 유통 과정을 체계적으로 통합하고 조정하여 하나의 통합된 체제를 유지하는 것
수직적 마케팅 시스템의 종류	관리형 VMS, 계약형 VMS, 기업형 VMS
업태간 갈등	정보산업이 발달하면서 온라인 유통업체와 오프라인 유통업체 간의 갈등
유통경로에서의 수직적 갈등	동일한 유통경로 내에서 서로 다른 단계에 있는 구성원 사이에 발생하는 갈등
유닛로드 시스템	운송하고자 하는 물자를 취급하기 쉬운 일정규격으로 묶어 운송수단에 관계없이 그대로 수송할 수 있도록 하는 시스템
JIT(Just In Time) 시스템	필요한 시점에, 필요로 하는 수량의 상품을 소매점포로 배송하는 시스템
제품수명주기이론	• 도입기 : 제품이 도입된 시기로 매출 상승을 위한 수요예측, 광고 마케팅 주력 • 성장기 : 매출신장, 경쟁심화, 자사 제품만의 차별성 · 우수성 강조, 인지소구에서 구매유도적인 마케팅으로 전환 • 성숙기 : 대부분의 제품들, 비사용자를 사용자로 전환, 품질개선과 스타일 개선전략 • 쇠퇴기 : 가격인하, 수익성 적은 유통 폐쇄
마이클 포터의 가치사슬	모든 조직에서 수행되는 활동은 본원적 활동과 지원활동으로 나뉨. • 본원적 활동 : 자원유입, 생산운영, 물류산출, 마케팅 및 판매, 서비스 • 지원활동 : 재무회계관리, 인적자원관리, 기술개발, 자원확보(조달프로세스)
아웃렛	유명 상표의 재고품이나 하자 제품을 처분하기 위해 도시 근교의 대형매장이나 공장 근처에 입지한 대형매장에서 염가로 판매하는 소매업태
브로커(Broker ; 거간)	특정 다수의 구매자, 판매자를 위하여 상품의 매매를 중개하는 도매상
벤더(Vendor)	다품종 소량 전문도매업체
위탁매매인	생산자를 대신하여 고객을 창출하고 고객을 대신하여 상품을 중계(위탁매매, 판매)
혼합형 보상제	판매원의 보상방식으로, 일정금액의 기본급에 수수료를 추가하는 방법으로 보수를 지급하는 것
편의점 설립의 기본조건	• 입지의 편의성 • 시간상의 편의성 • 상품구색상의 편의성 • 우호적인 서비스 • 소인원 관리
편의점의 경영전략	다점포화, 전략적 제휴확대, 생활서비스강화, 정보화, 택배거점화
Everyday Low Price (EDLP) 전략	광고비의 절약, 가격경쟁의 감소, 재고관리의 개선
소비자에 대한 소매업의 역할	• 올바른 상품을 제공하는 역할 • 적절한 상품의 구색을 갖추는 역할 • 필요한 상품 재고를 유지하는 역할 • 상품 정보 · 유행 정보 · 생활정보를 제공하는 역할 • 쇼핑의 장소(위치)를 제공하는 역할 • 쇼핑의 즐거움을 제공하는 역할 • 쇼핑의 편의를 제공하는 역할
소매기업이 제조업자 및 생산자를 위해 수행하는 기능	• 고객서비스 대행기능 : 제조업자가 제공할 고객서비스를 소매상이 대행 • 재고유지기능 : 제조업체의 기능을 보완 • 정보제공기능 : 소비자정보를 생산자에게 제공 • 시장확대기능 : 생산자를 위하여 고객을 창출
소매업과 도매업의 구분	• 소매업 : 최종 소비자들에게 제품이나 서비스를 판매하는 유통업 • 도매업 : 제품을 소매업 및 기타 상인, 산업체와 기관 사용자에게 판매하는 유통업
도매업의 본원적 기능	재고유지, 기술지원, 신용 및 금융 제공

소매아코디언이론	소매점은 다양한 상품 구색을 갖춘 점포로 시작하여 시간이 경과함에 따라 점차 전문화된 한정된 상품 계열을 취급하는 소매점 형태로 진화하며, 이는 다시 다양하고 전문적인 제품 계열을 취급하는 소매점으로 진화해 간다는 이론
소매수레바퀴이론	혁신적인 소매상은 항상 기존 소매상보다 저가격, 저이윤 및 저서비스라는 가격소구방법으로 신규진입하여 기존 업체의 고가격, 고마진, 고서비스와 경쟁하면서 점차로 기존 소매상을 대체한다는 이론
하이테크형 소매업태	진열, 보관 노하우를 바탕으로 상대적으로 낮은 마진과 대량구매 위주의 셀프서비스, 즉 '저수익률 – 고회전율' 전략으로 이마트나 롯데마트 등이 속함
하이티치형 소매업태	제한된 제품라인과 특정 제품에 강하게 초점을 맞춘 제품구색이 특징으로 흔히 카테고리 킬러라고 함
카테고리 킬러 (Category Killer)	할인형 전문점으로서 특정상품계열에서 전문점과 같은 깊은 상품구색을 갖추고 저렴하게 판매하는 업태
체인사업의 종류	직영점형, 프랜차이즈형, 임의가맹점형, 조합형 체인사업
볼런터리 체인	같은 업종에서 경쟁관계에 있는 소매업자들끼리 모여 조직을 형성함으로써 공동구매로부터 공동마케팅 등으로 영역확장이 가능한 체인 조직
프랜차이즈 사업본부 입장에서의 장점	• 과도한 자본을 투자하지 않고 보다 빠르게 시장을 확대 • 지역시장에서 밀착경영이 가능 • 유연한 유통망 확보가 가능 • 재무위험의 공유와 안정된 수익의 보장이 가능
하이퍼마켓	주로 대형매장에서 1차 식품류를 위주로 해서 의류 및 잡화 등의 상품구색을 판매하는 소매업태
양판점	다품종 대량판매를 목적으로 다점포화를 추진함으로써 매출증대를 꾀하는 업태
무점포 판매 업태	TV 홈쇼핑, 방문판매, 자동판매기, 텔레마케팅
머천다이징	적절한 상품이나 장소·시기·수량·가격으로 판매하기 위한 계획활동
인스토어 머천다이징	시장의 요구와 일치하는 상품 및 상품구성을 가장 효과적이고 효율적인 방법으로 소비자에게 제시
마이크로머천다이징	고객을 만족시키기 위해 필요한 점포특유의 제품믹스를 계획하고 수립하여 배달하는 과정을 말하며, 레이저빔 소매업이라고도 한다.
인터넷 마케팅의 특징	• 상호작용성 • 고객맞춤성 • 정보지향성 • 시공의 제한성이 없음
기업의 윤리문제를 발생시키는 요인	• 자사의 이득과 이기적 관점 • 이득을 위한 기업 간의 치열한 경쟁 • 문화적 상충
윤리 경영을 실행하기 위해 필요한 방안	• 윤리 행동을 평가하고 그 결과는 반드시 보상하여야 함 • 윤리적 통제 시스템을 구축하고 이를 적극 활용하여야 함 • 윤리적 경영자를 선발하고 양성하는 방안을 강구하여야 함 • 윤리적 가치 이념을 기업전략으로 연계시키는 방안이 필요
코틀러(P. Kotler)가 제시한 판매원의 기본적 의무	판매활동, 서비스활동, 정보활동
판매사원이 지녀야 할 기본적인 자세	• 전략적인 사고방식 • 판매에 대한 전문 지식 • 철저히 준비하는 습관
고객에게 호감을 주는 3S	• Smile(미소) • Sincerity(성실성) • Soft Touch & Smooth(부드러운 분위기)

롤플레잉(Role Playing)	판매실습을 통해 고객과 판매사원의 역할을 교대로 실시해 보고 그런 가운데 미숙한 용어 사용이나 판매동작, 습관을 개선해가는 실습교육
소비자의 계열화	고객의 취향에 맞추어 소매점의 주도하에 고객의 조직을 만들어 고객을 유지하는 것
기업문화	기업의 구성원들이 지니고 있는 보편적인 가치관
직장에서의 성희롱	성희롱 여부의 판단기준 : 피해자의 주관적 사정, 사회통념의 고려, 사안에 따른 판단
디지털 경제	지식과 정보의 중요성이 매우 높고 디지털 기술과 같은 새로운 기술을 기반으로 하는 경제
소비자단체의 의무	• 국가 및 지방자치단체에 대한 소비자보호시책에 관한 건의 • 물품 및 용역의 규격 · 품질 · 안전성 · 환경성에 대한 시험 · 검사 및 가격 등을 포함한 거래조건이나 거래방법에 대한 조사 · 분석 • 소비자문제에 관한 조사 · 연구 • 소비자의 교육 • 소비자피해 및 불만처리를 위한 상담 · 정보 제공 및 당사자간 합의 권고
소비자의 권리	• 물품 또는 용역으로 인한 생명 · 신체 또는 재산에 대한 위해로부터 보호받을 권리 • 물품 등을 선택함에 있어서 필요한 지식 및 정보를 제공받을 권리 • 물품 등을 사용함에 있어서 거래상대방 · 구입장소 · 가격 및 거래조건 등을 자유로이 선택할 권리 • 소비생활에 영향을 주는 국가 및 지방자치단체의 정책과 사업자의 사업활동 등에 대하여 의견을 반영시킬 권리 • 물품 등의 사용으로 인하여 입은 피해에 대하여 신속 · 공정한 절차에 따라 적절한 보상을 받을 권리 • 합리적인 소비생활을 위하여 필요한 교육을 받을 권리 • 소비자 스스로의 권익을 증진하기 위하여 단체를 조직하고 이를 통하여 활동할 수 있는 권리 • 안전하고 쾌적한 소비생활 환경에서 소비할 권리

▼ 2과목 판매 및 고객관리

문제 키워드	정답 키워드	
상품의 구성요소	브랜드명, 색상, 포장, 재질, 가격 등	
구매관습에 따른 상품 분류	편의품, 선매품, 전문품	
상품믹스	상품의 다양성, 구색, 지원을 적절히 조절하여 상품을 구성하는 것	
상품구색(또는 구색의 깊이)	상품의 깊이, 즉 품목(Item) 수가 얼마나 있느냐를 말함	
상품지원	상품의 단위 수, 즉 상품 재고량을 얼마나 두고 있느냐를 말함	
P. Kotler의 제품	• 핵심제품 : 가장 근본적인 차원으로서 소비자들이 어떤 제품을 구매할 때 추구하는 편익 • 유형제품 : 소비자들이 추구하는 편익을 실현하고 형상화하기 위한 물리적인 요소들의 집합 • 확장제품 : 물리적인 제품에 대한 추가적이고 부가적인 서비스	
판매정보의 종류	• 고객에 관한 정보 • 취급상품에 관한 정보	• 경쟁사에 관한 정보 • 기타에 관한 정보
마케팅 통제 (Marketing Control)	• 연차계획통제 • 효율성 통제	• 수익성 통제 • 전략적 통제
마케팅 믹스 (Marketing Mix)	• 상품(Product) • 촉진(Promotion)	• 가격(Price) • 유통(Place)
마케팅(Marketing)의 정의	생산자가 상품 또는 서비스를 소비자에게 유통시키는 데 관련된 모든 체계적 경영활동	
소비수요를 예측하기 위해서 사용되는 측정방법	• 지역상권의 조사 • 소득 · 소비 지출액의 조사 • 소비수요의 유출입 • 목표시장	• 인구 · 세대수의 조사 • 매업 및 개별 품목에 대한 지출액 조사 • 소비수요의 예측

시장조사의 방법	• 관찰을 통한 자료 획득 • 실험을 통한 결과자료 획득	• 질문(설문지)를 통한 정보 획득
유통업의 마케팅 기능	소유권이전 기능, 물적유통 기능, 유통조성 기능	
유인가격 전략	주로 생필품을 취급하는 김포, 즉 슈퍼마켓이나 백화점에서 소비자들의 매장방문량을 늘릴 목적으로 취급품목의 일부가격을 인하시키는 방법	
스키밍가격 전략 (Skimming Strategy)	신제품 가격이 처음에는 높았다가 시간이 지나면서 내려가는 가격전략	
침투가격 전략 (Penetration Strategy)	도입 초기 낮은 가격으로 제품을 시장에 내어놓아 시장을 선점하기 위한 전략	
상품지식의 습득방법	• 상품 자체 • 제조업자, 매입본부의 구매자 • 선배 및 동료 판매담당자, 판매담당자 자신의 경험	• 고객의 의견
매입한도 (OTB ; Open-To-Buy)	일정기간을 위한 구매예산 중 쓰고 남은 금액(또는 예산)으로 현재 바이어가 구매를 위해 얼마의 예산을 사용할 수 있는가에 대한 한계를 알려 줌	
단품관리	상품을 제조회사별, 상표별, 규격별로 구분해서 상품마다의 정보를 수집 · 가공 · 처리하는 과정	
재고회전율의 장점	• 매출량의 증가 • 자산회전율의 증대	• 운영비용의 절감
재고관리를 실시하는 이유	재고관리는 계획의 오차, 수요와 공급의 예상치 못한 불규칙적 변동 등에 대처하고 생산활동과 판매활동을 원활히 함	
바겐(Bargain)의 발생 이유	• 메이커의 생산 과잉 • 메이커의 자금 부족	• 도매상의 재고 과잉
농축수산물의 상품적 특성	약간의 물량적 불균형이 발생할 경우 심한 가격 등락이 일어나므로 수요와 공급이 비탄력적	
식육의 품질저하 방지책	진공포장, 열처리, 저온보존	
상표의 기능	• 기업에 있어서의 기능 : 상품의 차별화, 상품 선택의 촉진, 고유시장의 확보, 출처 및 책임의 명확화, 무형의 자산 • 소비자에 있어서의 기능 : 상품의 식별, 정보적 가치획득, 상품의 보증	
브랜드 확장 (Brand Extension)	높은 브랜드 가치를 갖는 한 브랜드의 이름을 다른 제품군에 속하는 신제품의 이름에 확장하여 사용하는 전략	
제네릭스(Generics) 상품	브랜드가 부착되지 않은 상품을 말하며, 이 경우 판매업자(소매업자)가 품질을 보증	
프라이빗 브랜드 (Private Brand)	제조설비를 가지지 않은 유통 전문 업체가 개발한 상표로, 유통 전문 업체가 스스로 독자적인 상품을 기획하여 생산만 제조업체인 메이커에 의뢰하는 브랜드	
점포 레이아웃	점포 내에 상품구성이나 진열, 고객동선, 작업동작을 보다 효율적으로 하기 위한 배치로 플로어 레이아웃과 후방 레이아웃으로 구분함	
격자형 레이아웃	고객의 동일제품에 대한 반복구매 빈도가 높은 소매점, 즉 대형마트, 슈퍼마켓, 편의점에 적합한 유형	
점포환경관리의 구성요소	음악 및 향기, 조명 및 색상, 시각적인 커뮤니케이션	
객단가	고객 1인당 평균매입액으로 일정기간의 매출액을 그 기간의 고객수로 나누어 산출	
디스플레이의 원칙 (AIDCA)	• A(Attention) • D(Desire) • A(Action)	• I(Interest) • C(Confidence)
전시진열의 연출방법의 단계	기획력 → 배치력 → 상품력 → 연출력 → 설득력	
점포 내 머천다이징 과정	발주 → 입하 → 가공 → 포장 → 점포출하 → 점두재고 → 판매	
카운터 진열	대면판매형식의 쇼케이스(Show Case) 진열	
페이스 진열(정면 진열)	해당 상품의 보다 효과적인 면을 고객에게 향하게 해서 그 상품의 정면을 보이도록 하는 진열	
마그넷(Magnet) 진열	어떠한 이유로든 고객의 마음을 끌게 하는 매력적인 상품을 적절한 장소에 배치, 진열하는 방식	

웨건(Wagon) 진열	상품이 보기 쉽고 손에 닿기 쉬운 높이, 단기간에 판매하고 싶은 중점상품의 진열에 가장 적당한 진열방식
섬(Island) 진열	점포 사방이 소비자들을 향한 진열방식으로서 점포내 하나의 진열대가 독립적으로 놓여 있는 진열 방식
페이싱	상품진열대의 길이 및 높이 등에 상관없이 진열선반에 가로 일렬로 진열되는 상품의 수
골든 라인 (Golden Line)	상품진열 범위 내에서 가장 판매가 잘 되는 진열위치로서 상품이 가장 잘 보이고 손에 닿기 쉬운 진열범위
연출력을 증대시키는 방법	• 쇼킹한 표현을 사용 • 계절감을 살릴 것 • 동적인 이미지를 활용 • 보조도구를 적절히 활용
POP 광고(구매 시점 광고)	소매점의 점포 안이나 점두에 여러 가지 형태로 나타나는 광고
커뮤니케이션(판매촉진) 활동	• 광고 • PR • 인적 판매 • 판매촉진 : 쿠폰(Coupon) 및 사은품(Premium)
Cross-selling과 Up-selling	• Cross-selling : 하나의 제품이나 서비스를 제공하는 과정에서 고객에게 비슷한 상품군이나 서비스에 대해 추가판매를 유도하는 마케팅 기법 • Up-selling : 하나의 제품이나 서비스를 제공하는 과정에서 고객에게 더 높은 상품군이나 서비스판매로 유도하는 마케팅 기법
포장의 목적과 기능	• 내용물 보호 • 상품을 운송 · 보관 · 판매 · 소비하는 데 편리하도록 함 • 상품의 판매촉진 • 소비 · 사용에 관한 정보 제공
2차 포장의 목적 및 기능	진열의 용이성, 상품 가치의 상승, 판매촉진
서비스의 주요 특징	• 무형성(Intangibility) • 비분리성(Inseparability of Production and Consumption) • 이질성(Heterogeneity or Variability) • 소멸성(Perishability)
서비스 품질의 결정요인(10개)	유형성, 신뢰성, 대응성, 능력, 예절, 신빙성, 안전성, 가용성, 커뮤니케이션, 고객이해
서비스 품질	고객의 서비스에 대한 기대와 실제 느끼는 것과의 차이
SERVQUAL의 5개 차원	• 유형성 : 물리적 시설, 장비, 직원, 커뮤니케이션자료의 외양 • 신뢰성 : 약속한 서비스를 믿을 수 있고 정확하게 수행할 수 있는 능력 • 반응성 : 고객을 돕고 신속한 서비스를 제공하려는 태세 • 확신성 : 직원의 지식과 예절, 신뢰와 자신감을 전달하는 능력 • 공감성 : 회사가 고객에게 제공하는 개별적 배려와 관심
SERVQUAL 점수	고객의 지각점수 − 고객의 기대점수
표준형 바코드(GS 1)	• 국가식별코드(3자리) • 상품품목코드(5자리) • 제조업체코드(4자리) • 체크디지트(1자리)
소스마킹 (Source Marking)	상품을 식별하기 위하여 사용되는 바코드(Bar Code) 표찰(Label)을 생산지(제조업자)에서 부착하는 것
POS 시스템의 장점	• 계산원의 관리 및 생산성 향상 • 가격표 부착 작업의 절감 • 품절방지 및 상품의 신속한 회전 • 점포 사무작업의 단순화 • 고객의 부정방지 • 상품의 빠른 회전과 재고 비용의 절감
POS 시스템을 통해 얻는 정보	• 상품정보 : 금액정보, 단품정보 • 고객정보 : 객층정보, 개인정보
POS 시스템의 기능	• 상품정보관리 • 인력관리 • 재고관리와 자동발주 • 고객관리
POS 시스템의 소프트 메리트 (Soft Merit)와 하드 메리트 (Hard Merit)	• 소프트 메리트(Soft Merit) : POS 활용을 통해 얻을 수 있는 효과를 의미 • 하드 메리트(Hard Merit) : POS 설치를 통해 기기 자체에서 얻을 수 있는 효과를 의미

RFID	생산에서 판매에 이르는 전 과정의 정보를 초소형 칩(IC칩)에 내장시켜 무선주파수로 추적할 수 있도록 한 기술로 '전자태그', '전자라벨', '무선식별'이라고 함
소비자의 의사결정과정	문제인식 → 정보탐색 → 대안평가 → 구매 → 구매 후 평가
소비자 점포선택의 영향 요인	내점촉진 요인 · 서비스 요인 점포촉진 요인 · 판매원 요인
고객욕구의 결정방법	접근 → 커뮤니케이션(질문, 경청) → 고객욕구의 결정과 파악
고객의 구매심리단계	· 주의(고객이 상품에 주목) · 연상(상품을 자기 것으로 해서 봄) · 비교검토 · 구매결정 · 흥미(관심을 나타냄) · 욕 망 · 신 뢰
매슬로우(Maslow)의 욕구단계	생리적 욕구 → 안전욕구 → 사회적 욕구 → 자존욕구 → 자아실현욕구
AIO	Activity(행동), Interest(관심), Opinion(의견)
노벌티(Novelty)	실용품, 장식품에 회사명이나 상품명을 넣어 소비자나 판매업자에게 무료로 배포하는 판촉수단
RFM 분석기법에 포함되는 속성	구매 시점(Recent), 구매 빈도(Frequency), 구매 금액(Monetary)
데이터마이닝	거대 규모의 데이터로부터 가치 있는 정보를 찾아내는 탐색 과정 및 방법
데이터웨어하우징	경영의사결정을 지원하고 경영자정보시스템(EIS)나 의사결정지원시스템(DSS)의 구축을 위하여 기존의 데이터베이스에서 요약, 분석된 정보를 추출하여 데이터베이스를 구축하거나 이를 활용하는 절차나 과정
관계 마케팅 (Relationship Marketing)	· 일대일 마케팅(One-to-one Marketing) · 데이터베이스 마케팅(Database Marketing) · RFM(Recency-Frequency-Money) 분석
관계마케팅 측면에서 기업과 고객의 관계가 발전하는 모형	예상고객(Prospector) → 고객(Customer → 단골고객(Client) → 옹호자(Advocate) → 동반자(Partner)
고객의 서비스 기대수준	희망서비스, 적정서비스, 허용영역
고객 충성도(Loyalty)의 유형	· 비충성도 · 잠재적 충성도 · 타성적 충성도 · 초우량 충성도
고객관계관리(CRM)	경쟁상황에서 지속적인 성장을 유지하기 위해 수익성이 높은 고객을 파악하고 이들과의 관계를 구축하고 유지하는 일련의 활동
CRM의 전략적 정의	· 소비자들과의 인간관계 개선 및강화 · 소비자정보의 차별적인 적용 · 소비자관계가치의 발굴
고객지향적 경영	통합적 고객지향활동(전사적 마케팅), 고객만족을 통한 기업이익
프로슈머(Prosumer)	생산자(Producer)와 소비자(Consumer)의 합성어로 생산 소비자 또는 참여형 소비자라고도 함
소매점에서의 고객응대단계	고객대기 → 접근 → 고객욕구의 결정 → 판매제시 → 판매결정 → 판매마무리 → 사후관리
대기의 기본동작	부드럽고 밝은 표정을 담은 채 시선은 고객의 태도나 동작을 관찰함
진실의 순간 (MOT ; Moment Of Truth)	고객과 판매원 사이의 15초 동안의 짧은 순간에서 이루어지는 고객접점 서비스
서비스 접근법	예상 고객에게 이전에 구매한 상품에 대하여 수리나 정보 그리고 조언을 해주면서 접근하는 방법
판매단계 중 접근단계	판매를 시도하기 위해서 고객에게 다가가는 것, 즉 판매를 위한 본론에 진입하는 단계
접객기술 중 동선	고객 동선은 되도록 길게 하고 판매원 동선은 짧게 함
고객에게 다가가기 위한 접근 타이밍	· 판매담당자를 찾고 있는 태도가 보일 때 · 고객이 말을 걸어오거나 고객과 눈이 마주쳤을 때 · 같은 진열 코너에서 오래 머물러 있을 때 · 매장 안에서 상품을 찾고 있는 모습일 때 · 고객이 상품에 손을 댈 때

상품제시 (Product Presentation)	고객의 연상력을 높여서 욕망을 자극시킴으로써 고객의 심리를 구매로 이끄는 것
상품설명의 기본원칙	• 성의있고 친절하게 • 요점을 남기지 않고 순서있게 • 상품의 특징이 가져다주는 가치나 이점을 강조
셀링포인트(Selling Point)	판매과정에서 판매담당자가 고객에게 어필(Appeal)할 수 있는 상품에 대한 설명
판매제시의 4가지 유형	• 판매실연(Demonstration) • 합성형 방식(Formula Approach) • 암송형 방식(Canned Approach) • 욕구충족형 방식(Need Satisfaction Approach)
클로징	고객의 구매의사를 최종적으로 확인하고 대금수수를 정확히 하는 것
고객응대의 마음가짐	• 고객의 이익을 우선적으로 생각함 • 고객을 애정으로 대함 • 고객에게 따뜻한 느낌을 줌 • 고객의 편익을 우선 • 고객의 말을 진지하게 경청함 • 고객을 반갑게 맞이하고 기분 좋게 배웅함
긍정적 신체언어의 형태	• 밝은 마음으로 눈 맞추기 • 미소를 담은 얼굴 표정 • 동의의 표현으로 머리 끄덕이기
효율적인 의사소통의 중요성	판매담당자는 회사를 대표해서 고객과 상담하는 역할을 수행하기 때문에 회사의 고객 서비스 전략에 초점을 두어야 함
고객의 개념	상품 및 서비스를 제공받는 사람
고객의 개념 변화	Consumer(소비자) → Customer(고객) → User(사용자)
고객만족 (Customer Satisfaction)	어느 사람의 (제품에 대한) 기대와 관련해서 제품의 인식된 성과(또는 결과)를 비교함으로써 도출되는 느껴진 상태의 수준
고객만족경영	• 고객중심적 사고가 출발점 • 전사적 마케팅 체제로 조직을 혁신 • 과정으로서의 고객만족목표 • 최종목표로서의 기업만족목표를 달성
고객만족의 주요소	제품(직접 요소), 서비스(직접 요소), 기업 이미지(간접 요소)
고객만족경영을 위한 요소	• 고객의 니즈 파악 • 고객의 니즈에 대한 신속 해결을 위한 활동 • 고객만족도 측정 • 업무 프로세스 혁신을 통하여 고객에 대한 가치 제공
소비자의 기대 및 욕구를 수집하고 이해하는 방법	• 미스터리 쇼퍼의 활용 • 고객의 소리 청취 • 고객 패널 활용
컴플레인의 발생원인	• 판매자 측의 잘못에 의한 원인 : 판매담당자의 고객에 대한 인식부족, 무성의한 고객응대태도, 제품지식의 결여, 제품관리의 소홀, 무리한 판매권유, 단기간의 이해집착, 약속 불이행, 보관물품의 소홀한 관리, 일처리의 미숙이나 착오 등 • 고객 측의 잘못에 의한 원인 : 제품, 상표, 매장, 회사 등에 대한 잘못된 인식, 기억의 착오, 성급한 결론, 독단적인 해석, 고압적인 자세, 할인의 구실을 찾기 위한 고의성 등
MTP법	사람(Man), 시간(Time), 장소(Place)를 바꾸어 컴플레인을 처리하는 방법
고객불만목록 (Customer Bug List)	• 서비스에 대하여 고객이 느끼는 불만을 표시한 목록 • 서비스의 품질을 높이기 위해 할 수 있는 가장 간단하면서도 효과적인 방법들 중의 하나임
고객만족경영을 위해 피드백 시킬 때 사용할 수 있는 도구	• 고객만족지수(CSI) • 고객의 소리전달경로(VOC Line) • 종업원의 소리전달경로(VOE Line)

핵심특강

100+100선

01 유통상식

02 판매 및 고객관리

제 1 과목 유통상식

■ 제1과목 유통상식
■ 제2과목 판매 및 고객관리

핵심 01

유통의 개념

상품과 서비스(Goods & Service)는 여러 사람을 거쳐 소비자에게 전달되는데, 이러한 과정을 유통(流通)이라고 한다. 즉, 유통은 생산과 소비를 이어주는 중간 기능으로, 생산품의 사회적 이동에 관계되는 모든 경제 활동을 말한다.

핵심 02

유통의 분류

① **상적 유통** : 상품의 매매 자체를 의미하는 것으로, 상거래 유통이라고도 하며 이를 줄여서 상류(商流)라고도 한다.

② **물적 유통** : 상적 유통에 따르는 상품의 운반, 보관 등의 활동을 물적 유통이라고 하는데, 이를 줄여서 물류(物流)라고도 한다.

③ **금융적 유통** : 유통 활동에서 발생하는 위험 부담이나 필요한 자금 융통, 거래 대금 등의 이전 활동을 말한다.

④ **정보 유통** : 거래 상품에 대한 정보를 제공하거나 물적 유통의 각 기능 사이에 흐르는 정보를 원활하게 연결하여 고객에 대한 서비스를 향상시키는 활동을 정보 유통이라 한다.

핵심 03

유통의 역할(기능)

유통은 생산과 소비 사이에 발생하는 사회적, 장소적, 시간적인 불일치를 해소시켜 주고, 생산자와 소비자를 모두 만족시킬 수 있는 매개체 역할을 한다.

① **사회적 불일치 극복** : 생산과 소비 사이에는 생산자와 소비자가 별도로 존재한다는 사회적 분리가 있으나, 유통은 생산과 소비 사이에 발생하는 사회적인 간격을 해소시켜 주는 역할을 한다.

② **장소적 불일치 극복** : 생산과 소비 사이에는 상품이 생산되는 생산지와 소비되는 소비지가 서로 다르다는 장소적 분리가 있으나, 유통은 생산지와 소비지 사이의 장소적인 차이를 해소하는 역할을 한다.

③ 시간적 불일치 극복 : 생산과 소비의 사이에는 생산 시기와 소비 시기의 차이라는 시간적 분리가 있다. 생산 시기와 소비 시기의 시간적인 차이를 해소하기 위하여 보관 등의 유통이 필요하다.

소매업의 역할

① 소비자에 대한 역할

ㄱ 소비자가 원하는 상품을 제공한다.

ㄴ 적절한 품목을 구성한다.

ㄷ 상품의 재고량을 유지한다.

ㄹ 상품 정보, 유행 정보, 생활 정보를 제공한다.

ㅁ 구매 장소를 제공한다.

ㅂ 구매할 때 즐거움을 제공한다.

ㅅ 서비스를 제공한다.

② 생산자 및 공급업자에 대한 역할

ㄱ 판매 활동을 대신해준다.

ㄴ 올바른 소비자 정보를 전달한다.

ㄷ 상품 배달, 포장, 대금 결제 등의 업무를 수행한다.

도매업의 역할

① 생산자에 대한 역할

ㄱ 소매업과 직거래에 따른 생산자의 불편 및 비용을 제거한다.

ㄴ 상품 보관에 따른 비용 및 재고에 따른 부담을 절감한다.

ㄷ 생산이 끝나는 즉시 대금을 지급함으로써 자금 융통에 도움을 준다.

ㄹ 소매업과의 접촉을 통해 상품 개발에 대한 정보를 제공한다.

ㅁ 수요와 공급이 일치하도록 조절해주는 역할을 한다.

② 소매업에 대한 역할

ㄱ 소매업과 생산자와의 직접 거래에 따른 불편제거와 비용 절감을 한다.

ㄴ 소매업에 자금을 대주거나 외상 판매를 함으로써 금융상의 혜택을 준다.

ㄷ 경영 지도나 보조를 함으로써 소매업의 경영합리화에 기여한다.

ㄹ 소매업 대신 상품을 보관ㆍ저장하거나 상품을 수집해주기도 하고, 수량을 분할해줌으로써 소매상에게 편의를 제공한다.

핵심 06

상적 유통의 담당자

상적 유통은 상품의 매매에 의한 거래이므로 소매업과 도매업이 상적 유통의 주담당자가 된다.

① **소매업** : 생산자나 도매업자로부터 구입한 상품을 소비자에게 판매하는 것을 주된 업무로 하는 유통업이다. 여기서 말하는 소비자란 최종 소비를 목적으로 하고 있는 소비 구매자를 말한다.

② **도매업** : 최종 소비자 이외의 구매자에게 상품 및 서비스를 판매하는 유통업으로, 생산자와 소매업을 연결함으로써 상품의 수요와 공급을 원활하게 유지시키는 역할을 수행하고 있다.

핵심 07

물적 유통의 담당자

물적 유통은 상품의 운송, 보관, 하역, 포장, 유통 가공 등을 말하며, 육상, 해상, 공중의 운송업과 창고업이 주담당자가 된다.

① **운송업** : 운송로에 따라 운송을 담당하는 주체를 운송 기관, 운송 기관이 담당하는 업무를 운송업이라고 한다.

② **창고업** : 재화를 소비 시기까지 보관할 목적으로 보관 시설인 창고를 소유하고 상품을 보관하는 업무를 창고업이라 한다.

핵심 08

유통경로(Distribution Channel)의 개념

제품이나 서비스가 생산자로부터 소비자에 이르기까지 거치게 되는 통로 또는 단계를 말한다. 생산자와 소비자 사이에는 상품 유통을 담당하는 여러 종류의 중간상들이 개입하게 된다. 이러한 중간상에는 도매상, 소매상과 같이 소유권을 넘겨받아 판매 차익을 얻는 형태도 있지만, 생산자의 직영점이나 거간과 같이 소유권의 이전 없이 단지 판매 활동만을 하거나, 그것을 조성하는 활동만을 수행하는 형태도 있다.

[유통경로의 뜻]

유통경로상 중간상의 필요성

① 총 거래 수 최소화의 원칙
② 집중 준비의 원칙
③ 분업의 원칙
④ 변동비 우위의 원리

유통경로의 효용

① 시간 효용(Time Utility)
② 장소 효용(Place Utility)
③ 소유 효용(Possession Utility)
④ 형태 효용(Form Utility)

유통경로(소매업)의 마케팅 기능

① **소유권 이전 기능** : 유통경로가 수행하는 마케팅 기능 중 가장 본질적인 기능으로 생산자와 소비자 간의 소유적 격리를 조절하여 거래가 성립되도록 하는 기능이다.
② **물적 유통 기능** : 생산과 소비 사이의 장소적, 시간적 격리를 조절하는 기능으로 장소적 격리를 극복함으로써 장소 효용을 창출하는 운송과 시간적 격리를 극복하여 시간 효용을 창출하는 보관의 두 기능을 수행한다.
③ **조성 기능** : 소유권 이전 기능과 물적 유통 기능이 원활히 수행될 수 있도록 지원해 주는 기능으로 표준화 기능, 시장 금융 기능, 위험 부담 기능, 시장 정보 기능 등 네 가지 기능으로 구분할 수 있다.

유통경로의 사회 · 경제적 기능

① 교환 과정의 촉진
② 제품 구색 불일치의 완화
③ 거래의 표준화
④ 생산과 소비 연결
⑤ 고객 서비스 제공
⑥ 정보 제공 기능
⑦ 쇼핑의 즐거움 제공

핵심 13

소비재 유통경로와 산업재 유통경로

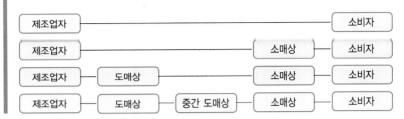

제조업자			소비자
제조업자		소매상	소비자
제조업자	도매상	소매상	소비자
제조업자	도매상	중간 도매상	소매상	소비자

핵심 14

산업재 유통경로

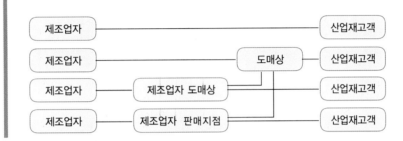

제조업자			산업재고객
제조업자		도매상	산업재고객
제조업자	제조업자 도매상		산업재고객
제조업자	제조업자 판매지점		산업재고객

핵심 15

서비스의 유통경로

서비스는 무형성과 생산자와의 비분리성이라는 특성이 있으므로, 직접 마케팅 경로가 가장 일반적이다. 다만, 특별한 경우에 한해서 생산자와 소비자 사이에 하나의 중간상이 개입하는 형태가 있을 수 있다. 의료, 자동차 수리, 미용, 호텔, 여객 수송 등 대부분의 서비스는 생산과 동시에 소비되며, 또 생산자와 상품이 분리될 수 없다.

핵심 16

소비자의 유통 서비스 기대 수준 분석

① 기다리는 시간의 단축
② 취급 제품의 다양성
③ 입지의 편리성(점포의 수와 분포)
④ 구매 단위의 최소화(구매 및 보관의 편리성)

핵심 17

유통경로의 목표 설정시 고려 사항

① 기업의 목표(계량적 · 질적 목표) ② 기업의 특성
③ 제품 특성 ④ 중간상 특성
⑤ 경쟁적 특성 ⑥ 환경적 특성

핵심 18

유통경로의 전략 결정

① 제1단계 : 유통 범위(Coverage)의 결정
② 제2단계 : 유통경로의 길이 결정 요인
③ 제3단계 : 통제 수준의 결정

핵심 19

유통경로 전략

① **개방적 유통경로** : 자사의 제품을 누구나 취급할 수 있도록 개방
② **전속적 유통경로** : 자사의 제품만을 취급하는 도매상 또는 소매상
③ **선택적 유통경로** : 개방적 유통경로와 전속적 유통경로의 중간 형태로, 일정 지역에서 일정 수준 이상의 자격 요건을 지닌 소매점에만 자사 제품을 취급하도록 함

핵심 20

유통경로의 길이 결정 요인

① 제품 특성
② 수요 특성
③ 공급 특성
④ 유통비용구조

핵심 21

유통경로의 갈등 관리

① **수직적 갈등** : 유통경로상에서 서로 다른 단계에 있는 구성원 사이에 발생하는 갈등
② **수평적 갈등** : 유통경로의 동일한 단계에서 발생하는 갈등
③ **갈등 해소책** : 경로 리더의 지도력을 강화하거나, 경로 구성원 간의 공동 목표의 제시로 협력을 증대시키고, 경로 구성원 간의 커뮤니케이션 강화 및 중재와 조정 등을 통하여 유통경로의 갈등을 감소시켜야 한다.

핵심 22

유통 구성원 간의 갈등 해소방안

① **채널기능의 차별화** : 부가가치가 높은 업무에 영업사원의 기능을 집중시키고 단순주문접수 업무는 인터넷을 적극적으로 활용한다.
② **고객가치의 차별화** : 온라인과 오프라인의 유통채널에 대해 고객가치에 있어 차별화된 제품을 제공함으로써 이들 간의 갈등을 줄인다.
③ **표적시장의 차별화** : 전통적인 시장세분화에서 활용되는 세분시장별 차별화 원칙은 인터넷이라는 새로운 유통채널에도 적용된다.

핵심 23

유통경로의 힘(권력)

기존 유통경로상에서 다른 구성원의 마케팅 전략상의 의사결정변수를 통제하는 능력으로써 한 경로구성원이 다른 경로구성원의 의사결정이나 목직달성에 영향을 미치거나 변경시킬 수 있는 영향력 행사수단이라고 할 수 있다.

핵심 24

유통경로 힘(권력)의 원천

① 보상적 권력(Reward Power)
② 강압적 권력(Coercive Power)
③ 전문적 권력(Expert Power)
④ 준거적 권력(Referent Power)
⑤ 정당성 권력(Legitimate Power)
⑥ 정보적 권력(Informative Power)

핵심 25

수직적 유통경로(Vertical marketing system)

생산에서 소비에 이르기까지의 유통 과정을 체계적으로 통합하고 조정하여 하나의 통합된 체제를 유지하는 것을 의미한다. 이는 중앙 통제적 조직구조를 가지며 유통경로가 전문적으로 관리되고 규모의 경제를 실행할 수 있으며 경로구성원 간의 조정을 기할 수 있는 시스템이다.

핵심 26

수평적 유통경로(Horizontal marketing system)

동일한 경로단계에 있는 두 개 이상의 기업이 대등한 입장에서 자원과 프로그램을 결합하여 일종의 연맹체를 구성하고, 공생·공영하는 시스템을 의미하며 공생적 마케팅(Symbiotic Marketing)이라고도 한다.

핵심 27

복수 유통경로(multichannel marketing system)

상이한 두 개 이상의 유통경로를 채택하는 것이다. 이는 단일시장이라도 각기 다른 유통경로를 사용하여 세분화된 개별시장에 접근하는 것이 더 효과적이기 때문이다.

전통적 유통경로와 수직적 유통경로의 특성

구 분	전통적 유통경로	수직적 유통경로
구성원	• 독립적이고 자치적 단위 • 각각 전통적인 마케팅 기능을 수행 • 주로 흥정과 협상으로 조정	• 상호 관련적 단위 • 각각은 최적 결합의 마케팅 기능을 수행 • 상세한 계획과 포괄적 프로그램으로 조정
안정성	구성원의 충성심이 낮고 진입이 상대적으로 용이한 개방적 시스템	개방적 네트워크이지만 시스템의 요구와 시장 조건에 의해 진입은 엄격히 통제
분 석	마케팅의 한 단계에서 비용, 판매량, 투자관계에 관심	마케팅 전체 단계의 비용, 판매량, 투자관계에 관심, 유리한 경제적 상충관계 분석
의사 결정과정	일반인에 의해 결정되는 판단에 크게 의존	전무가나 전무위원회가 판단하는 과학적 결정에 크게 의존
책 임	의사결정자는 전통적 형태의 경로에 감정적으로 책임	의사결정자는 마케팅 개념과 생존력 있는 기관에 분석적 책임

수직적 유통시스템의 형태

① 회사형 시스템(Corporate VMS) : 유통경로상의 한 구성원이 다음 단계의 경로 구성원을 소유에 의해 지배하는 형태
② 계약형 시스템(Contractual VMS) : 수직적 유통 시스템 중 가장 일반적인 형태로 유통경로상의 상이한 단계에 있는 독립적인 유통 기관들이 상호 경제적인 이익을 달성하기 위하여 계약을 기초로 통합하는 형태
③ 관리형 시스템(Administrative VMS) : 경로 리더에 의해 생산 및 유통 단계가 통합되어지는 형태
④ 동맹형 시스템 : 둘 이상의 경로구성원들이 대등한 관계에서 상호의존성을 인식하고 긴밀한 관계를 자발적으로 형성한 통합된 시스템

소매상의 분류 기준

① 소유권 : 독립적 소매상, 체인 소매상, 프랜차이즈, 소비자 조합
② 점포 전략 믹스 : 편의점, 슈퍼마켓, 양판점, 재래시장, 전문점, 연금 매장, 백화점, 슈퍼스토어, 할인점, 하이퍼마켓
③ 무점포 소매상 : 자동판매기, 통신 판매

소매업의 수레바퀴 이론(wheel of retailing)

사회 · 경제적 환경이 변화됨에 따른 소매상의 진화와 발전을 설명하는 대표적인 이론이다. 새로운 형태의 소매점은 주로 혁신자로 시장 진입 초기에는 저가격, 저서비스, 제한적 제품 구색으로 시장에 진입한다. 그러나 점차 동일 유형의 새로운 소매점들이 진입하여 이들 사이에 경쟁

이 격화되면 경쟁적 우위를 확보하기 위하여 보다 세련된 점포 시설과 차별적 서비스의 증가로 성숙기에는 고비용, 고가격, 고서비스 소매점으로 위치가 확립된다. 그 결과 새로운 유형의 혁신적인 소매점이 저가격, 저마진, 저서비스로 시장에 진입할 수 있는 여지를 제공하게 되고, 이 새로운 유형의 소매점 역시 위와 동일한 과정을 따르게 된다는 것이다.

핵심 32 소매점 아코디언 이론(Retail Accordion Theory)

소매점의 진화 과정을 소매점에서 취급하는 상품 믹스로 설명한다. 즉, 소매점은 다양한 상품 구색을 갖춘 점포로 시작하여 시간이 경과함에 따라 점차 전문화되고 한정된 상품 계열을 취급하는 소매점 형태로 진화하고, 이는 다시 다양하고 전문적인 제품 계열을 취급하는 소매점으로 진화해 가는 것으로 본다. 그 진화과정, 즉 상품 믹스가 확대 → 수축 → 확대 과정이 아코디언과 유사하여 이름 붙여진 이론이다.

핵심 33 소매 수명 주기 이론(retail life cycle theory)

소매 수명 주기 이론은 제품 수명 주기 이론과 동일하게 소매점 유형이 도입기 → 성장기 → 성숙기 → 쇠퇴기의 단계를 거치게 된다는 것이다. 즉, 새로운 소매점 유형은 도입 초기에 높은 성장률과 성장 가능성을 보유하게 된다.

핵심 34 소매점의 변증법적 과정(dialectic process)

소매점의 진화 과정을 변증법적 유물론에 입각하여 해석하고 있다. 즉, 고가격, 고마진, 고서비스, 저회전율 등의 장점을 가지고 있는 백화점이 출현하면 이에 대응하여 저가격, 저마진, 저서비스, 고회전율 등의 반대적 장점을 가진 할인점이 나타나 백화점과 경쟁하게 되며, 그 결과 백화점과 할인점의 장점이 적절한 수준으로 절충되어 새로운 형태의 소매점인 할인 백화점으로 진화해 간다는 이론으로 소매점의 진화 과정을 정반합 과정으로 설명한다.

핵심 35 진공지대이론(Vacuum Zone Theory)

소비자의 서비스와 가격에 대한 선호도를 중심으로 새로운 업태의 등장을 설명하는 이론이다. 저가–저서비스 업태와 고가–고서비스 업태가 양극단에 위치한다고 할 때, 만약 소비자가 가장 선호하는 업태가 그 중간점(중가–중서비스)에 위치한다면 기존 업태가 중간점으로 업태를 전환하면서 그 결과, 양극단에 새로운 업태가 들어설 수 있는 여지가 발생한다고 보는 이론이다.

핵 심 36

선진국 소매업계의 환경변화

① 소매업체촉진비중이 과거에 비해 점차 커지고 있다.

② 제조업체보다 구매력을 확보하게 된 소매업체들이 파위가 증대하고 있다.

③ 백화점의 성장이 둔화되고 대형 할인점, 편의점, 카테고리 킬러와 신업태의 경쟁이 더욱 치열해지고 있다.

④ 할인점은 성숙기 초입에 진입하고 있으며, 카테고리 킬러는 도입기로서 앞으로 상당한 성장을 할 가능성이 크다.

⑤ 패스트 패션 유통은 신규점포 확장으로 시장점유율을 높이고 있는 성장기에 접어들었다.

핵 심 37

마케팅의 정의 및 기능

마케팅이란 상품과 서비스를 생산자로부터 소비자 및 사용자에게 유통시키는 기업 활동의 수행이다. 마케팅의 기능이란 재화가 생산자로부터 소비자에게 이전되어 가는 과정에서 대행되는 특화된 활동을 말하며, 마케팅 기능은 중간상은 물론 생산자와 소비자가 대행하는 경우도 있다.

핵 심 38

마케팅의 조성적 기능으로서의 표준화와 단순화, 등급화

표준화는 생산물의 종류의 기본적인 한계를 결정하는 것이고, 단순화는 표준화를 위한 표준의 수를 감소하는 것을 말하며, 등급화는 표준화에 의해서 결정된 상품의 표준에 대한 등급을 매기는 것이다.

핵 심 39

마케팅상의 위험부담(market risks)

여러 가지 잡다한 우발적 사고와 자연적 · 사회적인 제반 사정의 변화로부터 야기되는 상품, 서비스의 감가 또는 생산 · 거래 과정에서 일어날지도 모르는 손실의 발생을 의미한다. 위험 그 자체는 감가 내지 손실이 일어날 수 있는 하나의 가능성(Possibilities)과 불확정성을 의미하는 것이며, 반드시 손해 그 자체를 의미하지 않는다.

핵 심 40

시장 정보상의 수요 정보(demand information)

① 현재 및 과거의 상품, 특정 상품에 대한 판매 분류

② 잠재 고객과 고객의 수

③ 소비자 또는 고객의 잠재 구매력

④ 상기의 잠재를 감소하게 하는 경쟁 요소

⑤ 소비자 내지 고객의 구매 동기와 기호

핵심 41

소매상의 유형

	고마진	
저회전율	선문점 · 백화점	편의점
	문제형 점포	할인점
	저마진	고회전율

핵심 42

백화점의 영업 특성

① 현대적인 건물과 시설
② 대량 매입의 경제성
③ 기능별 전문화에 의한 합리적 경영
④ 균형 있는 상품 구성과 다양한 서비스
⑤ 엄격한 정찰제 실시
⑥ 대량 판매 촉진과 명성을 배경으로 한 고객 유치 및 강력한 재정 능력

핵심 43

연쇄점의 분류

① **회사형 연쇄점**(Corporate Chain Store)
② **가맹점형 연쇄점**
　㉠ 임의형 연쇄점(Voluntary Chain Store)
　㉡ 협동형 연쇄점(Cooperative Chain Store)
　㉢ 프랜차이즈 가맹점(Franchise Chain Store)

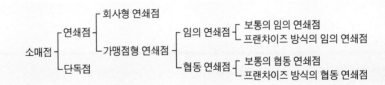

핵심 44

슈퍼마켓의 특성

① 셀프서비스와 자기 선택식 진열
② 보통 체크아웃 카운터(Checkout Counter)에 고객 서비스의 집중화
③ 저가격 소구(訴求)
④ 대규모의 시설
⑤ 넓은 구색과 다양한 상품

쇼핑센터의 개념

전문적인 개발자(Developer)에 의해서 계획적으로 개발·소유·관리·운영되고 있는 소매업의 집단이며, 이러한 쇼핑센터 내에는 백화점이나 대형 슈퍼마켓 등이 핵점포로서 포함되며, 더 나아가 각종 전문점을 위시해서 레저시설·공공시설 등이 임대 점포로 입주하고, 넓은 주차시설을 갖추고 있으며, 원칙적으로 도시 주변 또는 교외에 위치하고 있는 계획적 상점가이다.

편의점의 기본 조건

① 입지의 편의성 : 주택 근처에 입지하여 고객이 손쉽게 일상적 구매를 할 수 있다.
② 시간상의 편의성 : 영업시간이 길어서 언제든지 필요에 따라 구매할 수 있고 가까우므로 구매 소요 시간도 적게 든다.
③ 상품 구색상의 편의성 : 식료품 및 일용 잡화 등을 중심으로 한 상품 구색에 의해 일상생활이나 식생활의 편의성을 제공한다.
④ 우호적인 서비스 : 슈퍼마켓에서는 맛볼 수 없는 대인적이고 친절한 서비스를 제공한다.
⑤ 소인원 관리 : 가족노동을 중심으로, 소수의 노동력으로 관리하여 인건비의 절감을 도모한다.

전문점의 특징

① 제한된 상품·업종에 대해서 다양한 품목을 골고루 깊이 있게 취급한다.
② 우수한 머천다이징 능력을 바탕으로 하여 소비자의 욕구에 보다 부응할 수 있는 개성 있는 상품, 차별화된 상품을 취급한다.
③ 고객에 대한 고도의 상담(Consultation)과 서비스를 제공한다.

전문점이 전개한 경영 전략

① 고객의 세분화
② 목표 고객 대응 상품화
③ 점포 식별의 확인

스페셜전문점

① 상품의 넓이는 상대적으로 좁으나 상품의 깊이는 매우 깊은 특성을 가지고 있다.
② 판매원들이 개별 판매상품의 특성에 대한 깊은 지식을 보유하고 있다.
③ 주로 1 : 1의 대면 고객 서비스를 제공한다.

상점가(Shopping Street)의 개념

일정범위 안의 도로나 지하도에 50군데 이상의 도매점포·소매점포 및 용역점포가 밀집해있는 지구(地區)를 말한다.

독립소매점

일반적으로 가족 노동력을 위주로 하기 때문에 조직력이 없고 비전문적인 소규모점포이며, 식료품·잡화·의류 등의 편의품을 취급하는 상점이 많고, 우리나라 소매점의 대부분이 이에 해당한다.

할인점의 특성

① 저가격으로 판매를 한다.
② 저가격의 저품질상품을 판매하는 것이 아니라 전국적 상표품에 중점을 둔다.
③ 셀프서비스와 최소시설로써 운영한다.
④ 저지가지역에 입지하여 먼 거리의 고객을 흡수한다.
⑤ 견고하고 기능적인 점포구조를 가진다.

하이퍼마켓의 개념

대형화된 슈퍼마켓에 할인점을 접목시켜 저가로 판매하는 초대형 소매업태이다. 일반적으로 대도시 근교에 설립되며, 취급품목은 슈퍼에서 주로 취급하는 식품과 생활필수품 등이며 셀프서비스 방식으로 운영되는 업태이다. 국제셀프서비스협회에 의하면 "식품·비식품을 풍부하게 취급하며, 대규모의 주차장 등과 같은 특징이 있는 매장면적 2,500㎡ 이상의 소매점포"로 정의된다.

대중 양판점(GMS ; General Merchandise Store)의 특성

① 백화점과 슈퍼마켓의 중간에 위치하며 슈퍼마켓이 성장하여 대형화된 것으로서 상품 구색이나 서비스는 백화점에 가깝다.
② 20% 정도의 셀프서비스 방식의 판매를 하고 있다.
③ 상품구색은 식료품, 의료품, 잡화 등 모든 것을 취급한다.
④ 중급품·대중품의 일괄구매의 장을 제공하며 품목 수는 수십 만점 이상이다.
⑤ 매장면적은 3,000평(2,000~5,000평) 정도이며, 전체적으로는 지방 백화점과 비슷하다.

카테고리 킬러(Category Killer)

할인형 전문점으로서 특정상품계열에서 전문점과 같은 깊은 상품구색을 갖추고 저렴하게 판매하는 것을 원칙으로 한다. 카테고리 킬러는 대량판매와 낮은 비용으로 저렴한 상품가격을 제시한다. 취급하는 상품은 주로 완구, 스포츠용품, 가전용품, 자동차용품, 레코드, 사무용품 등이다.

회원제 도매클럽(MWC ; Membership Wholesale Club)

창고형 도·소매클럽(Membership Warehouse Club)이라고도 하며, 회원으로 가입한 고객만을 대상으로 판매하는 업태이다. 매장은 거대한 창고형으로 꾸며지고 실내장식은 보잘 것 없으며 진열대에 상자채로 진열, 고객이 직접 박스단위로 구매함으로써 할인점보다도 20~30% 정도 더 싸게 판매하는 업태이다.

소규모 소매점

① **잡화점(만물상)** : 교통이 불편한 지역이나 시골에 다종다양한 상품을 갖추어 놓고 판매하는 소매점으로 주로 촌락에서 볼 수 있다. 해당 지역민의 일상생활에 필요한 상품을 소량으로 판매하는 소매점이기도 하다.
② **행상** : 상품을 옮기면서 판매하는 소매업이다.
③ **노점상** : 길가의 한데에 물건을 벌여 놓고 판매하는 소매업이다.
④ **단위소매점** : 한 종류 또는 같은 계통의 상품을 전문적으로 취급하는 소매점으로 소자본으로 쉽게 개설이 가능하다.

통신판매점의 종류

우편이나 전화, 컴퓨터 등을 이용하여 주문을 받고, 상품은 우편이나 공공운송기관을 통하여 인도하는 판매점이다. 즉, 신문이나 잡지, 카탈로그, 인터넷 등으로 미리 광고하여, 각지의 고객으로부터 주문을 받는 상점이다.
① 인터넷 쇼핑
② TV 홈쇼핑
③ 텔레마케팅(Telemarketing)
④ 카탈로그 판매

슈퍼 센터의 개념

슈퍼 센터는 기존의 할인점보다 더 깊고 넓은 상품구색을 갖추고 있는 것으로서 대형할인점에 슈퍼마켓을 도입한 절포이다. 즉, 슈퍼마켓의 개념에 식류품과 비식료품 등 생활필수품에서 광범위한 상품구색을 보유하고 있으며 세탁, 구두수선, 수표 교환, 간단한 식사장소 제공 등의 부수적인 서비스도 함께 제공하고 있다.

파워 센터의 개념

파워 센터는 종래의 백화점이나 양판점과는 달리 할인점이나 카테고리 킬러 등 저가(低價)를 무기로 하여 강한 집객력을 가진 염가점(廉價店)들을 한 곳에 종합해 놓은 초대형 소매센터를 의미한다.

테마파크의 개념

테마파크(Theme Park)는 일관된 주제(테마)하에서 정리된 유원지로서 동경디즈니랜드, 나가사끼 네덜란드촌, 스페이스 월드 등이 있다. 이들을 한 마디로 정의하면 비일상적인 특정 테마(대부분이 즐거움을 추구)를 바탕으로 시설 및 운영이 통일되어 이루어지는 유원시설이라고 할 수 있다.

도매 기관의 기능

① 제조업자를 위해 도매상이 수행하는 기능
  ㉠ 시장 확대기능
  ㉡ 재고 유지기능
  ㉢ 주문 처리기능
  ㉣ 시장정보 제공기능
  ㉤ 고객서비스 대행기능
② 소매상을 위해 도매상이 수행하는 기능
  ㉠ 구색갖춤 기능
  ㉡ 소단위 판매기능
  ㉢ 신용 및 금융 기능
  ㉣ 소매상 서비스기능
  ㉤ 기술 지원기능

핵심 63

도매 기관의 형태

① 상인 도매 기관(Merchant Wholesaler) : 취급하는 제품에 대해 소유권을 가지는 독립된 사업체의 도매기관을 의미한다.
　㉠ 완전기능 도매 기관
　㉡ 한정기능 도매 기관
② 대리 도매 기관(Agent) : 제품에 대한 소유권 없이 단지 제조업자나 공급자를 대신해서 제품을 판매해주는 도매 기관이다.
③ 제조업자 도매 기관(Manufacturer Wholesaling) : 제조업자가 직접 도매기능을 수행한다. 이는 일종의 제조업자 내부에 있는 도매기능으로, 대개의 경우 제조업자의 생산자나 고객이 있는 시장에 가까이 위치하는 것이 특징이다.

핵심 64

도매 기관의 특징 비교

구 분	상인 도매 기관	대리 도매 기관	제조업자 도매 기관
통제 및 기능	도매 기관이 도매기능을 통제하고 많은 또는 전부의 기능을 수행	제조업자와 도매 기관이 각각 약간의 통제와 기능을 수행	제조업자가 기능을 통제하고 모든 기능을 수행
소유권	도매 기관이 제품을 소유	제조업자가 제품을 소유	제조업자가 제품을 소유
현금흐름	도매 기관은 제조업자에 대금을 지불하고 제품을 구입하여 다시 그 제품을 고객에 판매	제품이 판매되면 도매 기관은 대금을 제조업자에게 지불하고 커미션이나 수수료를 받음	제조업자가 판매하고 대금을 회수
최적이용	제조업자가 많은 제품계열을 보유하고 있거나 지역적으로 분산된 고객에게 판매할 때에 적당	제조업자가 소규모 마케팅이 부족하거나 상대적으로 고객에게 지명도가 약할 때 적당	고객의 수가 적거나 지역적으로 집중되어 있을 때 적당

핵심 65

도매업의 분류기준

① 상품의 소유권 취득 유무에 따른 분류
② 도매상의 제조업자 소유여부에 따른 분류
③ 제공하는 서비스와 기능의 범위에 따른 분류
④ 취급 상품의 폭과 넓이 등 상품의 전문화 정도에 따른 분류

기업윤리의 정의

관 점	정 의	고려해야 할 점
도덕적 측면	선/악(善/惡)을 구분하는 원칙을 정하고 그 원칙을 적용하는 기법	선(善)의 기준은 개인의 가치관에 따라서 다를 수 있다.
기업적 측면	합법적인 범위 내에서 기업에 가장 유리한 방향으로 처리하도록 하는 기업의 의사결정방법	• 기업이익을 단기적으로 생각한다. • 결과만 옳으면 과정은 중요시하지 않는다. • 합법적이지만 비윤리적일 수도 있다.
개인적 측면	기업 활동관련 의사결정을 개인의 가치관을 기준으로 하는 방법	• 조직 내의 개인은 진공 속의 개인이 될 수는 없다. • 개개인의 가치관에 따라서 경영 문제를 자의대로 결정해서는 안 된다.
종합적 측면	개인의 가치관을 기업 활동의 목표에 적용시키는 원리 또는 기술	• 자기이익 모델에 의한 판단에 부적합 • 사회이익 모델에 입각한 의사결정

기업윤리의 자기이익 모델과 사회이익 모델

구 분	자기이익 모델	사회이익 모델
목 적	이익의 극대화	가치의 창조
시간 영역	단기적	장기적
행동 준칙	법규와 업계의 관행대로	봉사에 대한 적절한 보수 기대
기본 가정	• 기업의 자기이익 추가 • 최대다수에게 최대이익	사회가 필요로 하는 가치의 제공
수 단	가급적 능률적 방법	지속되는 관계유지

기업윤리에서 추구하는 가치이념

이해 관계자	추구하는 가치이념	기업윤리에서 추구하는 가치이념과 문제들
경쟁자	공정한 경쟁	불공정 경쟁(카르텔, 담합), 거래선 제한, 거래선 차별, 덤핑, 지적재산 침해, 기업비밀 침해, 뇌물 등
고 객	성실, 신의	유해상품, 결함상품, 허위/과대광고, 정보은폐, 가짜상표, 허위/과대 효능/성분 표시 등
투자자	공평, 형평	내부자거래, 인위적 시장조작, 시세조작, 이전거래, 분식결산, 기업지배행위 등
종업원	인간의 존엄성	고용차별(국적, 인종, 성별, 장애자 등), 성차별, 프라이버시 침해, 작업장의 안정성, 단결권 등
지역사회	기업시민	산업재해(화재, 유해물질 침출), 산업공해(소음, 매연, 전파), 산업폐기물 불법처리, 공장 폐쇄 등
정 부	엄정한 책무	탈세, 뇌물, 부정 정치헌금, 보고의무 위반, 허위보고, 검사방해 등
외국정부, 기업	공정한 협조	탈세, 돈 세탁, 뇌물, 덤핑, 정치개입, 문화파괴, 법규 악용(유해물 수출, 공해방지시설 미비) 등
지구환경	공생관계 모색	환경오염, 자연파괴, 산업폐기물 수출입, 지구환경관련 규정위반 등

기업윤리의 필요성

핵심 69

① 자유시장 경쟁체제를 유지하려면 기업윤리가 필요하다.
② 기업 활동의 결과는 사회에 막대한 영향을 끼친다.
③ 기업윤리문제를 잘못 다루면 기업 활동에 큰 영향을 미친다.
④ 회사를 위해서 결정을 해도 책임은 개인이 진다.
⑤ 비윤리적 행위는 기업에 손해가 된다.
⑥ 기업윤리는 경쟁력을 강화한다.

기업의 치명적인 과오(7가지)

핵심 70

① 중대한 사회적 문제를 묵살한다.
② 비난을 남에게 전가한다.
③ 외부의 비판자를 비난한다.
④ 문제를 일으킨 종업원을 해고한다.
⑤ 윤리에 관한 정보를 덮어 둔다.
⑥ 홍보전을 이용하여 반박한다.
⑦ 비난을 부인한다.

기업윤리와 기업이익의 관계

① 이익도 올리지 못하고 윤리수준도 낮은 기업은 사회에 해만 끼치므로 존재할 필요가 없다.
② 윤리는 등한시하면서 단기적 이익만 중요시하는 기업은 바람직하지 못하다.
③ 윤리는 강조하되 이익을 등한시하는 기업은 기업으로서 존속할 수가 없다.
④ 기업의 이익과 윤리수준을 잘 조화시킨 회사가 사회적으로 존경받고 가장 바람직한 회사이다.

기업윤리 관련 국내 환경의 변화

① 기업의 영업 관행과 사회적 가치관의 차이 확대
② 기업에 대한 사회적 신뢰의 위기
③ 뇌물방지법의 영향
④ 기업지배구조에 대한 인식변화
⑤ '삶의 질' 의 중시
⑥ 비윤리적 행위로 인한 손실
⑦ 여론과 시민단체의 영향력 증대
⑧ 기업의 각성

73

경로주장(channel captain)

생산자 → 도매상 → 소매상 → 소비자로 흐르는 유통과정에서 가장 힘이 크고 지배적인 역할을 하는 기관을 '경로주장(Channel Captain)'이라고 한다.

핵심

74

유통의 윤리문제

경로주장이 자기의 힘(즉, 유통경로 지배력)을 남용하는 데서 나온다. 즉, 유통경로의 윤리문제는 대부분이 유통경로상의 '힘＞책임' 관계에서 나타나며, 이 경우 생기는 경로주장의 윤리문제는 대부분이 '우월적 지위의 남용'의 형식으로 나타난다.

핵심

75

도매의 윤리

최근 각종 체인(연쇄점)이나 프랜차이징(Franchising)의 발달에 따라서 이러한 체인본부와 가맹소매점 또는 단위 편의점과의 관계에서 윤리적 문제가 발생한다.

핵심

76

소매의 윤리

소매점의 규모가 커감에 따라서 상품유통에서 차지하는 영향력이 커지고 대규모 소매점(백화점, 할인점 등)이 '경로주장'이 되는 경우가 많다.

① 상품을 선정하고 구입하기 위하여 납품업자와 구매계약을 하는 데 여러 가지 비윤리적인 일이 생긴다.

② 매장면적의 배정에 있어서 비윤리적 행위가 있을 수 있다.

③ 소매점의 세일가격광고는 자주 윤리적 문제를 일으킨다.

핵심

77

판매원의 윤리문제가 어려운 이유

① 일반적으로 판매원은 현지에서 혼자 판매활동을 하기 때문에 문제가 생기면 상사에게 상의할 수가 없고 현장에서 즉시 해결해야 한다.

② 판매목표의 달성 여부가 판매원의 수입과 승진에 직결되므로 판매 할당량이 문제될 수 있다.

③ 흔히 장기간 현지에서 판매여행을 하므로 비용 중에 자칫하면 공적 비용과 사적 비용이 혼돈되기 쉽다. 또한 거래처 회사의 구매담당직원과 좋은 관계를 유지하기 위하여 문제가 생기기도 한다.

정보원천의 윤리성 판정기준

윤리성	정보원천 또는 수집방법의 예
윤리적 / 합법적	1. 공개된 출판물, 재판기록, 특허기록 2. 경쟁사 종업원의 증언 3. 시장조사 보고서 4. 공표된 재무기록, 증권사의 조사보고 5. 전시회, 경쟁사의 안내문헌, 제품설명 안내서 6. 경쟁사 제품의 분석 7. 경쟁사 전 종업원의 합법적 면접
비윤리적 / 합법적	8. 기술세미나에서 경쟁사 종업원에게 위장 질문 9. 비밀리에 몰래 관찰 10. 채용계획이 없으면서 경쟁사 종업원을 채용면접 11. 전문 사설탐정 고용 12. 경쟁사의 종업원을 스카웃해 오는 것
비윤리적 / 비합법적	13. 경쟁회사에 잠입하여 정보수집 14. 경쟁사 종업원이나 납품업자에게 뇌물제공 15. 경쟁사에 위장취업 16. 경쟁사의 활동을 도청 17. 설계도면 등 자료를 몰래 훔치는 것 18. 공갈, 협박

㊟ 번호는 윤리성의 정도(1은 가장 윤리적, 18은 가장 비윤리적)를 나타낸 것이다.

판매의 윤리성 평가기준(Laczniak-Murphy의 기준)

① 행동을 세 부분으로 분석하여 의도가 비윤리적이고, 실행방법이 비윤리적이고, 결과가 비윤리적이면 그 행위는 비윤리적이다.
② '중대한' 부정적(좋지 못한) 결과를 가져오는 행동은 비윤리적이다.
③ 행동의 결과로, 고의는 아니더라도 '중대한' 부정적 결과를 초래한다면 그 행동은 비윤리적이다.
④ 행동의 결과 '사소한' 부정적 효과가 생기는 경우는 비윤리적이 아니다.

판매원의 윤리성 향상 방법

① 상세한 '판매원 행동준칙' 또는 '영업사원 행동강령'을 제정하여 알려주고 그것을 준수하도록 해야 한다.
② 판매량 할당은 정상적인 판매활동으로 가능한 범위 내에서 정해야 하며 무리하게 '수단과 방법을 가리지 않고' 그 목표량을 달성하도록 요구해서는 안 된다.
③ 영업사원이 현지에서 윤리적 문제에 직면하면 즉시 본사에 연락하여 상의를 하고 지시받도록 해야 한다.
④ 영업활동 속에 비윤리적 문제가 조금씩 계속하여 발견될 때에는 더 큰 문제가 생기기 전에 사전에 적절하고 적극적인 조치를 취해야 한다.

핵심 81

직장생활의 원칙

① **상대방의 입장을 존중한다** : 나보다는 상대방의 입장을 더 존중하고 이해하며, 주위 사람들에게 폐가 되지 않노록 행농하는 것이 식상생활의 제1원칙이다.

② **약속은 반드시 지킨다** : 회사에 근무하는 것은 일종의 계약이므로 회사의 규칙을 지키는 것도 약속이다. 아무리 사소한 일이라도 약속을 하였다면 그것은 중요한 일인 것이다. 약속한 것은 꼭 실행하는 태도, 이것이 바로 직장생활의 제2원칙이다.

③ **능률을 생각한다** : 직장은 생산성을 제고시키는 사회임을 명심해야 한다.

핵심 82

정리정돈의 원칙

① 먼저 자신의 주변에 정리되지 않은 상태로 있는 것부터 체크한다.

② 퇴근할 때 정리하는 것 이외에 정기적으로 기간마다 전체적인 정리를 한다.

③ 정리할 때마다 불필요한 물건은 버려서 복잡해지지 않도록 한다.

④ 공적인 물건과 사적인 물건이 섞이지 않게 한다.

⑤ 종류별, 목적별로 구분하여 수납한다.

⑥ 자주 사용하는 물건은 가까이 둔다.

핵심 83

직장 내 성희롱 예방 교육(남녀고용평등법 시행령 제3조)

① 사업주는 직장 내 성희롱 예방을 위한 교육을 연 1회 이상 하여야 한다.

② ①에 따른 예방 교육에는 다음 각 호의 내용이 포함되어야 한다.

    1. 직장 내 성희롱에 관한 법령

    2. 해당 사업장의 직장 내 성희롱 발생 시의 처리 절차와 조치 기준

    3. 해당 사업장의 직장 내 성희롱 피해 근로자의 고충상담 및 구제 절차

    4. 그 밖에 직장 내 성희롱 예방에 필요한 사항

③ ①에 따른 예방 교육은 사업의 규모나 특성 등을 고려하여 직원연수 · 조회 · 회의, 인터넷 등 정보통신망을 이용한 사이버 교육 등을 통하여 실시할 수 있다. 다만, 단순히 교육자료 등을 배포 · 게시하거나 전자우편을 보내거나 게시판에 공지하는 데 그치는 등 근로자에게 교육 내용이 제대로 전달되었는지 확인하기 곤란한 경우에는 예방 교육을 한 것으로 보지 아니한다.

성희롱의 유형

① 육체적 행위

㉠ 입맞춤 · 포옹 · 뒤에서 껴안기 등이 원하지 않는 신체적 접촉

㉡ 가슴 · 엉덩이 등 특정의 신체부위를 만지는 행위(어깨를 잡고 밀착하는 행위)

㉢ 안마나 애무를 강요하는 행위

② 언어적 행위

㉠ 음란한 농담이나 음담패설, 외모에 대한 성적인 비유나 평가

㉡ 성적 사실관계를 묻거니 성적인 내용의 정보를 의도적으로 유포하는 행위

㉢ 성적 관계를 강요하거나 회유하는 행위, 음란한 내용의 전화통화

㉣ 회식자리 등에서 술을 따르도록 강요하는 행위

③ 시각적 행위

㉠ 외설적인 사진, 그림, 낙서, 음란 출판물 등을 게시하거나 보여주는 행위

㉡ 직접 또는 팩스나 컴퓨터 등을 통하여 음란한 편지, 사진, 그림을 보내는 행위

㉢ 성과 관련된 자신의 특정 신체부위를 고의적으로 노출하거나 만지는 행위

성희롱의 개인적 대응

① 중지할 것을 항의한다.

② 증거자료의 수거와 공식적인 처리의 준비를 한다.

③ 내부기관에 도움을 요청한다.

④ 외부기관에 도움을 요청한다.

판매사원이 기본적으로 갖추어야 할 요건

① 지식(Knowledge)

② 태도(Attitude)

③ 기술(Skill)

④ 습관화(Habit)

임파워먼트(Empowerment)의 장점

① 고객에게 즉각적인 대응이 가능해진다.

② 직원의 직무만족감이 상승한다.

③ 고객으로부터 좋은 구전이 창출될 수 있다.

④ 판매원이 다양한 아이디어를 창출할 수 있다.

판매사원의 정중한 인사법

구 분	요 법
속 도	하나, 둘, 셋 하면서 구부리고 잠깐 머물다가 넷, 다섯, 여섯에 편다.
각 도	45° 유지(너무 깊어도, 얕아도 좋지 않다)
허리의 선	허리에서 머리까지 일직선이 되도록 한다.
눈의 시선	인사 전후에는 상대방의 눈, 굽혔을 때는 1m 정도 전방을 주시한다.
표 정	표정과 몸가짐이 잘 조화되고 자연스럽게 한다.
손 위치	오른손으로 왼손을 감싸서 아랫배에 가볍게 댄다.
발	뒤꿈치를 붙이며 앞은 30° 벌린다.
기 타	다리를 곧게 펴고 무릎을 붙이며 엉덩이가 뒤로 빠지지 않도록 한다.

접객용어와 사용법

① 판매 3대 용어

　㉠ 어서 오십시오.

　㉡ 고맙습니다.

　㉢ 안녕히 가십시오(또 들러주십시오).

② 판매 8대 용어

용 어	사 용 법
어서 오십시오.	• 환영의 기분을 적극 넣어서 • 톤(Tone)은 '미' 정도의 높이로 • 치아가 보이도록 웃으며 말한다. • '어서오세요' 라는 표현은 삼간다.
네, 잘 알겠습니다.	• 똑똑하게 알아듣고 마음에 새기듯이 • 톤(Tone)은 '레' 정도의 높이로 • 고객에게 시선을 주면서 눈 표정으로 강조
잠시만 기다려주시겠습니까?	• 양해를 구하는 마음과 눈 표정으로 • '죄송합니다만' 을 붙이는 것도 좋다. • '잠깐만요' 라고 말하지 말 것
기다려 주셔서 감사합니다.	• 기다려주신 것에 감사하는 마음으로 • 풍성한 표정으로 말한다.
고맙습니다 (감사합니다).	• 고마운 마음을 가득 담은 시선으로 고객을 바라보며 • '레' 정도의 톤(Tone)으로 • 의례적으로 하지 말고 치아가 보이도록 웃으며 • '고' 에 약간 강세를 둔다.
대단히 죄송합니다.	• 미안하고 죄송한 표정으로 상체를 45° 굽힌다. • 톤(Tone)은 다소 낮춘다. • '대단히' 와 '죄송합니다' 는 약간 사이를 두고 말한다. • '죄' 발음은 깊게 할 것
안녕히 가십시오.	• 의례적이고 상투적으로 들리지 않도록 정성을 담아서 • 다시 뵙게 되기를 바라는 마음으로
즐거운 쇼핑되시기 바랍니다.	• 고객이 상품과 서비스에 만족하면 '또 들러 주십시오' 하지 않아도 다시 올 것이다. • 쇼핑의 만족감을 느끼며 가도록 표현한다. • 상황에 따라 '(식품) 맛있게 드세요', '(의류) 예쁘게 입으세요'

안심Touch

대화의 기본자세

① 말하는 자세

   ⊙ 상대방의 인격을 존중하고, 배려하면서 공손한 말씨로 예의 바르게 말한다.

   ⓛ 지나치게 큰소리가 아닌, 나직하고 정확하며 간결하게 자기의사를 말한다.

   ⓒ 항상 적극적이고 자신에 찬 어조로 말한다.

   ⓔ 외국어나 어려운 전문용어 등은 가급적 삼가고 알기 쉬운 말을 쓴다.

② 듣는 자세

   ⊙ 선입관을 버리고 상대의 입장에서 듣는다.

   ⓛ 상대방의 얼굴을 보며 목적과 관심을 가지고 귀를 기울인다.

   ⓒ 남의 말을 가로막지 않는다.

   ⓔ 팔짱을 끼거나 다리를 꼬는 등 이상한 행동을 하지 않는다.

   ⓜ 대화 중에 주위를 힐끗힐끗 바라보는 행동은 가급적 삼간다.

인적판매과정의 단계

① **판매 전 단계** : 잠재고객을 선별하고 기초조사를 통해 접근방법을 결정하는 단계로 사전접근 단계, 고객접근단계, 고객발굴단계가 포함된다.

② **판매 단계** : 고객욕구를 파악하여 프리젠테이션을 통한 질문 및 반론 처리 등을 수행하는 단계로, 다양한 제안방식이 가능하고 고객의 욕구에 초점을 두는 영업제안단계가 있다.

③ **판매 후 단계** : 사후관리단계가 속하는 단계이다.

판매사원의 바른 자세

① 허리와 가슴을 펴서 일직선이 되게 한다.

② 표정을 밝게 하고 시선은 상대방의 인중을 바라본다.

③ 여성은 오른손을 위로, 남성은 왼손을 위로 가게 한다.

④ 발꿈치는 붙이고 앞발은 30° 정도 벌린다.

⑤ 등의 중심선이 좌우 어느 쪽으로도 기울이지지 않도록 몸의 균형을 유지한다.

⑥ 손에 물건을 들었을 때에는 자연스럽게 몸의 중심을 잡고 서도록 한다.

방문판매 등에 관한 법률에서 규정하고 있는 판매업

- 방문판매
- 전화권유판매
- 다단계판매
- 후원방문판매
- 계속거래 및 사업권유거래

핵심 94

유통산업시책의 기본방향

① 유통구조의 선진화 및 유통기능의 효율화 촉진
② 유통산업에 있어서 소비자 편익의 증진
③ 유통산업의 지역별 균형발전의 도모
④ 유통산업의 종류별 균형발전의 도모
⑤ 중소유통기업의 구조개선 및 경쟁력의 강화
⑥ 유통산업의 국제경쟁력 제고
⑦ 유통산업에 있어서 건전한 상거래질서의 확립 및 공정한 경쟁여건의 조성
⑧ 그 밖에 유통산업의 발전을 촉진하기 위하여 필요한 사항

핵심 95

체인사업

같은 업종의 여러 소매점포를 직영(자기가 소유하거나 임차한 매장에서 자기의 책임과 계산아래 직접 매장을 운영하는 것을 말한다.)하거나 같은 업종의 여러 소매점포에 대하여 계속적으로 경영을 지도하고 상품·원재료 또는 용역을 공급하는 다음의 어느 하나에 해당하는 사업을 말한다.
① 직영점형 체인사업
② 프랜차이즈형 체인사업
③ 임의가맹점형 체인사업
④ 조합형 체인사업

핵심 96

소비자기본법의 목적

소비자의 권익을 증진하기 위하여 소비자의 권리와 책무, 국가·지방자치단체 및 사업자의 책무, 소비자단체의 역할 및 자유시장경제에서 소비자와 사업자 사이의 관계를 규정함과 아울러 소비자정책의 종합적 추진을 위한 기본적인 사항을 규정함으로써 소비생활의 향상과 국민경제의 발전에 이바지함을 목적으로 한다.

핵심 97

소비자의 기본적 권리

① 물품 또는 용역으로 인한 생명·신체 또는 재산에 대한 위해로부터 보호받을 권리
② 물품 등을 선택함에 있어서 필요한 지식 및 정보를 제공받을 권리
③ 물품 등을 사용함에 있어서 거래상대방·구입장소·가격 및 거래조건 등을 자유로이 선택할 권리
④ 소비생활에 영향을 주는 국가 및 지방자치단체의 정책과 사업자의 사업활동 등에 대하여 의견을 반영시킬 권리

⑤ 물품 등의 사용으로 인하여 입은 피해에 대하여 신속·공정한 절차에 따라 적절한 보상을 받을 권리
⑥ 합리적인 소비생활을 위하여 필요한 교육을 받을 권리
⑦ 소비자 스스로의 권익을 증진하기 위하여 단체를 조직하고 이를 통하여 활동할 수 있는 권리
⑧ 안전하고 쾌적한 소비생활 환경에서 소비할 권리

소비자단체의 업무

① 국가 및 지방자치단체의 소비자의 권익과 관련된 시책에 대한 건의
② 물품 등의 규격·품질·안전성·환경성에 관한 시험·검사 및 가격 등을 포함한 거래조건이나 거래방법에 관한 조사·분석
③ 소비자문제에 관한 조사·연구
④ 소비자의 교육
⑤ 소비자의 불만 및 피해를 처리하기 위한 상담·정보제공 및 당사자 사이의 합의의 권고

청소년유해매체물

① 청소년보호위원회가 청소년에게 유해한 것으로 결정하거나 확인하여 여성가족부장관이 고시한 매체물
② 각 심의기관이 청소년에게 유해한 것으로 심의하거나 확인하여 여성가족부장관이 고시한 매체물

청소년유해약물

① 「주세법」에 따른 주류
② 「담배사업법」에 따른 담배
③ 「마약류 관리에 관한 법률」에 따른 마약류
④ 「화학물질 관리법」에 따른 환각물질
⑤ 그 밖에 중추신경에 작용하여 습관성, 중독성, 내성 등을 유발하여 인체에 유해하게 작용할 수 있는 약물 등 청소년의 사용을 제한하지 아니하면 청소년의 심신을 심각하게 손상시킬 우려가 있는 약물로서 대통령령으로 정하는 기준에 따라 관계 기관의 의견을 들어 청소년보호위원회가 결정하고 여성가족부장관이 고시한 것

제2과목 판매 및 고객관리

■ 제1과목 유통상식
■ 제2과목 판매 및 고객관리

핵심 01

상품의 구조

상품이란 물리적인 특색, 서비스의 특색, 상징적인 특색을 종합한 것이며, 구매자에게 만족 및 편익을 제공해주는 것이다. - 코틀러(P.Kotler)

① 물리적 조립품으로서 물리적 상품
② 구매자의 필요 · 욕구를 충족시키는 효용으로서의 상품
③ 시장성을 배려한 시장적 상품
④ 제3자의 효용을 배려한 사회적 상품

핵심 02

상품의 적성

① **적합성** : 소비자의 필요와 욕구에 적합하게 하기 위해서는 1, 2차적 효용을 제공할 수 있는 품질을 갖추어야 한다.
② **내구성** : 생산에서 소비되기까지 상품의 가치가 변하지 않아야 한다.
③ **운반성** : 생산된 장소에서 소비되는 장소까지 안전하며, 경제적으로 운반이 가능해야 한다.
④ **대체성** : 매매 및 소비할 때에 동종 동량의 상품을 가지고 대체할 수 있어야 한다.
⑤ **경제성** : 가격이 가치에 비해서 비교적 싼 것이어야 한다.
⑥ **정보성** : 상품 · 브랜드 등이 잘 알려져 있으며, 그 구매 및 소비에 있어서도 충분한 정보가 제공되고 있어야 한다.
⑦ **안전성** : 위에 제시한 모든 적성이 충족되어 있다고 해도 만일 안정성에 문제가 있다면 상품으로서의 모든 가치를 잃게 된다.
⑧ **채산성** : 메이커 · 판매업자에게 채산이 맞아야 한다.
⑨ **사회성** : 사회 전체에 어떠한 영향을 미치는지에 대해 생각해야 한다.

상품의 구성요소

① **디자인(Design)** : 디자인은 주로 정서성에 포인트를 두지만 상품에 따라서 기능성도 중요시 하다.

② **컬러(Color)** : 상품에 매력을 주고, 소비자의 주의와 관심을 환기시킬 뿐만 아니라 시장성의 제고를 목적으로 고안되어 있다.

③ **상표(Brand)** : 메이커 또는 판매업자가 자사의 상품을 타사와 구별하기 위하여 붙인 문자 · 도형 · 기호 또는 이것들을 결합한 것이다.

상표의 기능

① 기업에 있어서의 기능
  ㉠ 상품 차별화
  ㉡ 상품의 선택 촉진
  ㉢ 고유 시장 확보
  ㉣ 출처와 책임의 명확화
  ㉤ 무형의 자산

② 소비자에 있어서의 기능
  ㉠ 상품의 식별을 가능하게 함
  ㉡ 정보적 가치를 얻을 수 있음
  ㉢ 상품을 보증해 줌

상표의 종류

① **내셔널 브랜드(National Brand, NB)와 프라이빗 브랜드(Private Brand, PB)**
  상표 소유자에 의한 분류로 제조업자 브랜드를 내셔널 브랜드라 하고, 도매업자 · 소매업자 등 유통업자의 브랜드를 프라이빗 브랜드라 한다.

② **통일상표(Family Brand)와 개별상표(Individual Brand)**
  ㉠ 통일상표 : 그 기업의 전상품에 대해 단일 브랜드를 붙이는 것
  ㉡ 개별상표 : 동일기업의 상품이라도 상품종류 혹은 아이템에 따라 복수의 브랜드를 구별해 사용하는 것

핵심 06

포장의 목적과 기능

① 내용물 보호
② 상품을 운송·보관·판매·소비하는 데 편리하도록 함
③ 상품의 판매 촉진
④ 소비·사용에 관한 정보 제공

핵심 07

상품구성의 형태

① **계열구성 확대** : '그 상점에 가면 여러 가지 다른 상품을 횡적으로 조화를 이루면서 구입할 수 있다'라는 매력에 관계된다.
② **품목구성 확대** : '그 상점에 가면 특정상품 계열에 대해서 자기의 기호, 사용목적, 구입예산에 알맞은 품목을 많은 후보 품목군 중에서 선택할 수 있다'라는 매력에 관계된다. 예컨대, 화장품 계열이 대표적이다.

핵심 08

소매업 상품정책상 기본유형

① **완전종합형 상품정책** : 종합화·전문화의 동시적 실현(백화점 등)
② **불완전종합형 상품정책** : 종합화를 우선적으로, 전문화는 오히려 후퇴(넓고 얕게 – 양판점)
③ **완전한정형 상품정책** : 전문화를 우선적으로, 종합화는 후퇴(좁고 깊게 – 철저한 전문점)
④ **불완전한정형 상품정책** : 점포규모, 자본력, 입지조건 등에서 종합화·전문화 모두 단념(좁고 얕게 – 근린점)

핵심 09

상품진열의 유형

① **윈도우 진열** : 점포 앞을 지나고 있는 소비자나 점포의 방문고객으로 하여금 주의를 끌게 하여 구매목적을 가지도록 하는 진열
② **점포 내 진열** : 고객으로 하여금 쉽게 보고, 자유롭게 만져보고, 비교할 수 있게 하며 연관 상품을 쉽게 찾을 수 있도록 하는 진열
③ **구매시점 진열** : 고객으로 하여금 주의를 끌게 하고 유인하여 구매의욕을 촉진하는데 목적을 두는 진열(POP활용 진열)
④ **판매촉진 진열** : 매출증대를 위하여 잘 팔리는 상품을 가격할인과 각종 할인광고와 함께 진열
⑤ **기업 이미지향상 진열** : 다양한 서비스와 고품질의 서비스, 최신유행의 고급품, 만족한 가격, 공익적 서비스 등을 고객에게 어필하기 위하여 다수 다량의 상품을 진열

핵심 10

품목구성 확대의 제약조건

① 할당면적에서의 제약
② 상품투입 자본 면에서의 제약
③ 시장의 규모 면에서의 제약
④ 매입처 확보 면에서의 제약
⑤ 상점 측의 상품선택 능력 면에서의 제약

핵심 11

상품구성의 요소

상품의 폭과 깊이는 상호 제약관계에 있으므로 폭과 깊이의 비율에 따라 상품구성이 달라진다.
① **상품의 계열구성** : 상품의 폭으로서 점포가 취급하는 비경합적 상품계열의 다양성이나 수를 결정
② **상품의 품목구성** : 상품의 깊이로서 동일한 상품계열 내에서 이용 가능한 변화품이나 대체품과 같은 품목의 수를 결정

핵심 12

상품 매입과정

① 마케팅 조사
③ 매입상품의 선정
⑤ 매입방법 선정
② 매입계획의 수립
④ 매입처 선정
⑥ 매입수량과 시기 결정

핵심 13

제품수명주기

구 분	도입기	성장기	성숙기	쇠퇴기
마케팅목표	제품인지와 판매증대	시장점유율 확대	경쟁우위	단기수익극대화
가격정책	시장침투가격(초기고가)	시장침투가격(저가격)	경쟁대응가격	가격할인
유통정책	부분적 유통	집중적 유통	집중적 유통	선택적 유통
촉진정책	경험프로모션	가치프로모션	가격프로모션	최소한 유지

핵심 14

매입 정보원

① 기업 내 정보원
  - ㉠ 과거이 판매기록과 상품재고자료
  - ㉡ 재고관리 자료
  - ㉢ 판매원의 의견
  - ㉣ 경영이념과 경영방침

② 기업 외 정보원
  - ㉠ 소비자 조사
  - ㉡ 사회 경제의 일반동향
  - ㉢ 일반사회동향, 사회의식
  - ㉣ 지역 일대의 변화와 경쟁점포의 동향
  - ㉤ 매입처 정보

핵심 15

적정 재고관리를 위한 상품정리의 합리화 방안

① 날짜가 오래된 상품은 매장에서 제외
② 계절이 늦거나 유행이 지난 상품은 단시일 내 처분
③ 파손품이나 저급품질 상품은 매장에서 즉시 제거
④ 통로에 상품진열 방지
⑤ 팔리지 않거나 매상부진으로 인한 교체대상 상품은 즉시 제거
⑥ 진열계획표상의 할당표대로 진열상품과 수량유무를 수시 확인
⑦ 가격표가 설정된 판매가격과 같은가 확인
⑧ 선입선출판매와 상품의 전면이 보이는 전진입체진열
⑨ 상품정리 공간 확보, 폐기 및 반품 상품의 분리 보관
⑩ 검품, 검수, 납품 및 매입전표, 점포 내의 부문간 상품 이동 시에도 규칙에 의하여 정확하게 처리
⑪ 매일 장부정리의 원칙과 전표에 숫자기입의 원칙 유지

핵심 16

EOQ모형

경제적 주문량으로 주문비용과 재고유지비용을 합한 연간 총비용이 최소가 되도록 하는 주문량이다. 즉, 재고품의 단위원가가 최소가 되는 1회의 주문량을 말한다.

핵심 17

ROP모형

주문기간을 일정하게 하고 주문량을 변동시키는 모형이다.
① **수요가 확실한 경우** : 안전재고가 불필요하므로 ROP는 조달기간에 1일 수요량을 곱하여 구할 수 있다.
② **수요가 불확실한 경우** : 품절가능성이 있으므로 안전재고를 보유하여야 하며 이때 ROP는 주문기간 동안의 평균수요량에 안전재고를 더한 값이다.

안심Touch

ABC관리방식

관리하고자 하는 대상의 수가 너무 많아서 모든 아이템을 동일하게 관리하기가 곤란한 경우에 중점 관리를 해야 하는데 그 중점을 계수적으로 파악하는 유효한 방법이 바로 ABC분석이다. ABC분석은 어떤 특정 기준에 의해서 그룹핑하여 특정 그룹에 있는 것에 대해서 집중관리를 한다.
A는 가장 매력적인 것을 의미하고 C는 가장 덜 매력적인 것을 의미한다. 정리하면 A 그룹은 고객당 매출이 크므로 중점고객으로서 앞으로도 계속 육성해 나간다. B 그룹은 고객별로 장차 A 그룹으로의 승급가능성을 분석하여 어프로치의 집중화를 추진하며 C그룹은 유망한 고객을 제외하고는 어프로치를 유보하거나 거래중지를 고려한다.

유동비율

① 유동자산(1년 이내에 현금화할 수 있는 자산)을 유동부채(1년 이내에 갚아야 하는 부채)로 나눈 비율
② 단기부채 상환능력을 판단하는 지표 : 유동비율이 클수록 현금 동원력이 좋다는 의미
③ 2:1의 원칙 : 일반적으로 유동비율이 200% 이상이면 양호한 것으로 평가

판매원의 역할

① 고객은 어떤 상품을 어떤 판매원에게서 구입하는 편이 그 상품을 다른 판매원으로부터 사는 것보다 득이라고 생각하기 때문에 사는 것이지 판매원을 위해 사는 것은 아니다.
② 판매원의 일은 고객에게 이 상품을 이용하는 것이, 그리고 자기에게서 구입하는 것이 유익하다는 것을 알리고 실행하는 일이다.
③ 일상 생활 용품의 판매원은 고객의 생활 양식을 지도하는 생활 컨설턴트이며, 업무 용품의 판매원은 사용자의 경영 합리화와 생산성 향상을 지도하는 경영 컨설턴트가 되어야 한다.
④ 무턱대고 상품을 팔려고 하거나 또는 상품과 대금의 교환을 자기의 역할로 여기는 판매원은 시대에 뒤떨어져 결국 낙오되고 만다. 즉, 자기의 존재 가치를 잃고 사라질 수밖에 없는 것이며, 그런 뜻에서 앞으로의 판매원은 컨설턴트로서의 역할을 다해 나가야 한다.

상품지식의 정보원

① 상품 자체	② 고객의 의견
③ 경쟁업자	④ 판매원 자신의 경험
⑤ 선배 · 동료 판매원	⑥ 메이커 · 도매업자
⑦ 검사기관	⑧ 강습회 등

22

개별 상품과 상품 지식

① 적합성   ② 융통성
③ 내구성   ④ 패석성
⑤ 이용상의 난이   ⑥ 스타일
⑦ 매력성   ⑧ 가 격
⑨ 감정상의 특성

핵 심

23

판매정보의 조건

① 정확하고 객관적인 정보일 것
② 표준화되고 계속적인 정보일 것
③ 활용하기 위한 정보일 것
④ 경제성이 있는 정보일 것
⑤ 상호보완성의 정보일 것

핵 심

24

좋은 브랜드 이름을 선택하는 기준

① 제품의 혜택을 전달해주어야 한다.
② 기억하기 쉽고 긍정적이어야 한다.
③ 법률, 규제의 제약에 저촉되어서는 안 된다.
④ 기업이나 브랜드의 이미지에 적합하여야 한다.

핵 심

25

구매 관습(Buying Habits)

소비자가 구매하는 방법 · 시기 · 장소 등을 말하는 것

① **충동 구매(Impulse Buying)** : 소비자가 진열된 제품을 보는 시점에서 즉각 이루어지는 결심으로부터 결과되는 구매로 특정 상품의 구입에 있어 특정된 의도 없이 충동에 의해서 구매되는 경우
② **일용 구매** : 수요자가 어떤 상품의 구매에 있어서 최소 노력의 지출로 가장 편리한 지점에서 구매하는 경우
③ **선정 구매** : 수요자가 구매 노력의 최소화를 시도하지 않고 여러 점포에서 구입 대상의 상품에 대해서 품질 · 가격 · 형태를 비교한 후 구입하는 것
④ **특수 구매** : 특수품 · 전문품의 구매

핵심 26

구매 동기(Buying Motives)

구매자로 하여금 특정 상품의 구매를 결정하게 하는 동인(動因)을 말한다.

① **제품 동기(Product Motive)** : 어떤 물품이 갖는 고유의 성능과 용도가 발휘되는 효용(Utility)에 대하여 구매자의 본원적 욕구(Primary Desire)를 유발케 하는 동기이다.

② **감정적 동기** : 소비자로 하여금 어떤 상품을 구매함에 있어서 그 구매 행위의 합리성 여부에 대한 이유를 생각함 없이 구매하게끔 하는 것으로, 대체로 추리의 과정을 거치지 않고 타인의 제안이나 설명 혹은 연상(Association of Idea)에 의하여 일어나는 동기이다.

③ **합리적 구매 동기(Rational Buying Motives)** : 소비자가 구매 동기에 대하여 의식적으로 그 논리적 타당성을 추리하여 구매하기에 이르는 동기를 말하며, 이와 같은 동기에 호소하려면 구매 이유에 대한 세심한 설명을 함으로써 예상 구매자(Prospective Customers)가 그의 구매 행위의 근거에 대해서 논리적 결론에 도달할 수 있도록 하여야 한다.

④ **애고 동기(Patronage Motives)** : 소비자가 왜 특정 소매상을 택하여 상품을 구매하는지 그 이유를 설명하는 것으로서 감정적 동기와 합리적 동기로 나눌 수 있다.

핵심 27

합리적 구매 동기의 분류

① 간 편
② 능 률
③ 사용상의 신뢰성
④ 품질의 신뢰성
⑤ 보조적 서비스의 신뢰성
⑥ 내구력
⑦ 수익력의 증가
⑧ 생산성의 증가
⑨ 사용상의 절약
⑩ 구매상의 절약

핵심 28

판매정보의 수집

① 기존정보의 수집
　㉠ 내부자료의 수집
　㉡ 외부자료의 수집

② 신규정보의 수집
　㉠ **관찰법** : 점내의 고객동향이나 점외의 통행인 흐름 등을 관찰하여 정보를 얻을 수 있다.
　㉡ **직접수집법** : 우편, 전화, 유치, 면접 등의 방법을 통하여 정보를 수집할 수 있다.
　㉢ **점내실험수집법** : 이 방법은 구체적이고도 생동적인 정보의 수집이 가능한 반면에 고도의 전문지식과 경험을 필요로 하는 방법이다.

상품 판매의 조건

상품에 있어서의 절대조건은 품질과 기능의 보증이다.

① 상품이란 저마다의 특성 아래 일정 수준의 품질과 기능을 갖춘 것이므로 이것이 판매의 전제 조건이다.

② 소비자는 그 품질, 기능에 대하여 대가를 지불하고 소매업은 그것에 의해서 얻은 이익을 노사로 배분, 배당하고 재투자로 돌려 가는 것이다.

③ 품질과 기능의 보전은 엄연한 판매계약조건이며, 소매업은 그것을 충실히 이행함으로써 소비자의 기대에 부응해 가는 기능을 경영체제로서 기업 내에 시스템화해야 한다.

마이크로머천다이징

고객을 만족시키기 위해 필요한 점포 특유의 제품믹스를 계획하고 수립하여 배달하는 과정을 말하며, 소매업자가 고품질의 서비스나 독점적인 제품의 제공과 같은 소매차별화의 중요 요소에 모든 노력을 집중하는 것이 마치 레이저빔이 어떤 곳에 초점을 맞추는 것과 같다하여 레이저빔 소매업이라고도 한다.

매장의 장악을 위한 관리

① **공간관리** : 실온, 환기, 조명도 등의 관리는 쾌적한 판매공간을 유지해서 고객의 쇼핑에 대비하는 것이다.

② **고객관리** : 고객 리스트를 작성해서 판매 촉진에 대비하고 매장 내에서의 고객의 안전을 꾀한다.

③ **부하의 통솔** : 직장에서의 부하의 안전, 건강, 모럴의 유지 향상, 목표 명시, 업무 지시 등의 리더십을 의미하며, 이것이 목표 달성을 위한 중요한 전제조건이 된다.

④ **상품 보충과 발주업무** : 매장 내에서 품절로 인한 기회 손실을 일으키지 않기 위한 체크가 목적이며, 상품마다의 데드 스톡을 계산하면서 관리하는 것이 필요하다.

⑤ **정보관리** : 매장정보인 매출일보를 비롯하여 상품발주표, 납품전표, 재고정리표 이외에 접객을 통해서 고객의 의견, 불만 등의 형태로 수집되는 귀중한 소비자 정보가 있으므로 그것들을 지체없이 정리해 두는 것이 매장관리자의 주요 업무이다.

⑥ **판매원에 의한 접객관리** : 책임자의 가장 주요한 업무로서 고객에 대해서 기업에 바람직한 접객이 실시되고 있는가, 또한 그것이 확실히 판매와 직결되는 방향으로 실시되고 있는가를 확인하고, 만약 불충분한 점이 있는 경우에는 현장 지도에서 부하의 기술을 높여주는 것이 필요하다.

용도별 의류의 분류

① **타운 웨어(Town Wear)** : 거리에서 입는 옷이라는 뜻으로 최근에는 비즈니스 웨어(Business Wear)라고도 한다. 비교적 점잖은 외출복과 이에 어울리는 신변품 등이 해당한다.

② **컨츄리 웨어(Country Wear)** : 교외에서 입는 옷으로 흔히 캐주얼 웨어(Casual Wear)라고 말한다. 스포티하고 야성적인 느낌을 주는 복장이며, 스포츠 웨어도 여기에 속한다. 최근에는 캐주얼 웨어가 주류를 이루고 있다.

③ **포멀 웨어(Formal Wear)** : 예복, 양복, 한복 등 정형적인 옷을 말한다. 최근에는 간소한 예복이 나타나고 있으나, 사회 관행적인 것이어서 크게 변한 것은 없다.

패션의 종류

① **하이 패션(High Fashion)** : 새롭고 대담한 디자인으로 일반인이 따라가기 힘든 패션

② **매스 패션(Mass Fashion)** : 대중 패션으로 대량 생산된 기성품

③ **베이직 또는 뉴 패션(Basic or New Fashion)** : 하이 패션이었던 것이 정착하여, 다음 시즌 또는 2~5년 정도 계속해서 판매되는 패션

④ **스테이플 패션(Staple Fashion)** : 긴 주기, 보통 5~10년간 변하지 않는 것을 말하는데, 실용 의류나 일용품이 여기에 속하며, 가격은 저렴하나 경쟁이 심한 상품

신선 식료품 유통구조의 기본적 기능

① **수집기능** : 지역적 · 시간적으로 산재하고 있는 영세 규모의 생산물을 수집해야 한다.

② **분산기능** : 지역적 · 시간적으로 산재하고 있는 대부분의 영세한 소비 단위에 대하여 농산품을 분산시켜야 한다. 분산기능에는 선별, 포장, 수송, 저장, 정보 전달 등의 물적 유통의 각종 기능이 포함된다.

③ **가격안정기능** : 가격의 안정을 위해서는 수집 및 출하의 계획화 또는 통제가 필요하며 저장, 수송, 다른 용도로의 전용 또는 공급량의 일부 폐기를 포함한 수급의 조정이 있어야 한다.

④ **품질 평가에 따른 가격결정기능** : 신선 식료품의 대부분이 상하기 쉽고 시간적 · 지리적 이동에 대한 저항력이 약하며, 또 상품에 대한 평가가 눈으로 보고 혀로 맛보고 하는 등 주관적 판단에 따르기 쉬운 점 등으로 인하여 신선 식료품의 거래는 원칙적으로 현물을 중심으로 이루어진다.

청과류의 공급상 특징

① 기후조건과 생산기간의 제약을 받아 생산 · 공급이 계절성을 크게 나타낸다.

② 부패변질성이 강하여 수확 후 장기간 보존이 어렵고 신선도 유지가 어렵다.

③ 공산물이나 곡물과는 달리 크기, 중량, 수분, 영양가, 성숙도 등 품질의 균일성을 기하기가 어렵다.

④ 청과물 자체가 갖는 실중량과 용적에 비하여 매매가격이 상대적으로 낮아 원거리 수송을 가 칫하면 비경제적이며, 장기 저장의 경제성이 낮다.

축산물의 상품 특성

축산물은 다른 신선 식료품과 마찬가지로 선도와 품질이 상품가치를 결정하는 절대적인 요인이다.

① 생육에서 정육까지 형태 변화가 복잡하다.

② 개체 차이와 부위별 상품가치가 다양하다.

③ 가공 적성(加工適性)이 있다.

④ 숙성과 배합에 유의할 필요가 있다.

⑤ 소규모 소비형 상품성을 가지고 있다.

수산물의 물리적 특성

① 물고기의 종류, 어장, 어획시기 등에 의하여 상품성이 매우 다기(多岐)하고, 규격성이 거의 없다.

② 부패성이 강하고, 보장성 · 운반성이 낮다.

③ 생식용, 가공용 등 용도가 광범위하다.

가공식품 포장재의 8가지 조건

① 내용물이 밖에서도 보이는 것

② 포개어 쌓아도 되는 것

③ 한 개가 소형 포장으로 된 것

④ 쉽게 개봉할 수 있는 것(Easy to Open)

⑤ 내용물의 품질 보존이 충분히 보장되어 있는 것

⑥ 쓰고 버리기에 용이한 것

⑦ 파손가능성이 적은 것

⑧ 포장재료의 무게가 가벼운 것

핵심 39

일용품의 공통된 특징

① 항목별로 용도, 사용 목적의 차이, 연령별, 성별에 따라 구입하는 대상 상품이 다르며, 상품이 사용 효과와 부가가치에 이해서 선별되는 수도 있다.

② 일용품에는 유명 메이커의 브랜드 상품이 많고, 그 호칭에 따라 상품의 특성과 사용상의 특징이 뚜렷하게 구분되는 수가 많다.

③ 메이커는 전국적인 브랜드를 생산하는 일류 대형 메이커와 지역적인 브랜드를 생산하는 중·소 메이커로 나누어지고, 어느 것이나 판매 회사, 제1차 도매상을 중심으로 유통 경로가 전개되고 있다.

④ 일용품은 그 취급 판매점이 많다.

⑤ 판매 효율이 비교적 좋다.

⑥ 메이커 간의 시장 점유율의 경쟁이 심하기 때문에, 신제품의 시장 진출도 많으며, 상품 사이클도 다른 상품 그룹보다 짧다.

핵심 40

점포의 외관디자인

① 점포의 외관은 점두(Storefront)와 진열창(Show window)으로 구성된다.

② 점포의 외관 디자인은 눈에 잘 띌 수 있는 가시성이 있어야 한다.

③ 고객이 점포 내의 분위기를 느낄 수 있도록 설계하여 고객흡인기능을 가져야 한다.

④ 점포 외관은 목표고객이 아닌 고객은 방문하지 못하게 하는 고객선별의 기능을 한다.

⑤ 고급전문점의 외관 형태는 폐쇄형이 좋다. 화려하고 고급스러우며 고객들에게 우월감을 심어줄 수 있도록 해야 한다.

핵심 41

디스플레이의 목적

① 내점객의 수를 늘린다(고객 수의 증가).

② 1인당 매상 단가를 늘린다(적정 이익의 증가).

③ 계속적으로 판다(계속 거래).

④ 적정한 이익을 확보한다(적정 이익의 확보).

⑤ 점포 내 직장 환경의 향상을 꾀한다(종업원의 판매의욕 증진).

핵심 42 · 구매 심리의 단계와 디스플레이 대응 방법

단 계	디스플레이 서비스의 대응방법
① 주의(고객이 상품에 주목한다)	• 가격표, 색채, 조명, 음향효과
② 흥미(관심을 나타낸다)	• 판매에 대한 어프로치, POP광고, 세일링 포인트의 강조
③ 연상(상품을 자기 것으로 해서 본다)	• 사용상의 편리, 희소가치의 소구
④ 욕 망	• 세일링 포인트의 반복, 특매
⑤ 비 교	• 분류 디스플레이, 가격 면에서의 설득, 대량 디스플레이
⑥ 신 뢰	• 메이커명, 브랜드, 품질의 보증, 서비스
⑦ 결 정	• 관련 디스플레이, 추가 판매, 고정객화의 유인

핵심 43 · 디스플레이의 기본 원칙

① 보기 쉬울 것
② 손으로 잡기 쉬울 것
③ 가장 빨리 판매되는 품목을 진열할 것
④ 가격 표시를 할 것
⑤ 분위기를 조성할 것
⑥ 디스플레이 상품을 연출할 것
⑦ 상품 간의 관련성을 가질 것
⑧ 집시 포인트로 진열할 것
⑨ 주목을 분리시킬 것
⑩ 쇼카드 등을 경시하지 않을 것

핵심 44 · 디스플레이의 원칙(AIDCA)

① A(Attention) : 상점의 중점 상품을 효과적으로 디스플레이해서 사람의 눈을 끌고, 가격은 고객이 잘 알아볼 수 있도록 명기하며, 잘 보이도록 전시하여야 한다.

② I(Interest) : 눈에 띄기 쉬운 장소를 골라 그 상품의 세일즈 포인트를 강조해서 관심을 갖게 하고, 디스플레이 상품을 설명한 표찰을 붙인다.

③ D(Desire) : 어떻게 해서든지 사고싶다는 욕망을 이끌어 내어 구매의사를 일으키도록 한다.

④ C(Confidence) : 구입하는 것이 유익하다는 확신을 갖게 하고, 고객에게 그 상품 구입에 대한 안심과 만족감을 주는 동시에 우월감을 줄 수 있는 디스플레이가 되도록 연구한다.

⑤ A(Action) : 충동적인 구매행동을 일으키게 한다.

핵심 45 · 보충 디스플레이

점포 내의 전반적인 디스플레이로서 모든 취급 상품을 전 점포 내에 빠짐 없이 디스플레이하는 것이다. 디스플레이 방법으로는 업종과 업태에 따라서 모든 취급 상품을 그룹별로 분류하여 이를 다시 유기적으로 관련지어 배치하고, 개개의 디스플레이 설비나 집기를 합리적으로 이용해서 이를 다시 분류 · 디스플레이하는 것이 기본이다.

핵심 46

보충 디스플레이의 기능

① 고객의 입장에서 보기 좋고, 선택하기 쉽고, 사기 쉬운 디스플레이가 된다.

② 점포의 입장에서 팔기 쉽고, 상품을 관리하기 쉬운 디스플레이가 된다.

③ 상품의 그룹별 분류와 그 점포의 점격, 상품의 성격, 종류에 따라 대면판매방식 혹은 측면판 매방식을 취하거나 아니면 양자 병용방식을 취하게 된다.

④ 고객 동선은 되도록 길게 하고, 판매원 동선은 짧게 하는 합리적이고 이상적인 점 내 동선의 레이아웃이 이루어져야 한다.

핵심 47

전시 디스플레이

점두의 쇼윈도에 그 시점에서 점포가 목적하는 바를 소구하고 보충 디스플레이의 요소에 집중 적 포인트를 만들어 그 부분에 중점 상품을 일반 매장과 다른 형태로 전시하여 클로즈업 (Close−up)시키는 소위 악센트(Accent) 디스플레이를 말한다. 표현방법이나 장소는 일정하게 정해진 것이 없고 일반적으로 점두의 쇼윈도, 점 내의 정면, 벽 진열대에 설치하는 전시 박스의 아일랜드 진열(도진열)의 끝부분, 기둥 주변 부분 등 되도록 눈에 잘 띄는 곳이 좋다.

핵심 48

중점 디스플레이의 진행방법

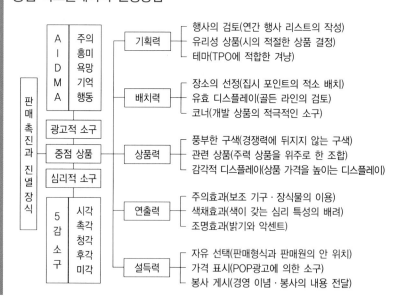

핵심 49

중점 상품의 배치력을 높이는 방법

① 효과적인 집시 포인트의 설치

② 골든 라인(Golden Line)의 활용

③ 개성적 · 인상적인 코너 디스플레이

핵심 50

집시 포인트

고객의 눈을 끌고 발을 멈추게 하여 충동적인 구매와 연결해주기 위한 매장의 포인트가 되는 부분으로 고객의 시선을 모으는 포인트가 된다.

① **대량 판매점** : 대량 디스플레이형이 보통이며, 볼륨(Volume)의 주체를 잘 표현하여 구매 유도를 꾀한다.

② **전문점** : 감각 디스플레이가 일반적이며, 무드(Mood)의 주체를 잘 표현하여 구매 유도를 꾀한다.

핵심 51

유효 진열 범위

상품을 진열해서 그 부분이 유효하게 되는 부분, 즉 팔릴 수 있는 진열의 높이라는 뜻으로 보기 쉽고, 사기 쉬운 위치라는 의미를 내포한다.

① 멀리서 보았을 때의 효과와 상품에 접근했을 때 보기 쉬운 효과를 상품의 특성에 따라 구분해야 한다.

② 진열에는 전시를 구분으로 해서 무드가 좋은 진열, 선택하기 쉬운 진열, 손에 닿기 쉬운 진열이 될 수 있도록 배려하여야 한다.

핵심 52

골든 라인(Golden Line)

유효 디스플레이의 범위 내에서 보다 보기 쉽고 손에 닿기 쉬운 범위의 높이를 말하며, 가장 많은 매출을 올릴 수 있는 가능성을 가진 장소이다.

① 눈높이보다 20도 아래를 중심으로 하여 그 위로 10도, 그 아래로 20도 사이를 말한다.

② 일반적으로 가장 보기 쉬운 위치는 눈높이보다 20도 아래 부분으로 손으로 잡아보기 쉬운 부분이다.

③ 한국 사람의 눈높이는 일반적으로 남성은 160cm, 여성은 150cm를 기준으로 한다.

코너 디스플레이(Coner Display)

성장성이 있는 상품의 경우 장기적인 중점 상품으로 전개하고자 할 때는 특별한 코너를 설치해서 집시 포인트로 하는 것이 효과적이다. 이 경우 전반적인 보충 디스플레이 부분과 뚜렷하게 구분된 매장 무드가 필요하다.

매스 디스플레이(mass display)

단품 종목의 상품을 대량으로 진열하는 형태로 일정 기간, 특히 1주일 정도의 단기에 목표 수량을 팔고자 할 경우 특정 상품의 집중적인 디스플레이에 의해서 양감 디스플레이가 크게 힘을 발휘한다.

관련적인 디스플레이

집중적인 디스플레이가 가격을 중심으로 양감을 위주로 하는 것이라면 이와는 대조적으로 관련적인 디스플레이는 중점 상품에 관계가 있는 용도별, 부속성, 가격, 연령, 색채, 계절 등을 잘 조합해 그 조합에 의한 상승효과로 판매력을 높이고자 하는 방법이다. 관련적인 상품 디스플레이는 패션 코디네이트(Fashion Coordinate, 유행품의 조합)의 사고로 실시해야만 고객에게 편리, 안전감, 만족감을 줄 수 있다.

감각적인 디스플레이

① 무드(Mood) 디스플레이 : 무드를 높여서 상품의 가치나 특성을 강조하는 진열로 이미지(Image) 효과를 목표로 한다. 고급품의 중점 디스플레이에 필요한 진열방법으로 그 상품에 알맞은 색채 · 조명 · 장식의 보조구 등을 잘 이용해서 상품의 질감에 미치는 연상이나 이미지로부터 고객의 구매심리를 자극한다.
② 심볼(Symbol) 디스플레이 : 디스플레이가 의도하는 바를 상품과 모티브에 의해 상징적으로 표현하는 수법이다. 디스플레이의 테마(계절 · 유행 · 뉴스 · 시간 · 장소 · 상황) 등에 따라서 집약적으로 소구하는 효과를 노린 것이다. 이 방법은 고객에 대해서 순간적으로 그 내용을 표현하는 것으로서 감각적인 디스플레이면서 동시에 단기간에 상품을 고지하고 매출과 연결시키려는 방법이다.
③ 드라마틱(Dramatic) 디스플레이 : 한 컷트 장면의 리얼(Real)한 극적인 표현을 통해서 상품에 흥미를 끌게 하는 방법이다. 이 디스플레이를 보고 있는 고객으로 하여금 주인공과 같은 느낌이 들도록 유도하여 그 상품에의 욕구를 불러일으키게 하는 디스플레이 방식이다. 드라마틱 디스플레이의 전형적인 것은 마네킹을 사용해서 특정 장소를 극적으로 연출하는 방법이다.

연출력을 발휘하기 위한 디스플레이의 요건

① 의외성을 강조해서 주목효과를 높일 것
② 색채를 이용하여 디스플레이 효과를 높일 것
③ 조명효과를 이용하여 디스플레이 효과를 높일 것

연출력 발휘의 요점

① 시의 적절한 뉴스성을 고려할 것　　② 계절감을 충분히 살릴 것
③ 동적인 수법을 이용할 것　　　　　④ 쇼킹한 표현을 할 것
⑤ 연령과 성별에 맞는 보조 도구를 활용할 것

기본 조명의 방법

① **직접 조명** : 높은 광도를 필요로 하는 점포 또는 대형의 일반 고객 상대의 점포
② **반직접 조명** : 일반적인 전문점 또는 백화점 등과 같은 대형점
③ **반간접 조명** : 고급 전문점, 국부적인 조명을 많이 사용하는 경우
④ **간접 조명** : 특별 고급점, 특히 개성적인 상품을 파는 소형의 점포 또는 서비스업
⑤ **전반 확산조명** : 샹데리아나 밸런스 라이트와 같이 광이 상하, 좌우로 비치는 조명방식으로 명도를 보다 필요로 하는 비교적 고급점에 적당한 조명

국부조명의 방법

① **스포트 라이트(Spot Light)** : 특정 상품을 집중적으로 조명해서 그 상품을 부각시키는 방법인 경우 광원이 고객의 눈에 띄지 않도록 각도를 고려하여야 한다.
② **다운 라이트(Down Light)** : 밑 부분을 중점적으로 조명하는 방법으로 점포나 윈도우 또는 상품조명으로서 전체 조명의 밝기에 플러스하는 보조적인 역할을 한다.
③ **풋 라이트(Foot Light)** : 밑 부분에서 상품을 조명하는 방법으로 디스플레이 면을 전체적으로 밝게 하는 데 도움이 된다. 이 조명을 천장에서의 빛보다 강하게 하면 무드 조명이 된다.
④ **백 라이트(Back Light)** : 점내 정면이나 집시 포인트 등 특히 눈길을 끌게 하고 싶은 장소의 벽면에 밝게 반사시키는 방법으로서, 유리 제품이나 투명성이 있는 의류 등의 무드 조명에 적합하다. 스테이지에 반투명의 유리나 아크릴 판을 놓고 그 부분을 더 밝게 해주는 스테이지 라이트와 같은 타입의 조명이다.
⑤ **악센트 라이트(Accent Light)** : 조명 기구 그 자체를 장식적으로 활용하는 방법, 천장에서 내려뜨리는 팬던트와 벽면에 부착하는 브래킷 조명으로 명도는 밝지 않아도 좋지만 점포의 무드나 상품과의 조화가 필요하다.

설득력을 위한 디스플레이 방법

① Self-selection에 의한 자유스러운 비교 선택
② 상품 설명과 가격의 명료한 표시
③ 서비스 사인에 의한 성실한 전달

POP 광고 실시의 주의사항

① 명확한 상품의 특징이나 가격의 소구
② 왜 사야 되는가의 이유 명시
③ 매스컴 상품의 경우는 메이커 브랜드의 이용을 충분히 고려할 것
④ 시즌이나 겨냥하는 목표에 따라서 카드의 색, 사이즈, 표현방법을 적당히할 것
⑤ 점포의 개성에 매치될 것
⑥ 효과에 대한 평가

형태에 의한 포장의 분류

① 낱포장(개장, Item Packaging) : 물품의 개개의 포장을 말하며, 물품의 상품가치를 높이거나 물품 개개를 보호하기 위하여 적합한 재료와 용기 등으로 물품을 포장하는 방법 및 포장한 상태를 말한다.
② 속포장(내장, Interior Packaging) : 포장된 화물 외·내부의 포장을 말하며, 물품에 대한 수분, 습기, 광열 및 충격 등을 방지하기 위하여 적합한 재료와 용기 등으로 물품을 포장하는 방법 및 포장한 상태를 말한다.
③ 겉포장(외장, Exterior Packaging) : 화물의 외부 포장을 말하며, 물품을 상자나 나무통 및 금속 등의 용기에 넣거나, 용기를 사용하지 않고 그대로 묶어서 기호 또는 화물을 표시하는 방법 및 포장한 상태를 말한다.

포장용 지대에 의한 포장

① 포장용 지대는 쇼핑백과 슈퍼백으로 대별되며, 다양한 사이즈를 가지고 있어 포장이 간단하고 특별한 포장기술을 필요로 하지 않는다.
② 포장하는 데에 시간이 거의 걸리지 않으므로 신속한 포장 처리가 가능하며, 손님이 일시에 몰려들 경우에 효과적이다.
③ 고객의 입장에서도 쇼핑백은 들고 가기가 편리하며, 포장지로 포장된 것도 함께 넣어갈 수 있어 인기가 높다.

핵 심 65

포장재료의 조건(6R 체크 포인트)

① 라이트 퀄리티(Right Quality) : 적정한 품질 보호
② 라이트 퀀터티(Right Quantity) : 적정한 수량 확보
③ 라이트 타임(Right Time) : 적정한 시간
④ 라이트 플레이스(Right Place) : 적정한 지점
⑤ 라이트 임프레션(Right Impression) : 적정한 인상
⑥ 라이트 프라이스(Right Price) : 적정한 가격

핵 심 66

지류(Paper Materials) 포장재의 특성

① 장 점
　㉠ 가격이 저렴하다.
　㉡ 디자인하기에 용이하다.
　㉢ 가볍고 운반하기에 유리하다.
　㉣ 진열효과가 좋다.
　㉤ 내용물의 보호가 잘 된다.
　㉥ 대량 생산이 가능하며, 품질을 균일하게 낼 수 있다.
　㉦ 자동포장기(자동충전기)에 걸 수 있다.
　㉧ 상품이 좋게 보이며, 사용에 편리하다.
　㉨ 냄새가 없고 독이 없다.
　㉩ 공해 문제에 있어서 폐기성이 좋다.
② 단 점
　㉠ 특수 가공지를 제외하고는 방습성이 약하다.
　㉡ Gas, 냄새, 향기 등을 투과시킨다.
　㉢ 투명성이 없다.

핵 심 67

합성수지의 특성(Plastic Cellophane)

① 유명한 필름이므로 상품 가치를 높인다.
② 포장작업성이 극히 양호하다.
③ 내용품 보호성이 우수하다.
④ 착색이 자유롭다.
⑤ 표면의 광택이 좋다.
⑥ 대전성이 없어 먼지가 잘 부착되지 않는다.
⑦ 인쇄가 용이하다.
⑧ 방습 셀로판은 열접착성이 있다.
⑨ 방향성이 있어 개봉성을 부여한다.

유리 용기의 특징

① 화학 변화(Chemical Change)를 일으키지 않는 성질이 있다.
② 내용물이 투시되는 성질이 있다.
③ 강도, 경도 및 진열의 내구력이 우수하다.
④ 경제성이 있다.
⑤ 포장에 개성이 있다.
⑥ 개폐가 자유롭다.

알루미늄 박(Al-Foil)의 특성

① 장 점
   ㉠ 방습, 방수, 불투명, 보향, 차광성이 우수하고 광택이 나며, 열반사율이 높다.
   ㉡ 무취, 무해성이 있다.
   ㉢ 매혹적인 금속광택과 아름다운 인쇄효과가 있다.
   ㉣ 가벼우며, 가공이 용이하다.
   ㉤ 열에 안전하다.
   ㉥ 자동 포장화가 가능하다.
   ㉦ 열전도성이 좋다.
   ㉧ 내열성이 있다.
② 단 점
   ㉠ 기계적 강도가 약하다.
   ㉡ 바늘구멍(Pin-hole)이 많이 생긴다.

포장 디자인

상품의 용기, 상자, 포장지 등의 디자인으로, 재료 및 구조의 합리성에 의하여 진열효과를 높이고 소비자의 구매의욕을 자극하며, 사용에 있어서는 기능적으로 편리하게끔 조형계획(Modeling Planning)을 하는 것이다.

포장재료의 발주와 리드 타임(Lead Time)

① 발주 : 포장지의 발주는 가능한 한 대량으로 주문하는 것이 경제적이다. 통상 1년간의 사용량을 한 번에 발주하며, 판은 인쇄소에 보관시킨다. 대형점, 특히 백화점인 경우 3개월 사용량의 발주가 보통이며, 지업사도 3사쯤으로 나누어 평등히 발주하여 화재 등의 재해에 대비한다.

② 리드 타임(Lead Time, 납품 소요시간) : 처음으로 인쇄를 발주할 경우 납품까지 1개월 이상의 시간적 여유를 둘 필요가 있다. 제판, 판의 교정, 인쇄, 인쇄물 건조기간, 재단, 운반 등에 요하는 시간이 필요하기 때문이다. 이러한 발주에서 납품까지의 기간을 리드 타임이라 한다. 아직 발주하지 않아도 된다고 생각할 경우 발주하여 곧 입하되는 것이 아니므로 리드 타임의 고려가 중요하다.

핵심 72

포장방법 일반

① **방수포장기법** : 수송, 보관, 하역 과정에서 방수접착, 봉함재 등을 사용하여 포장 내부에 물이 침투하는 것을 방지하기 위한 것이 방수포장이다.

② **방습포장기법** : 습기로 물류과정의 제품이 손상되지 않게 습기를 방지하는 포장을 말한다.

③ **완충포장기법** : 물류과정의 제품 파손을 방지하기 위해 외부로부터의 힘을 완화시키는 포장을 말한다.

④ **방청포장기법** : 기계류 등 금속제품은 물류과정에서 녹이 생기는 경우가 있는데, 모든 금속의 부식을 방지하기 위한 포장기술 내지 수단 또는 금속포장시에 있어서 부식을 방지하기 위한 기술 혹은 수단을 말한다.

⑤ **집합포장기법** : 집합포장은 수송포장을 취급함에 있어서 기계 하역의 대상이 되는 비교적 대형 화물의 집합체로 이루어지며, 복수의 물품 또는 수송포장을 한데 모아 적재함으로써 하나의 단위화물을 형성하는 것을 말한다.

⑥ **식품포장기법** : 식품포장의 목적은 품질과 안전성의 보존, 작업성·간편성의 부여, 내용식품의 표시, 유통수송의 합리화와 계획화, 상품가치의 향상 등인데, 특히 식품의 부패 방지와 품질 보존은 중요한 포장의 역할이다.

핵심 73

선물 포장에 대한 주의

① 가격표는 반드시 뗄 것
② 주름살이 있거나 때가 묻은 포장지는 절대로 사용하지 말 것
③ 선물을 매는 리본 끈의 용도를 틀리지 않도록 주의할 것
④ 글씨는 가급적 손님이 쓰도록 할 것
⑤ 글씨를 쓰고 나면 손님에게 보일 것
⑥ 글씨는 충분히 건조시킨 후 포장할 것
⑦ 포장지는 옷깃 방향으로 할 것(왼쪽을 앞으로 할 때는 근조의 경우 뿐)
⑧ 포장지가 빠져 나올 때는 밑에서부터 접어 끼울 것(자르는 것은 불길하다고 함)
⑨ 근조의 경우나 선물 내용이 고기나 생선 등 1차 산품일 때에는 선물 위에 얹는 색종이를 붙이지 말 것
⑩ 상품에 오손·파손 등이 없는지 충분히 확인할 것

고객의 정의

고객에는 전통적으로 외부고객과 내부고객이 있지만, 오늘날 고객의 개념은 이해관계자(Stakeholder)의 개념으로 확장되었다. 이해관계자란 자사의 성공과 발전에 이해관계가 걸린 모든 구성원(종업원, 고객, 주주, 협력업체, 지역사회 등)을 지칭한다.

단순개념	확대개념	
사내고객	중간고객	최종고객

고객의 역할

① 고객은 직접 찾아오든지 편지를 보내오든지 회사에서 가장 중요한 사람이다.
② 고객이 우리에게 의지하는 것이 아니라 우리가 고객에게 의지하고 있는 것이다.
③ 고객은 우리 일을 방해하는 것이 아니며, 그들이 우리 일의 목적이다.
④ 우리가 그들에게 서비스를 무조건 제공하는 것이 아니라 그들이 우리에게 서비스를 제공할 수 있는 기회를 주는 것이다.
⑤ 고객은 논쟁을 하거나 함께 겨룰 수 있는 상대가 아니다. 누구도 고객과의 논쟁에서 이길 수 없다.
⑥ 고객은 우리에게 그가 원하는 것을 가르쳐 주는 사람으로 고객과 우리에게 이익이 되도록 일을 하는 것이 우리의 직무이다.

고객 기질에 따른 고객의 유형

① **수용적 성격** : 낙천적이며 친밀성이 있으나 권위에는 약하고 남의 말을 잘 듣는다.
② **착취적 성격** : 지적인 반면 독창성이 없고 흔히 말하는 재사(才士)적인 사람으로서 회의와 냉담, 선망과 질투가 강하다.
③ **저축적 성격** : 완고한 면이 있어서 주위와 잘 어울리려 하지 않고, 자신에 대해서는 충실한 면이 있나.
④ **시장적 성격** : 지적이며 순응성이 있고, 호기롭고 인정미도 있다. 그러나 타인에 대해서는 무관심하고, 개인주의적 감정에 지배되어 있으며, 변덕스러운 점도 있다.

고객의 특성에 따른 분류

① **결단형 고객(Decisive Customer)** : 자기가 필요한 상품이 무엇인지 분명히 알고 있고, 정의심이 매우 강하며, 판매원의 반대 의견에 화를 내지 않는다. 따라서 판매원은 고객으로 하여금 스스로 선택하도록 하거나, 판매 제시를 하는 동안 고객의 욕구나 의견을 기술적으로 주입시켜 상품을 제시하여야 한다.

② 의구형 고객(Suspicious Customer) : 매사에 의구심이 많아 남에게 이용당한다는 생각을 가지며, 성격상 고분고분해지는 것을 매우 싫어할 뿐만 아니라, 구매의사 결정을 할 때 판매원의 말을 신뢰하려고 하지 않고 의심이 많다

③ 다혈질적 고객(Angry Customer) : 일반적으로 심성이 고약하여, 아주 사소하고 조그마한 일에도 화를 잘 낼뿐만 아니라, 마치 일부러 사람을 괴롭히는 것처럼 보인다. 따라서 판매원은 응대를 함에 있어 논쟁을 피하고 명백한 사실에 관해서만 언급하고, 여러 가지 상품을 기분 좋게 보여주어야 한다.

④ 논쟁적 고객(Argumentative Customer) : 일반적으로 논쟁하기를 좋아하며, 판매원의 진술 한마디 한마디에 대하여 이의를 제기한다.

⑤ 사실추구형 고객(Fact Finder Customer) : 일반적으로 상세하고 정확한 사실에 흥미를 가지며, 판매원의 진술 가운데 틀린 것이나 실수를 놓치지 않고 관찰하거나 제품이나 서비스에 대한 상세한 설명을 듣고자 한다.

⑥ 내성적인 고객(Timid Customer) : 일반적으로 자제심이 강하고 감수성이 예민하다. 이따금 보통 가격보다 비싼 가격의 품목을 구매한다. 따라서 판매원은 고객이 스스로 구매결정에 따른 만족감을 갖도록 친절과 존경으로 접객해야 한다.

⑦ 충동적 고객(Impulsive Customer) : 일반적으로 결정이나 선택을 재빨리 하고, 인내심이 없으며, 갑작스럽게 거래를 취소하기도 한다. 판매원은 응대를 함에 있어 과다판매나 판매를 지연시키지 말고 판매를 빨리 종결지어야 한다.

⑧ 주저형(또는 自制型) 고객(Wavering Customer) : 자신이 결정할 능력이 결여되어 있거나, 잘못된 결정에 대한 근심과 두려움을 가지며, 판매원의 조언이나 협조를 바란다.

⑨ 연기형 고객(Procrastinating Customer) : 대체로 구매결정을 뒤로 미루거나 자신의 판단에 확신이 부족하며, 자신감이 결여되어 있다.

⑩ 전가형 고객(Back-passing Customer) : 보통 판매원 이외의 가족 구성원이나 기타 사람의 조언을 원하며, 사실의 불확실성을 인정하지 않는다.

⑪ 침묵형 고객(Silent Customer) : 대체로 말은 없어도 생각을 많이 하고, 관찰력이 뛰어나다. 또한 자신과 판매원의 의견, 생각의 차이에 걱정을 하나 판매원의 진술에 귀를 기울이기도 하여, 대체로 무관심한 것처럼 보인다. 따라서 판매원은 고객에게 직접 질문을 시도하거나, 제품이나 서비스의 특징을 지적하여 판매하도록 한다.

⑫ 오락형 · 여가형 고객(Just Shopping Customer) : 단순히 쇼핑이나 점포에 진열된 상품에 관한 정보를 얻고자 한다. 따라서 이들은 매우 충동적이며, 구매계획은 보통 세우지 않는다. 또한 여가 시간을 가지기 좋아하며, 점포 분위기나 점포 내 상품 진열에 매력을 느낀다.

고객심리의 6단계(고객반응의 6단계)

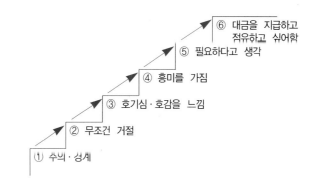

⑥ 대금을 지급하고 점유하고 싶어함
⑤ 필요하다고 생각
④ 흥미를 가짐
③ 호기심·호감을 느낌
② 무조건 거절
① 주의·경계

이 단계는 고객과 세일즈맨의 인간관계가 성립하는 것

이 3단계의 성공은 판매 99%에 성공하는 것

판매지향적 사고와 고객지향적 사고의 비교

구 분	시발점	초 점	수 단	목 적
판매지향적 사고 (제품생산 이후에 관심)	기 업	제 품	판매와 촉진활동	판매를 통한 기업이익
고객지향적 사고 (제품생산 이전 및 이후에 관심)	시 장	고 객	통합적 고객지향활동 (전사적 마케팅)	고객만족을 통한 기업이익

고객 서비스

고객 지향적 사고를 전제로 하여 기업과 고객이 상호 접촉하는 과정에서 기업이 판매하는 제품 및 서비스 판매와 사용을 향상·촉진해주고 나아가서 고객의 만족을 통한 재판매 및 호의적인 구전 의사소통을 확보하기 위해서 기업이 사전에 결정된 최적 비용−서비스 믹스 범위 내에서 수행하는 모든 활동이다.

[고객 서비스의 정의]

주체 및 객체	구성 요소	목 적	기본 사고	비 고
기업 → 고객	판매, 재판매 및 호의적인 구전 의사소통을 확보하기 위해 수행되는 활동	판매 및 재판매 확보, 호의적인 구전 의사소통 확보	마케팅 지향적	고객 지향적 의사 전제

고객 서비스의 성격

① **무형성** : 서비스의 기본 특성은 형태가 없다는 것이다. 객관적으로 누구에게나 보이는 형태로 제시할 수 없으며 물체처럼 만지거나 볼 수 없기 때문에 그 가치를 파악하거나 평가하는 것이 어렵다.

② **비분리성** : 서비스는 생산과 소비가 동시에 일어난다. 즉, 서비스 제공자에 의해 제공되는 것과 동시에 고객에 의해 소비되는 성격을 가진다.

③ **이질성** : 서비스의 생산 및 인도과정에는 여러 가변적 요소가 많기 때문에 한 고객에 대한 서비스 업체에서도 종업원에 따라서 제공되는 서비스의 내용이나 질이 달라진다.

　　㉠ 서비스는 동질적이 아니고 변동적이어서 규격화·표준화하기 어렵다.

　　㉡ 고객의 이질성은 경제적 요인, 문화적 요인, 사회적 요인 등에 의해 야기된다.

　　㉢ 서비스의 이질성은 문제와 기회를 동시에 제공한다.

　　㉣ 서비스의 이질성은 고객에 따른 개별화의 기회를 제공한다.

④ **소멸성** : 판매되지 않은 제품은 재고로 보관할 수 있다. 그러나 판매되지 않은 서비스는 사라지고 만다. 즉, 서비스는 재고로 보관할 수 없고, 서비스의 생산에는 재고와 저장이 불가능하므로 재고 조절이 곤란하다.

서비스의 제품 특성

① **탐색적 특성** : 제품의 구매 전에 알 수 있는 제품의 특성으로서 색상, 스타일, 디자인 등의 외적인 특성 및 가격, 상표명 등의 가시적인 특성을 의미한다.

② **경험적 특성** : 제품의 구매 전에는 쉽게 알 수 없고 소비하면서 또는 소비 후에야 알 수 있는 특성들이다. 일반적으로 음식의 맛, 의복의 내구성, 여행에 대한 만족 등이 경험적 특성에 속한다.

③ **신념적 특성** : 제품을 구매하고 서비스를 수혜 받은 후에도 평가하기 힘든 경우에 속한다. 대표적으로 의료 서비스는 수혜 받은 후에도 필요한 서비스를 정말로 수혜받은 것인지 또는 적절한 서비스를 수혜 받은 것인지를 일반 환자들은 쉽게 가늠하지 못한다.

SERVQUAL의 5가지 차원

① **유형성(Tangibles)** : 물적 요소의 외형

② **신뢰성(Reliability)** : 믿을 수 있으며, 명확한 임무 수행

③ **대응성(Responsiveness)** : 즉각적이면서 도움이 되는 것

④ **확신성(Assurance)** : 능력 및 공손함 그리고 믿음직스러움과 안전성

⑤ **공감성(Empathy)** : 쉽게 접근이 가능하고, 의사소통이 잘되면서 소비자를 잘 이해하는 것

서비스 마케팅 믹스(7P MIX)

① 상품(Product)
② 가격(Price)
③ 경로(Place)
④ 촉진(Promotion)
⑤ 과정(Process)
⑥ 물리적 근거(Physical Evidence)
⑦ 사람(People)

서비스의 특성에 따른 문제점과 대응전략

서비스의 특성	문제점	대응전략
무형성	• 특허로 보호가 곤란하다. • 진열하거나 설명하기가 어렵다. • 가격설정의 기준이 명확하지 않다.	• 실체적 단서를 강조하라. • 구전활동을 적극 활용하라. • 기업이미지를 세심히 관리하라. • 가격 설정시 구체적인 원가분석을 실행하라. • 구매 후 커뮤니케이션을 강화하라.
비분리성	• 서비스 제공시 고객이 개입한다. • 집중화된 대규모생산이 곤란하다.	• 종업원의 선발 및 교육에 세심하게 고려하라. • 고객관리를 철저히 하라. • 여러 지역에 서비스망을 구축하라.
이질성	표준화와 품질통제가 곤란하다.	서비스의 공업화 또는 개별화 전략을 시행하라.
소멸성	재고로서 보관하지 못한다.	수요와 공급 간의 조화를 이루라.

서비스품질 격차 요인

① **격차 1** : 상향커뮤니케이션 정도, 관리 단계의 수 등
② **격차 2** : 경영층의 서비스 품질에 대한 인식 정도, 서비스 업무 표준화, 서비스 품질 목표 등
③ **격차 3** : 역할모호성, 역할갈등, 직원-직무 간 조화, 기술-직무 간 조화, 평가와 보상체계의 적절성, 팀워크 등
④ **격차 4** : 수평 커뮤니케이션 정도, 고객들이 받는 서비스를 정확히 반영하는지 여부
⑤ **격차 5** : 고객의 기대 정도

MOT(Moment Of Truth)의 개념

고객과 기업이 접촉하는 '결정적인 순간'을 표현하는 것으로 기업의 생존이 결정되는 순간이라고 할 수 있다. 고객접점 서비스, 결정적 순간 또는 진실의 순간이라는 이 용어를 최초로 주창한 사람은 리차드 노먼이며, 이 개념을 도입하여 성공을 거둔 사람은 스칸디나비아 에어라인 시스템(SAS) 항공사의 사장 얀 칼슨(Jan Carlzon)이다.

고객접점 서비스란 고객과 서비스요원 사이의 15초 동안의 짧은 순간에 이루어지는 서비스로서 이 순간을 진실의 순간(MOT) 또는 결정적 순간이라고 한다. 이 15초 동안에 고객접점에 있는 최일선 서비스요원이 책임과 권한을 가지고 우리 기업을 선택한 것이 가장 좋은 선택이었다는 사실을 고객에게 입증시켜야 한다는 것이다.

핵 심 88

고객응대화법

① 공손한 말씨를 사용한다.
② 고객의 이익이나 입장을 중심으로 이야기한다.
③ 알기 쉬운 말로 한다.
④ 고객응대에 예의를 갖춘다.
⑤ 명확하게 말한다.
⑥ 대화에 감정을 담는다.

핵 심 89

칭찬화법

대담 찬사	장점이나 자랑할 점이 있으면 아낌없이 대담하게 칭찬한다.
반복 찬사	한 번 한 찬사를 몇 번이고 되풀이하면 더욱 빛난다.
부분 지적 찬사	막연한 칭찬이 아니고, 특징을 포착하여 집중적으로 하여야만 진실성이 있고 효과가 크다.
간접 찬사	다른 사람으로부터 들은 소문, 찬사를 인용하여 칭찬하는 방법은 자연스럽고 상대방의 사회적 승인욕을 만족시켜 준다.
비교 찬사	이런 점은 시원치가 못하지만, 이런 점이 훌륭하다는 식의 방법도 매우 유용한 방법 중의 하나이다.
자아 확장 찬사	소유물을 치켜 주면 그것은 자기의 연장으로 생각되어 기분이 좋아지게 마련이다.
당신 강조 찬사	어떤 칭찬이나 말이 칭찬 받는 사람의 절대성에 두는 것을 말한다

핵 심 90

설득적 표현방법

① 명확하고 부드러운 목소리를 유지한다.
② 상황에 적당한 음량과 템포를 유지한다.
③ 시각에 호소하는 언어를 활용한다.
④ 품위 있는 유머를 한다.

핵 심 91

전화응대의 3요소

① 신 속
  ㉠ 신속히 받고 원가의식을 갖고 간결하게 통화한다.
  ㉡ 인사나 필요한 농담이라도 길어지지 않도록 한다.
  ㉢ 전화를 걸기 전에 용건을 5W1H로 써서 말하는 순서와 요점을 결정한다.
  ㉣ 불필요한 말은 반복하지 않는다.
② 정 확
  ㉠ 발음을 명확히 또박또박 한다.
  ㉡ 천천히, 정확히 말하여 상대가 되묻는 일이 없도록 한다.

ⓒ 상대가 이해하지 못할 전문용어나 틀리기 쉬운 단어는 사용하지 않는다.

ⓓ 중요한 부분은 강조한다.

ⓔ 상대의 말을 지레짐작하여 응답하지 않는다.

③ 친 절

ⓐ 친절을 느끼도록 하려면 정성을 다해야 한다.

ⓑ 상대가 누구이건 차별하지 말고 경어를 쓰도록 한다.

ⓒ 상대의 말을 끊거나 가로채지 않는다.

ⓓ 필요 이상으로 소리를 크게 낸다든지 웃지 않는다.

ⓔ 상대의 기분을 이해하도록 하여 상대의 심리를 긍정적으로 만들어야 한다.

ⓕ 상대의 언성이 높아지거나 불쾌해하면, 한발 물러서서 언쟁을 피한다.

고객만족의 주요소

① 상품(직접적 요소)
- 상품의 하드적 가치
- 상품의 소프트적 가치

② 서비스(직접적 요소)
- 회사의 분위기
- 고객 응대 서비스
- 정보 서비스

③ 기업 이미지(간접적 요소)
- 사회 공헌 활동
- 환경 보호 활동

고객만족의 중요성

① 마케팅 활동의 궁극적인 목적은 고객을 만족시키고 이를 통하여 기업목표를 달성하는데 있다.

② 고객만족을 통해 기업성장을 하고 있는 미국, 일본 등의 외국 기업으로부터 자극을 받았다.

③ 고객만족이 앞으로의 경영이 최고 과제라는 인식이 새롭게 대두되고 있다.

④ 과포화 성숙시장 상황에서의 고객욕구 다양화에 능동적 대응을 하기 위함이다.

⑤ 고객들에게 좋은 이미지를 심어줄 수 있는 새로운 기업문화 구축이 용이해 지기 때문이다.

⑥ 경쟁력 제고로 기존의 사업영역 뿐만 아니라 새로운 사업진출을 용이하게 한다.

판매담당자의 대기요령

① 바른 자세 : 양손을 겹쳐서(여자의 경우는 오른손을 위, 남자는 왼손을 위에 두거나 주먹을 가볍게 쥐고 재봉선에 밀착한다) 앞에 모으고 똑바로 서 있는다. 부드럽고 밝은 표정을 담은 채 시선은 고객의 태도나 동작을 관찰한다. 고객을 관찰할 때는 고객이 부담을 느끼지 않는 부드러운 눈초리로 조심스럽게 살피는 것이 중요하다.

② **바른 위치** : 고객에 신속히 응대할 수 있는 가장 편리한 장소에 있는 것이다.

③ **상품 점검**

    ㉠ 상품이 제자리에 잘 진열되어 있는지, 진열량이 적절한지, 더럽혀진 상품이 없는지 확인한다.

    ㉡ 상품마다 정확한 가격이 정해져 있는지, 정해진 위치에 있고 가격표가 더러워지거나 망가져 있지는 않은지 확인한다.

    ㉢ 입체적인 진열이 되어 있을 경우 상품을 꺼내기 쉽게 되어 있는지를 점검한다.

④ **효과적인 진열연출** : 판매담당자는 보기 좋고, 고객이 선택하기 쉬운 진열방법에 대한 연구를 해야 한다.

⑤ **매장의 청결 유지** : POP와 진열대, 그리고 매장 바닥을 항상 깨끗하게 청소하여 고객이 매장 밖에서 구경하거나 매장에 들어섰을 때 깔끔하고 상큼한 기분을 갖도록 한다.

핵심
95

고객 접근방법

① **상품접근법** : 판매원이 판매하고자 하는 상품을 예상 고객에게 제시하며, 주의와 관심을 환기시키는 데 있어서 상품의 독특한 특징에 의존하거나 흥미 있는 상품의 품질을 지적하는 것을 말한다.

② **서비스접근법** : 예상 고객에게 이전에 구매한 상품에 대한 수리나 정보 제공 그리고 조언을 해주면서 접근하는 것을 말한다.

③ **상품혜택접근법** : 구매자에게 제공될 상품혜택, 예상 고객을 연관시키는 설명이나 질문을 갖고 면담을 시작하는 데 사용된다.

④ **환기접근법** : 예상 고객의 호기심을 환기시켜 그의 관심과 흥미를 유발시켜 접근해 나가는 방법이다.

⑤ **프리미엄접근법** : 예상 고객에게 가치 있는 무엇인가를 무료로 제공하면서 접근하는 방법이다.

⑥ **칭찬접근법** : 예상 고객의 주의와 관심을 끌기 위하여 사실에 근거한 진지한 칭찬을 줄 수 있는데 대부분의 사람들은 남으로부터 진지한 찬사를 받기를 좋아하며, 더욱이 계속 경청하려고 드는 경향이 있다.

⑦ **공식적 접근법** : 판매원이 예상 고객에게 명함을 주며 접근하는 방법으로 산업 구매자, 도매상 또는 소매상의 방문에 널리 사용되고 있다. 이러한 접근법은 많은 사람들에 의해 사용되고 있으므로 판매원이 유명한 회사나 신뢰받는 기업을 대리하지 않는다면 거의 관심이나 흥미를 끌기 어렵다.

⑧ **친지소개접근법** : 상호 친지로부터의 편지, 메모, 소개장을 예상 고객에게 제시하는 것이다.

⑨ **금전제공접근법** : 인간의 욕망에 근거를 둔 것으로 돈을 벌려는 욕망은 우리 사회에 있어서 너무나 팽배되어 있는 동기이므로 대부분의 사람을 접촉함에 있어서 금전 제공은 성공적으로 이용될 수 있다.

고객 본위의 응대

접객에 있어서 고객이 갖는 우위성을 보증하면서 고객의 동기에 재빨리 호응하여 고객의 가치 관에 부응한 상품 제시와 정보 제공을 고객의 수준에서 행하는 것은 만한다. 고객 본위의 접객 기술은 다음과 같다.

① 전문 용어를 남용하지 않아야 하며, 사용하는 경우에는 반드시 해석을 붙여서 고객이 이해하기 쉽도록 힘써야 한다.

② 고객이 어떠한 특성을 가진 상품을 바라고 있는가를 이해하고 그 패턴에 합치한 상품을 갖추어 제시해야 한다.

③ 접객 중에는 다른 업무를 보지 않도록 해야 한다. 매장은 고객을 위해 존재하는 것이며, 판매원 또한 고객을 위해 대기하고 존재하는 사람이기 때문에 고객에게 직접적인 관계가 없는 행위는 접객 중에 피하여야 한다.

④ 흥허물이 없다고 해서 무례한 태도를 취하지 말아야 한다.

판매 제시

판매 제시는 고객접근과 욕구결정단계에서 파악된 고객의 욕구를 충족시켜주기 위해 상품을 고객에게 실제로 보여 주고 사용해 보도록 하여 상품의 특징과 혜택을 이해시키기 위한 활동으로서, 상품의 실연(제시)과 설명(Explaining)이 핵심이다. 판매 제시를 함에 있어서 판매원은 효과적으로 의사 전달을 하기 위하여 담화, 경청, 제스처, 전시 및 그 밖의 행동에 관한 어떤 결합에 의존하면서 예상 고객에게 설득적인 소구(Appeal)를 행한다.

판매 결정의 촉구방법

① **추정승낙법(가정적 종결법)** : 두 가지 안 중에서 선택하도록 하게 하는 방법이다. 실제로 많은 고객은 '살 것인가, 말 것인가'를 생각하지 않고 '어느 쪽으로 해야 할 것인가'를 진지하게 생각하게 되므로 효과가 큰 방법이다. 이 방법은 양자택일법, 또는 이중질문법이라고도 한다.

② **교묘질문법** : 고객이 그 물건을 갖게 됨으로써 얻게 되는 여러 가지 이점을 납득시키는 방법이다.

③ **테스트질문법** : 고객의 심중을 탐지할 뿐만 아니라 불안이나 의심이 있으면 찾아 낼 수 있고 그것을 알게 되면 대책을 세울 수가 있게 된다.

④ **손득비교법** : 제안의 이점과 불리한 점을 표로 만들어 고객이 결정하기 좋게 이 둘을 비교하여 주문을 구한다.

⑤ **직접행동법** : 고객이 사겠다는 심정을 뚜렷하게 찾아 볼 수 있을 때에 판매원이 신청서를 꺼내서 간단한 것부터 기입하는 방법으로 고객은 이러한 판매원의 동작을 중단시켜 버리지 않는 한 자기가 사게 된다는 사실을 알고 있으면서도 대개의 경우 반대하기 힘들게 되는 것이다. 물리적 동작법 또는 주문서법이라고도 한다.

⑥ **전환법** : 고객을 수세로 몰아넣어 어느 정도 머리의 혼란을 일으키게 함으로써 반대하기 힘들게 한다.

⑦ **요약반복법** : 고객에게 어필할 수 있다고 생각되는 가장 중요한 이익을 요약·반복하여 설명하는 것이다.

코센(Kossen)의 판매저항 처리방법

① **보증법** : 결단을 못 내리고 망설이고 있는 고객에게 판매담당자가 품질에 대한 확신을 주어 효과적일 수 있는 방법

② **타이밍 지적법** : 지금 사지 않으면 손해 본다는 사실을 알려 고객의 반론을 해소시키는 방법

③ **실례법** : 추상적이고 구체적이지 못한 반론을 제기하는 고객에게 제3자의 실례를 들어 설득하는 방법

④ **비교대조법** : 반론을 솔직히 인정한 다음 경쟁상품에 대한 우리 제품의 특징이나 이점을 비교해 보이고 우리 제품이 고객에게 얼마나 중요한가를 인정시키는 방법

⑤ **자료전환법** : 고객의 반론에 적절한 자료로 고객의 시각이나 청각에 호소하면서 반론을 제기하는 방법

MTP법

사람(Man), 시간(Time), 장소(Place)를 바꾸어 컴플레인을 처리하는 방법이다.

① **사람을 바꿈** : 불만고객의 최초 응대를 교체하여 불만의 경중에 따라 되도록 상사가 응대(판매사원 → 판매담당)

② **장소를 바꿈** : 불만고객을 오래 서있거나 기다리게 하면 더욱 화가 날 수 있고, 다른 고객들까지 불만이 터져나올 수 있으므로 이러한 상황을 미연에 방지하기 위하여 장소를 바꾸어 조용한 곳에서 응대(매장 → 사무실, 소비자상담실)

③ **시간을 바꿈** : 고객이 잠시 진정할 시간을 주고, 응대하는 직원 역시 진정할 시간을 줌으로써 차분하게 원인을 파악하고 해결할 수 있도록 시간을 주는 것

여기서 멈출거예요? 고지가 바로 눈앞에 있어요.
마지막 한 걸음까지 시대에듀가 함께할게요!

최종
모의고사

제1회 최종모의고사

제2회 최종모의고사

제3회 최종모의고사

제4회 최종모의고사

제5회 최종모의고사

제6회 최종모의고사

제7회 최종모의고사

제8회 최종모의고사

제9회 최종모의고사

제10회 최종모의고사

제1회 최종모의고사

형 별	A형	제한시간	45분	수험번호	성 명

※ 5개의 답항 중 가장 알맞은 1개의 답항을 고르시오.

유통상식

01 **전통적 유통경로(conventional channel)의 특징으로 옳지 않은 것은?**

① 구성원들 간의 법적 구속력이 없다.
② 수직적 유통경로보다 경로 성과성이 높지만 유연성은 매우 낮다.
③ 구성원들 간의 연결이 느슨하고 결속이 약하다.
④ 구성원들 간의 업무 조정이 어려워 이해관계가 충돌하였을 때 조정이 어렵다.
⑤ 공통 목표 보다는 구성원 각자 자신의 이익을 추구하는 경향이 강하다.

02 **소매업태별 핵심 특성을 연결한 것으로 가장 옳지 않은 것은?**

① 백화점 – 다양성과 구색을 모두 추구
② 전문점 – 매우 깊은 상품구색과 완전서비스
③ 양판점 – 중저가 상품구색의 다품종 판매
④ 하이퍼마켓 – 대형화된 슈퍼마켓에 할인점을 접목
⑤ 슈퍼마켓 – 염가점들을 종합해 놓은 초대형 소매점

03 소매 수레바퀴이론에 대한 내용으로 옳지 않은 것은?

① 새로운 형태의 소매점은 시장진입 초기에 저비용, 저서비스, 저가격으로 시장에 진입한다.

② 경쟁이 격화되면 경쟁적 우위를 확보하기 위해 고비용, 고서비스, 고가격 형태의 운영전략으로 변경한다.

③ 편의점의 등장은 소매 수레바퀴이론에 잘 부합되는 특징을 가지고 있다.

④ 소매 수레바퀴이론의 쇠퇴기에는 투자수익률이 감소한다.

⑤ 소매 수레바퀴이론의 도입기에는 점포시설이 미비한 편이다.

04 방문판매의 장점에 대한 설명으로 가장 옳지 않은 것은?

① 적극적으로 제품의 우수성을 설명하여 능동적으로 판매할 수 있다.

② 판매원이 직접 판매하는 대면판매로, 고객관계 형성과 강화에 유리하다.

③ 상품뿐만 아니라 사용상황에 대한 개인 컨설턴트 역할이 가능하다.

④ 점포유지비가 거의 들지 않으므로 고정비 관련 원가를 줄일 수 있다.

⑤ 고객은 판매원을 통해 경쟁사 제품에 대한 세세한 정보를 제공받을 수 있다.

05 고관여상품과 비교한 저관여상품에 대한 특징으로 옳지 않은 것은?

① 저관여상품은 고관여상품에 비해 물품 구매 빈도가 높은 편이다.

② 저관여상품은 고관여상품에 비해 물품 구매 단가가 높은 편이다.

③ 상표간의 차이가 없는 대다수의 생활필수품은 저관여상품에 포함된다.

④ 저관여상품은 고관여상품에 비해 습관적 구매가 이루어지는 물품이 많은 편이다.

⑤ 저관여상품은 고관여상품에 비해 충동적 구매가 이루어지는 경향이 있다.

06 프랜차이즈 체인방식에 대한 설명으로 옳지 않은 것은?

① 체인본부가 가맹점에게 판매권을 부여하고 경영 노하우를 제공하는 방식이다.

② 일반적으로 가맹점은 체인본부에게 가맹가입비와 매출액의 일부를 납부한다.

③ 점포수가 많을수록 본사의 고정비가 분산되어 점포당 운영비를 줄일 수 있고 안정적인 수입원을 확보할 수 있다.

④ 체인본부가 경영에 관련된 노하우를 제공해주기 때문에 가맹점은 판매에 전념할 수 있다.

⑤ 체인본부가 만들어놓은 사업에 가맹점이 사후적으로 참여하는 것이기 때문에 가맹점이 자율적으로 결정할 수 있는 사항이 너무 많아 체인본부가 약자의 입장에 있다.

07 유통경로의 기능을 조성기능, 물적 유통기능, 소유권 이전기능 등으로 구분한다고 할 때, 보기 중 잘못 짝지어진 것은?

① 시장금융 기능 → 조성기능
② 판매기능 → 소유권 이전기능
③ 하역 → 물적 유통기능
④ 구매기능 → 소유권 이전기능
⑤ 포장기능 → 조성기능

08 잠재고객이 인정하는 제품이나 서비스의 혜택을 판매원이 정리하여 언급하면서 고객의 구매결심을 유도하는 판매종결기법으로 옳은 것은?

① 시험종결기법
② 요약종결기법
③ 대안종결기법
④ 핵심종결기법
⑤ 추정종결기법

09 편의품에 대한 설명으로 가장 옳지 않은 것은?

① 구매빈도가 높아 상품회전율이 높은 상품이다.
② 상품의 단가가 낮으며 판매마진율 또한 낮은 상품이다.
③ 소비자가 습관적으로 구매하는 상품이다.
④ 점포를 선택하는 데 신중히 검토하지만, 상표에 대한 관심은 낮은 상품이다.
⑤ 우유, 비누, 치약과 같은 생활필수품이 편의품에 해당된다.

10 유통산업발전법[시행 2021.1.1] [법률 제17761호, 2020.12.29, 일부개정]에서 정의하고 있는 체인사업의 종류로 가장 옳지 않은 것은?

① 임의가맹점형 체인사업
② 프랜차이즈형 체인사업
③ 직영점형 체인사업
④ 산학협동 체인사업
⑤ 조합형 체인사업

11 창고나 물류센터에서 수령한 제품을 재고로 보관하지 않고 즉시 소매점으로 배송하는 시스템을 지칭하는 용어로 옳은 것은?

① JIT(Just In Time) 시스템
② 크로스 도킹(Cross Docking) 시스템
③ 자동발주 시스템
④ 전사적 물류관리 시스템
⑤ 창고관리 시스템

12 직접 유통과 관련된 설명으로 옳지 않은 것은?

① 도매상과 중간상들이 부당하게 높은 이윤을 취하고 있다는 생산자의 불만은 직접 유통이 생겨나게 한 하나의 요인이다.
② 교통의 발달로 직접 유통이 더욱 원활해졌다.
③ 유통경로상에서 하나 이상의 유통기관을 거치는 것을 직접 유통이라 한다.
④ 생산자가 소비자에게 직접 제품을 유통시키는 것을 의미한다.
⑤ IT의 발전은 유통 경로를 단축시키는 요인이 되었다.

13 무점포 소매상의 형태로 옳지 않은 것은?

① 통신 판매
② 텔레마케팅
③ TV홈쇼핑
④ 자동판매기
⑤ 파워센터(power center)

14 판매원이 고객에게 서비스를 제공할 때에 지켜야하는 기본 규칙으로 옳은 것은?

① 필요할 경우에는 고객과의 언쟁도 가능하다는 점을 인지한다.
② 고객의 이야기는 상품을 판매하는 중에만 경청하면 된다.
③ 자신이 속한 조직에 자부심을 가지고 응대한다.
④ 외모는 최대한 최신 유행에 맞추어 치장한다.
⑤ 언어적인 의사표현에만 신중을 기한다.

15 다음 중 도매상의 소매상에 대한 기능으로 옳지 않은 것은?

① 소비자가 요구하는 물품을 수집하여 소매상에게 분산하는 수집분산 기능
② 생산자가 판매한 대량의 화물을 소매상이 원하는 만큼 소량으로 분할하는 기능
③ 도매상의 신용거래로 소매상의 재정을 원활하게 하는 재정안정 기능
④ 소매상의 상품보관을 위한 비용 절감 및 보관기간 단축으로 인한 상품회전율 증대 기능
⑤ 소매상을 대신해서 생산물을 보관하고 운반해주는 수송 보관의 기능

16 직업윤리에 관련된 내용으로 가장 옳지 않은 것은?

① 직업윤리란 일반윤리의 한 특수한 형태이다.
② 직업윤리는 모든 직업인에게 일반적으로 요구되는 '직업일반의 윤리'와 각 직종에 따라 특수하게 요구되는 '특정직업의 윤리'로 구분된다.
③ 직업윤리는 국민윤리나 일반윤리보다 더 넓은 의미의 직업에 대한 가치 체계이다.
④ 일반윤리와 직업윤리는 서로 상호보완적 관계에 있어야 한다.
⑤ 직업인들이 직업윤리를 통해 자발적으로 상호간의 신뢰를 구축할 수 있어야 공정하고 합리적인 사회가 운영될 수 있다.

17 소매점이 구사하는 전략들에 대한 내용으로 가장 옳지 않은 것은?

① 병행수입이란 소매업자가 스스로 해외의 도매업자 등에게 직접 구입하는 것을 의미한다.
② 병행수입은 수입총판을 통하여 구매하는 것보다 저렴하게 매입할 수 있다.
③ 병행수입은 해외 생산자의 직접적인 애프터서비스가 확실히 보장된다는 장점이 있다.
④ 도미넌트 전략이란 특정한 어느 지역에 집중적으로 복수의 체인점을 개설하는 전략을 의미한다.
⑤ 도미넌트 전략을 통해 해당지역에서는 체인점 지명도가 올라갈 수 있으나 인구성장이 지체되는 지역에서는 체인점이 도산할 가능성이 있다.

18 성희롱의 대처방법으로 가장 옳지 않은 것은?

① 직접적으로 거부의사를 전달하는 것은 피하는 것이 좋다.
② 정식으로 항의하는 것이 중요하다.
③ 가해자와 직접 부딪치기 어려울 때에는 문서로 발송한다.
④ 혼자 대처하기 어려울 때는 제3자에 의한 신고도 가능하다.
⑤ 회사 외부의 신고기관에 도움을 요청할 수 있다.

19 인터넷 유통경로에 대한 설명으로 가장 옳지 않은 것은?

① 풍부한 정보 제공과 편리하며 경제적이라는 이유로 빠른 성장을 구가하고 있다.

② 인터넷 채널은 재화의 판매뿐만 아니라 서비스의 판매에도 많은 영향을 미친다.

③ 초창기 인터넷을 통해 생산자가 소비자에게 직접 판매하는 탈중간상화가 유통의 주요 현상으로 나타났고 이후 중간상의 기능은 약화되었다.

④ 기존 점포형 소매업과 인터넷 소매업을 동시에 이용하는 다채널전략에 이어 옴니채널전략으로 진화하고 있다.

⑤ 다른 채널에 비해 반품률이 높으며 환불에 대한 소비자 불만이 많은 편이다.

20 아래 글상자 신문기사의 판매원이 수행한 고객활성화 활동의 짝으로 옳은 것은?

> 정수기, 공기청정기, 연수기 등을 생산하여 판매하는 (주)○○은 최근 영업왕 선발대회를 통해 최영광씨를 영업왕으로 선발하였다. 그는 (㉠) 정수기를 렌탈하여 사용하던 기업고객을 대상으로 공기청정기를 추가적으로 렌탈하게 하였고, (㉡) 기존 월 2만원의 보급형 모델의 공기청정기를 사용하는 일반 고객들에게 최신식의 고급형 월 3만원의 모델을 렌탈하게 하여 높은 실적으로 보였다.
>
> —■■일보, 2021년 10월 10일자—

① ㉠ – 교차판매, ㉡ – 관계판매

② ㉠ – 상승판매, ㉡ – 교차판매

③ ㉠ – 관계판매, ㉡ – 교차판매

④ ㉠ – 교차판매, ㉡ – 상승판매

⑤ ㉠ – 상승판매, ㉡ – 관계판매

제 2 과목 **판매 및 고객관리**

21 촉진 전략에는 푸시(push) 전략과 풀(pull) 전략이 있다. 이에 대한 설명으로 옳지 않은 것은?

① 푸시 전략이란 제조업자가 유통업자에게 촉진 활동을 하고 유통업자는 최종소비자에게 마케팅 활동을 하는 전략이다.

② 풀 전략이란 제조업자가 직접 최종소비자에게 광고와 판촉을 통해 촉진 활동을 펼치는 전략이다.

③ 푸시 전략은 소비자들이 상품에 대한 관여도가 낮고 충동적인 구매를 하는 경우 적합하다.

④ 풀 전략은 소비자들이 상품에 대한 관여도가 높을 때 적합하다.

⑤ 풀 전략은 소비자가 브랜드 선택 없이 방문했을 때 적합하다.

22 진열에 대해 설명한 내용으로 옳은 것은?

① 슈퍼마켓의 계산대 앞에는 로스율이 낮은 카테고리 상품을 진열한다.

② 소비자가 더 오랜 시간을 매징에서 보낼 수 있도록 동시구매가 많이 이루어지는 상품군을 분리하여 진열한다.

③ 제품에 대한 다양한 정보제공 및 충동구매 빈도를 높이기 위해 POP를 사용하여 상품을 진열한다.

④ 고객의 손이 쉽게 닿을 수 없게 하여 더 오래 매장에 있을 수 있도록 상품을 깊이 진열하는 것이 좋다.

⑤ 10대 인구 구성비가 높은 상권의 슈퍼마켓에서는 주류, 커피, 차류를 위주로 유연성 있게 적용하여 진열한다.

23 서비스의 특성으로 옳지 않은 것은?

① 서비스의 무형성을 극복하기 위해 고객 참여는 필수적이다.

② 서비스는 저장되거나 재판매될 수 없고 돌려받을 수도 없다.

③ 서비스는 비분리성을 가지고 있어 생산과 동시에 소비된다.

④ 서비스의 이질성으로 인해 표준화 또는 개별화 전략을 시행한다.

⑤ 서비스는 실체를 보거나 만질 수 없다.

24 디스플레이를 할 때 일반적으로 따르는 4W1H 원칙에 대한 내용으로 옳지 않은 것은?

① WHEN : 언제 디스플레이를 할 것인가?

② WHO : 누가 디스플레이를 할 것인가?

③ WHERE : 어디에 디스플레이를 할 것인가?

④ WHAT : 무엇을 디스플레이 할 것인가?

⑤ HOW : 어떠한 방법으로 디스플레이를 할 것인가?

25 점포를 개점할 때에 고려해야 할 사항으로 옳은 것은?

① 시장잠재력이 낮은 곳에서 출점하여야 경합의 영향도 작아지기 때문에 시장잠재력이 낮은 곳에서 개점하도록 한다.

② 시장이 갖는 잠재력을 충분히 흡수하기 위해 시장잠재력에 맞는 규모와 형태로 개점하도록 한다.

③ 점포 개점 시 인지도를 확대하는 전략은 자원을 낭비하는 일이므로 배제한다.

④ 미래의 경제상황 같이 예측이 불가능한 요인들은 미래사업에 대한 영향이 불확실하므로 사업계획 시 고려할 잠재요인에 포함되지 않는다.

⑤ 경쟁력, 자본력 등이 부족한 프랜차이즈의 경우, 시장의 중심부에 점포를 출점한 후 점차 외곽지역으로 영역을 확대하도록 한다.

26 판매원이 갖추어야 할 상품지식에 대한 구체적인 내용으로 옳은 것은?

① 상품의 사용 : 제조회사 역사 ② 상품의 재질 : 크기

③ 상품의 모양 : 유지비 ④ 상품의 특성 : 포장

⑤ 상품의 배경 : 아름다움

27 판매시점 정보관리시스템(POS system)의 장점으로만 묶인 것은?

> ㉠ 단품관리 가능
> ㉡ 초소형반도체에 식별정보를 입력하여 무선주파수 이용 가능
> ㉢ 신속, 정확한 판매계산과 정산시간 단축 가능
> ㉣ 적정 재고로 상품손실 최소화 가능
> ㉤ 여러 개의 정보를 동시에 판독하거나 수정할 수 있음

① ㉠, ㉡, ㉤ ② ㉡, ㉢, ㉣

③ ㉡, ㉣ ④ ㉠, ㉣, ㉤

⑤ ㉠, ㉢, ㉣

28 브랜드 및 브랜드 자산의 의미와 중요성에 대한 설명으로 옳지 않은 것은?

① 브랜드란 판매자가 자신이 판매하는 제품이나 서비스를 다른 판매자와 구별하기 위하여 사용하는 이름 · 문자 · 기호 · 도형 · 디자인 또는 이들의 결합 등을 말한다.

② 구매자들에게 강력하고 독특한 브랜드 이미지를 전달하게 되면, 충성 고객 확보와 안정적인 매출 등 기업경영에 좋은 결과를 얻을 수 있다.

③ 브랜드가 창출하는 부가가치의 총합을 브랜드 자산 또는 브랜드 파워라고 한다.

④ 강력한 브랜드를 보유한 제조업체가 그 브랜드를 활용한 브랜드 확장을 시도하게 되면, 브랜드 확장 시 마케팅 비용은 신규 브랜드 출시보다 훨씬 많이 요구된다.

⑤ 브랜드 충성도가 높은 구매자는 다른 제품들을 구입하지 않기 때문에 브랜드 자산은 경쟁우위의 원천이 된다.

29 선물용 광고물로서 자사의 로고가 새겨진 컵, 펜, 가방 등과 같은 상품형태로, 소비자나 판매자에게 무료로 배포하여 마케팅 효과를 높이려는 판촉 수단은?

① 리펀드(refund) ② 프리미엄(premiums)

③ 샘플링(sampling) ④ 제품삽입(product placement)

⑤ 리베이트(rebate)

30 고객이 구매를 많이 하도록 자극하기 위해, 각 재고유지단위(SKU ; Stock Keeping Unit)를 매장선반이나 진열대에 어떠한 방식으로, 즉 어떻게, 어디에 진열해야 하는지 보여주는 다이어그램이자 관련시스템은 무엇인가?

① Gondola   ② CRM

③ RFID   ④ POS

⑤ Planogram

31 화가 난 고객이 생겼을 때, 고객에 대한 판매자의 서비스 커뮤니케이션으로 옳지 않은 것은?

① 문제가 해결될 때까지 고객관리부서에서 해결할 것이므로 판매자는 더 이상 신경 쓸 필요가 없다.

② 고객 의견에 찬성을 하고, 그런 내용을 자신에게 알려준 것에 대해 감사를 표시한다.

③ 고객의 편에 있다는 것을 이해시킨다.

④ 먼저 사과한 후에, 일어난 일에 대해 나중에 전후사정을 이야기 하도록 한다.

⑤ 고객의 문제가 해결되었다면 고객에게 감사함을 표현한다.

32 다음 글에서 볼 수 있는 포장 합리화의 원칙은?

> 팔레트(Pallet), 컨테이너 등은 물적 유통의 많은 발전을 가져왔다. 제각각 포장되어 있는 물건들은 규격이 다르므로 유통에 큰 어려움이 있었다. 하지만 팔레트나 컨테이너 등을 이용하여 일정한 틀에 맞추어 모든 상품들을 포장하여 운송한 결과 더 편리하고 빠르게 배송이 가능하게 되었다.

① 대형화, 대량화의 원칙   ② 집중화, 집약화의 원칙

③ 분산화, 다양화의 원칙   ④ 규격화, 표준화의 원칙

⑤ 개별화, 신속화의 원칙

33 일반적으로 사람은 자신의 의견을 누군가가 정면으로 부정하거나 반박하면 불쾌해한다. 따라서 고객의 말을 일단은 듣고 나서 반박을 제시하는 "Yes, but" 혹은 "Yes, and" 기법은 무엇에 속하는가?

① 이유전환법   ② 간접부정법

③ 부메랑화법   ④ 증거제시법

⑤ 고객응대법

34 피자 배달과 판매를 하는 매장에서 MOT(Moment Of Truth)에 관련하여 가장 적절한 의견을 제시한 사람은 누구인가?

> 재석 : 손님들에겐 가격이 저렴한 것이 제일 좋으므로 15% 쿠폰을 발행해야지!
> 명수 : 기부를 많이 하면 기업 이미지가 좋아지니까 기부를 많이 해야지!
> 준하 : 단순히 판매만 하지 말고 포인트를 적립해주면 더 좋아할 거야!
> 하하 : 고객들의 입맛은 정말 다양하니까 새로운 메뉴를 개발할거야!
> 세호 : 음식은 청결이 제일이니까 항상 테이블과 식기를 청결하게 해야지!

① 재석   ② 명수
③ 준하   ④ 하하
⑤ 세호

35 구매 의사결정에 영향을 미치는 심리적 요인에 해당되는 것은?

① 소비자가 속한 문화(culture)
② 가입한 커뮤니티(community)
③ 자녀를 포함한 가족(family)
④ 준거집단(reference group)
⑤ 사회적 자아 이미지(self image)

36 자기가 받은 전화를 다른 담당자에게 돌려주는 경우가 있다. 이 경우 응대 방법으로 가장 옳지 않은 것은?

① 전화를 돌려받을 사람의 이름을 파악한다.
② 전화를 돌려줄 때 송화구를 막고 바꿔주는 것이 좋다.
③ 전화 받을 사람이 즉시 받을 수 없는 경우 받을 때까지 기다린다.
④ 만약 전화를 돌려줬는데 통화가 되지 않을 경우를 대비해 담당자의 직통번호를 알려준다.
⑤ 전화를 돌려받았을 때 돌려받은 담당자는 자신을 상대방에게 소개하는 것이 좋다.

37 상품로스(loss)란 쓸모가 없어지거나 손해가 된다는 말인데, 상품로스가 발생하는 원인과 가장 거리가 먼 것은?

① 재고상의 착오
② 상품의 도난과 분실
③ 상품과 거래명세서 계산 착오
④ 상품 폐기의 기표 누락 및 착오
⑤ 매출의 급속한 신장

38 서브퀄(SERVQUAL)의 5개 품질차원에 따른 행위로 옳지 않은 것은?

① 신뢰성 : 항공사의 경우, 정시 출발·도착 서비스 제공
② 응답성 : 온라인 증권회사의 경우, 대기시간이 없도록 빠른 웹사이트 서비스 제공
③ 확신성 : 자동차 수리의 경우, 지식과 경험이 많은 수리공이 서비스 제공
④ 공감성 : 병원의 경우, 대기실, 검사실, 의료장비, 문서자료를 구비하여 전문적인 서비스 제공
⑤ 유형성 : 미용실의 경우, 미용시설과 장비를 구비하고 대기장소의 환경을 개선하는 서비스 제공

39 아래 글상자 내용은 어떤 고객 유형의 응대 기법인가?

> – 결론부터 제시하고 설명을 진행한다.
> – 신속한 응대가 가장 중요하다.

① 성격이 급한 유형　　　　　　② 말이 많은 유형
③ 결정을 미루는 유형　　　　　 ④ 의심이 많은 유형
⑤ 잘난 척하는 유형

40 상표 기능을 통해 기업이 얻게 되는 효과로 가장 옳지 않은 것은?

① 상품 선택 가능성을 촉진시킨다.
② 상표 기능을 통해 무형의 자산을 얻을 수 있다.
③ 자사의 상품을 차별화시킨다.
④ 상품의 정보를 얻을 수 있다.
⑤ 고유한 시장을 얻을 수 있다.

41 아래 글상자에서 설명하는 표적마케팅(targeting)의 종류로 옳은 것은?

> 각 세분시장별로 서로 다른 마케팅믹스를 투입하는 마케팅이다. 세분화된 시장별로 마케팅 믹스전략을 사용하므로 소비자들의 전체적인 만족도는 증가하지만 비용이 많이 드는 단점이 있다.

① 비차별화 마케팅　　　　　　② 차별화 마케팅
③ 비집중화 마케팅　　　　　　④ 집중화 마케팅
⑤ 전사적 마케팅

42 아래 글상자에서 설명하는 점포 레이아웃의 기본 개념으로 옳은 것은?

> 레이아웃 완성 후 코너별로 상품 구성을 계획하고 진열 면적을 배분하여 레이아웃 도면상에 상품 배치 구역을 구분하여 표시한 것

① 페이싱(Facing)   ② 스코핑(Scoping)

③ 조닝(Zoning)   ④ 라이닝(Lining)

⑤ 블랙룸(Black room)

43 기업의 고객관리에 관련된 내용으로 가장 옳지 않은 것은?

① 과거에는 고객과의 장기적인 관계구축보다는 단기적 거래의 판매 전 행동과 판매행동 중심으로 논의되었다.

② 기업의 철학이 생산개념에서 관계마케팅개념으로 바뀌면서 고객만족의 중요성이 대두되기 시작하였다.

③ 만족도가 높은 고객들은 오랫동안 충성심을 가지게 된다.

④ 일상적인 거래의 경우, 기존 고객을 유지·관리하는 것 보다 새로운 고객을 확보하는 데 더 적은 비용이 소요된다.

⑤ 새로운 고객을 확보하는 것 못지않게 기존 고객을 유지하는 것도 중요하다.

44 고객관계관리를 통해 기업이 얻을 수 있는 효과로 옳지 않은 것은?

① 고객 점유율보다 시장 점유율에 비중을 두고 있어 잠재시장을 장악하는 데 효과적이다.

② 20%의 고객이 80%의 매출액을 올린다는 파레토 법칙에 따라 신규 고객보다는 기존 고객의 유지와 감동을 통해 지속적인 매출을 향상시킬 수 있다.

③ 고객이 원하는 상품을 만들고 고객의 욕구를 파악하여 고객이 원하는 상품을 공급하므로 고객관계를 확립할 수 있다.

④ 잠재고객을 활성화시키고, 재구매, 구매 수준 증대를 유도하여 매출을 증가시킨다.

⑤ 고객 데이터를 분석하여 얻은 정보를 활용해 틈새시장 공략에 활용할 수 있다.

45 은행의 금융서비스나 병원의 의료서비스는 먼저 온 손님부터 서비스를 제공하므로 뒤에 온 손님은 대기하게 된다. 대기 손님을 관리하기 위해 기업이 알아야 할 내용으로 가장 옳지 않은 것은?

① 서비스를 제공받는 시간보다 이를 받기 전 대기가 더 길게 느껴진다.

② 언제 서비스를 받을 수 있을지 모를 경우 대기가 더 길게 느껴진다.

③ 제공받을 서비스가 가치가 있을수록 더 짧게 기다린다.

④ 대기의 원인이 설명되었을 경우 대기시간은 더 짧게 느껴진다.

⑤ 아무 일도 하는 것 없이 기다릴 경우 대기시간은 더 길게 느껴진다.

유통관리사 3급
■ 제1과목 유통상식
■ 제2과목 판매 및 고객관리

제2회 최종모의고사

형 별	A형	제한시간	45분	수험번호	성 명

※ 5개의 답항 중 가장 알맞은 1개의 답항을 고르시오.

제1과목 유통상식

01 유통윤리(Distributor Ethics)의 기본원칙에 대한 설명으로 가장 어울리지 않는 것은?

① 유통윤리는 유통경로에서 정당하지 못한 방법이나 상도에 어긋난 행동으로 인하여 유통질서를 혼탁하게 하는 행위를 하는 경우에 필요하다.

② 경로관리의 윤리문제는 유통경로에 존재하는 사회적, 환경적인 문제들에서 발생하는 윤리적 문제로 단순한 물적 유통에 한정된 것이 아니다.

③ 도소매점의 윤리문제는 공급자가 자사제품만을 취급하게 하거나 거래조건을 연계하여 독점거래권을 행사하는 경우가 대표적인 비윤리적인 문제이다.

④ 경쟁업체와의 수평적 가격담합, 제조업자와 중간상 간의 수직적 가격담합은 비윤리적이지만, 경쟁에서 이기기 위한 약탈적 가격전략은 정상적인 기업전략의 일부분이기 때문에 윤리적이다.

⑤ 기업마다 치열한 광고 및 판매촉진 활동을 전개하는 과정에서 소비자들의 개인정보 유출문제와 사생활 보호문제가 마케팅과 유통에서 윤리적인 문제로 대두되고 있다.

02 다음 박스 안의 내용과 가장 밀접하게 관련이 있는 것을 고르시오.

> 하나의 기업이 다수의 직영점을 내고, 본부가 총괄하여 관리하는 방식의 체인조직

① 레귤러 체인
② 프랜차이즈 체인
③ 볼런터리 체인
④ 컨버터블 체인
⑤ 스페셜티 스토어 체인

03 수직적 마케팅시스템에 대한 설명으로 가장 올바른 것은?

① 기업형 경로에서는 공동의 목표는 없으나 높은 수준의 몰입은 존재한다.

② 소매상 협동조합 경로에서는 도매상이라는 경로 리더가 존재한다.

③ 프랜차이즈 시스템은 대표적 계약형 경로이다.

④ 관리형 경로에는 경로조직내 상위기구가 존재한다.

⑤ 계약형 경로는 가장 강력한 집단지향성과 통제력을 보인다.

04 유통경로의 필요성으로 보기 어려운 것은?

① 거래의 단순화

② 정보탐색의 용이성

③ 구색 맞춤(분류 기능)

④ 총거래수 최소화

⑤ 소비자 효용의 감소

05 다음 중 유통에서 표준화(Standardization)의 목적이 아닌 것은?

① 상거래의 단순화로 원가절감을 가능하게 한다.

② 상품의 생산능률을 원활하게 한다.

③ 가격하락이나 수요감퇴를 막을 수 있다.

④ 상품을 보다 합목적적으로 사용할 수 있게 한다.

⑤ 소비자가 자신의 욕구를 잘 충족시킬 수 있는 상품의 발견을 용이하게 한다.

06 유통경로에 대한 설명으로 옳지 않은 것은?

① 제품이나 서비스가 생산자로부터 소비자에 이르기까지 거치게 되는 단계이다.

② 유통경로는 시장에서의 총 거래수를 감소시키고 거래를 촉진시킨다.

③ 지리적, 시간적, 정보적 장애를 극복하여 생산자와 소비자 간에 원활한 거래가 이루어지도록 한다.

④ 거래과정에서 제품, 지불조건 등을 표준화시켜 시장에서 거래를 용이하게 한다.

⑤ 소비자의 요구와 시장의 유행 그리고 소요비용 및 마진에 따라 수시로 신속한 유통경로 수정전략이 가능하다.

07 유통경로상에서 집중 준비의 원칙과 관계있는 것은?

① 생산자와 소매상 사이에 도매상이 개입한다.　　　② 도매상과 소매상 사이에 소비자가 개입한다.
③ 생산자와 도매상 사이에 소매상이 개입한다.　　　④ 소매상과 도매상 사이에 생산자가 개입한다.
⑤ 생산자와 도매상 사이에 소비자가 개입한다.

08 아래 박스에서 설명하고 있는 도매상의 유형으로 옳은 것은?

> • 한정기능도매상이다.
> • 석탄, 목재, 중장비와 같이 부피가 큰 제품을 주로 취급한다.
> • 주문을 받으면 합의된 조건과 배달시간에 맞추어 고객에게 직접 제품을 선적·운반할 제조업자에게 연결해준다.
> • 자신들은 직접 재고를 유지하지 않는다.

① 현금판매도매상(cash and carry wholesalers)
② 트럭도매상(truck wholesalers)
③ 직송도매상(drop shipper)
④ 선반중개인(rack jobber)
⑤ 우편주문도매상(mail-order wholesalers)

09 개방적 유통경로의 단점으로 옳지 않은 것은?

① 장기적으로는 해당 상품에 대한 소매업체들의 마진이 작아질 수 있다.
② 해당 상품판매 후 소매업체들이 제공하는 서비스나 수리업무에 대한 품질이 저하될 수 있다.
③ 해당 상품 제조업체의 소매업체에 대한 통제가 용이하지 않아질 수 있다.
④ 장기적으로는 소매업체들이 해당 상품에 대한 촉진활동을 줄이게 될 수 있다.
⑤ 제조업체와 소매업자의 강한 파트너십으로 인해 소비자의 해당 상품 구매에 대한 편의성이 제한될 수 있다.

10 물적 유통에 대한 다음 설명 중 틀린 내용은?

① 물적 유통의 담당자는 운송업과 창고업이 주담당자가 된다.
② 물적 유통은 유통 부문 중에서 수송 또는 보관 업무만을 전문적으로 취급하는 업종이다.
③ 물류의 예로는 서류의 이동, 금전의 이동, 정보의 이동 또는 최근의 택배, 창고와 저장 서비스가 속한다.
④ 물류와 상류의 개념 구분이 시작된 것은 경제 구조가 대형화·광역화되면서 비롯되었다.
⑤ 물적 유통의 합리화는 물적 유통관련 시설의 무인화, 자동화를 통하여 노동력을 최대한 축소하는 것이다.

11 다음 중 판매 담당자가 수행해야 하는 역할로 가장 올바른 것은?

① 고객과의 관계에서 고객의 소리 및 정보를 회사에 전달하는 정보 전달자의 역할

② 고객의 잠재적 욕구를 발견하고 설득행위를 통해 잠재고객에게 판매를 성사시키는 수요창출자의 역할

③ 상품에 관한 지식이 부족한 고객에게 상품의 특징을 설명하고 경쟁제품과 비교해주는 구매대행자의 역할

④ 제품의 기능과 관련된 A/S 등의 부수적인 서비스와 배려 등의 인간적인 서비스를 통해 고객의 총체적인 욕구를 충족시키는 서비스제공자의 역할

⑤ 판매를 적극적으로 해서 생산과 소비를 균형있게 하는 기본지식 · 기술을 함양한 전문인으로서의 역할

12 마케팅 활동을 수행하기 위해 활용할 수 있는 수단을 마케팅 믹스라고 한다. 다음 설명은 어느 수단에 해당되는가?

> 기업이 소비자, 중간구매자 또는 기타 이해관계가 있는 대중에게 상품 또는 기업에 관련된 정보를 전달하는 것이다.

① 촉진관리   ② 경로관리

③ 가격관리   ④ 상품관리

⑤ 이익관리

13 일반적으로 할인점이라 불리는 대형마트의 특성에 대한 설명으로 가장 옳지 않은 것은?

① 박리다매의 원칙에 입각하여 일반 상점보다 저렴한 가격으로 판매한다.

② 회전율이 높은 유명 브랜드를 주로 취급한다.

③ 상품구색 면에서 카테고리 킬러에 비해 폭은 넓은 편이지만 깊이는 얕은 편이다.

④ 점포 하나하나가 모두 대형매장이므로 대개 각 점포별로 독립적인 물류시스템을 갖추고 있다.

⑤ 고객에 대한 서비스 수준이 높지 않으며, 다양한 방법으로 비용을 절감하려 노력한다.

14 최근 소매업태를 둘러싼 환경이 급변함에 따라 이를 극복하고 성장하기 위하여 업태마다 다양한 경쟁전략이나 정책을 구사하고 있다. 다음의 전략(또는 정책)들은 어느 업태와 관련이 깊은 것들인가?

> 다점포화, 전략적 제휴 확대, 생활서비스 강화, 정보화, 택배거점화

① 백화점   ② 할인점

③ 슈퍼마켓   ④ 편의점

⑤ 회원제 도매클럽

15 가격파괴형 유통업태에 해당하지 않는 것은?

① 하이퍼마켓(Hypermarket)

② 수퍼센터(Super Center)

③ 회원제 도매클럽(Membership Wholesale Club)

④ 카테고리 킬러(Category Killer)

⑤ 전문점(Specialty Store)

16 서비스 유통경로에 대한 설명으로 가장 옳지 않은 것은?

① 제품 유통에 비해 간결한 경로를 지닌다.

② 전형적인 서비스 유통경로는 서비스제공자와 고객이 직접 접촉하는 경로형태이다.

③ 최근 프랜차이즈는 서비스, 특히 외식업의 전형적 경로로 부각되고 있다.

④ 서비스 유통경로는 고객이 직접 서비스 기업에 다가가는 경로만 존재한다.

⑤ 서비스 유통경로는 직영 채널과 다양한 간접 채널이 존재한다.

17 다음 설명 중 옳지 않은 것은?

① 판매원은 상품 지식을 완전히 갖춘 전문인으로서 고객의 쇼핑을 바르게 도와주어야 한다.

② 소비자는 각종의 다양한 상품과 믿을 수 있는 정보의 제공을 바라게 된다.

③ 소매업은 신용, 반품 허용, 주차 시설 등의 서비스를 고객에게 제공한다.

④ 소매업은 단순히 유형재(有形材)인 상품의 판매 기능만 담당한다.

⑤ 소매업은 최종소비자들에게 제품이나 서비스를 판매하는 유통업을 의미한다.

18 판매원이 직면하는 고객관계 스트레스 등을 관리하기 위한 조직의 노력으로 가장 거리가 먼 것은?

① 정서 노동에 적합한 판매원을 선별하도록 한다.

② 화난 고객들을 대응하는 사전 훈련을 실시한다.

③ 직무환경을 주의 깊게 설계하여 정서 노동을 관리한다.

④ 휴식을 취할 수 있도록 교대근무나 휴가를 제공한다.

⑤ 문제 고객은 가급적 자신이 처리하고 상급자에게 넘기지 않도록 훈련시킨다.

19 프랜차이즈 제도의 장점이 아닌 것은?

① 소액의 자본으로도 사업을 착수할 수 있다.

② 본부의 일괄적인 광고나 캠페인 실시로 개개 점포의 광고 효과보다 큰 판촉이 가능하다.

③ 본부의 경영에 따르지 않고도 독자적인 영업을 할 수 있다.

④ 본부의 협조에 의해 시장 변화에 적응할 수 있는 사업 운용이 가능하다.

⑤ 운영에 따른 전반적인 컨설팅을 본부로부터 지원받을 수 있어 사업경험이 없이도 안정된 운영을 할 수 있다.

20 청소년보호법상의 '청소년유해행위의 금지'에 해당하지 않는 것은?

① 영리 또는 흥행의 목적으로 청소년에게 음란한 행위를 하게 하는 행위

② 영리를 목적으로 청소년으로 하여금 노동을 강요하는 행위

③ 영리 또는 흥행을 목적으로 청소년의 장애나 기형 등의 모습을 일반인에게 관람시키는 행위

④ 청소년에게 구걸을 시키거나, 청소년을 이용하여 구걸 하는 행위

⑤ 영리를 목적으로 청소년으로 하여금 손님을 거리에서 유인하도록 하게 하는 행위

제 2 과목 판매 및 고객관리

21 다음 상품들이 제공하는 편익에 대해 올바르게 짝지어진 것은?

> ㉠ 영화관, 놀이공원의 체험
> ㉡ 자동차의 편안한 승차감
> ㉢ 명품브랜드의 이용

① ㉠ – 개인적 편익, ㉡ – 기능적 편익, ㉢ – 상징적 편익

② ㉠ – 개인적 편익, ㉡ – 경험적 편익, ㉢ – 사회적 편익

③ ㉠ – 경험적 편익, ㉡ – 사회적 편익, ㉢ – 상징적 편익

④ ㉠ – 경험적 편익, ㉡ – 기능적 편익, ㉢ – 사회적 편익

⑤ ㉠ – 사회적 편익, ㉡ – 경험적 편익, ㉢ – 상징적 편익

22 괄호 안에 들어갈 적절한 용어는?

> (   )는 파악된 고객의 욕구를 충족시켜주기 위해 상품을 고객에게 실제로 보여주고 사용해보도록 하여 상품의 특징과 혜택을 이해시키기 위한 활동으로서, 상품의 실연 혹은 시연(Demonstration)과 설명(Explaining)이 핵심이다.

① 마케팅 믹스   ② 판매제시
③ 구매시점 광고   ④ 판매마무리
⑤ 고객관계관리

23 다음에서 설명하는 서비스의 특성과 관련 있는 것은?

> 이 서비스의 특성과 관련해서 발생하는 근본적인 문제는 재고를 보유할 수 없다는 점이다. 또한 회수하거나 재판매할 수 없다는 사실은 서비스가 잘못되었을 때 강력한 회복전략이 필요함을 알 수 있다.

① 무형성   ② 이질성
③ 생산과 소비의 동시성   ④ 소멸성
⑤ 공감성

24 점포관리의 한 요소 중에 점포환경에 대한 관리가 있다. 다음 중에서 점포환경관리의 구성요소가 아닌 것은?

① 시각적 커뮤니케이션   ② 조 명
③ 음 악   ④ 레이아웃과 디스플레이
⑤ 향 기

25 다음 중 상품이 갖추어야 할 적성에 대한 설명으로 옳지 않은 것은?

① 소비자의 필요나 욕구에 적합한 품질을 갖추어야 한다.
② 생산될 때와 소비될 때의 가치에 차이가 많을수록 좋다.
③ 생산지에서 소비되는 곳까지의 운반이 쉽고 안전하며 경제적이어야 한다.
④ 제조업자와 판매업자가 상품을 취급하고자 하는 의욕을 가질 정도의 수익을 내야 한다.
⑤ 매매 및 소비할 때에 동종동량의 상품을 가지고 대체할 수 있어야 한다.

26 다음의 괄호 안에 들어갈 수 있는 단어는?

> (   )(이)란 대량 판매를 위한 상품 기획, 체인 스토어 등에 있어서 동일 품목의 대량 상품을 들여오는 데 있어, 이익 규모를 고려하여 상품기획을 하는 것

① 매스머천다이징
② 단품관리
③ 전략적 구색관리
④ 전략적 제품믹스
⑤ 레이아웃

27 제조업체와 유통업체가 상생을 위한 물류측면의 전략적 제휴에 있어서 요구되는 인프라나 장치로 가장 거리가 먼 것은?

① POS(Point Of Sales)
② QR(Quick Response)
③ SKU(Stock Keeping Unit)
④ POP(Point Of Purchase)
⑤ EDI(Electronic Data Interchange)

28 오픈(Open)진열에 대한 설명으로 옳은 것은?

① 점포 내에 상품을 판매할 목적으로 진열하는 것을 말한다.
② 점포입구 등에 시각적인 측면의 전시효과를 증진시키기 위하여 진열하는 방법을 말한다.
③ 액자, 시계 등과 같은 상품을 벽면에 걸어놓는 진열방법을 말한다.
④ 상품을 자유롭게 손에 들고 볼 수 있도록 진열하는 방법을 말한다.
⑤ 상품을 옷걸이 등에 매달아 진열하는 방법을 말한다.

29 제품 구성의 3단계 중 확장제품에 속하는 것으로만 묶은 것은?

> ㉠ 상 표
> ㉡ 배 달
> ㉢ A/S
> ㉣ 설 치

① ㉠, ㉡, ㉢
② ㉡, ㉢, ㉣
③ ㉠, ㉢, ㉣
④ ㉡, ㉣
⑤ ㉠, ㉡, ㉢, ㉣

30 효과적인 판매단계를 순서대로 가장 잘 나열한 것은?

① 사전준비 및 접근 → 잠재고객 발굴 → 판매제시 및 실연 → 판매종결 → 이의극복 → 사후관리
② 사전준비 및 접근 → 잠재고객 발굴 → 판매제시 및 실연 → 이의극복 → 판매종결 → 사후관리
③ 잠재고객 발굴 → 사전준비 및 접근 → 판매제시 및 실연 → 이의극복 → 판매종결 → 사후관리
④ 잠재고객 발굴 → 판매제시 및 실연 → 사전준비 및 접근 → 판매종결 → 이의극복 → 사후관리
⑤ 판매제시 및 실연 → 잠재고객 발굴 → 사전준비 및 접근 → 판매종결 → 이의극복 → 사후관리

31 고객들이 가격저항을 할 경우를 대비한 방법이나 그러한 상황에 알맞은 처리방법으로 가장 옳지 않은 것은?

① 제품의 이점에 비해 가격이 적정하다고 생각할만한 증거를 사전에 준비해 둔다.
② 판매자 자신부터 가격에 대한 신뢰감을 갖고 있어야 한다.
③ 제품의 효용보다 가격으로 인한 지위과시가 더 중요함을 설명한다.
④ 가격보증 데이터를 사전에 준비해두고 고객을 설득한다.
⑤ 고객이 제품의 가치가 높음을 인정할 때 가격제시 타이밍을 잡는다.

32 소비자의 쇼핑 동기 중 그 종류가 가장 다른 것은?

① 쇼핑은 일상적인 매일의 생활로부터 어떤 기분전환의 기회를 제공하며 오락의 한 형태가 되어 즐거움을 준다.
② 소비자들이 소매점을 찾아 쇼핑할 때의 감정적 상태는 각기 다를 수 있으나 모든 소비자들이 자기만족을 위한 동기에서 쇼핑을 즐긴다.
③ 소비자는 소매점을 출입함으로써 라이프스타일을 보여주는 새로운 추세나 유행을 배우게 되어 쇼핑한다.
④ 소매점은 시각적 즐거움이나 음악 및 상품을 뒤적이는 데서 오는 촉각적 즐거움 등을 제공하므로 소비자들이 감각적 이득을 추구하여 쇼핑한다.
⑤ 쇼핑경험은 개인이 남으로부터 주의와 존경을 받을 수 있는 좋은 기회를 제공한다. 따라서 소비자들은 그들의 권위와 파워를 향유할 수 있는 기회를 얻기 위해 쇼핑한다.

33 판촉 수단으로서 POP를 부착해야 하는 상품과 거리가 먼 것은?

① 무료샘플을 제공하는 상품
② 상품정보가 아직 널리 알려지지 않은 신상품
③ 대중매체를 통해 최근 광고하는 상품
④ 판매단가가 높은 상품
⑤ 고객이 자주 질문하는 상품

34 고객관계관리(Customer Relationship Management ; CRM)의 목적 및 특성으로 옳지 않은 것은?

① 고객 점유율 향상
② 기존 고객 유지
③ 고객관계 강화
④ 잠재고객의 니즈분석
⑤ 고객만족 실현

35 서비스의 무형성(無形性)과 관련된 마케팅 문제로 볼 수 있는 것은?

① 특허 등으로 보호가 어렵고 진열이나 유통이 어렵다.
② 대량생산이 불가능하다.
③ 소비자가 서비스 생산과정에 참여하여야 한다.
④ 재고관리가 불가능하다.
⑤ 표준화와 품질관리가 힘들다.

36 판매원이 사용하는 판매화법으로 가장 부적절한 것은?

① 칭찬하는 말, 감사하는 말, 기쁘게 하는 말을 자주 쓴다.
② 명령형으로 이야기하지 말고 부탁형으로 이야기한다.
③ 거절할 경우에는 부정형으로 이야기한다.
④ 다른 점포에 대한 악평을 하지 않는다.
⑤ 말의 끝을 단정적으로 마무리하지 않는다.

37 판매원이 고객의 욕구를 파악하기 위한 경청의 기본적 원칙으로 가장 옳지 않은 것은?

① 고객의 발언내용을 확인해 가면서 화제를 유도하는 것이 좋다.
② 경청단계에서는 고객의 이야기 중에 끼어들거나 고객의 말을 중단시켜서는 안된다.
③ 전문품이나 기술적 복잡성이 있는 제품의 경우 간단히 메모하면서 듣는 것도 좋다.
④ 많은 고객과의 상담경험이 있는 경우, 경청하기보다는 경험을 바탕으로 고객의 숨겨진 욕구를 파악하는 것이 좋다.
⑤ 고객의 말뿐만 아니라 표정이나 태도 등을 모두 읽는 것이 좋다.

38 다음 괄호 안에 들어갈 적절한 용어는 무엇인가?

> 관계마케팅의 개념은 (   )을(를) 중시한다.

① 매출액 증대 　　　　　　　　　② 신규고객 확대
③ 기존고객 관리 　　　　　　　　　④ 기술혁신
⑤ 시장점유율

39 다음은 "중점상품을 진열하는 방법"에 관한 설명이다. 바르게 나타낸 것은?

① 기획력 – 시선집중 포인트(Point), 즉 팔기 쉬운 장소를 설정한다.
② 배치력 – 중점상품을 적극적으로 진열하여 호소력을 높인다.
③ 상품력 – 상품 적량(適量)을 준비하여 상품구색과 넓은 공간으로 흥미와 욕망을 느끼게 한다.
④ 연출력 – POP 광고를 전개하여 고객이 망설이지 않고 충동구매를 하도록 유도한다.
⑤ 설득력 – 조명 효과를 활용해서 디스플레이 효과를 높인다.

40 고객 충성도 프로그램에 대한 설명으로 가장 옳지 않은 것은?

① 고객 충성도는 단순히 하나의 소매업체를 다른 소매업체보다 선호한다는 의미이다.
② 상표의 이미지를 선명하고 뚜렷하게 개발하고 상품과 서비스를 통해 계속적으로 이를 강조함으로써 고객 충성도를 구축한다.
③ 높은 수준의 고객서비스 제공을 통해 고객 충성도를 구축한다.
④ 고객에 관한 자료와 구매 유형에 대한 데이터베이스 자료를 활용하여 충성도를 구축하는 소매 프로그램의 개발과 실행을 의미한다.
⑤ 자신의 점포에서만 구입할 수 있는 브랜드를 개발할 경우 지속적인 경쟁우위를 실현시킬 수 있다.

41 준거집단은 소비자행동의 기준을 제공하는 집단이다. 준거집단 중 그 집단에 소속되어 있지 않으나 소속되기를 원하는 집단은?

① 회피집단(Avoidance Group)
② 열망집단(Aspirational Group)
③ 긍정적 회원집단(Positive Membership Group)
④ 거부집단(Disclaimant Group)
⑤ 접촉집단(Contactual Group)

42 질 높은 서비스 품질전략에 대해 기술한 것으로 옳지 않은 것은?

① 대응성 : 고객을 돕고 신속한 서비스를 제공함

② 유형성 : 물적 시설, 장비 등 물리적 환경에 대한 세심한 배려

③ 공감성 : 고객들에게 개별적인 관심을 보일 자세

④ 확신성 : 고객에 대한 정중함, 고객과의 효과적 의사소통

⑤ 신뢰성 : 고객의 말을 듣고 그들의 비평과 제안에 따라 행동하는 일

43 효과적인 고객접근의 타이밍과 가장 거리가 먼 것은?

① 판매담당자를 찾고 있는 태도가 보일 때

② 고객이 말을 걸어올 때

③ 같은 진열코너에 오래 머물러 있을 때

④ 매장 안에서 상품을 찾고 있는 모습일 때

⑤ 매장 안으로 발을 내딛는 순간

44 포장과 레이블이 주는 기능적 및 의사소통적 혜택에 대해 기술한 것이다. 이 중 기능적 혜택에 해당하지 않는 것은?

① 소비자 보호를 위해 훼손 방지 용기를 개발하여 사용한다.

② 유통기한 표시를 통해 소비자를 보호한다.

③ 콜라의 음료팩을 냉장고 선반에 알맞게 고안하여 사용한다.

④ 영양과 칼로리에 대한 규격화된 정보를 제공한다.

⑤ 체중을 걱정하는 소비자를 위해 개별포장의 과자를 제공한다.

45 다음 설명 중 옳지 않은 것은?

① 선입선출법 – 매입이 오래된 것부터 순차적으로 불출된 것으로 한다.

② 최종매입원가법 – 동종의 재고자산에 대해 최종매입원가로 평가한다.

③ 후입선출법 – 가장 최근에 취득한 것부터 판매된 것으로 한다.

④ 총평균법 – 재고자산의 실제원가로 평가한다.

⑤ 이동평균법 – 단위가 다른 경우 단가를 결정하는 원가법의 일종으로 다른 단가로 매입할 때 마다 전체에 대하여 가중평균에 의해서 단가를 개정하는 방법이다.

제3회 최종모의고사

형 별	A형	제한시간	45분	수험번호	성 명

※ 5개의 답항 중 가장 알맞은 1개의 답항을 고르시오.

 유통상식

01 **직업윤리의 개념에 대한 설명 중 가장 옳지 않은 것은?**

① 직업인에게 평균적으로 요구되는 정신적 자세나 행위규범을 말한다.

② 직업윤리에 필요한 덕목은 정직, 성실, 신의, 책임, 의무 등이다.

③ 특정 직업에 요구되는 윤리의 성격을 직업윤리의 특수성이라 한다.

④ 일반윤리의 규범에 어긋나는 직업윤리의 규범이 존재하기도 한다.

⑤ 모든 사람은 그 직업의 특수성에 따라서 각기 다른 도덕적 규범을 갖는다.

02 **우리나라 유통산업의 현황에 대한 설명으로 가장 옳지 않은 것은?**

① 대형유통업체와 SSM의 출점 등으로 인하여 중소 유통업체의 상권 확대가 더욱 가속화되고 있다.

② 인터넷 쇼핑몰, TV 홈쇼핑 등이 매년 성장세를 지속하고 있다.

③ 소비자의 가치 변화에 발 빠르게 대응하는 복합쇼핑센터 등의 업체가 늘고 있다.

④ 할인점 등의 가격파괴형 신업태들은 자체 상표의 매출을 늘리는 전략을 구사하고 있다.

⑤ 우리나라 할인점들은 대개 접근성이 좋은 도심지역에 입지하는 경향이 있다.

03 소매업태 중 전문점에 대한 설명으로 옳지 않은 것은?

① 특정 범위 내의 상품군을 전문적으로 취급
② 묶음이나 박스 단위로 판매하는 것이 특징
③ 우수한 머천다이징 능력이 경쟁력의 바탕
④ 풍부한 상품지식 전달 및 전문적 서비스 제공
⑤ 해당 제품계열 내에서는 매우 다양한 품목을 취급

04 다음 중 소매상의 역할과 가장 거리가 먼 것은?

① 제품을 박스단위로 도매상에게 공급받아서 소비자가 원하는 소량 형태로 판매한다.
② 일정한 재고를 보유함으로써 소비자가 필요할 때 적당한 구매를 할 수 있게 한다.
③ 소비자나 공급업체에 필요한 정보를 제공한다.
④ 다양한 서비스를 통해 소비자들의 구매와 제품 사용을 돕는다.
⑤ 전문품을 취급하는 소매상은 상품구색의 폭이 넓고, 반면에 깊이는 얕은 특징을 지니고 있다.

05 다음 중 하이퍼마켓(hypermarket)에 대한 설명으로 적절하지 않은 것은?

① 식품 · 비식품을 풍부하게 취급하며 대규모의 주차장을 갖추고 있다.
② 1960년 프랑스의 까르푸가 개발한 것이 하이퍼마켓의 효시이다.
③ 상품 매입이나 점포 경영이 철저히 중앙집중식이다.
④ 일괄구매(One-stop Shopping)와 2,500㎡ 이상의 매장 면적을 특징으로 한다.
⑤ 점포 내 시설 및 설비는 단순 · 소박하고 내부 장식은 거의 생략되거나 최소화되어 있다.

06 도매상이 제공하는 효용에 대한 설명으로 옳지 않은 것은?

① 도매상은 소매상이 필요로 하는 구색을 갖춤으로써 고객의 불편을 덜어준다.
② 도매상들은 재고를 보유함으로써 소매상의 재고비용과 위험부담을 덜어준다.
③ 도매상은 소매상에게 신용판매 및 금융 서비스 등을 제공한다.
④ 도매상은 넓은 판매망을 제공하여 최종 소비자에게 신속한 배달이 가능하다.
⑤ 도매상은 소매상에게 다양한 신제품, 제품가격변화 등에 관한 정보를 제공한다.

07 수직적 유통경로의 장점으로 옳지 않은 것은?

① 총 유통비용을 절감시킬 수 있다.
② 자원이나 원재료를 안정적으로 확보할 수 있다.
③ 혁신적인 기술을 보유할 수 있다.
④ 신규 진입 기업에게 높은 진입방벽으로 작용한다.
⑤ 개별시장의 특성에 대해서 유연한 대응이 가능하다.

08 매입량의 결정에 있어서, 바이어가 구매예산 중에서 자유재량으로 더 구매할 수 있는 예산이 있다. 이를 의미하는 것은?

① 최적 주문량   ② 안전재고
③ 재주문점   ④ 기말재고
⑤ 오픈투바이(open-to-buy)

09 "중간상의 개입으로 인해 제조업자와 소비자 사이의 거래가 보다 효율적으로 이루어지므로 중간상의 개입이 정당화될 수 있다"
는 논리에 가장 부합하는 원칙은?

① 집중준비의 원칙   ② 분업의 원칙
③ 변동비 우위의 원칙   ④ 고정비 우위의 원칙
⑤ 총 거래수 최소화의 원칙

10 방문판매의 장점에 대한 설명으로 옳지 않은 것은?

① 점포유지비가 거의 들지 않으므로 원가를 줄일 수 있다.
② 광고와 더불어 기업의 중요한 판매촉진 수단이다.
③ 판매원을 통해 소비자의 기호를 즉각적으로 파악할 수 있다.
④ 판매원이 직접 판매하므로 소비자 피해를 미연에 방지할 수 있다.
⑤ 적극적으로 제품의 우수성을 설명하여 능동적으로 판매할 수 있다.

11 제조업자 대리인에 대한 설명이다. 이 중 옳지 않은 것은?

① 여러 제조업자가 위탁한 상품을 대신 판매하는 도매 기관이다.

② 각 제조업자로부터 제품을 대신해서 판매해주지만 이들이 취급하는 제품들은 대체적으로 서로 비경쟁적이거나 보충적인 제품들이다.

③ 제품의 배달 및 제품판매를 위한 조사 등에 대하여 지원하고 머천다이징 및 촉진지원 등을 한다.

④ 통상적으로 대리 도매 기관들의 대리판매 커미션은 판매액의 5~10% 정도이다.

⑤ 영업지역은 명확하게 구분되어 있지 않다.

12 신제품에 대한 상담을 성공적으로 이끌기 위한 제품유익(FABE) 상담에 대한 내용으로 옳지 않은 것은?

① 제품의 특징

② 제품의 장점

③ 제품 사용상의 이익(혜택)

④ 제품이 주는 사용상의 이익(혜택) 증거자료

⑤ 제품의 단점

13 유통기구의 기능별 구성요소는 수집기구, 중계기구, 분산기구로 나눌 수 있다. 이 중 수집기구에 대한 설명으로 가장 옳지 않은 것은?

① 소규모, 소량생산이 분산적으로 이루어지는 경우에 특히 중요한 역할을 하게 되는 조직이다.

② 농산품 및 수산품과 같은 산업에 일반적으로 수반되는 기구이다.

③ 가내공업상품 및 중소기업상품 등을 도매시장에 공급하는 기구를 말한다.

④ 수집기구에는 집하기관과 출하기관 그리고 양자를 병행하는 공동판매기관이 있다.

⑤ 수집기구의 대표적인 예로는 도매상과 소매상처럼 상품들이 대량화되어 모이는 유통기구를 들 수 있다.

14 소매상이 운영하는 점포의 업태 및 소매상의 전략적 방향은 다음의 통제가능한 소매믹스 변수들에 대한 결정에 의해 실행된다. 다음 중 소매믹스에 해당하지 않는 것은?

① 점포 분위기

② 제품 품질

③ 머천다이징

④ 마진과 회전율

⑤ 판매 촉진

15 소매상의 추세에 대한 설명으로 가장 옳지 않은 것은?

① 소매업의 양극화 추세가 심화되고 있다.

② 고마진-저회전을 추구하는 전문점이 성장하고 있다.

③ 파워 리테일러에 의한 시장지배력이 심화되고 있다.

④ 규모의 경제를 추구하는 대형점포가 증가하고 있다.

⑤ 편의성을 위해 판매사원에 대한 의존도가 증가하고 있다.

16 집중적 유통(Intensive Distribution)에 대한 예로 가장 적합한 것은?

① 고가의 명품을 판매하는 전문점

② 특정 제조업체의 자동차만 판매하는 대리점

③ 과자 및 아이스크림류, 생활용품 등을 판매하는 동네 슈퍼

④ 계절이나 유행이 지난 상품을 저렴하게 판매하는 대로변의 아웃렛

⑤ 가격대가 저렴한 것부터 비싼 것까지 다양한 가격대의 문구만을 판매하는 문구점

17 온라인과 오프라인 유통채널 간의 갈등을 최소화하기 위한 통합적 채널관리 전략과 가장 거리가 먼 것은?

① 오프라인에 투입된 인력을 부가가치가 높은 업무에 집중시키고 주문접수와 같이 비교적 단순한 업무는 인터넷을 적극 활용한다.

② 전통적인 시장세분화에 활용되는 세분시장별 차별화원칙을 인터넷에도 적용시킨다.

③ 온라인과 오프라인 유통채널에 따라 고객가치에 있어 차별화된 제품을 제공한다.

④ 유통채널 간의 시너지 효과를 높이기 위해 동일한 고객을 목표로 할 때 효과가 가장 높다.

⑤ 유통채널 간의 갈등을 최소화하기 위해 때로는 주문가능지역을 제한한다.

18 다음 중 기업윤리의 필요성에 부합되는 내용으로 보기 어려운 것은?

① 자유 시장 경쟁체제를 유지한다.

② 회사를 위한 결정의 책임은 회사가 진다.

③ 기업 활동에 대한 결과는 사회 및 기업 활동에 있어 커다란 영향을 끼친다.

④ 기업윤리는 기업의 경쟁력을 강화시킨다.

⑤ 비윤리적인 행위는 오히려 기업에 손해를 끼친다.

19 다음 유통산업발전법 정의에 해당하는 올바른 체인사업의 종류는?

> • 특수한 영업권으로 영업방식을 통일 및 통제
> • 체인본부가 상호, 판매방법, 매장 운영 및 광고 등에 관한 경영방식을 결정하고 가맹점으로 하여금 그 결정과 지도에 따라 운영하도록 하는 형태의 체인사업

① 프랜차이즈형 체인사업   ② 임의가맹점형 체인사업
③ 조합형 체인사업   ④ 직영점형 체인사업
⑤ 입점형 체인사업

20 다음 중 프랜차이지(가맹점)의 장점으로 올바르지 않은 것은?

① 사업 실패의 위험성이 적다.
② 소액의 자본으로도 시작이 가능하다.
③ 프랜차이저의 지도로 적응이 쉽다.
④ 처음부터 소비자에 대한 신뢰도 구축이 가능하다.
⑤ 사업상품의 개발에 전념할 수 있다.

제 **2** 과목 　 **판매 및 고객관리**

21 상품을 똑바로 쌓지 않고 아무렇게나 뒤죽박죽 진열하여 작업시간을 줄여주고 고객에게는 특가품이라는 인상을 주는 진열방법은?

① 트레이 팩 진열(tray pack display)   ② 점블 진열(jumble display)
③ 엔드 진열(end display)   ④ 섬 진열(island display)
⑤ 슬롯 진열(slot display)

22 다음 중 외부로부터 취득할 수 있는 시장 정보의 중요한 형태 중 수요 정보에 해당하지 않는 것은?

① 잠재고객과 고객의 수
② 소비자 내지 고객의 잠재 구매력
③ 현재 및 과거의 상품, 특정 상품에 대한 판매 분류
④ 소비자 내지 고객의 구매동기와 기호
⑤ 상이한 촉진적 매체의 상대적 도달 범위와 효과

23 다음 제품수명주기에 대한 설명 중 성장기의 내용으로 옳지 않은 것은?

① 성장기에는 대량생산이 이루어지기 때문에 제품원가는 도입기보다 줄어든다.

② 성장기에는 지속적으로 판매량이 늘어날수록 각종 비용이 줄어들어 이익이 증가한다.

③ 성장기 제품의 마케팅 전략은 기존 소비자를 지키는 등 적극적으로 방어하여야 한다.

④ 판매량이 증가할수록 이러한 제품을 모방한 경쟁제품이 시장에 진출하게 되어 전체적인 시장의 크기가 커져서 시장이 성장기에 접어들게 된다.

⑤ 가격은 기존 수준을 유지하거나 또는 수요가 급격히 증가함에 따라 약간 떨어지기도 한다.

24 고회전율 상품에 해당하지 않는 것은?

① 소비자의 애호도가 높은 취미상품

② 최소 20% 이상의 특별할인상품

③ 전단의 표지상품

④ 필수품으로 업계 1위 상품

⑤ 계란, 우유, 신선채소 등

25 판매수행에 있어서 판매원이 고객의 바람직한 행동을 유발하거나 증가시키고자 할 때, 고객에 대한 칭찬기법을 사용한다. 다음 중 판매원이 고객에게 하는 칭찬기법으로 적절하지 않은 것은?

① 추상적인 칭찬을 함

② 성의를 담은 칭찬을 함

③ 고객이 알아채지 못한 곳을 발견하여 칭찬을 함

④ 상황과 장소에 어울리는 칭찬을 함

⑤ 마음속에서 우러나오는 칭찬을 함

26 서비스의 품질을 평가하는 요소와 그에 대한 설명으로 옳지 않은 것은?

① 신뢰성(Reliability) : 약속한 서비스를 믿을 수 있고 정확하게 수행하는 능력

② 확신성(Assurance) : 고객에 대해 직원들의 자신감과 안전성을 전달하는 능력

③ 공감성(Emphathy) : 고객에게 제공하는 개별적인 배려와 관심

④ 대응성(Responsibility) : 고객에게 언제든지 준비된 서비스를 제공하려는 자세

⑤ 인지성(Awareness) : 고객의 욕구나 불편함을 사전에 알아차리는 능력

27 고객의 편안한 쇼핑을 위한 요소들에 대한 설명으로 가장 옳지 않은 것은?

① 마음 놓고 자유롭게 구경할 수 있는 가게 구조와 상품배치가 손님을 끌어들인다.

② 점원이 가게를 정리하거나 상품을 진열하는 모습은 손님의 경계심을 풀어주는 안심신호로 작용한다.

③ 가게는 상품을 파는 현장이 아니라 보여주는 현장이 되어 소비자의 감성적 만족을 충족시켜 주어야 한다.

④ 손님이 매장에 들어가자마자 접객을 시작해야 손님을 매장 안으로 끌어들일 수 있으며 고객과의 관계형성에 용이하다.

⑤ 점원은 매장 입구에 서서 손님을 기다리기보다는 손님이 매장 안쪽으로 들어오는 것이 용이하도록 안쪽에서 유인하는 것이 좋다.

28 납품하는 상품에 바코드 택(Tag)이나 라벨(Label)을 인쇄하거나 첨부하여 표시하는 방식으로 주로 의류, 구두 등과 같이 패션성이 높은 제품이나 잡화류에 이용되며, 수매업자가 자사의 코드 관리체계에 의해 지정하는 것은?

① 인스토어 마킹(Instore Marking)　　② 소스 마킹(Source Marking)

③ 벤더 마킹(Vendor Marking)　　④ 바코드 마킹(Barcode Marking)

⑤ QR코드 마킹(Quick Response Code Marking)

29 고객관계관리(CRM)에 대한 설명으로 잘못된 것은?

① 기존 고객유지보다는 신규 고객확보에 더욱 중점을 두고 수익성 증대를 위하여 지속적인 커뮤니케이션을 수행한다.

② 고객에 대한 매우 구체적인 정보를 바탕으로 개개인에게 적합하고 차별적인 상품 및 서비스를 제공하는 것이다.

③ 상거래관계를 통한 고객과의 신뢰형성을 강조하고, 단기적인 영업성과향상보다 중·장기적인 마케팅 성과향상에 중점을 둔다.

④ 경쟁자보다 탁월한 고객가치와 고객만족을 제공함으로써 수익성 있는 고객관계를 구축·유지하는 전반적인 과정이다.

⑤ 특히 고객강화에 중점을 두고 있으므로 불특정 다수를 상대로 하는 것은 CRM의 주관심이 아니다.

30 아래 박스의 (　　) 안에 공통적으로 들어갈 적절한 단어는 무엇인가?

> • (　　)은 곤돌라의 양쪽 끝에 진열하는 방식을 뜻한다.
> • (　　)은 대형점포에서 저가상품 판매를 위한 고객유인책의 핵심 진열방식 중 하나이다.
> • (　　) 방식에는 고객이 원하는 시즌상품, 유행상품, 선도가 높은 제철상품의 진열이 가능하다.

① 집중 진열　　　　　　② 골든라인 진열

③ 섬 진열　　　　　　　④ 관련상품 진열

⑤ 엔드매대 진열

31 고객의 욕구를 파악하기 위한 라이프 스타일의 분류에 관한 내용에 맞지 않는 것은?

① AIO 변수를 분석하는 방법이 있다.

② AIO 변수의 검토에 따라 라이프 스타일은 개방형·폐쇄형으로 나뉜다.

③ 라이프 스타일을 연구함으로써 상품에 대한 수요 예측을 할 수 있다.

④ 패션 의식, 가정 지향성, 가격 의식, 정보 탐색도 등에 따라 라이프 스타일이 달라진다.

⑤ AIO 변수는 여러 욕구를 지닌 타입을 정량화하는 사고방식의 하나이다.

32 소매업체들이 상품의 진열 공간을 분배(할당)할 때 고려하는 요소와 가장 거리가 먼 것은?

① 고객의 거주지   ② 공간 생산성

③ 상품 회전율   ④ 점포 매출에 대한 영향

⑤ 상품 진열의 필요성 정도

33 소비자의 구매의사 결정요인에는 환경요인과 개인적 심리 요인이 있다. 다음 중 개인적 심리 요인에 해당하지 않는 것은?

① 학 습   ② 태 도

③ 문 화   ④ 라이프 스타일

⑤ 지 각

34 서비스의 특성에 대한 설명으로 가장 옳지 않은 것은?

① 제품의 경우 정보탐색 시 인적 정보원천과 비인적 정보원천 두 가지 모두를 이용하는데 반해 서비스의 경우는 상당부분 비인적 정보원천에만 의존하게 된다.

② 제품의 경우 소비자가 여러 브랜드를 비교하여 마음에 드는 상품을 선택하여 구매하지만 서비스는 거의 비교 선택의 여지가 없는 특정 서비스를 구매하게 된다.

③ 한 번 거래하게 되면 장기적으로 지속하여 거래관계를 유지하는 거래의 충실성이 제품 거래에 비해 크다.

④ 서비스는 경험이므로 제품에 비해 정서와 분위기가 인지된 효용을 형성하는데 매우 중요한 역할을 한다.

⑤ 서비스는 무형적인 속성이 있으므로 소비자들은 구매를 하기에 앞서 특정 서비스에 대한 기대를 형성한다.

35 불만족한 고객에게 서비스를 회복하기 위하여 소매점이 취할 전략으로 거리가 먼 것은?

① 불평을 토로하도록 전화조사, 고객센터를 운영한다.

② 서비스 실패 시 일선 종업원보다는 고위 직급자가 문제를 해결하는 것이 바람직하다.

③ 신속하게 즉각적으로 해결하는 것이 바람직하다.

④ 상황에 대처하기 위해 적절한 직원교육과 훈련이 필요하다.

⑤ 고객이 때로는 옳지 않을 수도 있으므로, 이 경우에는 고객을 이해시킬 필요가 있다.

36 다음 중 고객접객기술로 거리가 먼 것은?

① 고객은 항상 선택에 망설이므로 판매원이 선택을 강요해야 한다.

② 충분한 상품 지식을 갖고 고객에게 어드바이스(Advice)를 해야 한다.

③ 판매원은 자신의 퍼스낼리티(Personality)와 몸에 익힌 기술을 갖고 첫인상을 좋게 심어주어야 한다.

④ 고객이 무엇을 요구하고 무엇을 바라는가를 알기 위해서는 고객의 말을 잘 듣는 것이 중요하다.

⑤ 판매를 개시하기 전에 예상고객이 원하는 상품이 무엇인지 분석한다.

37 고객의 불만을 처리하는 해결방안으로 가장 올바르지 않은 것을 고르시오.

① 고객이 민감하게 반응하는 부분 중의 하나는 직원들의 친절 여부이므로 정성스런 응대가 중요하다.

② 이유여하를 막론하고 무조건적으로 양해를 구한다.

③ 선입관을 갖지 않고 소비자의 불만을 경청하며 변명보다는 해결을 위한 노력을 해야 한다.

④ 불만을 제기한 고객이 매우 흥분되어 있을 경우 즉각적인 해결방안 제시보다는 냉각의 시간이 필요하다.

⑤ 고객의 추가적인 설명이 없이도 문제가 효과적으로 해결되도록 반드시 판매자 본인이 불만을 처리해야 한다.

38 셀링 포인트(Selling Point)에 대한 설명으로 가장 옳지 않은 것은?

① 제품이나 서비스가 지니고 있는 특질, 성격, 품격 등으로 제품의 가장 중요한 특성이나 콘셉트를 뜻한다.

② 상품판매 계획을 세울 때 특별히 강조하는 점으로 고객의 욕구에 맞추어 상품의 설명을 응축하여 전달하는 것이다.

③ 판매의 과정에서 셀링 포인트를 포착하는 시점은 구매심리과정의 7단계 중에서 '신뢰'의 단계이다.

④ 상품의 특징이나 효용 중에서 구매결정에 가장 크게 영향을 미치는 점을 짧고 효과적으로 전달하는 것이다.

⑤ 셀링 포인트를 문자화 하여 고객의 눈에 호소하는 것이 POP라 할 수 있다.

39 인적판매원의 역할 중 가장 적합하지 않은 것은?

① 일상적인 시장정보 수집   ② 직원할인 제공

③ 고객문제해결   ④ 고객파악과 유지

⑤ 지속적인 서비스 제공

40 서비스는 시간적인 소멸성을 가진 상품으로 관리에 어려움을 겪는다. 이 경우 수요완화나 서비스 능력 조정을 대안으로 택하는데 다음 중 수요완화로만 짝지어진 것은?

① 예약제도 – 가격인센티브제도

② 고객의 셀프서비스제도 – 가격인센티브제도

③ 파트타이머 이용 – 고객의 셀프서비스제도

④ 수요억제를 위한 선전 – 파트타이머 이용

⑤ 예약제도 – 파트타이머 이용

41 고객의 불평 또는 컴플레인에 대한 다음 내용 중 옳지 않은 것은?

① 컴플레인 고객보다 침묵하는 불만족고객이 낫다고 보는 입장이어야 한다.

② 고객 컴플레인은 가급적 현장에서 즉각 해소하도록 하는 것이 좋다.

③ 고객의 불평은 적극적으로 장려해야 하고 성심 성의껏 경청해야 한다.

④ 불평고객에 대한 효과적 대응은 부정적인 구전효과의 파급을 최소화하는 기능을 한다.

⑤ 고객의 컴플레인은 상품이나 서비스의 문제점을 조기에 파악하여 해결할 수 있게 하는 기능이 있다.

42 효과적인 디스플레이(Display)에 대한 아래의 내용 중에서 옳지 않은 것은?

① 앞에는 낮게, 뒤로 갈수록 높게 진열하여 안정감을 준다.

② 내부 디스플레이는 상품의 시각성에 영향을 주며, 일반적으로 바닥 가까이에 있는 상품이 잘 팔린다.

③ 윈도우 디스플레이는 보행자뿐만 아니라 자동차 운전자에게도 보이게 한다.

④ 유효진열범위란 상품을 효과적으로 팔 수 있는 진열의 높이를 말하며 일반적으로 바닥으로부터 60cm에서 150cm까지를 말한다.

⑤ 보기 쉽고 판매하기 쉬운 진열을 하려면, 생활습관과 고객의 신체조건을 고려해서 각각의 상품진열 범위를 결정하는 것이 중요하다.

43 고객 유형별 대응기법으로 적절하지 않은 것은?

① 수다스러운 사람은 욕구불만으로 남에게 동조를 얻고 싶어 하므로 가능한 한 따뜻하게 수용한다.

② 이치를 따지기 좋아하는 사람은 판매원의 말 가운데 약점을 찾으려 하므로 이론적으로 충분한 지식을 가져야 한다.

③ 흥분을 잘하는 고객은 감정을 모두 표현하는 사람이므로 침묵을 지키면서 고객의 말을 끝까지 듣도록 한다.

④ 내성적인 고객은 자신의 의사표현이 분명하므로 지나친 관심을 피하면서 사실대로만 응대하는 것이 좋다.

⑤ 생각에 생각을 거듭하는 사람은 신중하나 판단력이 부족하므로 판매원이 결론을 유도하는 화법으로 응대하는 것이 좋다.

44 소비자의 이견 제시, 즉 구매저항의 원인은 여러 가지가 있다. 그 중에서 가격저항이 있을 때 판매원이 대응하는 방법으로 가장 적절치 않은 것은?

① 유명인 등의 매입 사실을 제시하여 구매의 타당성을 설명한다.

② 구매시기 지연에 따른 위험을 강조한다.

③ 고객이 제시하는 단점을 다른 한편의 장점을 제시함으로써 저항강도를 낮춘다.

④ 제품설명 중에 비싼 것은 더 좋은 것을 창조한다는 식으로 '비싸다'는 저항요인을 설득한다.

⑤ 고객에게 상품을 저렴한 가격에 파는 것이 아니라 효용을 파는 것이라는 사실을 인지시킨다.

45 POS(Point Of Sales) 시스템을 통하여 얻을 수 있는 정보로 옳지 않은 것은?

① 실시간 상품식별 및 위치 추적 데이터

② 고객별 지불 관련 데이터

③ 상품부문별 매출 및 고객 데이터

④ 담당자별 판매 데이터

⑤ 점포별 매출 및 고객 데이터

제4회 최종모의고사

형 별	A형	제한시간	45분	수험번호	성 명

※ 5개의 답항 중 가장 알맞은 1개의 답항을 고르시오.

제1과목 유통상식

01 유통기능의 통괄적 분류와 그에 대한 설명이 가장 올바르지 않게 짝지어진 것은?

① 시간적 기능 – 운송기능
② 위험부담 기능 – 물리적 위험과 경제적 위험의 담보기능
③ 품질적 통일 기능 – 규격과 표준화
④ 양적 통일기능 – 생산과 소비의 수량적 통일 기능
⑤ 인격적 통일기능 – 상품소유권 이전 기능

02 유통경로 내의 모든 유통기관은 몇 가지 유형의 흐름에 의해 서로 연결되어 있다. 이 흐름에 해당하지 않는 것은?

① 제품의 흐름(Physical Flow)
② 소유권의 흐름(Flow of Ownership)
③ 결제의 흐름(Payment Flow)
④ 정보의 흐름(Information Flow)
⑤ 협상의 흐름(Negotiation Flow)

03 소비재 유통경로의 흐름으로 가장 옳은 것은?

① 소매상 – 중간도매상 – 도매상 – 제조업자 – 소비자
② 제조업자 – 중간도매상 – 도매상 – 소매상 – 소비자
③ 중간도매상 – 소매상 – 도매상 – 소비자 – 제조업자
④ 제조업자 – 도매상 – 중간도매상 – 소매상 – 소비자
⑤ 도매상 – 중간도매상 – 소매상 – 제조업자 – 소비자

04 할인점에 대한 설명으로 가장 올바르지 않은 것은?

① 할인점은 박리다매의 원칙에 입각하여 전국유명상표를 일반 상점보다 항상 저렴한 가격으로 판매하는 대규모 점포를 말한다.
② 우리나라 할인점은 식품비중이 높은 유럽형 하이퍼마켓과 미국형 슈퍼센터가 모델이 되어 발전해 왔다.
③ 할인점은 낮은 가격의 제품을 셀프서비스 형태로 제공한다고 해서 백화점보다 낮은 가치를 제공하고 있다고 볼 수 없다.
④ 대형할인점의 경우에는 가격이 저렴하기는 하지만 제품정보가 제한적이어서 소비자는 광고나 구전, 잡지 등을 통해 제품 정보를 입수한다.
⑤ 상품구색 면에서 볼 때 할인점은 주로 중소제조업자 상표의 일상생활용품을 판매하며 제품계열 깊이는 광범위한 반면 제품계열 폭은 얕다.

05 유통기능 중 소유권 이전기능에 해당하는 활동으로 올바르게 묶인 것은?

① 포장 활동과 유통가공 활동
② 구매 활동과 판매 활동
③ 표준화 활동과 금융 활동
④ 수송 활동과 보관 활동
⑤ 위험부담 활동과 시장 정보수집 활동

06 도매기관 중 현금판매-무배달 도매기관에 대한 설명으로 옳지 않은 것은?

① 주로 소규모의 소매기관을 대상으로 상품을 공급한다.
② 소매기관이 직접 찾아와 제품을 주문하고 인수해 간다.
③ 배달을 하지 않는 대신 싼 가격으로 상품을 공급한다.
④ 신용판매를 하지 않고 현금만으로 거래를 한다.
⑤ 판매원을 통해 소매기관을 상대로 판매 지원 및 서비스를 제공한다.

07 아래 박스의 (A)에 들어갈 수 있는 단어는?

> (A)란/이란, 고객을 만족시키기 위해 필요한 점포 특유의 제품믹스를 계획하고 수립하여 배달하는 과정을 말하며, 소매
> 업자가 고품질의 서비스나 독점적인 제품의 제공과 같은 소매차별화의 중요 요소에 모든 노력을 집중하는 것이 마치 레이
> 저빔이 어떤 곳에 초점을 맞추는 것 같다하여 레이저빔 소매업이라고도 한다.

① 전략적 제품믹스   ② 단품관리
③ 전략적 구색관리   ④ 마이크로머천다이징
⑤ 가치사슬관리

08 소비자의 기본권을 보호하기 위해 소비자, 정부, 기타 사회 단체의 이념 또는 운동을 일컫는 말은?

① 컨슈머리즘   ② 이노베이션
③ 마케팅믹스   ④ 고객 지향적 경영
⑤ 마케팅 전략

09 판매원의 비윤리적 행위 중 하나로 지적되는 '납품업체가 자사의 제품판매를 위하여 유통업체 일부 판매원에게 특별 목표를
    달성할 경우 제공하는 수당' 을 무엇이라고 하는가?

① 판매상 지원(Dealer Loader)
② 촉진지원금(Push Money)
③ 진열수당(Display Allowance)
④ 리베이트(Rebate)
⑤ 환매수당(Buyback Allowance)

10 만약 어느 소매점이 각 제품별로 하루에 얼마나 팔렸는지에 대한 정확한 데이터를 매일 뽑아내지 못한다면, 이는 그 소매점
    이 다음 보기의 활동 중 어느 활동을 원활히 수행하지 못하고 있기 때문이라고 할 수 있는가?

① 가치사슬관리   ② 단품관리
③ 공급자 재고관리   ④ 고객관계관리
⑤ 카테고리 매니지먼트

11 윤리 경영을 실행하기 위해 필요한 방안이라 볼 수 없는 것은?

① 윤리 행동을 평가하고 그 결과는 반드시 보상할 필요는 없다.
② 윤리적 통제 시스템을 구축하고 이를 적극 활용하여야 한다.
③ 윤리적 경영자를 선발하고 양성하는 방안을 강구하여야 한다.
④ 윤리적 가치 이념을 기업전략으로 연계시키는 방안이 필요하다.
⑤ 윤리의식을 정착시키기 위한 윤리강령이 필요하다.

12 소매업태의 변화이론에 대한 설명으로 옳지 않은 것은?

① 소매업 아코디언 이론(Retail Accordion Theory)은 상품믹스에 따라 유통업태의 변화를 설명하는 이론이다.
② 소매업 수레바퀴 가설(The Wheel of Retailing Hypothesis)은 소매가격의 혁신은 오로지 저비용구조에 바탕을 둔 저가격을 기반으로 이루어진다는 이론이다.
③ 변증법이론(Dialectic Theory)은 두 개의 서로 다른 경쟁적인 소매업태가 하나의 새로운 소매업태로 합쳐지는 소매업태 혁신의 합성이론을 의미한다.
④ 소매수명주기이론(Retail Life Cycle Theory)의 시사점은 환경변화에 가능한 효과적으로 소매조직을 적응시켜야 한다는 것이다.
⑤ 진공지대이론(Vacuum Zone Theory)에서는 서비스량이 극소한 상태에서 서비스를 증가시키면 가격은 낮아지지만 소비자의 선호는 감소한다고 하였다.

13 다음 중 수직적 마케팅 시스템이 도입되는 이유로 타당하지 않은 것은?

① 대량 생산에 의한 대량 판매의 요청
② 목표 이익의 확보
③ 경쟁자에 대한 효과적인 대응
④ 유통경로 내에서의 지배력 상실
⑤ 기업 및 상품이미지 제고

14 기업이 특정 지역에서 자사제품을 취급할 수 있는 독점적 권한을 하나의 중간상에게 부여하는 유통방식은?

① 집약적 유통(Intensive Distribution)
② 전속적 유통(Exclusive Distribution)
③ 제한적 유통(Restrictive Distribution)
④ 선택적 유통(Selective Distribution)
⑤ 직접적 유통(Direct Distribution)

15 '구매인원에 대한 제한은 없으나 구매시간은 제한을 두어 일정시간 동안만 제품을 할인하여 판매하는 방식'에 가장 가까운 소셜커머스 형태는?

① 그룹 바이(Group-Buy)
② 소셜 쇼핑(Social Shopping)
③ 소셜 쇼핑 앱스(Social Shopping Apps)
④ 퍼체이스 쉐어링(Purchase-Sharing)
⑤ 플래쉬 세일(Flash Sale)

16 물류문제를 해결하기 위한 최적의 해결책을 찾기 위해서는 비용 요소들 간의 관계를 정확하게 파악하는 것이 중요하다. 다음 중 유통업자 관점에서 운송비용과 재고비용의 관계를 바르게 설명한 내용은?

① 재고비용과 수송비용은 비례관계에 있다.
② 재고비용과 수송비용은 상충관계에 있다.
③ 재고비용과 수송비용은 상호 독립적이다.
④ 재고비용이 감소하면 수송비용은 증가할 수도 있고 감소할 수도 있다.
⑤ 재고비용과 수송비용은 일치관계에 있다.

17 양판점에 대한 내용으로 옳지 않은 것은?

① 다점포화 전략   ② 셀프서비스 지향
③ 저마진/고회전 전략   ④ 재고위험을 제조업체가 부담
⑤ 비용절감전략 추구

18 오프라인 유통업체에 있어서 최근 온라인 유통채널의 추가도입이 확장되고 있는 추세이다. 이를 계기로 기존의 오프라인 채널과 새로이 도입되는 온라인 채널 간의 갈등이 가시화되고 있으며, 이러한 갈등을 최소화하기 위해 사용할 수 있는 통합적 채널관리전략과 가장 거리가 먼 것은?

① 채널기능의 차별화   ② 판매가격의 차별화
③ 고객가치의 차별화   ④ 표적시장의 차별화
⑤ 채널구성원 간의 협조

19 청소년보호법의 목적으로 옳지 않은 것은?

① 청소년에게 유해한 매체물과 약물 등이 유통되는 것 등을 규제함
② 청소년이 유해한 업소에 출입하는 것 등을 규제함
③ 청소년을 유해한 환경으로부터 보호·구제함
④ 청소년이 경제적 독립체로 성장할 수 있도록 지원함
⑤ 청소년이 건전한 인격체로 성장할 수 있도록 함

20 프랜차이즈(Franchise) 제도에 대한 다음 설명 중 올바르지 않은 것은?

① 본부(Franchiser)와 가맹점(Franchisee) 간의 계약은 쌍방 협의로 작성된다.
② 가맹점은 사업 수행에 필요한 자금을 투자하여 본부의 지도하에 사업을 수행한다.
③ 프랜차이즈 제도를 통해 본부는 비교적 소액의 투자와 적은 인원으로 단기간 내에 시장을 개척할 수 있다.
④ 프랜차이즈 제도는 상품 유통을 목적으로 하는 것과 프랜차이즈 비즈니스를 목적으로 하는 것이 있다.
⑤ 가맹점 측면에서는 사업에 경험이 없더라도 본부의 교육 프로그램, 매뉴얼의 정비, 각종 지도에 의해 그 사업을 수행해 나갈 수 있다.

제 **2** 과목 　판매 및 고객관리

21 판매원이 고객에게 상품을 제시하는 방법으로 올바르지 않은 것은?

① 낮은 가격의 상품부터 제시한다.
② 사용하는 상태로 하여 보인다.
③ 상품은 손을 대보게 해서는 안 되며 눈으로만 보게 한다.
④ 상품의 특징을 확실하게 보인다.
⑤ 고객에게 시험하도록 해본다.

22 아래 박스 안의 내용은 다음 중 무엇에 대한 설명인가?

> 부피가 작은 상품이 많이 진열되어 있는 곤돌라에서 특정상품 또는 상품그룹을 눈에 잘 띄게 하기 위해 사용되는 것

① 신디케이트(Syndicate)　　　　　② 스포터(Spotter)
③ 쇼 카드(Show Card)　　　　　　④ 롤박스 파렛트(Rollbox Pallet)
⑤ 시트 파렛트(Sheet Pallet)

23 상품 매입시 상황에 따라 여러 가지로 제공되는 할인에 대한 설명으로 틀린 것은?

① 현금할인 – 물건 값을 미리 지불하는 것에 대한 할인
② 거래할인 – 장기간 단골로 거래한 사람에 대한 할인
③ 리베이트 – 판매가격의 일정비율을 반환해 주는 것
④ 수량할인 – 일시에 대량 구매시 제공되는 할인
⑤ 계절할인 – 제품판매시 계절성을 타는 경우, 비수기에 제품을 구입하는 소비자에게 할인혜택을 주는 것

24 POP(Point Of Purchase)의 주기능으로 가장 옳지 않은 것은?

① 상품의 특징, 가격, 소재 등을 알려주어 신뢰감을 높인다.
② 판촉계획에 의한 점내 행사를 알리고 안내한다.
③ 찾고자 하는 매장으로 안내하는 표식 기능을 한다.
④ 판매원의 도움 없이 POP만으로 구매가 가능하도록 한다.
⑤ 삽화 및 눈길을 끄는 컬러 등으로 매장 인테리어를 위한 장식적인 역할을 한다.

25 인적판매에 대한 설명으로 옳지 않은 것은?

① 인적판매는 고객과의 인격적 · 교육적 만남으로 이루어진다.
② 인적판매는 단순히 물건 그 자체만의 판매를 넘어선 추가 정보를 제공한다.
③ 고객의 구매욕구를 자극시키기 위해 인간적인 서비스를 제공한다.
④ 지속적이기 보다는 단순 거래적인 측면이 강하다.
⑤ 언어적, 비언어적 수단을 통해 고객과 교류한다.

26 최근 선진국 소매업계의 환경변화에 대한 설명으로 옳은 것은?

① 소매업체에 비해 제조업체의 파워가 더욱 증대하고 있다.

② 소매업계는 백화점을 중심으로 고급화가 대세적인 흐름이다.

③ 소매업체촉진비중이 과거에 비해 점차 커지고 있다.

④ 할인점, 카테고리킬러 등은 성숙기를 거쳐 쇠퇴기에 진입하고 있다.

⑤ 패스트 패션(Fashion) 유통은 도입기에 접어들었다.

27 선매품에 대한 설명으로 옳은 것은?

① 소비자가 품질, 가격, 색깔, 크기, 스타일 또는 디자인 등을 중심으로 여러 유통채널을 통하여 비교한 다음 선택하는 경향이 있는 제품을 말한다.

② 선매품은 제품이 가지고 있는 전문성이나 독특한 성격 때문에 대체품이 존재하지 않으며, 브랜드 인지도가 높은 것이 특징이다.

③ 선매품의 대표적인 것은 음향기기, 디지털 카메라, 미술작품 등이다.

④ 선매품을 소비자가 편리한 위치에서 구매하도록 하려면 개방적 유통이 불가피하다.

⑤ 선매품은 단위 당 가격이 저렴하고 유행의 영향을 별로 받지 않으며, 상표명에 대한 선호도가 뚜렷하다

28 상품진열(Display)은 고객서비스적 의미와 예술적 의미를 함께 갖고 있다. 아래의 내용 중에서 고객서비스적 의미에 대한 내용으로 옳은 것은?

① 조명, 색채, 디자인 등으로 이루어진 연출을 하는 것

② 유행을 반영하고 다양성을 조화시키는 것

③ 빠른 시간 안에 상품종류를 쉽게 식별할 수 있도록 하는 것

④ 정리정돈과 청결의 이미지를 느끼게 하는 것

⑤ 계절성 변화를 연출하는 것

29 다음 중 감각적인 진열에 대한 설명으로 옳은 것은?

① 무드진열은 선매품의 중점진열에 필요한 진열방법이다.

② 드라마틱 진열의 전형적인 방법은 마네킹을 사용해서 베이스 라이트를 극적으로 연출하는 것이다.

③ 무드진열은 무드를 높여서 상품의 가치나 특성을 강조하는 진열이다.

④ 드라마틱 진열은 극적인 연출을 위해 조명을 직접 반사로 눈높이를 맞춘다.

⑤ 드라마틱 진열은 이미지 효과를 목표로 한다.

30 다음 중 고객만족 경영 추진 시의 유의사항으로 올바르지 않은 것은?

① 경영층의 강력한 추진 및 지속적인 지원이 필요하다.

② 조직구성원의 혁신적인 행동이 절실히 필요하다.

③ 고객의 사전기대치를 항상 높게 유지해야 한다.

④ 외부고객만족에 앞서 내부고객만족에 우선적으로 관심을 가져야 한다.

⑤ 단기적 관점보다는 장기적 차원의 CS 경영추진 계획을 수립한다.

31 고객 불평 행동에 대한 설명으로 옳지 않은 것은?

① 가벼운 불만의 소비자는 별다른 행동을 취하지 않을 가능성이 높다.

② 자동차와 같이 중요한 제품은 강한 불평행동을 할 가능성이 높다.

③ 사적인 불평행동으로 구매보이코트가 있다.

④ 공적인 불평행동으로 판매자의 경고가 있다.

⑤ 소비자가 점포나 판매원에게 책임이 있다고 귀인하면, 강한 불평행동을 할 가능성이 높다.

32 판매자는 상품에 대해 강조하여야 할 판매 호소점을 정리해서 숙지해 둘 필요가 있다. 다음 중 이와 같은 판매포인트 (Selling Point)를 작성하는 방법으로 올바르지 않은 것은?

① 판매포인트가 설명문이 되지 않도록 고객의 관심을 끌만한 간단한 문구로 제시한다.

② 고객의 신뢰감을 얻기 위하여 판매포인트는 카탈로그나 팜플렛 등에 기록된 정보만을 사용한다.

③ 고객이 그 상품을 소유함으로써 얻는 이익과 함께 소유하지 않음으로써 생기는 손실이나 불이익을 포함한다.

④ 자사제품과 경쟁제품 간의 비교점을 제시하며 경쟁제품이 가진 단점을 언급한다.

⑤ 해당 상품의 여러 가지 특징 중 구매자 즉, 고객의 니즈에 맞게 만족을 줄 수 있으면서 특히 강조할 점을 말한다.

33 고객컴플레인을 처리할 때의 유의사항과 가장 거리가 먼 것은?

① 설명은 사실을 바탕으로 명확하게 한다.

② 신속하게 처리한다.

③ 논쟁이나 변명은 피한다.

④ 감정적 표현이나 노출을 피하고 객관적으로 검토한다.

⑤ 고객상담실에 문의할 수 있게 제안한다.

34 소비자가 구매 후 부조화를 경험하게 되는 경우에 대한 설명으로 가장 거리가 먼 것은?

① 구매 후 소비자가 가지는 '심리적 불편함' 을 말한다.
② 마음에 드는 대안이 여러 개일 때 발생할 가능성이 높다.
③ 관여도가 낮을 때 발생할 가능성이 높다.
④ 구매결정을 취소하기 어려울 때 발생할 가능성이 높다.
⑤ 선택한 대안의 장점을 의도적으로 부각시키고 단점을 축소시킨다.

35 다음 중 MOT(Moment Of Truth)에 대한 설명으로 거리가 먼 것은?

① 종업원과 고객이 직접적으로 접촉하는 면대면 접촉을 포함한 고객이 기업과 접하는 모든 순간을 말한다.
② 기업에 대한 모든 접점에서 고객은 기업에 대한 생생한 인상을 형성한다.
③ 고객을 접하는 짧은 순간이지만 고객의 만족과 충성도를 형성하는 데 결정적인 역할을 하기도 한다.
④ 대부분의 경우 MOT가 매우 중요하지만 최근 원격접속이 늘면서 상대적으로 MOT의 중요성이 약해지고 있다.
⑤ 고객과 서비스요원 사이의 15초 동안의 짧은 순간에서 이루어지는 서비스로서 이 순간을 진실의 순간(Moment Of Truth) 또는 결정적 순간이라고 한다.

36 다음 중 고객 본위의 접객 태도로 옳은 것은?

① 판매원의 의견을 특히 강조한다.
② 접객 중에는 다른 잡무를 하지 않는다.
③ 가능한 한 전문적인 용어를 사용한다.
④ 흥허물 없이 대화함으로써 친근감을 나타낸다.
⑤ 고객에게 직접적인 관계가 없는 행위는 접객 중이라도 가능하다.

37 셀링 포인트에 관한 설명으로 옳지 않은 것은?

① 상품의 특징이나 효용 중 구매 결정에 가장 영향을 미치는 점을 말로 표현한 것이다.
② 상품이용에 있어서 그 상품을 가치 있게 하는 여러 가지 특징을 말한다.
③ 판매 과정에서 셀링 포인트를 포착하는 시점은 구매심리과정의 단계 중 주의 단계이다.
④ 구체적이고 단정적 표현이 효과적이다.
⑤ 통상적인 상품의 셀링 포인트로는 적합성, 내구성, 융통성, 조화성 등이 있다.

38 전화응대법과 관련된 설명으로 가장 옳지 않은 것은?

① 전화를 받을 때는 잘 쓰지 않는 손으로 받는다.
② 시간을 단축시키기 위하여 신속하게 추측하여 대답한다.
③ 용건에 맞는 인사말을 한다.
④ 중요한 내용은 요점을 복창한다.
⑤ 상대방이 끊고 난 후, 부드럽게 수화기를 제자리에 놓는다.

39 상품진열 시 상품의 얼굴(Face)을 결정하고자 할 때 고려해야 할 사항으로 옳지 않은 것은?

① 고객의 상품 선택 포인트가 되는 면은 어디인가를 고려해야 한다.
② 넓게 보이는 면은 어디인가를 고려해야 한다.
③ 상품의 내용물이 보이는 면은 어디인가를 고려해야 한다.
④ 배색과는 상관없이 진한 색이 돋보일 수 있는 면은 어디인가를 고려해야 한다.
⑤ 진열하기 쉬운 면은 어디인가를 고려해야 한다.

40 판매원의 판매활동에 대한 설명으로 옳지 않은 것은?

① 판매활동의 본질은 대금과 상품의 교환거래를 실현시키는 활동이다.
② 구매자로 하여금 구매 결정을 내리게 하기 위한 설득활동을 뜻한다.
③ 고객을 점포 안으로 유도하여 주의와 관심을 불러일으키는 활동을 뜻한다.
④ 고객에게 상품의 효용을 알려 구입하도록 하는 일련의 활동을 의미한다.
⑤ 소비자에게 상품지식을 전달하고 효용을 알려 상품을 사도록 하는 활동이다.

41 판매원은 고객의 욕구를 파악하기 위해서 질문을 활용하게 된다. 다음 중 고객에게 질문하는 올바른 방법으로 보기 어려운 것은?

① 취조 받는 느낌이 들지 않게 질문을 연발하지 않는다.
② 고객이 부담스럽지 않은 것부터 시작하여 진척된 질문을 한다.
③ 고객의 욕구를 빠르게 파악하기 위해 예/아니오로 대답할 수 있는 질문을 한다.
④ 긍정적이고 적극적으로 응답할 수 있도록 질문을 유도하여 대화가 자연스럽게 이어지도록 한다.
⑤ 개방형 질문은 고객이 적극적으로 이야기하게 함으로써, 고객의 니즈를 파악할 수 있다.

42 신제품을 개발하기 위한 아이디어 창출과정에서 개방형 혁신(Open Innovation)을 실행하기도 하는데, 이러한 개방형 혁신의 원천으로 가장 옳지 않은 것은?

① 기존 제품
② 고객과 공급지의 제안
③ 대학 및 발명가
④ 경쟁제품
⑤ 종업원과 동료의 제안

43 '수요가 많은 상품에 대해 저가로 가격을 책정하고, 그 품목에 대한 광고를 통해 소비자들을 점포로 유인한 후 다른 제품의 매출 증대도 함께 추구하는 가격정책'과 가장 관련이 깊은 것은?

① 가격 라이닝(Price Lining)
② 홀수가격(Odd Pricing)
③ 하이 앤 로우 가격(High & Low Pricing)
④ 결합가격(Captive Pricing)
⑤ 손실유도가격(Loss-leader Pricing)

44 다음 중 유통업체 브랜드(PB)에 관한 설명으로 올바른 것은?

① 최근 대형 할인업체는 점포에서 통용되는 단일 브랜드로 이미지를 통일하고 있다.
② 강력한 PB는 고가격전략을 통해 이루어진다.
③ 대형 마트, 창고형 멤버십 할인점 등은 PB에 관심이 높지만 백화점업계는 무관심하다.
④ PB에 대한 소비자의 지명도나 신뢰도는 제조업자 브랜드(NB)에 비해 낮은 편이다.
⑤ 제조업자 브랜드에 비해 품질이 많이 떨어진다.

45 다음 중 점포의 조명에 대한 설명으로 올바른 것은?

① 직접조명에 루버나 아크릴 판을 설치한 것을 팬던트 조명이라고 한다.
② 점내 평균조도가 1이면 점포 앞의 쇼윈도는 2~4배가 적당하다.
③ 점내 평균조도가 1이면 상품 진열면의 밝기는 1~2배 정도가 적당하다.
④ 건축물의 벽면을 이용해 빛을 반사하는 방식을 전반조명이라고 한다.
⑤ 반간접조명은 일반적인 전문점 또는 백화점 등과 같은 대형점에 활용된다.

유통관리사 3급

■ 제1과목 유통상식
■ 제2과목 판매 및 고객관리

제5회 최종모의고사

형 별	A형	제한시간	45분	수험번호	성 명

※ 5개의 답항 중 가장 알맞은 1개의 답항을 고르시오.

 제 **1** 과목 **유통상식**

01 기업이 자사제품의 유통경로를 설계할 때 우선적으로 고려해야 하는 사항으로 가장 거리가 먼 것은?

① 고객 특성   ② 제품 특성
③ 유통지역 특성   ④ 중간상 특성
⑤ 경쟁 특성

02 판매원에게 임파워먼트를 함으로써 얻게 되는 장점이 아닌 것은?

① 다양한 고객요구에 대응이 가능해진다.
② 직원의 직무만족을 높이고 조직에 몰입을 유도한다.
③ 고객으로부터 서비스품질에 대해 좋은 평가를 받을 수 있다.
④ 고객의 공정성에 대한 기대가 상승하고 다양해질 수 있다.
⑤ 판매원이 다양한 아이디어를 창출할 수 있다.

03 제조업체가 유통경로에서 힘의 우위를 점하는 방법으로 올바르게 나열한 것은?

> 가. 광고를 통해 강력한 브랜드이미지를 구축한다.
> 나. 중간상에게 제품 및 시장정보를 제공하여 중간상 경쟁력 향상을 지원한다.
> 다. 소매상의 자체 상표 개발을 지원하며 협력적 관계를 맺는다.
> 라. 소매상이 요구하는 판촉활동(1+1, 최저가보장)에 적극 참여한다.

① 가, 나 　　　　　　　　　　　　　　② 가, 다
③ 가, 라 　　　　　　　　　　　　　　④ 가, 나, 다
⑤ 가, 다, 라

04 최근 소매업 변화현상의 하나인 소매업(태)의 양극화 현상을 설명한 것으로 틀린 것은?

① 할인점은 하이테그(High Tech)형 소매업이 성장이라 할 수 있다.
② 창고형 멤버십 클럽 등은 앞으로 하이테크형 사업전략을 더욱 강화하여야 할 것이다.
③ 아웃렛의 성장도 하이테크형 소매업태의 좋은 예이다.
④ 까르푸와 같은 하이퍼마켓은 하이테크형 소매업태라 할 수 있다.
⑤ 카테고리킬러의 성장도 하이테크형 소매업의 성장의 예이다.

05 소매기업이 제조업자 및 생산자를 위해 수행하는 기능이라고 보기 어려운 것은?

① 고객서비스 대행기능으로 제조업자가 제공할 고객서비스를 소매상이 대행한다.
② 재고유지기능으로 제조업체의 기능을 보완해 준다.
③ 정보제공기능으로 소비자정보를 생산자에게 제공해준다.
④ 시장확대기능으로 생산자를 위하여 고객을 창출해준다.
⑤ 신용제공, 할부 등을 통해 재무적 부담을 줄여준다.

06 방문판매 등에 관한 법률에서 규정하지 않은 판매업은?

① 전화권유판매 　　　　　　　　　　　② 다단계판매
③ 후원방문판매 　　　　　　　　　　　④ 홈쇼핑판매
⑤ 계속거래 및 사업권유거래

07 인적 판매원의 역할에 대한 설명 중에서 가장 옳지 않은 것은?

① 단순한 판매처리 업무뿐만이 아니라 회사와 고객과의 관계에서 정보매개자로 활동한다.
② 수요창출을 위해 어떻게 고객이 요구하는 가치를 발견할 것인지 노력한다.
③ 상담자로서 고객이 인식하고 있는 문제를 고객의 입장에서 해결해주려는 마음가짐이 필요하다.
④ 단순히 제품 자체만이 아닌 고객의 총체적 욕구를 채워줄 수 있는 서비스까지 제공한다.
⑤ 회사를 대표하는 입장이기에 회사의 이익만을 최대화하기 위해 노력한다.

08 소매업태 중 카테고리 킬러(Category Killer)에 대한 설명으로 옳지 않은 것은?

① 포괄적으로 할인전문점이라 불린다.
② 고객에게 제공하고자 하는 상품이나 서비스를 전문화한 소매기관이다.
③ 취급상품을 한정하여 특정상품에 대해 구색을 갖추고 있다.
④ 상표충성도가 높지 않은 일용품들 중 잘 알려지지 않은 품종으로 상품구색을 갖춘다.
⑤ 낮은 비용으로 저렴한 상품가격을 제시한다.

09 다음은 독립소매점에 대한 설명이다. 가장 옳지 않은 것은?

① 조직력이 없고 비전문적인 소규모 점포이다.
② 잡화 · 식료품 · 의류 등의 편의품을 취급하는 상점이 많다.
③ 대다수는 저렴한 생업적 가족 노동력에 의해 유지된다.
④ 소비자들과 가까이 있어 신용판매 및 대면판매를 할 수 있다.
⑤ 국내의 경우 독립소매점은 유통 기능의 전문화가 용이하고, 대량 상품화에 따른 이익을 기대할 수 있다.

10 인터넷마케팅을 포함한 전자상거래에 대한 설명으로 가장 옳지 않은 것은?

① 고객의 인구통계적 특성과 구매패턴 등에 맞추어 개별 고객지향적인 마케팅활동을 할 수 있다.
② 고객의 입장에서는 구매에 대한 시간적 · 공간적 제약이 없어 매우 편리하다.
③ 소비자의 입장에서는 정보의 탐색이나 검색이 용이하여 오프라인점포를 이용할 때보다 더욱 자세하고 세밀한 정보를 얻을 수 있다.
④ 인터넷마케팅을 통해 판매되는 상품과 서비스의 유형이 갈수록 다양화되고 있다.
⑤ 물리적인 진열공간이 없기 때문에 판매자의 입장에서는 저렴한 비용으로 상품의 제시 및 판매가 가능하다.

11 다음에서 설명하는 소매업태의 진화과정으로 옳은 것은?

> 새로운 소매점이 시장에 진입하는 초기에는 저가격, 저서비스, 제한적인 상품으로 시작하여 차츰 소매점이 증가하면 고가, 고비용, 고서비스로 대체하게 된다.

① 소매수명주기(Retail Life Cycle)
② 소매아코디언 이론(Retail Accordion)
③ 변증법적 진화과정(Dialectic Process)
④ 소매수레바퀴의 가설(Wheel of Retailing)
⑤ 자연도태설(Natural Selection)

12 경쟁우위는 기업의 가치사슬이 경쟁사보다 효과적일 때 발생한다. 유통경로에 있어서의 가치사슬은 본원적 활동과 지원활동으로 구분되는데 다음 중 그 활동의 성격이 다른 하나는?

① 자원유인활동   ③ 인적자원관리
③ 생산운영활동   ④ 마케팅 및 판매활동
⑤ 서비스활동

13 소매점이 수행하는 유통기능은 크게 소유권 이전기능, 물적 유통기능, 조성기능의 세 가지 기능으로 나눠진다. 이 중 조성기능으로 분류할 수 있는 하부 기능은?

① 구매기능   ② 판매기능
③ 운송기능   ④ 금융기능
⑤ 보관/저장기능

14 생산과 소비 사이에는 인적 분리, 장소적 분리, 시간적 분리가 있다. 다음 중에서 인적 분리를 해소하기 위한 활동은 무엇인가?

① 구매와 판매   ② 운송과 보관
③ 구매와 보관   ④ 판매와 운송
⑤ 구매와 운송

15 프랜차이즈 사업본부 입장에서의 장점과 가장 거리가 먼 것은?

① 과도한 자본을 투자하지 않고 보다 빠르게 시장을 확대할 수 있다.
② 대량구매에 의한 규모의 경제 달성이 가능하다.
③ 소비자에 대한 신뢰도 구축이 가능하다.
④ 지역시장에서 밀착경영이 가능하다.
⑤ 재무위험의 공유와 안정된 수익의 보장이 가능하다.

16 유통집약도에 관한 다음 전략 중 소비자의 편의성을 최대한 높일 수 있으나, 중간상 통제가 어려운 전략은?

① 전속적(Exclusive) 유통전략
② 선택적(Selective) 유통전략
③ 집약적(Intensive) 유통전략
④ 자본적(Capital) 유통전략
⑤ 자유분방형(Unrestrained) 유통전략

17 다음 유통환경의 변화 중 사회 · 경제적인 환경요인이라고 보기 어려운 것은?

① 교육수준의 향상
② 소득수준 및 소비구조의 변화
③ 소비자 보호 운동
④ 여성의 사회 참여 증가
⑤ 소매점 경쟁 구조의 변화

18 국민경제적 측면에서 유통성과에 대한 평가는 1) 생산성 측면에서, 2) 효과성 측면에서, 3) 공평성 측면에서 실행되어 질 수 있다. 아래 내용 중 그 종류가 다른 하나는?

① 종업원 1인당 매출액
② 욕구변화에 대한 대응성
③ 수요자극
④ 제품의 속성수준과 품질
⑤ 주문 및 배달시간

19 다음 박스 안의 내용이 설명하는 도매상 유형이 차례대로 올바르게 짝지어진 것은?

> ㉠ 전형적인 도매상으로 소매상들에게 종합적인 서비스를 제공하며, 취급하는 제품계열의 폭이 매우 넓다.
> ㉡ 거래를 촉진시키며, 소유권을 이전하지 않은 채 구매자와 판매자 사이에서 일정 보수를 받는다.

	㉠	㉡
①	현금거래 도매상	중개상
②	판매사무소	거 간
③	서비스 도매상	판매 대리점
④	도매상인	브로커
⑤	전문품 도매상	커미셔너

20 유통경로상에서는 경로를 구성하는 기관 사이에서 다양한 경로갈등이 존재할 수 있다. 아래의 내용 중에서 유통경로에서의 수직적 갈등에 해당하는 것은?

① A백화점과 B백화점의 갈등
② 할인점에 납품하는 제조업체와 할인점의 갈등
③ 할인점과 전통시장의 갈등
④ 인터넷 쇼핑몰과 백화점의 갈등
⑤ 대형슈퍼(SSM)와 전통시장의 갈등

제 **2** 과목   **판매 및 고객관리**

21 다음은 편의품, 선매품, 전문품의 특징 비교 설명이다. 이 중 옳지 않은 것은?

	구 분	편의품	선매품	전문품
①	점포결정	미고려, 인근점포	약간 고려	신중한 점포
②	소비자 1차 관심	상표와 가격	상 표	품 질
③	판매마진율	낮 음	비교적 높음	매우 높음
④	대량판매여부	불 가	가 능	가 능
⑤	상표의 효과	비교적 높음	높 음	매우 높음

22 다음 중 마케팅적 관점에서 본 고객의 범주를 가장 잘 표현하고 있는 것은?

> ㉠ 상품이나 서비스를 최종적으로 사용하는 소비자
> ㉡ 상품이나 서비스를 구매하는 구매자
> ㉢ 구매를 허락하고 승인하는 구매결정자
> ㉣ 구매의사 결정에 직접적으로 영향을 미치는 구매 영향자
> ㉤ 구매의사 결정에 간접적으로 영향을 미치는 구매 영향자

① ㉠
② ㉠, ㉡
③ ㉠, ㉡, ㉢
④ ㉠, ㉡, ㉢, ㉣
⑤ ㉠, ㉡, ㉢, ㉣, ㉤

23 서비스의 특성에 대한 설명으로 가장 옳지 않은 것은?

① 제품의 경우 정보 탐색 시 인적 정보원천과 비인적 정보원천 두 가지 모두를 이용하는 데 반해, 서비스의 경우는 대부분을 인적 정보원천에 의존하게 된다.

② 제품의 경우 소비자는 여러 브랜드를 직접 비교하여 마음에 드는 상품을 선택하여 구매하지만, 서비스는 대부분이 직접 경험하기 전에는 평가가 힘든 경향이 있다.

③ 서비스는 한 번 만족하게 되면 장기적으로 거래관계를 유지하는 거래의 충실성이 제품에 비해 큰 편이다.

④ 서비스는 경험이므로 제품에 비해 정서와 분위기가 인지된 효용을 형성하는데 매우 중요한 역할을 한다.

⑤ 서비스는 무형적인 속성이 있으므로 소비자들은 구매를 하기에 앞서 특정 서비스에 대한 기대를 형성하기 어렵다.

24 디스플레이 계획 중 4W1H 원칙에 대한 설명으로 옳지 않은 것은?

① WHO : 누가 디스플레이를 할 것인가?

② WHAT : 무엇을 디스플레이 할 것인가?

③ WHEN : 언제 디스플레이 할 것인가?

④ WHERE : 어디에 디스플레이 할 것인가?

⑤ HOW : 어떠한 방법으로 디스플레이 할 것인가?

25 다음 중 머천다이징의 개념에 대한 설명으로 옳지 않은 것은?

① 소비자 욕구충족을 위한 상품관련 중간상의 활동

② 중간상들의 소비자를 위한 제품 구색화 계획

③ 제조업자들의 상품제조를 위한 설계 및 계획

④ 적절한 장소, 시기, 수량, 가격으로 적절한 상품이나 서비스를 제공하기 위한 계획

⑤ 머천다이징의 조건으로는 상품구색의 폭, 판매량, 가장 좋은 공급체, 가격에 관한 결정 등

26 소비자들의 최근 구매성향 및 소비심리에 해당하는 내용 중 가장 옳지 않은 것은?

① 양보다 질을 추구한다.　　　　　　　② 충동구매형 소비를 지향한다.

③ 가격보다는 가치 중심으로 소비한다.　④ 창조적이고 감각적인 제품을 선호한다.

⑤ 소비의 개성화와 다양화 경향이 강하다.

27 다음 중 POS를 사용함으로써 얻을 수 있는 직접적 이점들을 바르게 엮은 것은?

> ㉠ 인기 상품 파악 ㉡ 재고의 적정화 도모
> ㉢ 불량품의 파악 ㉣ 상품가격의 안정화 도모

① ㉠, ㉢ ② ㉠, ㉡
③ ㉢, ㉣ ④ ㉠, ㉡, ㉢
⑤ ㉠, ㉡, ㉢, ㉣

28 고객 커뮤니케이션의 목적과 방법에 대한 설명으로 옳지 않은 것은?

① 소매업체가 제공하는 서비스에 대해 고객들에게 정보를 제공하는 것이다.
② 고객이 소매업체의 상품과 서비스를 구매하도록 동기를 부여한다.
③ 소매업체는 고객들에게 소매업체가 제공하는 이익에 대해 상기시킴으로써, 고객의 반복적인 구매와 충성도를 높인다.
④ 비인적 커뮤니케이션 중 가장 일반적인 판매촉진은 신문, 방송이다.
⑤ 인적 커뮤니케이션의 방법 중 가장 대표적인 것은 홍보이다.

29 상품진열 유형으로 올바르게 짝지어진 것은?

> A. 고객으로 하여금 주의를 끌게 하고 유인하여 구매의욕을 촉진하는데 목적을 두며, 주로, 포스터, 스탠드, 풍선 등을 활용한다.
> B. 매출증대를 위하여 잘 팔리는 상품을 가격할인과 각종 할인광고와 함께 진열하는 것을 말한다.

① A : 충동 진열 B : 판매촉진 진열
② A : 구매시점 진열 B : 판매촉진 진열
③ A : 판매촉진 진열 B : 구매시점 진열
④ A : 구매시점 진열 B : 매출증진 진열
⑤ A : 고객중심 진열 B : 구매시점 진열

30 고객응대화법 중에서 설득화법의 표현방법으로 가장 옳지 않은 것은?

① 고객의 권위를 높이고 칭찬한다. ② 시각에 호소하는 방법을 활용한다.
③ 반복적으로 질문하여 설득한다. ④ 전문가로서 자신있게 표현한다.
⑤ 음성이 명확하며 부드러운 목소리여야 한다.

31 다음 중 서비스의 품질 측정이 어려운 이유로 옳지 않은 것은?

① 서비스 품질의 개념이 주관적이어서 객관화하기가 어렵다.
② 서비스 전달이 완료되기 전에는 검증이 어렵다.
③ 품질 측정을 위해서는 고객에게 물어보아야 하는데, 고객에게서 자료를 수집하기 위한 시간과 비용이 많이 든다.
④ 자원이 서비스 전달 과정 중에 고객과 함께 이동하는 경우에는 고객이 자원의 흐름을 관찰할 수 있다. 이런 점은 서비스품 질 측정의 객관성을 저해한다.
⑤ 고객은 서비스 프로세스에서 배제되므로 고객에게서 서비스 품질에 대한 평가를 받기가 어렵다.

32 접근(Approach)하여 응대하는 판매기법이 가장 효과적으로 작용할 수 있는 시점은 다음 나열된 구매심리과정 중 어느 단 계인가?

① 주의에서 흥미에 이르는 단계   ② 흥미에서 연상에 이르는 단계
③ 연상에서 욕망에 이르는 단계   ④ 욕망에서 비교에 이르는 단계
⑤ 비교에서 확신에 이르는 단계

33 보충진열에 대한 설명으로 가장 옳지 않은 것은?

① 부분적인 작은 공간을 활용하는 전시기법으로 집중 진열한다.
② 시설집중 포인트를 중심으로 상품들을 전체의 무드와 균형을 맞춰 진열한다.
③ 상품을 부문과 종목으로 나누어 선택하기 쉽도록 분류해서 진열하는 것이 중요하다.
④ 단순한 정리 수납이 아닌 상품의 가치를 높게 하는 효과적인 진열을 전개한다.
⑤ 기능적인 설비와 진열집기를 선택하여 상품을 스톡(Stock) 형태로 진열한다.

34 다음 중 POP 광고의 목적에 해당하지 않는 것은?

① 목적 고객에게 직접적인 메시지를 전달하여 구매를 완결시키기 위함이다.
② 상품의 특징을 설명하고 소비자의 지식이나 정보를 향상시키기 위함이다.
③ 고객 스스로의 선택을 돕고 부담 없이 쇼핑할 수 있게 하기 위함이다.
④ 일반 대중에게 널리 선전되어져 있는 상품을 더욱 인상적으로 광고하기 위함이다.
⑤ 제품에 대한 기능성, 사용성, 품질성을 부여한다.

35 구매 심리 과정 중 상품 제시는 어느 단계에서 가장 적합한가?

① 주목-흥미   ② 흥미-연상

③ 연상-욕망   ④ 욕망-비교 검토

⑤ 주목-욕망

36 판매 포인트(Selling Point)에 대한 설명으로 옳지 않은 것은?

① 판매 포인트는 잠재고객에게 가장 효과적으로 어필할 수 있는 상품의 특성을 꼬집어내어 고객의 구매동기와 일치하여 기대하는 욕구를 충족시킬 수 있다는 사실을 인상 깊은 판매화법으로 제시해 놓은 상품 설명 문구이다.

② 판매 포인트가 설명문의 역할을 하여 잠재고객의 이해를 도울 수 있도록 장황한 상품명을 늘어놓는다.

③ 상품의 특징이나 장점, 기능 등에 대해 말한다.

④ 경쟁상품이 가지고 있는 단점을 말하긴 하나 비난해서는 안 된다.

⑤ 경쟁상품의 회사이름과 상품이름은 실제이름을 사용하지 말고 암시적인 이름이나 대명사를 사용한다.

37 많은 대형마트에서 주말 오후의 붐비는 시간을 피하면 편안하게 쇼핑을 할 수 있다고 선전하는 것과 관련 있는 서비스의 특성은?

① 서비스 프로세스의 고객참여

② 시간소멸적인 서비스능력

③ 서비스의 무형성

④ 서비스의 이질성

⑤ 생산과 소비의 동시성

38 다음 고객충성도(로열티)에 대한 설명 중 가장 올바른 것은?

① 관계 형성 후 생기는 심리적, 물질적 전환 장벽으로 기존의 관계에 머물러 있는 상태

② 전환시 금전적, 심리적 비용이 발생하여 쉽게 경쟁기업으로 이동하지 못하는 상태

③ 구매행태가 고착되어 습관적으로 한 브랜드만을 지속적으로 구매하는 상태

④ 선호하는 제품 및 서비스를 일시적으로 구매하게 만드는 브랜드에 대한 깊은 몰입 상태

⑤ 한 기업의 사람, 제품 또는 서비스에 대한 애착, 애정의 감정 상태

39 올바른 고객유치와 거리가 가장 먼 것은?

① 수익성 높은 고객을 유치한다.

② 고객자원이 충분하지 않다면 고객을 회피할 수 있다.

③ 호전형, 도둑형 고객 등의 불량고객은 반드시 퇴출한다.

④ 역선택 위험이 있는 고객을 파악하여 관리한다.

⑤ 고객이 원하는 서비스를 제공하기에는 기회비용이 높은 경우, 기업의 입장에서는 고객을 거절할 수 있다.

40 디스플레이의 개념에 대한 설명 중 옳지 않은 것은?

① 고객의 심리적인 조건을 기본으로 하여 그 점포의 이미지와 상품의 콘셉트를 한층 더 부각시키기 위한 판매연출을 말한다.

② 상품진열장이나 진열실, 전람회장 등에 특정 계획과 목적에 따라 상품과 작품을 전시하는 기술을 말한다.

③ 즐거운 쇼핑 분위기 조성을 통한 매출증대가 궁극적 디스플레이의 목적이며, 진열의 3요소로는 상품 및 브랜드의 선택, 진열위치, 진열방법을 말한다.

④ 디스플레이 중에서도 진열 디스플레이는 점포 등 상업시설에서 판매촉진을 목적으로 하는 것으로 패션에 관계된 점포 디스플레이가 있으며, 전시 디스플레이는 상품선전이나 기업선전을 위한 전시회, 전람회 등을 말한다.

⑤ 유통에서의 디스플레이는 고객의 구매욕구를 불러일으켜 기업의 목적달성인 판매증가와 이윤추구를 도모하는 상품의 효과적인 진열을 의미한다.

41 브랜드에 대한 보기 중 성격이 전혀 다른 하나는?

① 소매상이 독점적으로 판매할 수 있는 상품을 개발하기 위해 특정 공급업체에게 제조 혹은 공급을 의뢰한 소매상 브랜드

② 중간상 상표

③ 할인점 자체 브랜드

④ 유통업체 점포 내에서 판매되는 유통업체 독점적 브랜드

⑤ 제조업체 브랜드

42 판매원이 활용할 수 있는 상품지식과 판매 전략으로 가장 옳지 않은 것은?

① 소비자에게 정보를 제공하는 데에 정확한 상품지식을 활용해야 한다.

② 상품정보뿐만 아니라 유행정보, 제품과 관련된 생활정보를 제공하는 것이 좋다.

③ 과시욕이나 제품의 희소성과 같은 제품 이외의 정보는 활용하지 않는 것이 좋다.

④ 구매 관습 또는 라이프 사이클에 의한 상품의 특성에 따라 다른 판매방법을 고려한다.

⑤ 매입과 상품의 취급 및 관리를 하는 데에 있어서도 상품지식은 필요하다.

43 다음 중 매스미디어 광고와는 다른 POP광고의 특징으로 가장 올바르지 않은 것은?

① 매스미디어 광고의 소구대상은 불특정 다수이나, POP광고는 매장을 방문한 특정인을 대상으로 소구한다.
② 매스미디어 광고는 소비자의 정보처리 시점에 메시지를 전달하지만, POP광고는 소비자의 구매시점에서 메시지를 전달한다.
③ 매스미디어 광고는 상품의 정보제공과 이미지 형성에 초점을 두지만, POP광고는 소비자의 선택에 초점을 둔다.
④ 매스미디어 광고는 고객의 쇼핑에 활기와 도움을 주는 반면, POP광고는 판매증가에 도움을 준다.
⑤ 매스미디어 광고는 TV, 신문, 라디오, 잡지, 영화, 광고 등을 이용하고, POP광고는 상품의 특성이나 사용 방법을 데몬스트레이션 기법을 통하여 이해시킨다.

44 고객관계관리에 대한 전략으로 올바르게 짝지어진 것은?

> ㉠ 신발을 구매한 고객에게 양말을 판매한다.
> ㉡ 휴면고객을 분석하여 재고객화를 실시한다.

	㉠	㉡
①	교차판매 전략	고객활성화 전략
②	상승판매 전략	고객활성화 전략
③	고객유지 전략	고객활성화 전략
④	교차판매 전략	고객 재활성화 전략
⑤	고객유지 전략	고객 재활성화 전략

45 단골고객관리(Loyalty Management)에 대한 설명으로 가장 옳지 않은 것은?

① 일반적으로 신규고객을 확보하는 비용이 단골고객을 유지하는 것보다 훨씬 높다.
② 모든 단골고객은 VIP 고객으로 볼 수 있다.
③ 단골고객을 적극적으로 관리해야 한다.
④ 단골고객을 파악하고 세분화해야 한다.
⑤ 단골고객 유지여부를 지속적으로 점검해야 한다.

제6회 최종모의고사

형 별	A형	제한시간	45분	수험번호	성 명

※ 5개의 답항 중 가장 알맞은 1개의 답항을 고르시오.

제1과목 유통상식

01 최근의 제조기업 및 유통기업의 경영트렌드 변화에 대한 설명으로 가장 올바른 것은?

① 표준화된 제품 개발을 통해서 소비자의 다양한 욕구를 충족시키고자 한다.
② 제품생산이 소비자주도에서 생산자주도로 강화되고 있다.
③ 시장 개방이 가속화되어 감에 따라 경쟁 속도가 지연되고 있다.
④ 소비용품 유통에서 제조업자의 파워가 증가하고 있다.
⑤ 이윤추구뿐만 아니라 사회적 책임 문제를 동시에 고려하는 경향이 있다.

02 유통경로가 필요한 이유로 가장 적절하지 않은 것은?

① 교환과정에 있어 거래비용 및 거래횟수를 줄임으로써 효율성을 높여준다.
② 제품의 구매와 판매에 필요한 정보탐색의 노력을 감소시켜 준다.
③ 반복적인 거래를 가능하게 함으로써 구매와 판매를 보다 용이하게 해준다.
④ 편리한 장소에서 고객이 원하는 물량, 품질 및 가격으로 제품을 공급해줌으로써 수요를 만족시켜 준다.
⑤ 경로 구성원이 고객가치 창출이라는 공동의 목표를 갖게 하여 경로구성원들 간의 결속을 강화한다.

03 다음 중 프랜차이즈 경영을 할 때 프랜차이즈 본부가 획득할 수 있는 장점으로 가장 보기 어려운 것은?

① 가입금이나 로열티 수입으로 사업을 안정적으로 수행할 수 있다.
② 상품의 안정적 판매망을 확보할 수 있다.
③ 사업경험이 없더라도 사업을 진행하면서 개선시켜 나갈 수 있는 시간을 확보할 수 있다.
④ 브랜드의 가치를 높이고 차별화된 프로그램을 개발할 수 있다.
⑤ 대량구매에 의한 규모의 경제달성이 가능하다.

04 유통업체의 사회적 책임에 대한 설명으로 가장 옳지 않은 것은?

① 기업의 이해 관계자 요구에 적절히 대응하는 활동을 의미한다.
② 무엇보다 소비자를 위한 양질의 상품을 제공하여야 한다.
③ 경제적인 책임으로, 이윤 극대화와 고용 창출 등이다.
④ 법적인 책임으로, 회계의 투명성, 성실한 세금 납부, 소비자의 권익 보호 등이다.
⑤ 내부의 종업원관리는 노사문제로 사회적 책임과는 거리가 멀다.

05 소매상의 분류에 대한 설명으로 가장 옳지 않은 것은?

① 점포의 유무에 따라 점포 소매상과 무점포 소매상으로 분류된다.
② 소유 및 운영주체에 따라 크게 독립소매기관과 체인으로 분류된다.
③ 상품의 다양성 및 구색에 따라 구분하면 백화점과 전문점은 동일한 유형에 해당된다.
④ 마진과 회전율로 소매상을 구분하는 것은 사용전략에 의한 분류이다.
⑤ 판매원들이 고객이 필요로 하는 모든 서비스를 제공하는 전문점이나 백화점은 완전서비스 소매상에 속한다.

06 기업윤리와 관련한 국내환경 변화와 관련 없는 것은?

① 기업의 영업 관행과 사회적 가치관의 차이 확대   ② 기업에 대한 사회적 신뢰의 위기
③ 기업지배구조에 대한 인식 변화   ④ 부패라운드
⑤ 여론과 시민단체의 영향력 증대

07 짧은 유통경로에 적합한 것으로만 나열한 것은?

> 가. 표준화된 편의품
> 나. 구매빈도가 낮고 비규칙적 수요를 가진 상품
> 다. 생산자의 수가 적은 상품
> 라. 구매단위가 적은 상품
> 마. 부패성 상품

① 가, 나, 다   ② 나, 다, 라
③ 가, 라, 마   ④ 나, 다, 마
⑤ 가, 다, 마

08 다음 중 유통 범위(Distribution Coverage)에 대한 설명으로 옳은 것은?

① 상품이 제조업자에서부터 소비자에게 이전되는 과정을 결정하는 것
② 기업에게는 적절한 이윤을 보장하면서 소비자에게 제품을 신속히 보낼 수 있는가를 결정하는 것
③ 기업이 자기 상품을 취급하는 중간상에 대한 통제 수준을 결정하는 것
④ 기업이 표적으로 하는 시장 내 소비자에게 어느 정도 가까이 접근할 것인가를 결정하는 것
⑤ 생산과 소비의 시간적 분리를 극복하기 위해 상품을 생산시기에서부터 소비시기까지 안전하게 관리하는 것

09 소매수레바퀴이론(Wheel of Retailing Theory)에 대한 설명으로 옳지 않은 것은?

① 진입단계, 성숙단계, 쇠퇴단계의 3가지 단계로 설명이 된다.
② 혁신적인 소매상은 항상 기존 소매상보다 저가격, 저이윤 및 저서비스라는 가격소구방법으로 신규진입하여 기존업체의 고가격, 고마진, 고서비스와 경쟁하면서 점차 기존 소매상을 대체한다는 이론이다.
③ 성숙단계 말기에 이르면 소매기관이 갖고 있던 초기의 혁신적인 특징이 사라지고 고가격, 고마진, 고서비스의 특징을 가진 소매기구로 변화하게 된다.
④ 소매점의 진화 과정을 소매점이 취급하는 상품 믹스(Merchandise Mix)로 본다.
⑤ 역사적으로 볼 때 소매점은 전문점 → 백화점 → 할인점 순으로 등장한다.

10 물류활동에 대한 설명으로 가장 적합하지 않은 것은?

① 생산은 시간효용을 창출하고 소비는 장소효용을 창출하는 의미가 있다면, 물류는 형태효용과 소유효용을 창출함으로써 생산과 소비를 연견시킨다.

② 물적유통은 재화나 서비스의 모든 경제재의 흐름과 이동을 말하는 것으로, 물적유통망은 산업 전반에 커다란 비중을 차지하고 있다.

③ 물류의 최적화는 지역경제가 발전할 수 있는 원인이 되고 인구의 대도시 집중현상을 억제하는 역할을 한다.

④ 물류의 최적화는 수요자가 원하는 시간 내에 배송할 수 있도록 함으로써 고객서비스의 수준을 높일 수 있다.

⑤ 물류관리에 있어서 비용의 문제는 고객에 대한 서비스 수준과 균형을 이루어야 하며 이러한 균형을 달성하기 위해서는 일정한 지침이 필요하다.

11 다음 중 중간도매상인(Merchant Intermediaries)과 중간대리인(Agent Intermediaries)을 구분하게 해 주는 가장 중요한 기준이 되는 것은?

① 저장 및 배달기능
② 컨설팅기능
③ 정보제공
④ 소유권 이전의 유무
⑤ 배송시간

12 다음은 경로갈등의 발생원인과 유형에 대한 설명이다. 옳지 않은 것은?

① 경로구성원들 간의 성장성과 수익성 목표에 대한 의견불일치가 발생될 수 있다.

② 각 경로구성원들이 수행해야 할 마케팅과업과 과업수행방법에 있어서 구성원들 간의 의견불일치가 경로갈등을 유발하기도 한다.

③ 경로구성원들 간의 현실에 대한 지각의 차이로 같은 상황에 대해 서로 다른 반응을 보이게 됨에 따라 갈등이 유발된다.

④ 수평적 갈등(Horizontal Conflict)의 경우, 밀집한 지역 내에 너무 많은 편의점이 출점하여 편의점들 사이에 갈등이 빚어지는 것을 예로 볼 수 있다.

⑤ 경로갈등은 크게 유통경로상의 동일 단계에 있는 경로구성원들 간의 갈등을 의미하는 수직적 갈등(Vertical Conflict)과 유통경로상의 상호 다른 단계에서의 경로구성원들 간의 갈등을 의미하는 수평적 갈등(Horizontal Conflict)이 있다.

13 다음 중 백화점이 제조업체로부터 상품을 직접적으로 구매한 후 판매하는 방식과, 협력·공급업체를 통하여 간접적으로 판매하는 방식에 대해 올바르게 설명하고 있는 것은?

① 백화점은 간접판매의 경우 직접판매의 경우보다 소비자에 대한 정보를 공급·협력업체들을 통해 너욱 손쉽게 확보할 수 있다.

② 간접판매는 제조업체, 즉 공급·협력업체가 백화점 매장에서 실질적으로 판매를 실행하기 때문에 소비자판매가격이 더욱 저렴하다.

③ 백화점은 일반적으로 직접매입 및 직접판매 형태보다 협력업체를 통한 간접판매방식을 선호한다.

④ 공급·협력업체를 통한 간접판매방식은 백화점이 판매가격에 대한 결정권과 매장위치결정권을 보유하고 있으므로 공급·협력업체에 대한 통제의 어려움이 전혀 없다.

⑤ 국내 백화점은 다른 상품유통업태의 일반적인 구매 및 판매방식과 달리 백화점이 직접적으로 상품을 구매, 진열, 판매 및 재고관리까지 하는 방식을 선호하는 경향이 있다.

14 다음 글상자에서 (   ) 안에 적합한 용어를 올바르게 연결한 것은?

> 소비자가 구매하는 상품이나 서비스는 제조업자나 상인이 생산이나 판매를 위해 구입하는 것과는 달리, 단지 소비를 위해 구입하는 것이다. 따라서 이때의 소비자는 (가)라고 하며 최종 소비를 목적으로 하는 소비자들에게 상품이나 서비스를 판매하는 것과 관련된 모든 활동을 (나)라고 한다. 또 이런 활동을 수행하는 유통기관을 (다)이라 한다.

① 가 – 최종 소비자, 나 – 소매, 다 – 소매상
② 가 – 최종 소비자, 나 – 도매, 다 – 소매상
③ 가 – 중간 소비자, 나 – 소매, 다 – 소매상
④ 가 – 중간 소비자, 나 – 도매, 다 – 도매상
⑤ 가 – 중간 소비자, 나 – 소매, 다 – 도매상

15 유통업체는 상품구성정책과 구색, 상품의 깊이와 넓이에 관한 의사결정을 수행하여야 하는데 이에 대한 설명으로 가장 옳지 않은 것은?

① 상품의 넓이 또는 폭이 넓다는 것은 상품의 종류가 많다는 것을 의미한다.

② 상품의 깊이는 동일상품 계열 내에서 다양성을 말하므로 수평적인 다양성을 의미한다.

③ 상품의 구색이란 상품 브랜드의 폭과 깊이가 어느 정도 제대로 갖추어져 있는지를 의미한다.

④ 상품의 넓이와 깊이에 대한 의사결정은 표적구매자들의 기대를 일치시키면서 동시에 다른 소매상과 차별화할 수 있어야 한다.

⑤ 편의점과 백화점을 상품의 깊이측면에서 비교할 경우, 백화점이 편의점에 비해 상품의 깊이가 더욱 깊다.

16 현행 유통산업발전법 및 동법 시행령에서 규정하고 있는 다음의 체인사업은 어떠한 유형의 체인사업에 대한 설명인가?

> 체인본부의 계속적인 경영지도 및 체인본부와 가맹점 간의 협업에 의하여 가맹점의 취급품목·영업방식 등에 관한 표준화사업과 공동구매·공동판매·공동시설 활용 등 공동사업을 수행하는 형태의 체인사업

① 직영점형 체인사업   ② 프랜차이즈형 체인사업
③ 임의가맹점형 체인사업   ④ 조합형 체인사업
⑤ 전문점형 체인사업

17 상품의 판매동향을 탐지하기 위하여 메이커나 도매상 또는 체인 본부 등이 직영하는 소매점포로, 의류 등 유행에 따라 매출액이 좌우되기 쉬운 상품에 대한 소비자의 반응을 파악하여 신속히 각종 의사결정에 반영하기 위한 전략점포를 무엇이라 하는가?

① 프랜차이즈숍   ② 파일럿숍
③ 오픈숍   ④ 숍인숍
⑤ 클로즈드숍

18 소매업의 규모에 따른 소규모 소매점 중 하나에 대한 설명이다. 이에 해당하는 소규모 소매점은?

> 교통이 불편한 지역이나 시골에 다종다양한 상품을 무엇이든 갖추어 놓고 판매하는 소매점으로 주로 농촌과 어촌 등 촌락에서 볼 수 있다. 또한 해당 지역민의 일상생활에 필요한 상품을 소량으로 판매하는 소매점이기도 하다. 교통의 발달과 자동차의 등장으로 교외도시에서의 선택구매가 가능해짐에 따라 쇠퇴하고 있으며 전문 단일업종점(Single Line Store)으로 전업하고 있다.

① 행상(Peddling)   ② 노점상(Roadside Stands)
③ 단위소매점(Unit Store)   ④ 잡화점(만물상)(General Store)
⑤ 소규모백화점(Small Department Stores)

19 판매원이 고객과의 관계를 강화하기 위한 방법으로 가장 옳지 않은 것은?

① 판매원의 상담기술 습득과 습관화가 필요하다.
② 관리자를 중심으로 한 판매담당자 상호 간의 협력체제가 필요하다.
③ 고객에 관한 판매정보가 수집되어야 할 것이다.
④ 1회성 이벤트를 중심으로 고객에게 접근한다.
⑤ 고객정보를 통한 판매 목표설정이 필요하다.

20 불량고객의 관리 원칙 중 가장 옳지 않은 것은?

① 고객과의 관계에서 신뢰를 유지하기 위해 판매원의 입장에서 해석, 대응한다.

② 불량고객의 행동을 유형별로 분석하고 대처법을 종업원들에게 일러 주어야 한다.

③ 불량고객의 특성을 파악하여 신규고객 유치 단계에서의 예방이 최선책이다.

④ 고객정보시스템을 가동하여 불량 고객에 대해 개별화된 대응을 할 수 있게 한다.

⑤ 고객에게 올바른 제품이나 서비스 사용법을 제공한다.

제 **2** 과목 **판매 및 고객관리**

---

21 상품의 개념에 대한 설명으로 가장 옳지 않은 것은?

① 구매자가 구입하여 소비함으로써 자신의 욕구를 충족시켜 줄 수 있는 모든 것을 말한다.

② 소비자의 욕구나 욕망의 충족을 위해 시장에 출시되어 소비의 대상이 될 수 있는 것이다.

③ 고객을 만족시킬 수 있는 일련의 유형적 속성들로 구성된 물리적 형태를 가진 것만을 의미한다.

④ 최종소비재를 생산하는 과정에서 필요로 하는 원료와 생산재(중간재)를 포함한다.

⑤ 보증, 배달, 애프터서비스 등의 서비스를 추가하여 상품의 효용가치를 증대시킬 수 있다.

---

22 다음 제품수명주기 단계에서 도입기의 내용과 거리가 먼 것은?

① 도입기의 기본전략은 상표구축 전략이다.

② 경쟁사는 거의 없거나 있어도 소수만이 존재한다.

③ 보통 도입기의 제품에 대한 가격은 매우 낮은데, 그 이유는 시장 확보를 위하여 출혈을 하기 때문이다.

④ 판매량은 낮은 데 비하여 소비자에게 제품을 알리기 위해 드는 광고비, 유통비 등이 많이 들어서 기업의 이익구조는 적자를 기록하는 경우가 많다.

⑤ 제품수정이 이루어지지 않은 기본형 제품이 출시된다.

---

23 스포츠용품 매장에서 다음과 같이 사용되는 상품설명의 유도화법에 해당하는 것은?

> 이 축구화는 세계적인 축구 스타 리오넬 메시가 주로 사용하는 것으로.....

① 의뢰제시법   ② 문제해결제안법

③ 호기심유발법   ④ 실연법

⑤ 장점강조법

24 판매원이 고객을 접촉하는 단계 중에서 잠재고객의 욕구에 대한 정보를 입수하는 단계는?

① 고객을 접촉하는 이전단계
② 고객을 접촉하는 단계
③ 고객을 접촉한 이후의 단계
④ 고객만족을 조사하는 단계
⑤ 고객 서비스를 요청하는 단계

25 PB(Private Brand) 상품의 이점에 관한 아래의 내용 중에서 옳지 않은 것은?

① 제조업자 상표의 상품보다 높은 수익성을 기대할 수 있다.
② 판매정보를 직접 상품개발에 반영할 수 있다.
③ 경쟁사에서 취급하지 않는 차별화된 머천다이징이 가능하다.
④ 제조업자 상표의 상품보다 가격정책의 융통성을 가질 수 있다.
⑤ 소비자에게 제조업체 상표의 상품보다 고급이라는 이미지를 제공할 수 있다.

26 판매촉진의 방법에는 Push형(밀어붙이기형)과 Pull형(유인형)이 있다. 다음 중 Pull형 판매촉진방법이 아닌 것은?

① POP 광고
② 쿠폰(Coupon)
③ 마일리지, 스탬프
④ 사용 중 상품의 보상 판매
⑤ 사은품(Premium)

27 점포의 구성과 설계에 대한 내용으로 옳지 않은 것은?

① 점포 구성은 고객이 많은 노력을 하지 않아도 제품을 쉽게 찾을 수 있도록 꾸며져야 한다.
② 매장 앞을 지나는 고객이 내부의 분위기를 느낄 수 있도록 설계되어야 한다.
③ 개성과 특성을 살리면서도 제품 판매 및 동선이 효율적이도록 설계되어야 한다.
④ 목표고객이 점포 안으로 들어올 수 있도록 이미지 표출에 중점을 두어야 한다.
⑤ 백화점과 할인점 같은 대형점포는 화려하고 고급스럽게 꾸며 소비자가 쇼핑에 대한 가치를 느낄 수 있도록 해야 한다.

28 다음 중 판매촉진의 수단에 대한 설명으로 옳지 않은 것은?

① 무료 샘플, 할인쿠폰, 환불제공의 약속 등은 신제품 도입을 위한 판촉수단이다.

② 가격할인 교섭, 프리미엄, 콘테스트, 경품 등은 제품사용량 증대를 위한 판촉수단에 속한다.

③ 거래확인 스탬프, 소매점 쿠폰, 구매시점 시연 등은 직접 고객을 유인하기 위한 판촉수단이다.

④ 샘플링, 시연, 장려금 지급 등은 소비자를 대상으로 한 판촉기법이다.

⑤ 점포진열보조, 회계 및 재고관리보조, 협동광고 등은 유통 상 지향해야 할 판촉기법이다.

29 다음 중 포장 재료의 종류별 설명으로 옳지 않은 것은?

① 금속용기는 내열성이 우수하지만 방습성에 결점이 있다.

② 유리용기는 내용물이 투시되는 성질이 있고 진열의 내구성이 있다.

③ 종이는 디자인하기 용이하고 운반하기 유리한 장점이 있다.

④ 목재는 내용품의 중량 및 용적에 비해 용기의 중량과 용적이 큰 단점이 있다.

⑤ 합성수지는 내용물의 보호성이 우수하고 포장작업성이 양호하다.

30 바코드에 대한 설명으로 가장 옳지 않은 것은?

① 제조업자 또는 유통업체(중간상)가 부착할 수 있다.

② 실제로 유용하게 사용되기 위해서는 POS시스템이 구축되어야 한다.

③ 소스마킹은 동일상품에 동일코드가 지정된다.

④ 인스토어마킹은 코드 표준화로 소스마킹에 비해 상대적인 비용 및 시간적인 면에서 효율적이다.

⑤ 유통 외에도 병원, 도서관, 공장 등 대량의 데이터를 신속·정확하게 처리하는 분야에 활용되고 있다.

31 매대를 구성함에 있어 연관상품을 함께 진열하면 시너지 효과를 얻을 수 있다. 다음 중 연관상품을 선정하는 방법으로 가장 올바르지 않은 것은?

① 부수적인 상품은 주된 상품보다 더 작아서 쉽게 구매할 수 있어야 한다.

② 부수적인 상품은 가격대가 단순해야 한다.

③ 연관상품이 서로 용도나 사용방법에 있어 관련이 있어야 한다.

④ 구입에 부담이 없도록 부수적인 상품은 주된 상품보다 더 싼 상품이어야 한다.

⑤ 부수적인 상품은 회전율이 높은 상품으로 매출이익률이 좋아야 한다.

32 다음 중 판매원이 고객과 행할 수 있는 올바른 커뮤니케이션 행동으로 볼 수 없는 것은?

① 판매원은 효과적인 커뮤니케이션을 위해 주의 깊게 듣는다.

② 판매원은 경청 시 고객이 말하고자 하는 의미와 의도를 파악하여 듣는다.

③ 판매원은 고객의 말이 끝났을 때 '아, 네' 등의 대답을 통해 언어적 휴식을 준다.

④ 판매원은 고객이 이야기할 때 2~3초 침묵의 시간을 가지며 자신이 의도한 화제로 유도한다.

⑤ 고객의 대화는 친절하고 효율적이어야 하고 고객과의 소담으로 너무 많은 시간을 보내는 것은 적절치 않다.

33 상황요인과 소비자 구매행동에 대한 설명으로 옳지 않은 것은?

① 소비자의 기분 상태에 따라 특정 제품 구매에 영향을 미친다.

② 지속적 관여도가 클수록 상황요인의 영향을 더 많이 받는다.

③ 백화점은 행사제품을 고객통행이 많은 곳에 배치하여 충동구매를 유발하고, 소비가 일어나는 시간도 특정 제품 구매에 영향을 미친다.

④ 상황에 대한 이해를 통하여 시장을 세분화할 수 있다.

⑤ 소비상황을 적절히 묘사한 구매시점광고를 실시하면 구매를 유발할 수 있다.

34 다음 중 상품수명주기이론상 상품의 성숙기에 해당 기업이 취할 수 있는 보편적인 전략과 가장 거리가 먼 것은?

① 기존 제품의 품질이나 특성 등을 수정하여 신규고객을 유인하거나 기존 고객의 사용빈도를 늘린다.

② 새로운 소비자를 찾거나 기존 소비자를 위한 제품의 새로운 용도를 개발한다.

③ 높은 경쟁 환경에서 자사제품의 판매 촉진을 위해 프로모션 활동을 강화한다.

④ 대량생산보다는 고객맞춤의 제품을 출시하여 성숙기의 기간을 더 길게 만든다.

⑤ 자사제품의 정보가 많은 사람들에게 전달되는 입소문을 통해 신제품의 확산을 유도한다.

35 점포 매장의 디스플레이(Display)원칙에 대한 설명으로 적합하지 않은 것은?

① 점내 판매대의 배치와 조명의 색깔 및 밝기를 고려하여 상품을 배열한다.

② 매장 복도에 하는 상품배치는 고객의 구매욕구를 자극시킬만한 궁극적인 의도를 가지고 조성한다.

③ 저렴하고 저급하다고 생각되는 상품이라도 고객의 마음을 사로잡을 수 있도록 하는 것이 궁극적인 디스플레이의 목적이다.

④ 고객으로 하여금 상품의 선택을 용이하게 하고, 진열 상품에 대한 구매 욕구를 향상시킴으로써 충동구매를 촉진시킨다.

⑤ 디스플레이의 원칙으로는 주의(Attention)-흥미(Interest)-욕구(Desire)-기억(Memory)-행동(Action)의 단계를 거친다.

36 이탈고객에 대한 설명으로 가장 옳지 않은 것은?

① 고객이탈률은 1년 동안 떠나는 고객의 수를 신규 고객의 수로 나눈 값이다.

② 이탈고객이 제공하는 정보를 활용하여 이탈고객이 발생하지 않도록 노력해야 한다.

③ 완전히 이탈한 고객만이 아닌 어느 정도 이용률이 떨어진 고객도 관리해야 한다.

④ 고객이탈률 제로문화를 형성하기 위해 노력해야 한다.

⑤ 휴면고객의 정보를 활용하여 고객으로 환원시킨다.

37 진열 방법과 그에 대한 설명으로 가장 옳지 않은 것은?

① 벌크진열은 상품의 가격이 저렴하다는 인식을 줄 수 있다.

② 측면진열은 적은 수량의 상품을 앞으로 내어 쌓아 풍부한 진열감을 연출한다.

③ 평대진열은 특매상품이나 중점판매 상품을 대량으로 진열할 수 있는 방법이다.

④ 행거진열은 양감 있는 느낌을 주며 상품을 고르기가 쉽다.

⑤ 곤돌라 진열은 판매동향 파악이 쉽고 페이스 관리가 용이하다.

38 고객 불만 처리과정 및 불만처리 원칙에 대한 설명으로 가장 옳지 않은 것은?

① 회사의 입장에서 성의 있는 자세로 임한다.

② 감정적 표현이나 노출을 피하고 냉정하게 검토한다.

③ 가능한 빠른 시간 내에 해결하는 것이 회사로서도 바람직하다.

④ 클레임을 건 고객은 우선 화가나 있는 상태라는 점을 잊지 말고 사과를 먼저 하도록 한다.

⑤ 고객과의 논쟁은 피해야 하며 인내심을 갖고 겸손하고 정감어린 설명으로 설득해야 한다.

39 소비재 유형에 대한 설명으로 옳지 않은 것은?

① 치약, 비누 등은 편의품으로 집약적 유통방식이 적합하다.

② 선매품은 일반적으로 대량 생산에는 적합하지 않다.

③ 선매품은 편의품에 비하여 회전율과 마진이 상당히 높다.

④ 전문품일수록 브랜드의 독특성을 강조한다.

⑤ 카메라 등의 전자제품은 경쟁사와 차별화 촉진전략을 구사한다.

40 고객에게 접근을 시도하기 좋은 타이밍에 대한 설명으로 가장 옳지 않은 것은?

① 점포를 돌아보며 판매담당자를 찾는 것 같은 태도가 보일 때

② 특정 상품을 만져보고 관심을 보일 때

③ 같은 진열 코너에 오래 머물러 있을 때

④ 고객이 매장에 들어서는 즉시

⑤ 고객이 말을 걸어오는 즉시

41 고객관리에 대한 다음의 내용 중에서 올바르게 설명한 것을 모두 고르시오.

> ㉠ 고객관계관리(CRM)의 궁극적인 목적은 기존 고객을 통한 시장점유율 확대에 있다.
> ㉡ 침묵하는 불만족 고객이 불평하는 고객보다 낫다.
> ㉢ 과거 구매 고객은 휴면고객으로 고객관계관리의 대상에 포함된다.
> ㉣ 고객관계관리를 효과적으로 수행하기 위해서는 고객, 상품 등의 자료를 확보하는 것이 중요하다.

① ㉠, ㉡   ② ㉡, ㉢

③ ㉠, ㉢, ㉣   ④ ㉡, ㉢, ㉣

⑤ ㉠, ㉡, ㉢, ㉣

42 서비스의 품질을 측정하는 여러 요소 중에서 다음 박스 안의 내용과 가장 관련이 많은 것을 고르시오.

> 원활한 의사소통, 고객 개개인에 대한 관심과 이해, 고객 개개인의 차별적 요구에 대한 보살핌

① 반응성(Responsiveness)   ② 확신성(Assurance)

③ 공감성(Empathy)   ④ 유형성(Tangibles)

⑤ 신뢰성(Reliability)

43 소매점에서는 점포내의 방문고객을 대상으로 POP 광고를 수행하는 경우가 많다. 다음 중 POP(Point Of Purchase) 광고의 기능으로 보기 어려운 것은?

① 상품의 구매조건을 제안하는 기능

② 매장 내 위치나 이벤트를 안내하는 기능

③ 상품의 특징을 알기 쉽게 전달하는 기능

④ 고객의 구매시점에서 구매만족도를 높이는 기능

⑤ 점포 외부의 접객분위기를 높이는 기능

44 고객이 판매 결정을 하도록 하기 위한 판매원의 기본자세로 가장 옳지 않은 것은?

① 성공할 것이라는 자신감과 태도가 필요하다.
② 신중하지만 신속한 판매종결이 시도되어야 한다.
③ 고객이 원하는 방법으로 판매결정을 시도한다.
④ 지금이 구매의 적기라는 강한 근거를 사용한다.
⑤ 관계를 강조하여 구매거절이 어렵도록 한다.

45 고객서비스 도구 중에서 특별히 구매편의를 높이기 위한 수단에 해당하는 것만으로 짝지어진 것은?

① 소비자 정보, 불평처리센터
② 무료배달, 전화주문, 무료 주차
③ 소비자 금융, 쇼핑정보, 상품 반송
④ 상품 반송, 무료 주차, 소비자 금융
⑤ 무료배달, 무료 주차, 상품 반송

제 7 회 최종모의고사

형 별	A형	제한시간	45분	수험번호	성 명

※ 5개의 답항 중 가장 알맞은 1개의 답항을 고르시오.

유통상식

01 유통의 기본개념에 대한 설명으로 가장 옳지 않은 것은?

① 유통의 기본활동은 상품이나 서비스의 소유권을 이전하는 활동이다.

② 유통은 생산자와 소비자 간의 간격을 메워주고 여러 가지 효용을 창조하는 활동이다.

③ 유통은 거래 횟수를 늘리고 거래관계를 다변화하여 수요자에게 다양한 상품 및 서비스를 제공하는 활동이다.

④ 유통경로는 상품 및 서비스를 생산자로부터 소비자에게 이전시키는 가치사슬 과정에 참여하는 모든 개인 및 기관을 말한다.

⑤ 유통기관들은 소비자와 생산자 양쪽의 정보를 통합 전달하여 정보탐색비용을 줄이는 역할을 한다.

02 쇼(A.W. Shaw) 교수의 유통기능 분류로 옳지 않은 것은?

① 위험부담(Sharing the Risk)

② 재화수송(Transporting the Goods)

③ 시장세분화(Market Segmentation)

④ 판매(Selling the Goods)

⑤ 수집 · 분류 · 재발송(Assembling, Assorting and Reshipping)

03 도매기관 중 상인도매상에 해당하지 않는 것은?

① 현금판매-무배달 도매기관(Cash and Carry Wholesaler)
② 트럭도매기관(Truck Wholesaler)
③ 직송도매기관(Drop Shipper)
④ 선반도매기관(Rack Jobber)
⑤ 수수료상인(Commission Merchants)

04 변증법적 과정에서 새로운 형태의 소매점인 할인 백화점에 대한 설명으로 올바른 것은?

① 높은 점포 운영비   ② 저회전율
③ 제한된 서비스   ④ 화려한 시설
⑤ 백화점보다 높은 제품의 다양성

05 유통단계에 있어 생산자와 소매상 사이에 도매상이 개입하기에 좋은 조건으로 볼 수 없는 것은?

① 생산부문이 다수의 중소규모 생산자로 구성되어 있다.
② 생산자나 소매상이 지리적으로 가깝게 위치해 있다.
③ 생산자가 서로 다른 특정 상품의 생산에 전문화되어 있다.
④ 소매상의 상품구성이 다수 생산자의 상품믹스로 이루어져 있다.
⑤ 생산자가 생산하는 제품을 다양하게 갖출 필요가 있다.

06 다음 중 소매상 운영에 있어서 '저수익률과 고회전율'이 소매전략에 가장 적합한 경우는?

① 높은 유통서비스 수준이 있는 곳에서 발생한다.
② 다양한 제품과 깊이가 얕은 제품이 있는 곳에서 발생한다.
③ 시중보다 높은 가격을 받는 유통매장에서 많이 발생한다.
④ 상품지향적 촉진전략을 실행하는 곳에서 발생한다.
⑤ 비교적 복잡한 조직구조를 가진 곳에서 발생한다.

07 상이한 두 개 이상의 유통경로를 채택하는 복수 유통경로가 발생하는 이유로 적당하지 않은 것은?

① 소비자의 수량적 요구 차이 때문이다.
② 판매촉진에 대한 소비자 반응 차이 때문이다.
③ 소비자의 가격에 대한 반응 차이 때문이다.
④ 다양한 표적시장의 욕구에 맞추기 위함 때문이다.
⑤ 구매자가 특정 지역에 집중되어 있기 때문이다.

08 개방적 유통, 선택적 유통, 전속적 유통에 대한 설명 중 가장 옳지 않은 것은?

① 개방적 유통은 시장을 더 넓게 개척하기 위해서 많은 경로구성원들을 이용함으로써 기업의 시장집중과 노출보다는 경로구성원의 수로서 결정된다.
② 선택적 유통의 목적은 시장범위를 제한하는 것이며, 이 방법을 통해서 기업은 선적비용과 같은 유통비용을 낮출 수 있다.
③ 선택적 유통은 제품개념에 독특함, 희소성, 선택성 같은 이미지를 부여하고자 할 때 적절한 방법이라고 할 수 있다.
④ 전속적 유통은 정해진 지역에서 특정 경로구성원만이 활동하는 유통방식으로, 전속권은 기업이 바람직한 경로구성원을 끌어들이기 위해서 사용하는 강력한 유인책이기도 하다.
⑤ 전속적 유통은 선택적 유통보다 여러 가지 이점을 가지고 있는데 경로구성원과의 관계를 더욱 강화하여 판매를 보다 원활하게 할 수 있는 장점을 가지고 있다.

09 다음 중 산업재 및 산업재 유통의 특성을 가장 올바르게 설명하고 있는 내용은?

① 산업재 유통에서는 소비재 유통에서와 달리 소유권이 불분명함으로써 합리적 구매성향이 더욱 약하다.
② 완제품이라기보다 원자재나 반자재로 구성되어 조립 및 재가공을 통해 부가가치가 창출되는 것을 의미한다.
③ 생산자와 최종소비자 사이의 직거래 경향이 높아짐으로써 산업재 유통업자의 경영환경은 급격하게 악화되고 있다.
④ 기술지향적이지 않은 포장소비재나 비포장 완성품에 대한 공급이 주를 이루고 있다.
⑤ 상품에 대한 지식이 높고 구매자 수 및 구매횟수가 많으며, 감정적 · 충동적 구매가 없다.

10 유통기업경영에 있어서 유통환경변화는 내부환경, 과업환경, 거시환경으로 구분하여 정리할 수 있다. 다음 중 과업환경을 구성하는 요소들로만 올바르게 조합된 것은?

① 고객, 유통경로구성원, 유통조성기관, 경쟁기관
② 경기순환주기, 인플레이션, 정부의 규제, 소비트렌드, 기술의 변화
③ 공급업자, 정부, 주주, 생산시스템, 생산비용구조
④ 마케팅 능력, 운전자금의 확보능력, 인적자원관리
⑤ 고객, 경쟁자, 인적자원관리, 기술의 변화

11 유통경로에 대한 다음 설명 중 옳지 않은 것은?

① 유통경로는 상호독립적인 조직들의 집합체이다.
② 마케팅 믹스(Marketing Mix) 요소의 하나로서 인식되고 있다.
③ 소비자의 효용 창출에 기여한다.
④ 판매자와 구매자 간의 교환을 촉진한다.
⑤ 최종사용자의 만족을 목적으로 한다.

12 유통윤리에 대한 내용 중 가장 옳지 않은 것은?

① 뇌물을 방지하기 위해서는 금액, 회수, 종류 등에 대한 뇌물방지규정을 명시화할 필요가 있다.
② 소매상이 공급업체에 요구하는 신제품 입점비나 진열비용은 윤리적으로 지탄받을 수 있으나, 소매상의 입장에서는 일종의 보험성격을 지닌다.
③ 할인품목을 정상가격으로 판매하는 행위는 윤리적으로 문제가 되지만, 친구나 친지에게 종업원할인을 적용하는 것은 큰 무리가 따르지 않는다.
④ 업무와 관련된 정보를 단골 거래처에 사전에 귀띔하는 것은 문제를 야기할 수 있다.
⑤ 회사 비품이나 고객사은품을 사적으로 이용하는 것은 비윤리적 행위이다.

13 업종과 업태에 대한 설명으로 옳지 않은 것은?

① 업종이란 상품군에 따른 전통적 분류이다.
② 업태란 '어떤 방법으로 판매하고 있는가?'에 따른 분류이다.
③ 업종이란 소매기업이 취급하는 주력상품의 총칭이다.
④ 백화점, 편의점, 할인점, 카테고리킬러 등은 업태의 분류이다.
⑤ 업종이란 한국표준산업분류상 영업의 종류 중 대분류에 속하는 것이다.

14 고객을 만족시키기 위해 필요한 점포특유의 제품믹스를 계획하고 수립하여 배달하는 과정을 말하는 것은?

① 전략적 제품믹스   ② 전략적 단품관리
③ 전략적 구색관리   ④ 마이크로 머천다이징
⑤ 가치사슬관리

15 소비자기본법에서 정하는 소비자단체의 업무와 가장 거리가 먼 것은?

① 정부의 소비자 권익과 관련된 시책에 대한 건의

② 소비자 문제에 관한 조사 연구

③ 소비자의 교육

④ 물품의 품질 및 안전성에 대한 시험 및 검사 등을 포함한 거래조건에 관한 조사

⑤ 피해를 당한 소비자에 대한 직접적인 구제

16 고객과 관련된 윤리문제에 해당하지 않는 것은?

① 고객에게 할인품목을 정상가격으로 파는 행위

② 고객에게 거스름돈을 적게 주는 행위

③ 고객인 친구에게 종업원 할인율을 적용하는 행위

④ 고객정보의 외부 유출

⑤ 직장동료의 불법행위를 묵인하는 행위

17 제주도에서 과수원을 운영하는 수연씨는 기술개발을 통해 별모양의 귤을 재배하였지만 구매자를 찾지 못해 판매에 어려움을 겪고 있었다. 그러나 다양한 구매자층을 가진 완판마트와 계약을 맺어 전량 판매하게 되어 큰 이익을 얻었다. 이 경우 완판마트가 제공한 가치로 볼 수 있는 것은?

① 구색의 불일치 해소

② 수량의 불일치 해소

③ 거래의 일상화

④ 탐색과정의 효율성 제고

⑤ 장소의 불일치 해소

18 다음 중 경로파워에 대한 설명으로 옳지 않은 것은?

① 경로파워는 유통경로 내의 다른 경로구성원의 마케팅 의사결정에 영향력을 행사할 수 있는 한 경로구성원의 능력으로 정의
   된다.

② 경로파워는 그 경로구성원이 가지고 있는 힘의 원천과 특정 경로 구성원에 대한 다른 경로구성원의 의존성 정도에 따라 결
   정된다.

③ 경로파워는 다른 경로구성원들의 의존도가 증가할수록 그 경로 구성원의 경로파워는 커지게 된다.

④ 경로파워가 커지게 되면 다른 경로구성원의 의사결정 변수를 통제할 수 있게 된다.

⑤ 경로파워가 커지게 되면 경로구성원들을 중재하여 그들 간의 경로갈등을 줄여줄 수 있다.

19 SCM(Supply Chain Management)은 원재료 구매에서부터 최종 고객까지의 전체 물류 흐름을 계획하고 통제하는 통
합적인 관리방법이다. SCM 개념과 직접적인 관련이 없는 것은?

① EDI에 의한 DB를 공유할 수 있어야만 전체적인 재고삭감과 물류 합리화를 도모할 수 있다.

② SCM으로의 발전 과정에는 고객 주문에 대한 신속·효율적 대응 체계인 QR/ECR이 있었다.

③ POS는 SCM상의 기초 정보의 하나라고 할 수 있다.

④ SCM은 개별기업의 최적화를 추구한다.

⑤ SCM은 경로 전체의 최적화를 추구한다.

20 유통산업발전법에서 정의하는 다음의 내용에 해당되는 사업은?

> 독자적인 상품 또는 판매·경영기법을 개발한 체인본부가 상호·판매방법·매장·운영 및 광고 방법 등을 결정하고 가맹점
> 으로 하여금 그 결정과 지도에 따라 운영하도록 하는 형태의 체인사업

① 조합형 체인사업
② 임의가맹점형 체인사업
③ 직영점형 체인사업
④ 프랜차이즈형 체인사업
⑤ 중소기업형 체인사업

21 선매품에 대한 설명으로 가장 옳은 것은?

① 구매하기 전 품질, 가격, 스타일 등에 대한 정보를 탐색하며 대안들에 대한 비교·평가를 통해 구매를 결정하는 제품이다.

② 정보탐색 없이 거의 습관적으로 같은 브랜드를 사거나, 쓰던 브랜드가 없으면 매장에 있는 비슷한 다른 브랜드를 구매하는 제품이다.

③ 소비자는 제품에 대한 완전한 지식을 갖고 있어 최소한의 노력으로 적합한 제품을 구매하는 행동을 보인다.

④ 가격이 저렴하며 빈번하게 구매할 수 있는 스낵, 담배, 잡화 등이 대표적이다.

⑤ 폭넓은 유통망 체계를 구축하고 있으며 특정 브랜드의 제품이 갖는 독특성 때문에 마진이 높다.

22 다음 중 쇼윈도 진열의 성격에 대한 설명으로 가장 올바르지 않은 것은?

① 진열상품 및 진열상태에 변화를 주지 않는 것이 좋다.

② 충동구매를 촉진하는 적극적인 매장으로 꾸며 주는 것이 바람직하다.

③ 무드있는 상품의 센스를 보다 높일 수 있는 뛰어난 연출방법이 중요하다.

④ 계절감, 의외성 및 화제성을 시의적절하게 내세울 수 있는 연출기법이 중요하다.

⑤ 전문품의 경우 고급스럽고 분위기 있게 진열하여 호소력을 높인다.

23 소매점에서 불평의 발생원인을 크게 판매원에 의한 것과 고객에 의한 것으로 분류할 때, 다음 중 판매원에 의해 발생하는 불만으로 묶인 것은?

㉠ 상품지식의 결여	㉡ 고객에 대한 무성의한 태도
㉢ 상품할인을 위한 고의성	㉣ 기억의 착오
㉤ 약속지연 및 불이행	㉥ 상품에 대한 잘못된 인식
㉦ 무리한 판매권유	

① ㉠, ㉡, ㉢, ㉣

② ㉠, ㉡, ㉣, ㉤

③ ㉠, ㉡, ㉤, ㉦

④ ㉠, ㉡, ㉥, ㉦

⑤ ㉢, ㉣, ㉤, ㉥

24 소매기업이 선택할 수 있는 세분시장 전략 중 차별적 마케팅에 관한 설명이 아닌 것은?

① 사업운영 비용이 많기 때문에 무차별 마케팅보다는 매출액이 낮다.
② 점차 많은 소매점들이 차별화 마케팅을 채택하는 경향이 있다.
③ 여러 목표 시장을 표적으로 하여 각각에 대해 상이한 제품과 서비스를 설계한다.
④ 제품과 마케팅을 다양화함으로써 매출액을 늘리고 각 세분시장에서의 지위를 강화하려고 한다.
⑤ 주로 자본이 풍부한 대기업 등에서 사용하는 방식이다.

25 다음 괄호 안에 들어갈 가장 적절한 용어가 순서대로 연결된 것을 고르시오.

> • 소매상이 자신들이 소유하고 관리하는 상표전략을 (   )이라고 한다.
> • '청정원' 상표처럼 생산하는 모든 제품에 하나의 상표를 사용하는 전략을 (   )이라고 한다.

① 기업상표전략 – 단일상표전략
② 중간상 상표전략 – 공동상표전략
③ 중간상 상표전략 – 개별상표전략
④ 공동상표전략 – 중간상 상표전략
⑤ 복수상표전략 – 기업상표전략

26 다음 중 소매점에서 점포 내 고객행동에 관한 설명으로 가장 올바른 것은?

① 노랑, 빨강 등의 색상은 안정된 색상으로 차분하게 쇼핑하게 해준다.
② 패스트푸드, 백화점 등은 고객이 오래 머무르게 하기 위해 빠른 템포의 음악을 이용한다.
③ 점포 내 회전율이란 주어진 점포의 공간면적당 사람의 수가 많음을 의미한다.
④ 조명, 향기, 직원 등 복합적인 요인이 점포 내 분위기를 형성한다.
⑤ 일반적으로 보다 넓은 진열공간의 확보와 점포 내 특별 디스플레이는 매출과 관련이 없다.

27 소매업체 성장전략의 유형 중 현재의 소매업태를 사용하여 기존 표적세분시장에서의 매출을 증가시키기 위한 전략을 무엇이라 하는가?

① 시장침투   ② 다각화
③ 소매업태 개발   ④ 시장확장
⑤ 가격할인 전략

28 다음 박스 안의 내용과 순서대로 가장 일치하는 용어의 짝을 고르시오.

> ㉠ 회사가 취급하는 제품계열 수
> ㉡ 각 제품계열의 제품 수

① ㉠ 제품믹스의 길이(Length), ㉡ 제품믹스의 깊이(Depth)
② ㉠ 제품믹스의 넓이(Width), ㉡ 제품믹스의 깊이(Depth)
③ ㉠ 제품믹스의 깊이(Depth), ㉡ 제품믹스의 넓이(Width)
④ ㉠ 제품믹스의 넓이(Width), ㉡ 제품믹스의 길이(Length)
⑤ ㉠ 제품믹스의 길이(Length), ㉡ 제품믹스의 넓이(Width)

29 최근 유통기업들은 PB(Private Brand)를 통해 다른 기업들과 경쟁하고 있다. 다음 중 PB는 마케팅 요소 중에서 어느 부분을 차별화하기 위한 것인가?

① 상 품
② 가 격
③ 유 통
④ 촉 진
⑤ 포 장

30 제품(Product)의 정의에 대한 내용 중에서 가장 거리가 먼 것은?

① 제품이란 구매자가 화폐나 기타의 다른 대가로 지불하여 얻게 되는 일체의 유형적 · 무형적 편익을 말한다.
② 제품에는 물리적 대상물, 서비스 그리고 개념 등의 개별적 내지 혼합적 형태가 포함된다.
③ 마케팅에서는 제품을 기업이 소비자에게 전달하는 혜택의 총합 또는 소비자 문제에 대한 종합적 해결책으로 정의한다.
④ 개인기업의 관점에서 제품을 정의하면, 기업을 위해 제공되는 기업의 욕구충족이라 할 수 있다.
⑤ 기업의 관점에서 제품은 기업의 생산설비, 제조공정, 근로자의 노동 등으로 생산되어 일정한 유통경로를 거쳐 소비자의 욕구를 충족시키기 위해 제공되는 제품과 서비스라 할 수 있다.

31 소비자들이 구매 습관상 시간과 노력을 절약하여 상품을 구매하려고 하기 때문에 소매점의 입지가 무엇보다 중요한 제품은?

① 편의품
② 선매품
③ 비탐색품
④ 산업용품
⑤ 전문품

32 다음은 상품의 진열에 대한 설명이다. 옳지 않은 것은?

① 보충 진열은 진열의 양식, 설비, 집기 등에 의해 규격이 통일되는 경우가 많다.

② 규제 진열은 진열집기에 의하여 진열형태가 규제되는 타입이다.

③ 페이스 진열은 셀프서비스 형태의 소매업태에는 적합하지 않다.

④ 분류 진열은 상품을 적당한 부문으로 분류해서 판매를 능률화하는 것이다.

⑤ 페이스 진열은 상품의 효과적인 면을 고객에게 향하게 해서 해당 상품의 정면을 보이도록 하는 방식이다.

33 고객관계관리(Customer Relationship Management)의 설명으로 옳지 않은 것은?

① CRM 시스템은 선별된 고객으로부터 수익을 확대하고 지속적인 고객관계를 유지하는 새로운 개념의 통합적이고 전사적인 마케팅 시스템이다.

② CRM은 기업이 보유하고 있는 고객과 잠재고객에 대한 자료를 통합하여 마케팅 정보로 변환한다.

③ CRM은 고객점유율보다는 시장점유율에 중점을 둔다.

④ CRM은 신규고객의 유치노력보다는 기존 고객의 유지 노력을 더욱 강조한다.

⑤ CRM은 구축 당시부터 고객지원, 제품생산, IT, 마케팅의 전 부문에 걸쳐 구축되는 BPR적인 성격이 강한 시스템이다.

34 다음 중 주로 생필품을 취급하는 점포, 즉 슈퍼마켓이나 백화점에서 소비자들의 매장방문량을 늘릴 목적으로 취급품목의 일부가격을 인하시키는 방법은?

① 유인가격　　　　　　　　　② 비선형가격

③ 묶음가격　　　　　　　　　④ 단수가격

⑤ 준거가격

35 상품의 라이프스타일은 도입기, 성장기, 성숙기, 쇠퇴기로 나뉘어진다. 이 중 성장기 상품에 관한 설명은 어느 것인가?

① 적극적인 판매촉진활동과 상품취급이 요청된다.

② 실질적 이익이 창출된다.

③ 수요는 포화상태가 되고 판매신장률은 둔화된다.

④ 가능한 재고를 축소한다.

⑤ 제품개선 및 주변 제품개발을 위한 R&D 예산을 늘리게 된다.

36 서비스의 특징인 이질성(표준화가 어려움)과 관련된 마케팅 문제를 해결하기 위한 방법으로 적합한 것은?

① 구전 영향력을 이용한다.

② 유형적 단서를 강조하다

③ 서비스를 보다 고객지향화한다.

④ 서비스의 생산과 소비를 분리하도록 한다.

⑤ 조조할인, 주말할인, 비수기할인 등의 방법을 활용한다.

37 올바른 접객 판매 기술로 보기 어려운 것은?

① 질문 – 경청 – 공감 – 응답하는 과정을 반복하며 고객의 욕구를 파악한다.

② 고객의 시야를 차단하거나 고객공간을 침범하지 않으며 대화한다.

③ 전문용어를 남용하지 않고 고객이 이해하기 쉽게 해설을 붙여가며 설명한다.

④ 상품의 특징과 혜택을 이해시키기 위해 상품의 실연과 설명을 곁들이며 제시한다.

⑤ 접객 중에 다른 업무를 보는 것이 좋으며, 고객이 구매결정을 내릴 수 있도록 접객 중 잠시 거리를 두며 대기하는 것이 좋다.

38 고객이 매장에 들어와서 대응하기까지를 순서대로 나열한 것이다. 다음 중 각 단계에 대한 설명으로 올바르지 않은 것은?

① 고객응대란 언제든지 고객을 맞이할 수 있는 준비로 상품의 구색 갖춤, 진열 및 매장 공간의 정리 등을 포함한다.

② 어프로치란 고객이 구입하고 싶어하는 상품의 특성, 즉 고객의 취미나 가치관을 신속하게 파악하는 것이다.

③ 고객의 공간이란 고객이 상품 선택을 자유롭고 손쉽게 할 수 있는 연출공간 및 쇼핑의 편의성을 말한다.

④ 고객 본위의 응대란 고객이 갖는 우위성을 보증하면서 고객의 구매선택을 완전히 자율에 맡기는 것을 의미한다.

⑤ 고객과의 거리는 1m 이내 50cm 이상의 접객공간에서 고객과 상담 등을 진행한다.

39 고객의 구매심리단계별 행동유형에 대한 설명으로 가장 옳지 않은 것은?

① 쇼윈도 또는 쇼케이스 안의 상품을 들여다보면 고객이 상품에 주목하는 것이다.

② 상품을 다시 한 번 관찰하고 만져본다면 상품에 흥미를 느끼는 것이다.

③ 상품을 손으로 재어 본다던가 보는 각도를 바꾸어 본다면 연상하는 것이다.

④ 상품이 자신에게 최선인지 하는 의문과 제품에 대한 기대가 생기게 되면 욕망하는 것이다.

⑤ 다른 점포에서의 상품이나 주위의 아는 사람이 사용하고 있는 다른 상품을 상기했다면 신뢰하는 것이다.

40 고객응대의 기본자세에 대한 설명으로 옳지 않은 것은?

① 예절바르고 상냥한 느낌을 주도록 적절한 어휘 및 제스처를 선택한다.

② 올바른 자세로 응대한다. 실제 바르지 못한 자세는 정신상태도 올바르지 못한 것 같아 신뢰감이 생기지 않기 때문이다.

③ 살아 있는 얼굴표정은 상대방의 진지성 및 응대성을 읽을 수 있게 하는 바, 적절한 표정으로 표현해야 한다.

④ 제스처에 신경을 써야 한다. 왜냐하면 제스처는 대화를 유효적절하게 이끌어 주며, 보다 만족스러운 인간관계를 만들어 주기 때문이다.

⑤ 반가운 인사는 필요하지만 소비자가 부담을 느끼지 않도록 고개를 숙여 인사할 필요는 없다.

41 고객서비스는 거래(계약)전 요소, 실제거래(계약) 요소, 거래(판매계약)후 요소로 나누어진다. 다음 중 거래(판매계약) 후 요소에 가장 가까운 것은?

① 창고보관 및 운송시스템의 정확성
② 명문화된 고객서비스 정책
③ 설치, 보증, 수리
④ 신속한 재고확보 및 운송
⑤ 제품 대체성

42 판매를 위한 정보 중 고객에 관한 정보에 해당하지 않는 것은?

① 고객의 특성에 관한 정보
② 고객의 소비, 사용의 관습에 관한 정보
③ 구매자, 구매결정자, 소비 및 이용자에 관한 정보
④ 경쟁사의 구매유인에 관한 정보
⑤ 고객의 구매동기에 관한 정보

43 소매점포 판매원의 행동이나 자세에 대한 설명 중 옳지 않은 것은?

① 소비자는 보다 많은 정보를 원하므로 판매원은 무엇보다도 충분한 상품지식과 사용방법 등을 숙지하고 있어야 한다.

② 한꺼번에 많은 고객이 왔을 때, 최대한 기동력을 발휘하여 혼자서 동시에 많은 고객을 상대하여야 한다.

③ 클로징은 고객의 최종 의사 확인과 금전수수의 정확성을 기하는 것이다.

④ 판매동선은 짧을수록 효과적이다.

⑤ 매장에서의 판매원과 고객사이의 공간은 상대방의 활동을 위해 서로에게 침해받지 않도록 하는 것이 좋다.

44 다음 중 고객대기 과정에 있어서의 금지사항에 해당하지 않는 것은?

① 고객을 흘끗흘끗 쳐다본다.
② 구간시 등의 시직으로 보고 있나.
③ 주머니에 손을 넣거나 팔짱을 끼고 있다.
④ 한 곳에 여러 명이 몰려 있다.
⑤ 양손을 겹쳐서 앞에 모으고 똑바로 서 있는다.

45 판매 및 판매욕구에 대한 내용으로 가장 옳지 않은 것은?

① 판매담당자는 짧은 순간의 고객관찰을 통해 고객이 필요로 하고 원하는 것이 무엇인지 판단하고 적절한 커뮤니케이션을 실시하여야 한다.
② 효과적인 커뮤니케이션을 수행하는 훌륭한 판매담당자는 경청자(Listeners)이기보다는 전문적으로 말을 하는 사람(Expert Talkers)이라고 할 수 있다.
③ 판매를 성공적으로 실현시키기 위해서는 고객욕구를 정확히 파악하고 판매가 이루어져야 한다.
④ 판매담당자는 고객의 특성이나 구매상황에 대한 이해 속에서 잠재적 욕구를 발견하고 고객에게 제공될 가장 적절한 정보가 무엇인지를 결정하여야 한다.
⑤ 판매담당자는 고객과의 접촉을 통해 욕구와 구매 계획 등에 대해 가능한 많은 지식과 정보를 획득하여야 한다.

제8회 최종모의고사

형 별	A형	제한시간	45분	수험번호	성 명

※ 5개의 답항 중 가장 알맞은 1개의 답항을 고르시오.

제 1 과목 유통상식

01 대규모 소매업자에 의해서 회사형 연쇄화 사업이 이루어지는 이유가 아닌 것은?

① 대량 매입에 의한 매입가 및 유통비용의 절감이 가능하다.
② 상품 및 판매의 규격화로 노력이 절감된다.
③ 지역 특성에 맞는 점포 개설로 지역 주민에 봉사할 수 없다.
④ 점포의 분산화에 의해 위험 분산이 가능하다.
⑤ 상품 및 판매의 표준화로 노력이 절감된다.

02 새롭게 등장한 소매점의 형태 중 하이퍼마켓의 특징과 거리가 먼 것은?

① 일괄구매(One-stop Shopping) ② 대량집중 상품진열
③ 중심 상업지구에 위치 ④ 셀프서비스
⑤ 식료품 구성비율은 매장면적의 25~35% 정도

03 기업이 집약적 유통경로를 활용하는 경우, 중간상에 대한 통제가 불가능해져 궁극적으로 손실을 보게 되는 포화효과 (Effects of Saturation)가 발생할 수 있다. 이와 관련된 내용으로 옳지 않은 것은?

① 중간상의 이익감소 ② 중간상의 제조업체에 대한 확신 감소
③ 중간상의 제품 가격 인상 ④ 소비자에 대한 중간상의 지원 감소
⑤ 소비자의 만족 감소

04 다음에서 설명하는 쇼핑센터의 유형에 가장 적합한 것은 무엇인가?

> • 이월상품, 재고상품 등을 할인 판매하여 합리적인 구매를 가능하게 한다.
> • 염가성과 품질이라는 두 가지 분야를 만족시켜 주는 소매업태이다.
> • 수십 또는 수백 개의 점포가 출점하여 쇼핑센터를 이루는 셀프서비스 형태의 상설 할인 소매업태이다.

① 아웃렛   ② 리조트형몰
③ 테마형 전문쇼핑몰   ④ 현대식 메가쇼핑몰
⑤ 할인점

05 다음 중 유통경로에 있어 중간상이 존재해야 하는 이유로 가장 올바르지 않은 것은?

① 중간상의 개입으로 거래의 총량이 감소하게 되어 제조업자와 소비자 양자에게 실질적인 비용감소 및 거래의 효율성을 제공한다.
② 제조업자는 생산을 그리고 유통업자는 유통을 전문화할 수 있으므로 보다 경제적이고 능률적인 유통기능을 수행할 수 있다.
③ 제조와 유통을 통합하여 대량판매를 하면 규모의 경제에 의한 이점이 발생하기 때문에 중간상을 통한 판매보다 비용 면에서 유리하다.
④ 가능한 많은 수의 중간상을 개입시켜 대량 보관이 아닌 분담 보관을 함으로써 사회 전체 보관의 총량을 감소시킬 수 있다.
⑤ 유통과정에 중간상이 개입함으로써 중간상이 수급조절, 정보수집 및 보관에 대한 위험부담을 전담하여 수행할 수 있다.

06 소매업태 중 회원제 도매클럽에 대한 설명으로 가장 옳지 않은 것은?

① 회원으로 가입한 고객만을 대상으로 판매하는 업태이다.
② 매장은 거대한 창고형으로 구성되며 진열대에 상자단위로 진열한다.
③ 안정적 고객층 확보와 회비를 통한 수익의 보전이 가능하다.
④ 취급 제품은 제품의 보존성과 소모성이 높고 비교적 단가가 낮은 일용품이 중심이다.
⑤ 연중무휴로 24시간 영업을 실시하고 주택가 상권이 형성된 지역에 입지한 소규모 매장이다.

07 판매원의 보상방식으로, 일정금액의 기본급에 수수료를 추가하는 방법으로 보수를 지급하는 것을 무엇이라고 하는가?

① 수수료 보상제   ② 혼합형 보상제
③ 보너스제   ④ 고정급제
⑤ 성과급제

08 다양한 유통기능에 대한 설명으로 가장 거리가 먼 것은?

① 인격적 통일기능은 수집(구매) 및 분산(판매) 기능으로 유통기관이 수행하는 개별경영활동이며 상품의 소유권 이전이 따른다.

② 장소적 통일기능은 상품의 생산과 소비의 공간적 격차 및 장소적 격자를 운송으로 극복하고 사회적 유통을 조성하는 것이다.

③ 시간적 통일기능이란 상품의 생산시기로부터 소비에 이르는 시기까지 저장(보관)함으로써 상품의 효용가치를 창출하는 것이다.

④ 양적 통일기능은 수집 및 분산기능으로 달성되는데 여기서 말하는 수집이란 대규모생산으로 생산된 제품을 소량소비에 대응하는 것을 말하며, 분산이란 소량생산 또는 수집된 상품을 소비자에게 공급하기 위해 수량적으로 분할하는 것을 의미한다.

⑤ 금융적 기능은 상품이 생산자로부터 소비자에게 유통되는 과정에서 화폐의 흐름을 원활하게 이루어지도록 하는 생산자 및 소비자에 대한 금융기능을 말한다.

09 유통 환경의 변화와 소매업의 역할에 대한 설명 중 옳지 않은 것은?

① 기업의 미래는 기업 내부의 관리 능률보다는 전략적 결정의 유효성에 달려 있다.

② 기업의 마케팅 활동에 영향을 미치는 가장 큰 요인 중의 하나는 시장의 규모와 그 시장을 구성하고 있는 구매자의 특성이다.

③ 교육 수준이 향상되면 좋은 직장에서 높은 임금을 받을 수 있게 되어 구매력이 증가한다.

④ 소매업의 판매 대상은 총인구라 할 수 있으므로 총인구가 증가하면 소비시장은 확대된다.

⑤ 소비 면에서 욕구가 다양화 · 고급화 · 개성화되고 생활의 질 또는 풍요로움을 추구하는 소비패턴을 보이며 충동적 구매행동을 하게 된다.

10 다음 설명의 짝으로 가장 바르게 연결된 것은?

> ⊙ 중소 제조업체는 대형 백화점에 납품하기를 원한다. 이러한 일체감을 원하기 때문에 발생하는 유통경로의 파워이다.
> ⓛ 동일 상권 내 백화점과 대형마트와의 갈등이다.

① ⊙ 보상적 파워　　　ⓛ 업태간 갈등
② ⊙ 보상적 파워　　　ⓛ 수직적 갈등
③ ⊙ 준거적 파워　　　ⓛ 수평적 갈등
④ ⊙ 준거적 파워　　　ⓛ 수직적 갈등
⑤ ⊙ 준거적 파워　　　ⓛ 업태간 갈등

11 판매의 개념에 대한 설명으로 가장 옳지 않은 것은?

① 판매란 판매자 측과 소비자들이 만족할 수 있도록 잠재고객의 요구와 욕구를 발견하여 활성화시키고, 그것을 효과적으로 충족시키도록 도와주는 활동 또는 기술이라고 할 수 있다.

② 판매란 생산과 소비에 개입하는 것으로, 생산과 소비의 간격을 이어주는 가교의 역할을 하는 것을 말한다.

③ 판매란 잠재고객이 상품이나 서비스를 구매하도록 하거나, 판매자에게 상업적 이미지를 갖는 아이디어에 대하여 우호적 행동을 하도록 설득하는 인적 또는 비인적 과정을 말한다.

④ 판매란 잠재고객의 욕구를 발견하는 수요창출과 교환이 이루어지도록 하는 설득적 커뮤니케이션 활동, 고객의 만족이 제고되도록 하는 서비스 제공 및 고객관리 활동 또는 기술을 말한다.

⑤ 판매활동은 촉진활동의 한 분야인 판매원에 의한 인적판매 활동과 광고나 홍보, 판매촉진 등의 비인적 수단에 의한 비인적 판매활동으로 구분된다.

12 미국식 대규모소매점에 해당하는 슈퍼센터에 대한 설명으로 옳지 않은 것은?

① 대형할인점에 슈퍼마켓을 도입한 점포

② 기존의 할인점보다 더 깊고 넓은 상품구색

③ 세탁, 구두수선 등의 부수적인 서비스도 함께 제공

④ 팩토리 아웃렛의 일종

⑤ 월마트와 K마트가 대표적인 형태

13 기업 측 입장에서 본 기업윤리의 정의 및 문제점이라고 볼 수 없는 것은?

① 기업이익을 단적으로 본 것이다.

② '선'에 대한 가치가 사람마다 다를 수 있다.

③ 어떤 결정의 결과에 중점을 둔 것이다.

④ 합법적인 것과 윤리적인 것이 다를 수 있다.

⑤ 기업적 측면에서 정의하면 합법적 범위 내에서 기업에 가장 유리한 방향으로 처리되도록 하는 기업의 의사결정방법이다.

14 판매원의 기본적인 준비 및 마음가짐에 대한 설명 중 가장 바르지 않은 것은?

① 손님을 맞을 때 자신이 매장대표라는 생각을 갖고 응대한다.

② 평소에도 조금씩 상품지식을 습득하도록 노력하고 고객정보를 숙지한다.

③ 모르는 사항에 대해 질문을 받은 경우 빠르게 넘어가고 다음 질문에 응대한다.

④ 불만처리 절차 및 방식을 미리 확인해 두어 불만고객을 신속하게 응대한다.

⑤ 경청과 질문을 통해 손님이 무엇을 원하는지 항상 파악하려고 노력한다.

15 지면에 표시되어 있는 액수만큼 제품가격에서 할인해 주는 형식의 소매촉진방법은?

① 쿠 폰
② 추 첨
③ 컨테스트
④ 프리미엄
⑤ 샘플링

16 공정성 이론에서 불공정하다고 인식한 직원들의 행동과 가장 거리가 먼 것은?

① 업무를 수행하는 데 노력하지 않는다.
② 직원과의 갈등을 부추긴다.
③ 자신의 직무 중요성을 강조한다.
④ 목표를 달성하기 위한 행동을 수행한다.
⑤ 임금인상을 요구하거나 노동시간을 개선할 것을 요구한다.

17 유통기업 간 경쟁유형 중에서 '업태 간 경쟁'에 가장 적합한 예는?

① A주유소와 B주유소와 같은 2자 간 경쟁
② A협동조합과 B프랜차이즈와 같은 2자 간의 경쟁
③ A편의점과 B동네슈퍼와 같은 2자 간의 경쟁
④ A백화점과 B백화점과 같은 2자 간의 경쟁
⑤ A동네슈퍼와 B동네슈퍼, C동네슈퍼와 같은 3자 간 경쟁

18 판매원이 고객과의 상담 중에 발생하는 이견처리에 대한 설명 중 틀린 것은?

① 수긍하고 중화시켜라.
② 고객 이견을 수용하라.
③ 잘못된 정보에 근거한 이견은 확실한 반박자료로 철저히 설명하라.
④ 상대방의 기분을 상하게 하지 않기 위한 적절한 표정과 연기가 필요하다.
⑤ 반드시 현장에서 이견을 바로 잡아야 하고 연기해서는 절대로 안 된다.

19 최근 사회적 문제가 되고 있는 점포 내 성희롱에 대응하는 적절한 방법과 가장 거리가 먼 것은?

① 피해접수 절차를 포함한 성희롱 방지 정책을 만든다.

② 감독자나 상사 위주로 구성된 공식적인 의사소통 경로로 집중하시켜 운영한다.

③ 피해자의 진술과 회의 내용을 서류로 남긴다.

④ 조사결과를 인적자원관리부서에 보고한다.

⑤ 피해자를 보호하며 사건에 대한 정보를 입수한다.

20 최근 웰빙 소비트랜드가 확산되면서 유기농산물에 대한 소비자들의 선호도가 점차 상승되고 있지만 절대농지의 부족과 토양오염으로 인하여 유기농 생산농가는 줄고 있다고 본다면, 이러한 유기농 유통시장의 변화는 유기농산물의 시장가격과 거래량에 어떠한 변화를 초래하겠는가?

┌───┐
│ ㉠ 가격 상승   ㉡ 가격 하락   │
│ ㉢ 가격 변화 알 수 없음   ㉣ 거래량 증가   │
│ ㉤ 거래량 감소   ㉥ 거래량 변화 알 수 없음 │
└───┘

① ㉠과 ㉤   ② ㉢과 ㉤

③ ㉢과 ㉥   ④ ㉠과 ㉥

⑤ ㉠과 ㉣

제 2 과목 **판매 및 고객관리**

21 다음은 상표에 대한 설명이다. 가장 거리가 먼 것은?

① 제조업자의 상표는 내셔널 브랜드(National Brand)라고 한다.

② 유통업자의 상표는 프라이빗 브랜드(Private Brand)라고 한다.

③ 통일 상표는 그 기업의 전 상품에 대해 단일 브랜드를 붙이는 것이다.

④ 통일 상표는 광고비를 비롯한 판매촉진비용이 많이 든다.

⑤ 개별상표는 동일기업의 상품이라도 상품종류 혹은 아이템에 따라 복수의 브랜드를 구별해 사용하는 것을 말한다.

22 판매촉진에 관한 설명 중 가장 적절하지 않은 것은?

① 쿠폰이란 피자배달시 포장지에 있는 일정금액을 정해진 기간에 할인해준다는 표시 등을 말한다.

② 리베이트란 구매 후 우편 등으로 구매영수증을 제조회사에 제출하면 일인율민금 소비자에게 보상해주는 것을 말한다.

③ 프리미엄이란 자동차를 구입한 고객에게 무료로 썬팅을 해주는 것을 말한다.

④ 마일리지 프로그램이란 자동차 영업직원이 고객에게 골프공을 선물하는 것을 말한다.

⑤ 콘테스트(Contest)는 소비자에게 소정의 상금이나 상품을 제공하는 것을 말한다.

23 점포시설의 기능에 대한 내용으로 옳지 않은 것은?

① 전방시설은 유도기능과 목표고객에 대한 선전도구의 기능을 한다.

② 진열대, 진열선반 등은 판매촉진의 기능을 갖고 있으므로 잘 보이게 설계한다.

③ 사무실과 창고 같은 후방시설은 경영관리시설로 고객만족과는 관계가 없다.

④ 점포는 상품을 구입하고 쇼핑을 즐기는 곳이므로 통로에 장애물이 있어서는 안 된다.

⑤ 조명 및 색채 등은 매장의 환경이미지에 적합하도록 설계하여야 한다.

24 유통과 관련하여 소비자들의 욕구변화를 설명한 내용 중 올바르지 않은 것은?

① 인공품보다는 자연품을, 옥내보다는 옥외를 추구하는 자연화경향

② 상품 중심에서 서비스 중심으로 바뀌는 개성화 경향

③ 여성의 사회진출 증대로 시간과 노동력을 확대하려는 경향

④ 제품선택의 기준이 양(量)에서 질(質)로 바뀌는 고급화 경향

⑤ 성별에 따른 상품구별이 모호해지고 프로용과 아마추어용의 경계가 불분명해지는 경향

25 고객충성도 프로그램에 대한 설명으로 옳지 않은 것은?

① 고객충성도는 기업이 지속적으로 고객들에게 탁월한 가치를 제공함으로써 해당 고객으로 하여금 기업 또는 브랜드에 호감 및 충성심을 갖게하여 지속적인 구매활동이 유지되도록 하는 것이다.

② 자사의 서비스에 대하여 반복구매를 이끌어 내도록 해야 한다.

③ 기존 고객이 이탈하지 않고 지속적으로 관계를 맺는 마케팅이 진행되어야 한다.

④ 고객의 기여도에 따라 보상을 차등화 하는 로열티 프로그램에 의존한다.

⑤ 자신의 점포에서만 구입할 수 있는 브랜드를 개발할 경우 지속적인 경쟁우위를 실현시킬 수 있다.

26 고객 컴플레인 처리 시 유의사항과 가장 거리가 먼 것은?

① 논쟁이나 변명은 피한다.
② 솔직하게 사과한다
③ 설명은 감정에 호소한다.
④ 신속히 처리한다.
⑤ 고객의 입장에서 성의 있는 자세로 임한다.

27 소매점의 주력상품을 진열할 때 관련 상품을 모아서 적절히 조화시키면서 진열하는 '관련진열'을 하는 경우가 많다. '관련진열'에 대한 다음 설명 중 옳지 않은 것은?

① 생활제안이나 메뉴제안 등을 통해 연결구매를 유도하는 진열기법이다.
② 제품중심적 진열이라기보다는 수요중심적 진열이라 볼 수 있다.
③ 패키지 판매보다 아이템 판매를 유발할 수 있다.
④ 관련진열을 잘 하면 소매점포의 이미지를 개선하는데 도움이 된다.
⑤ 관련진열은 상품판매를 넘어서 생활양식 또는 라이프스타일 제안의 기능도 한다.

28 판매에 있어서 '접근(Approach)'이란 판매를 위한 본론에 진입하는 단계를 말한다. 다음 중 접근에 대한 설명으로 올바르지 않은 것은?

① 고객과의 첫 접촉에서 우호적인 첫인상을 심어주는 것이 판매성공에 매우 중요한 요인이다.
② 접근이란 그저 단순히 고객에게 다가가는 것이 아니고 심리적 거리를 단축해 가는 것을 의미한다.
③ 가장 바람직한 접근이란 고객이 판매담당자에게 다가가고 싶은 마음이 생길 수 있도록 하는 것이다.
④ 넓은 의미에서 볼 때, 판매는 마무리(Closing)에 이르기까지 접근의 연속이라고 할 수 있다.
⑤ 필요한 사전공작이란 고객이 최초의 반응을 보일 때까지의 과정을 쉽게 하는 것이다.

29 POP작성 요령과 관련한 유의사항으로 가장 옳지 않은 것은?

① POP는 최대한 많은 원색을 사용하여 눈에 띄게 만든다.
② 짧고 명료하게 표현되어야 한다.
③ 레이아웃은 적당히 여백을 남긴다.
④ 다른 제품진열에 방해가 되지 않는 크기로 작성한다.
⑤ 가격과 상표명을 명시하는 편이 좋다.

30 다음 중 소비자의 합리적인 의사결정과정을 순서대로 올바르게 나열한 것은?

① 문제인식 → 정보탐색 → 구매 → 구매 후 평가 → 대안평가
② 정보탐색 → 문제인식 → 대안평가 → 구매 → 구매 후 평가
③ 정보탐색 → 대안평가 → 문제인식 → 구매 후 평가 → 구매
④ 정보탐색 → 문제인식 → 구매 → 구매 후 평가 → 대안평가
⑤ 문제인식 → 정보탐색 → 대안평가 → 구매 → 구매 후 평가

31 고객에 대한 커뮤니케이션을 효과적으로 수행하기 위해서는 커뮤니케이션 구성요소들에 대한 이해가 필요하다. 커뮤니케이션 과정에서 발생하는 예기치 못했던 정보왜곡현상이나 정체현상을 무엇이라고 하는가?

① 해독(Decoding)   ② 피드백(Feedback)
③ 부호화(Encoding)   ④ 장애물(Noise)
⑤ 발신자(Sender)

32 소매점의 상품진열에 대한 설명 중 옳지 않은 것은?

① 대부분의 고객은 부담감이 적고 상품구색이 풍부한 점포에 관심을 기울인다.
② 고객으로 하여금 구매의욕을 불러일으킬 목적을 갖고 진열하는 것이 좋다.
③ 상품의 색채와 소재 등을 올바르게 보여주기 위한 채광과 조명도 중요하다.
④ 비이성적인 충동구매보다는 이성적인 구매를 유도하기 위해 다양한 POP광고물 및 보조기구를 이용한다.
⑤ 점두에 진열된 상품은 그 자체가 큰 소구력을 가지므로 점두 중점상품을 진열하여 고객을 유인하는 것도 고려해야 할 요소이다.

33 포장의 기능은 1차적 기능, 2차적 기능, 3차적 기능 등으로 분류할 수 있다. 다음 중 포장의 1차적 기능(Primary Function)이라고 볼 수 있는 것은?

① 소비자 구매를 자극
② 상품의 기능 및 품질 보호
③ 상품가치의 고양
④ 심리적 구매동기 제공
⑤ 운반의 용이

34 소스마킹(Source Marking)에 대한 다음 설명 중 올바르지 않은 것은?

① 생선 · 정육 · 야채 등과 같은 상품에 적합한 표시방법이다.
② POS 시스템이 도입을 위해서 널리 보급될 필요가 있다.
③ 전국 어디에서나 통용될 수 있도록 통일된 약속이 필요하다.
④ 상품코드를 어디서 또는 누가 표시하느냐에 따라 분류한 표시 방법의 하나이다.
⑤ 소스마킹은 제조업자의 제조단계 또는 발매원의 출하단계에서 상품포장이나 용기일부에 상품코드를 일괄해서 인쇄하는 것을 말한다.

35 예상고객의 주의와 관심을 끌기 위한 접근방법과 가장 거리가 먼 것은?

① 상품접근법 – 고객이 관심을 보인 상품의 특징이나 우수성을 지적하면서 관심을 끄는 방법이다.
② 서비스접근법 – 판매담당자가 차별화된 서비스 정책을 설명하면서 접근하는 방법이다.
③ 상품혜택접근법 – 구매자에게 제공될 상품혜택에 예상고객을 연관시키는 설명을 통해 접근하는 방법이다.
④ 판촉접근법 – 판촉행사나 예상고객의 호기심을 자극할 수 있는 정보를 제공하는 방법이다.
⑤ 칭찬접근법 – 예상고객에게 칭찬을 해주면서 친근하게 접근하는 방법이다.

36 다음 중 상품의 라이프사이클에 있어서 성숙기에 대한 특성으로 가장 적합한 것은?

① 경험효과가 낮아 생산원가가 상대적으로 높고, 일반적으로 가격이 높게 책정된다.
② 후기수용자나 지각수용자들만이 상품을 구입하는 시기이다.
③ 경쟁업자가 늘어나기 시작하고 소비자들은 제품에 대하여 익숙해지기 시작하며, 급격하게 시장의 크기가 커지는 시기이다.
④ 경쟁이 심화되고, 시장규모에 대한 성장 또한 둔화되며 기본적인 제품 및 가격에서 차별성을 찾기가 어려운 상태이다.
⑤ 시장 진입 초기 단계이므로 순이익이 '0'인 경우가 많다.

37 교양 · 문화 · 오락관련 상품에 대한 다음 설명 중 옳지 않은 것은?

① 교양 · 문화 · 오락관련 상품은 파는 측과 사는 측 쌍방의 협력이 있어야 비로소 상품이 될 수 있다.
② 교양 · 문화 · 오락관련 상품은 창출성이 있으므로 데몬스트레이션 효과는 별로 작용하지 않는 경향이 있다.
③ 데몬스트레이션 효과란 각자의 소비행동들이 사회 일반 소비수준의 영향을 받아 타인의 소비행동을 모방하려는 사회심리학적 소비성향의 변화를 의미한다.
④ 교양 · 문화 · 오락관련 상품은 그 상품의 사용법, 사용목적, 사용하는 상황의 효용으로 얻는 만족이 상품의 가치이다.
⑤ 교양 · 문화 · 오락관련 상품은 신문, 영화, TV 등 광고의 영향이 크다.

38 다음 중 전문품에 대한 설명으로 옳지 않은 것은?

① 전문품은 가격이 비싸고, 구매빈도가 매우 낮다.

② 전문품은 그 가격의 고저보다 오히려 품질에 중점을 둔다.

③ 전문품 제조업자의 상표는 중시되며, 때로는 상표고집 태도를 나타낸다.

④ 전문품의 단가는 선매품에 비해 높으며, 구입은 신용이 있는 상점에서 하므로 소모되는 시간과 노력은 선매품의 경우보다 적다.

⑤ 전문품은 빈번히 구매되는 제품이 아니므로 마진이 높다.

39 아래의 내용 중에서 고객만족을 높이기 위해 '고객이 기다리는 시간을 관리하는 대기관리'와 관련하여 그 내용이 옳지 않은 것은?

① 다양한 프로그램으로 서비스가 시작되었다고 고객이 인식하게 만들어 체감대기시간을 줄여준다.

② 총 예상 대기시간을 고객이 알지 못하게 하여 고객의 지루함을 줄여주어야 한다.

③ 일을 하고 있지 않은 직원이 보이지 않게 하여 고객의 불만을 줄여준다.

④ 예약 고객과의 커뮤니케이션을 통해 고객이 혼잡한 시간을 피할 수 있도록 안내하고 그에 따른 인센티브를 제공한다.

⑤ 고객과 상호작용하지 않는 활동은 고객이 볼 수 없는 곳에서 업무를 수행한다.

40 고객의 구매욕망을 환기시킬 수 있는 효과적인 판매포인트 제시 순서를 바르게 나열한 것은?

① 상품의 특징 – 역할 – 가치 – 이름

② 상품의 가치 – 이름 – 역할 – 특징

③ 상품의 이름 – 특징 – 역할 – 이익

④ 상품의 가치 – 역할 – 특징 – 이름

⑤ 상품의 특징 – 가치 – 역할 – 이름

41 POS(Point Of Sales) 시스템이 대두된 배경으로 가장 옳지 않은 것은?

① 소비자 욕구가 획일화, 단순화되어 상품의 라이프 사이클이 짧아짐에 따라 소비자 욕구를 단품수준에서 신속하게 포착하여 즉각 대응할 수 있는 시스템이 필요하게 되었다.

② 매상등록시간을 단축시키고 입력오류를 방지할 시스템이 필요하게 되었다.

③ 급변하는 소매환경 속에서 상세한 판매정보를 신속, 정확하게 수집할 수 있는 시스템이 필요하게 되었다.

④ 변화무쌍한 소비자의 욕구를 포착하여 판매관리, 재고관리 등에 반영할 수 있는 시스템이 필요하게 되었다.

⑤ 판매 상품을 파악하여 상품구색에 반영할 수 있는 시스템이 필요하게 되었다.

42 기업과 고객은 계속적인 만남을 통해 다음처럼 크게 5가지 국면으로 발전을 한다. 기업이 수행하는 관계마케팅 측면에서 기업과 고객의 관계가 발전하는 모형을 단계적으로 잘 설명한 것은?

> ㉠ 고 객   ㉡ 옹호자
> ㉢ 동반자   ㉣ 예상고객
> ㉤ 단골고객

① ㉣ → ㉠ → ㉤ → ㉡ → ㉢   ② ㉡ → ㉣ → ㉠ → ㉢ → ㉤
③ ㉣ → ㉡ → ㉠ → ㉤ → ㉢   ④ ㉣ → ㉠ → ㉤ → ㉡ → ㉤
⑤ ㉠ → ㉡ → ㉢ → ㉣ → ㉤

43 다음 중 고객지향적 경영에 관한 설명으로 올바른 것은?

① 기업이 제품을 만들어 놓기만 하면 소비자들이 구매한다는 사고방식이다.
② 제품이 고객들에 의해 구매되는 것이 아니라 기업의 노력에 의해 팔리는 것이라고 생각한다.
③ 소비자 중심의 경영방침 또는 철학을 의미하며 현대적 기업경영의 가장 중요한 특징이다.
④ 소비자를 비롯하여 사회 전체의 장기적인 복지를 향상시키는 것을 기업의 과업으로 하는 경영 철학이다.
⑤ 소비자들은 가장 우수한 품질, 효용을 제공하는 제품을 선호한다는 사고방식이다.

44 상품실연의 특징과 방법에 대한 설명으로 가장 옳지 않은 것은?

① 소비자들의 감성적 소비성향과 심리적 만족을 증대시킨다.
② 의심이 많은 고객에 대해 납득시키기 쉽고 신뢰를 가지게 한다.
③ 고객에게 상품의 사용가치를 인식시키고 수요를 일으킨다.
④ 새로운 식품이나 음료 판매에서의 시음도 실연의 한 가지 방법이다.
⑤ 상품실연 방법으로 즉각적으로 상품을 제시하고 이해를 돕기 위해 시간을 길게 가져간다.

45 다음 중 올바른 고객 중심적 접객서비스와 거리가 먼 것은?

① 자신이 속한 매장의 이익을 위해 고객 서비스 수준을 정한다.
② 고객이 무시할 경우에는 정신적 여유를 갖도록 노력하여야 한다.
③ 고객에게 위압적인 몸치장이나 짙은 화장은 피하고 호감을 줄 수 있는 몸치장이 필요하다.
④ 고객과 빈번하게 접하는 종업원은 항상 점포를 대표한다는 마음가짐이 있어야 한다.
⑤ 고객의 이익과 행복을 우선한다는 서비스 정신에 입각해야 한다.

제9회 최종모의고사

형 별	A형	제한시간	45분	수험번호	성 명

※ 5개의 답항 중 가장 알맞은 1개의 답항을 고르시오.

제1과목 유통상식

01 유통의 경제·사회적 역할에 대한 설명 중 가장 옳지 않은 것은?

① 유통은 소비자가 기대하는 제품을 합리적인 가격으로 적절한 시기에 필요한 양만큼 자유로이 구매하는 역할을 담당한다.

② 유통은 소비자의 기대를 충족시키고 만족도 향상과 수요 및 가격 등의 정보전달을 함으로써 생산자의 위험부담을 감소시켜주고 기술혁신을 위한 금융지원 역할을 담당한다.

③ 유통은 소비자 측면에서 생산자가 담당해야 할 물적 유통기능(배송, 보관, 하역, 포장, 재고관리 등)을 수행한다.

④ 유통은 소비자의 라이프스타일에 적합한 제품과 서비스를 선택하여 공급함으로써 사회적으로 효율적이고 안정적인 생활을 영위하게 한다.

⑤ 유통은 양질의 제품을 생산자에게 저렴하게 공급함으로써 건전한 생산을 유도하고 제조업자가 담합을 통해 가격의 합리화를 추구하여 소비자에게 건전한 소비를 유도한다.

02 판매담당자가 알아야 할 회사에 대한 지식으로 가장 거리가 먼 것은?

① 회사의 경영이념과 경영방침

② 경영층과 주요 간부의 성명

③ 유효기간, 보증기간, 애프터서비스의 내용

④ 자체생산품이나 판매제품의 매출액과 당기순이익

⑤ 전국 및 지역별 판매와 서비스 망의 현황

03 수수료 상인에 대한 설명으로 올바르지 않은 것은?

① 보통 공급자로부터 위탁에 의해 상품을 받는다.
② 상품소유권을 보유하지 않는다.
③ 수수료 상인은 제품 판매 후, 판매가에서 수수료, 운송비, 기타 경비를 제한다.
④ 제조업자와 소매 고객 간의 판매협상을 대리한다.
⑤ 판매를 위한 연구 및 계획적인 지원을 하고, 일반적으로 말하는 상품화 계획과 촉진도 지원한다.

04 경청의 효용으로 가장 올바르지 않은 것은?

① 들어준다고 실감하면 속마음이 나온다.
② 들어줌으로써 호의와 공감이 높아진다.
③ 들어줌으로써 자연스럽게 효과적으로 리드할 수 있다.
④ 들어줌으로써 서로의 대화가 활발해진다.
⑤ 들어줌으로써 고객 스스로 구매의 셀링포인트를 찾게 된다.

05 포터(M. E. Porter)는 경쟁에 결정적인 영향을 미치는 요인들을 5가지 경쟁 요인으로 단순화하고 이를 '5 Forces'라고 명명하였다. 다음 중 '5 Forces'에 해당하는 내용으로 가장 잘못된 것은?

① 공급자가 차별화된 기술을 보유하고 있어 다른 공급자로 대체할 수 없는 경우 공급자의 교섭력이 증가한다.
② 고객이 자신에게 제품과 서비스를 공급하는 기업에 대해 영향력이 강해졌을 경우 구매자의 교섭력이 커졌음을 의미한다.
③ 새로운 기술을 기반으로 하여 출시된 신제품으로 인해 기존제품의 시장이 줄어든다면 대체재의 경쟁 위협이 커졌음을 의미한다.
④ 진입장벽이 낮아 다수의 새로운 경쟁자가 진입하더라도 시장의 수익성이 높다면 잠재경쟁자의 진입 위협을 걱정할 필요는 없다.
⑤ 산업성장률이 낮을 경우 또는 투자단위가 클수록, 그리고 고정비용이 높고 제품유지가 어려울수록 경쟁은 높아진다.

06 다음 박스 안의 내용은 경로파워 원천(Base of Channel Power)의 한 종류에 대한 설명이다. 어떤 파워에 대한 설명인지 옳은 것은?

> 경로구성원 갑이 특별한 지식이나 기술이 있다고 을이 지각할 때 생기는 파워이다. 소규모 소매상은 도매상의 특별한 지식이나 기술에 매우 의존적인 경우에 해당하는 예이다. 의약품, 식료품 도매상은 약국이나 식료품점 등의 소매상에게 판매촉진 지원이나 점포종업원의 판매교육, 점포 디스플레이 등 많은 조언을 할 수 있는 특별한 지식이나 기술을 행사함으로써 소매점주의 의사결정이나 행동에 영향을 미치게 된다.

① 강압적인 파워(Coercive Power)

② 보상적인 파워(Reward Power)

③ 준거적인 파워(Referent Power)

④ 합법적인 파워(Legitimate Power)

⑤ 전문적인 파워(Expert Power)

07 고회전율 상품으로 가장 거리가 먼 것은?

① 계란, 우유, 신선채소 등

② 최소 20% 이상의 특별할인 상품

③ 전단의 표지상품

④ 생활필수품으로 업계 1위 상품

⑤ DSLR과 같이 전문가들이 사용하는 고가상품

08 제조기업이 다양한(복수의) 유통채널을 사용하는 이유로 가장 거리가 먼 것은?

① 여러 유통채널 간의 시너지 효과를 기대할 수 있다.

② 경로관리 비용의 감소 및 경로리더십의 강화를 추구할 수 있다.

③ 새로운 고객층의 개발을 시도할 수 있다.

④ 각 유통채널별로 다양한 표적고객에 대한 전문화가 가능하다.

⑤ 다양한 고객욕구에 부응할 수 있다.

09 소매업자들이 모여 공동으로 매입(Joint Buying)함으로써 생기는 장점으로 가장 거리가 먼 것은?

① 대량 발주에 의한 수량할인

② 계획적 발주, 배송에 의한 유통경비의 절감

③ 자가상표(PB Brand)의 개발 가능성

④ 대금결제의 유리한 조건 확보

⑤ 당용매입(當用買入)에 따른 메리트(Merit) 증가

10 중간상은 생산자가 제시하는 구색 수준과 소비자가 요구하는 구색 수준의 차이를 극복해주는 '분류기능'을 수행하는데, 다음 중 중간상의 분류기능으로만 묶은 것은?

> ㉠ 특정한 제품을 소비자에게 제공하는 유통(Distribution) 기능 수행
> ㉡ 동질적인 제품을 소량의 단위로 축소하는 분할(Allocation) 기능 수행
> ㉢ 재판매를 위해 제품들을 특정한 제품군으로 통합하는 구색(Assortment) 기능 수행
> ㉣ 이질적인 제품들을 동질적인 몇 개의 제품군으로 조정하는 분류(Sorting Out) 기능 수행

① ㉠, ㉡
② ㉡, ㉣
③ ㉠, ㉡, ㉢
④ ㉡, ㉢, ㉣
⑤ ㉠, ㉡, ㉢, ㉣

11 다음은 유통의 어떤 기능을 설명하는 것인가?

> 이 기능은 제품이나 서비스가 제조업자에서 소비자로 이전되어 소비자가 제품이나 서비스를 사용할 수 있는 권한을 갖는 것을 유통경로가 도와줌으로써 발생한다.

① 시간 효용
② 장소 효용
③ 신용 효용
④ 소유 효용
⑤ 형태 효용

12 다음 중 프랜차이즈 사업본부 입장에서의 장점은?

① 과도한 자본을 투자하지 않고 보다 빠르게 시장을 확대할 수 있다.
② 인지도 높은 유명 상호로 단기간 매출을 올릴 수 있다.
③ 일정 영역 내 독점적인 영업권이 보장되어 수익성이 높다.
④ 효율적인 경영기법을 전수받아 사업의 안정성이 높다.
⑤ 실적이 오르고 지명도가 높아짐에 따라 독점적인 판매가 가능하다.

13 도소매상 및 도소매업체에 대한 설명 중 가장 거리가 먼 것은?

① 도매업체는 주로 도매활동을 하면서 동시에 소매행위(활동)를 할 수 있는 반면 소매업체는 소매행위를 전적으로 하며 도매행위는 할 수 없다.

② 도매상은 소매상에 비해 비교적 넓은 상권을 대상으로 하기 때문에 1회 거래규모가 일반적으로 소매상보다 월등히 크다.

③ 도매상은 소매상과 달리 상이한 법적 규제와 세법이 적용된다.

④ 도매상은 최종 소비자보다는 주로 재판매 고객과 거래를 하는 경우를 의미한다.

⑤ 대리 도매상은 제조업자의 상품을 대신 판매·유통시켜주는 기능을 가지고 있으나 직접적인 소유권이 없다.

14 다음 (   ) 안에 들어갈 올바른 용어는?

> (   )이란/란 판매자 측과 소비자들이 만족할 수 있도록 잠재고객의 요구와 욕구를 발견하여 활성화시키고 그것을 효과적으로 충족시키도록 도와주는 활동 또는 기술이라고 할 수 있다.

① 판 매   ② 홍 보
③ 촉 진   ④ 상 품
⑤ 광 고

15 직영 또는 전속대리점체제와 같이 제조업체가 지배하는 폐쇄적 유통구조에 대한 설명으로 가장 옳은 것은?

① 상품판매의 전문성이 저하된다.

② 유통업체 간의 과당경쟁이 유발된다.

③ 상품구색의 다양성이 제한된다.

④ 중소제조업체의 유통시장 참여가 활성화된다.

⑤ 편의품, 선매품 등에 적합하다.

16 다음 중 소규모 전자상거래업체가 3자 물류 업체를 활용함으로써 얻을 수 있는 전략적 이점으로 가장 부적절한 것은?

① 핵심역량을 판매에 집중할 수 있다.

② 저비용으로 물류 생산성을 높일 수 있다.

③ 물류활동에 대한 통제권을 강화시킬 수 있다.

④ 물류서비스에 대한 만족도를 높일 수 있다.

⑤ 물류체계를 개선할 수 있다.

17 POS시스템에 대한 설명으로 가장 올바르지 않은 것은?

① 팔린 상품에 대한 정보를 판매시점에서 즉시 기록하는 시스템이다.

② 점포 내에 진열되어 있는 상품의 판매 및 재고 현황을 파악하기가 용이하다.

③ 상품에 바코드를 스캐너로 읽어서 가격을 자동 계산하는 동시에 상품에 대한 모든 정보를 수집, 입력시키는 방식이다.

④ 수집된 POS데이터에 의해 신제품 및 판촉상품의 판매경향을 알 수 있다.

⑤ 수집된 각종 정보는 매입처로 일목요연하게 분산 처리되어 개별제품의 판매관리나 재고관리에 유용한 정보로 활용된다.

18 기업의 재고관리시스템(Inventory Management System)에 대한 설명으로 가장 적합하지 않은 것은?

① 재고관리란 고객의 수요를 충족시키기 위하여 유지하는 완제품, 부품 등의 재고를 최적상태로 관리하는 것을 의미한다.

② 많은 양의 재고는 재무보고서의 유동비율에 영향을 준다. 유동비율은 매출액을 총이익으로 나눈 값이며, 기업의 단기적인 지불능력을 나타낸다.

③ 회계기간 중에 매입한 재고자산의 취득가격 합계가 그 기간의 상품매입액이며, 재고자산 가운데 회계기간에 판매된 부분이 매출원가를 구성한다.

④ 과소재고에 비해 과다재고는 대량발주로 주문비용을 절감할 수 있겠지만, 재고회전율이 저하되고 보관비용이 증가할 수 있다.

⑤ 계절적인 원인으로 수요가 변동되거나 공급이 특정시기에 집중되는 상품의 경우 안정성을 유지하기 위한 재고의 보관이 필요하다.

19 서비스 기대수준과 유통경로의 특성에 대한 설명 중 가장 옳지 않은 것은?

① 고객이 원하는 1회 구매량이 적을수록 경로의 길이가 길어진다.

② 고객이 공간적 편리를 적게 추구할수록 유통기관이 대형화된다.

③ 고객이 다양한 구색을 원할수록 유통경로의 길이는 짧아진다.

④ 고객이 부수적 서비스를 많이 원할수록 유통경로의 길이는 길어진다.

⑤ 고객이 주문 후 대기시간을 짧게 하기를 원할수록 개별 경로기관의 규모는 영세화된다.

20 다음 유통산업발전법상 용어의 정의 중 틀린 것은?

① "매장"이란 상품의 판매와 이를 지원하는 용역의 제공에 직접 사용되는 장소를 말한다.

② "전문상가단지"란 같은 업종을 영위하는 여러 도매업자 또는 소매업자가 일정 지역에 점포 및 부대시설 능을 십단으로 설치하여 만든 상가단지를 말한다.

③ "무점포판매"란 상시 운영되는 매장을 가진 점포를 두지 아니하고 상품을 판매하는 것으로서 대통령령으로 정하는 것을 말한다.

④ "체인사업"이란 같은 업종의 여러 소매점포를 직영하거나 같은 업종의 여러 소매점포에 대하여 계속적으로 경영을 지도하고 상품·원재료 또는 용역을 공급하는 사업을 말한다.

⑤ "상점가"란 일정 범위의 가로(街路) 또는 지하도에 대통령령으로 정하는 수 이상의 도매점포·소매점포 또는 용역점포가 밀집하여 있는 지구를 말한다.

제 **2** 과목   **판매 및 고객관리**

---

21 다음은 편의품, 선매품, 전문품의 특징 비교이다. 이 중 옳지 않은 것은?

구 분	편의품	선매품	전문품
① 구매빈도	높 음	낮 음	매우 낮음
② 구매단가	낮 음	비교적 낮음	높 음
③ 상표의 효과	비교적 높음	높 음	매우 높음
④ 사전구매 계획 여부	철저한 준비와 계획	사전준비계획	무계획과 습관적 구매
⑤ 제 품	비누, 과자, 문구류	가구, 의류, 가전제품	고급승용차, 보석류

---

22 다음 중 POP(Point of Purchase)의 종류와 그에 대한 설명으로 올바른 것은?

① 바닥부착형 POP는 눈에 잘 띄지 않기 때문에 글자보다는 사진을 붙이는 것이 좋다.

② 천정형 POP는 정보제공력이 높기 때문에 제품의 기본정보를 기재하는 것이 좋다.

③ 스포터(Spotter) POP는 제품의 기능을 설명하기보다는 눈에 띄게 하는 것이 주목적이다.

④ 리플릿 겸용 POP에는 제품의 기술적인 특징 및 기능을 자세하게 전달할 수 있어 정보 제공력이 높다.

⑤ 스탠드업 POP는 카운터나 레지스트 옆에 설치하는 POP로 메시지 전달을 위해 실시해보면 좋은 방법이다.

23 다음은 서비스와 관련된 고객의 심리에 대한 설명이다. 이 중 가장 올바르지 않은 것은?

① 고객은 항상 환영받기를 원하므로 항상 밝은 미소로 맞이해야 한다.

② 고객은 서비스 직원보다 우월하다는 심리를 가지고 있으므로 겸손하게 대하여야 한다.

③ 고객은 비용을 들인 만큼 서비스 받기를 기대하며, 다른 고객과 비교해서 손해를 보지 않으려는 심리를 갖고 있다.

④ 고객은 누구나 상대방을 닮고자 하는 심리기질을 타고 났기 때문에 반말을 하는 고객이라도 정중하고 상냥하게 응대하면, 고객도 친절한 태도로 반응하게 된다.

⑤ 고객은 다른 고객과 서비스를 공유할 수 있을 때 더욱 안정감과 신뢰감을 가지므로 고객이 서비스를 공유할 수 있는 기회를 제공하는 것이 중요하다.

24 소매점포경영과 관련된 내용으로 가장 옳은 것은?

① 판매동선은 길수록 좋다.

② 고객은 항상 정보의 수용자이며, 스스로 정보의 원천이 되지는 않는다.

③ 반품고객에게는 가능한 범위 내에서 설득하여 반품을 줄일 수 있도록 하여야 한다.

④ 상품이 기능적으로 복잡하지 않아서 고객에게 사용방법에 대한 교육이 필요 없는 상품일수록 각 상품별로 판매원을 배정하는 것이 좋다.

⑤ 클로징은 고객의 구매의사를 최종적으로 확인하고 대금수수를 정확히 하는 것이다.

25 매장의 배열(Layout)에서 공간 분류에 관한 설명으로 옳지 않은 것은?

① 셀프서비스가 가능한 매장의 대부분은 판매공간으로 사용한다.

② 신발가게의 경우 재고공간이 판매공간보다 더 큰 비중을 차지하는 경우도 있다.

③ 고객을 위한 공간 대부분은 제품의 진열을 위해 사용된다.

④ 직원전용 공간은 엄격하게 통제되어야 하며 직원의 사기를 고려해 설계한다.

⑤ 고객을 위한 공간은 라운지부터 주차공간까지 다양한 형태를 갖는다.

26 다음은 접객서비스의 기본에 대한 설명이다. 가장 옳지 않은 것은?

① 전화응대 – 전화가 왔을 때는 가능한 한 빨리 받고, 통화가 끝났을 때는 반드시 고객이 전화를 끊은 후에 수화기를 내려놓는다.

② 손님맞이의 준비 – 언제 어떤 경우에도 고객을 맞이할 수 있는 준비와 마음가짐을 갖추어야 한다.

③ 접근요령 – 내점한 고객의 목적을 파악하기 위하여 많은 경험과 노련한 커뮤니케이션 기술이 요구되며, 성의와 친밀감 있는 매너가 필요하다.

④ 상품제시 – 소비자의 특성에 맞는 제품을 제시하되 소비자가 잘 모르는 제품인 경우 가능한 전문용어를 사용하여 제품의
   우위성을 보여준다.
⑤ 클로징 – 상품대금 확인 후 받은 돈을 확인하고 거스름돈을 확인해서 금전 수수상의 착오가 없도록 한다.

27 제품 마케팅 믹스(4P)에서 확장된 서비스 마케팅 믹스 요인으로 적합한 것은?

① 제품(Product)   ② 가격(Price)
③ 유통(Place)   ④ 촉진(Promotion)
⑤ 프로세스(Process)

28 판매자는 겉으로 표면화된 고객의 심리적 변화과정을 잘 관찰하여 고객의 구매 결정을 촉진하여야 한다. 다음 중 고객의 행
    동에 따른 고객 심리상태의 올바른 해석으로 가장 보기 어려운 것은?

① 특정 상품을 손에 집어 만져본다 – 고객이 제품에 관심과 흥미를 보이는 상태
② POP 광고나 설명서를 읽는다 – 제품의 색상 및 디자인에 주의를 기울이는 상태
③ 판매자에게 제품에 대한 질문을 한다 – 제품에 대한 비교 및 선택 단계
④ 특정 상품을 주목하며 가격표를 본다 – 제품을 갖고 싶은 욕망을 보이는 단계
⑤ 구매 의사표시를 말 또는 행동으로 나타낸다 – 제품에 대한 확신을 보이는 단계

29 소매 커뮤니케이션 믹스의 예로 알맞게 나열된 것은?

구 분	비대면	대 면
유 료	A	B
무 료	C	D

	A	B	C	D
①	인적판매	점포분위기	P R	구 전
②	P R	이메일	구 전	광 고
③	웹사이트	인적판매	P R	점포분위기
④	광 고	인적판매	P R	구 전
⑤	구 전	점포분위기	이메일	광 고

30 서비스 상품의 특징으로 옳지 않은 것은?

① 서비스 상품의 경우 정보탐색비용이 상대적으로 높다.

② 서비스 상품을 구매할 때 일반제품보다 지각 위험이 높다.

③ 서비스 상품의 대안평가 시 가격과 서비스시설 같은 요소에 의존하게 된다.

④ 서비스 상품은 경험적 특성과 신념적 특성이 일반 제품보다 강하다.

⑤ 서비스 상품의 무형성을 보완하기 위해서는 인적 정보원에 의존하기보다 대중매체를 통한 가시적 광고에 집중해야 한다.

31 고객의 욕구에 대한 내용으로 옳지 않은 것은?

① 소매고객의 욕구는 기능적 욕구와 심리적 욕구 등으로 구분할 수 있다.

② 기능적 욕구는 상품의 성능과 직접적으로 관련된다.

③ 심리적 욕구는 상품 구매 및 소유로부터 얻게 되는 개인적인 만족과 관련된다.

④ 상품의 쇼핑과 구매를 통해 충족될 수 있는 심리적 욕구에는 자극, 사회적 경험, 새로운 유행의 습득, 자기보상, 지위와 권력 등이 있다.

⑤ 기능적 욕구는 흔히 감정적이라고 인식되며 심리적 욕구는 합리적이라고 인식된다.

32 고객접점(MOT ; Moment Of Truth)에 대한 설명 중 가장 옳지 않은 것은?

① 조직의 상층부에 권한을 집중함으로써 수직적으로 조직화된다.

② 고객만족의 대부분은 고객접점에서 결정된다고 한다.

③ 고객접점에서 기업의 승부가 대개 결정된다.

④ 기업과 고객이 만나는 순간이며 고객이 기업을 처음으로 평가하는 순간이다.

⑤ 고객접점에 있는 직원의 동기부여와 만족도를 높이는 것이 특히 필요하다.

33 다음의 판매촉진(SP ; Sales Promotion)에 대한 설명 중에서 가장 올바르지 않은 것은?

① 가격수단으로는 세일, 할인쿠폰, 리베이트 등이 해당되고, 비가격수단으로는 샘플, 무료시음, 사은품 등이 해당한다.

② 판매촉진에는 풀(Pull)전략과 푸시(Push)전략이 있는데 선매품의 경우 풀전략을 사용하는 것이 좋다.

③ 소비자 구매과정의 어떤 단계에서 어떻게 영향을 미치고 싶은지를 미리 계획하는 판매촉진정책을 수립하는 것이 좋다.

④ 판매촉진은 소비자에게 단기적인 혜택을 주기 때문에 구매유발 효과는 높지만 장기적인 이미지개선에는 별 도움이 되지 못한다.

⑤ 판매촉진 수단에는 인적판매, 이벤트, 광고, PR, 홍보 등이 있다.

34 전화응대의 기본예절 중 가장 옳지 않은 것은?

① 맺는말은 분명하고 확실하게 한다.

② 지루한 느낌이 들지 않도록 빠르게 말한다.

③ 위치를 묻는 전화일 경우 알기 쉬운 건물을 중심으로 알려준다.

④ 표준어를 사용하도록 한다.

⑤ "잠깐만요"와 같은 말들은 가능한 사용하지 않는다.

35 제품수명주기와 관련된 설명 중 옳지 않은 것은?

① 도입기에는 인지도 확보와 초기고가전략이 필요하다.

② 성장기에는 침투가격전략을 활용하여 시장점유율을 확대하여야 한다.

③ 성숙기에는 경쟁이 과도하므로 브랜드충성도를 유지할 수 있는 전략을 활용한다.

④ 쇠퇴기에는 판매가 감소하므로 이익이 줄어든 브랜드는 모두 철수한다.

⑤ 일반적으로 성숙기에는 다른 수명주기보다 제품가격을 낮게 한다.

36 다음 박스의 내용은 무엇에 대한 설명인가?

> 소유권이나 계약을 통하지 않고 단지 어느 일방의 규모나 힘에 의해 생산과 유통에 이르는 전 과정을 조정하는 수직적 마케팅시스템

① 프랜차이즈　　　　　　　　　　② 다단계 마케팅

③ 관리적 VMS　　　　　　　　　　④ 수직적 계열화

⑤ 기업적 VMS

37 다음 박스의 내용에 해당하는 판매촉진 기법은?

> 십만원 이상 화장품을 구매한 고객에게 화장지를 무료로 제공하였다.

① 쿠폰(Coupon)　　　　　　　　② 샘플링(Sampling)

③ 프리미엄(Premium)　　　　　　④ 리베이트(Rebate)

⑤ 리펀드(Refund)

38 점포의 환경관리에 대한 설명으로 가장 옳지 않은 것은?

① 조명, 장식, 음악, 색상 등의 점포환경이 소비자에게 영향을 미친다.

② 조명은 상품을 부각시키고 고객을 유인하여 매출액을 증대시키는 역할을 한다.

③ 색채 배색과 조절을 통해 구매의욕을 환기시키고 쾌적한 공간을 형성할 수 있다.

④ 벽면에 거울을 달거나 점포 일부를 계단식으로 높이면 실제 점포보다 좁고 복잡해 보일 수 있다.

⑤ 집기는 상품의 판매 진열, 저장, 보호 등에 이용되는 내구재로 점포의 계획단계부터 세부적으로 검토되어야 한다.

39 다음은 고객 불만 시 대응방식에 대한 설명이다. 옳지 않은 것은?

① SOOTHE - 관점을 표명하여 손님의 마음을 먼저 달래 주어라. 즉, 차를 대접하거나 기다리고 있는 가족은 없는지 상담을 하는데 먼저 조치를 취해야 할 것은 없는지 손님을 최대한 배려한다는 관점을 표명해야 한다.

② NO EXPLAIN - 규정이나 기준을 설명하려다 보면 손님의 감정을 더 격앙되게 하는 경우가 있으므로 회사의 규정을 먼저 설명하려 하지 마라. 그리고 화가 난 것은 감정적인 것이므로 반드시 논리적으로 대응하여야 한다.

③ NO EXPOSE - 상담자 개인감정을 드러내지 마라. 즉, 손님의 반말이나 높은 언성, 행동 등에 화를 내거나 개인적인 말을 해서는 안 된다.

④ NO PERSUADE - 설득 등으로 손님의 가치관을 바꾸려 하지마라. 특히 손님의 몰상식한 행동 등에 훈계를 하면 안 된다.

⑤ EMPATHY - 고객의 입장이나 상황에서 감정이입 후 어떤 대접을 받기를 원하는지 무슨 말을 듣고 싶은지 생각하라. 일단 클레임을 제기하기 위해 전화를 한 고객의 경우 대부분이 한 가지 이상의 입장만을 고집하다가 문제가 더 커지는 경우가 종종 있다.

40 자유형 배치에 대한 설명으로 옳지 않은 것은?

① 충동구매를 유발한다.　　　　　　　② 대형마트나 창고형 매장에 적합하다.

③ 설노행위에 취약하다.　　　　　　　④ 전체 쇼핑시간이 길어진다.

⑤ 제품당 판매비용이 많이 든다.

41 소비자의 불평불만을 처리하는 고충처리에 대한 판매원의 자세에 대한 설명으로 가장 거리가 먼 것은?

① 불평을 해결하면 기업에 대한 애호도가 증가하고 기업이윤이 증대한다.

② 고충처리를 통해 충성고객을 확보할 수 있는 기회가 되기도 한다.

③ 고객 지향적인 태도로 고객과의 약속 사항을 반드시 지키고, 단기적인 이익 관점에서 상품관리를 철저히 해야 한다.

④ 단순히 불평을 처리한다는 소극적 관점보다는 매출촉진의 기회가 될 수 있다는 적극적 관점의 대처가 필요하다.

⑤ 불평의 주요 원인은 판매원의 설명부족, 발송미비, 상품결함, 포장파괴 등에 의한 것이다.

42 다음 설명 중에서 가장 옳은 것은?

① 고객은 정보의 수용자이며, 스스로 정보의 원천이 되지는 않는다.

② 통상적으로 고객은 반드시 판매원에 대해서 경계심을 가지지 않는다.

③ 반품고객에게는 가능한 범위 내에서 설득하여 반품을 줄일 수 있도록 하여야 한다.

④ 고객은 자신이 구입한 상품이 마음에 들기만 하면 만족한다.

⑤ 클로징은 고객의 구매의사를 최종적으로 확인하고 대금수수를 정확히 하는 것이다.

43 진열에 있어 지켜야 할 기본적인 원칙으로 옳지 않은 것은?

① 보기에 좋고 찾기 쉬운 진열

② 손에 닿기 쉽고 만지기 쉬운 진열

③ 상품의 가치를 높이는 진열

④ 청결하고 구분하기 쉬운 진열

⑤ 동일 상품을 분산되게 여러 곳에 진열

44 다음 중 고객의 기대에 대한 설명으로 옳지 않은 것은?

① 고객기대는 상품의 구매 전에도 구매의사결정에 영향을 주게 된다.

② 상품에 대한 고객기대는 구매당시 선택 가능한 대체안들에 따라 달라진다.

③ 고객기대는 상품을 사용하는 도중에 바뀔 수 있다.

④ 고객기대는 상품을 사용한 후 만족하면 그 다음에도 이전의 기대수준을 유지한다.

⑤ 통상적으로 고객들은 동일한 비용에 대해 더 높은 만족과 서비스를 기대하게 된다.

45 고객의 불만처리 방법으로 가장 적절하지 못한 것은?

① 자사가 잘못한 경우에는 상대방 입장을 동조하여 긍정적으로 듣고, 사실 중심으로 명확하게 설명한다.

② 고객에게 문제가 있을 경우에는 고객의 잘못을 직접적으로 지적해서는 안 된다.

③ 불만처리 4원칙은 우선 사과, 원인파악, 신중한 해결, 논쟁 원칙이다.

④ 자기 권한 외의 경우에는 해결책의 내용과 상대방의 반응을 대조해서 검토한다.

⑤ 고객의 불만에 대한 처리방법은 더 높은 고객만족향상이라는 차원에서 고려되어야 한다.

제10회 최종모의고사

형 별	A형	제한시간	45분	수험번호	성 명

※ 5개의 답항 중 가장 알맞는 1개의 답항을 고르시오.

제1과목 유통상식

01 소매업태 중 백화점에 대한 설명으로 가장 옳지 않은 것은?

① 생필품을 제외한 선매품과 전문품의 상품계열 취급

② 풍부한 인적, 물적 서비스로 판매활동 전개

③ 대형마트와는 다른 고급화와 차별화를 중심으로 전략 실행

④ 기능별 전문화에 의한 합리적 경영 추구

⑤ 엄격한 정찰제 실시

02 유통경로의 분류기능에 관한 설명 중 옳지 않은 것은?

① 등급은 다양한 공급원으로부터 제공된 동질적인 제품들을 상대적으로 이질적인 집단으로 구분하는 것을 말한다.

② 분류기능을 수행함으로써 중간상은 형태, 소유, 시간, 장소 등의 효용을 창출한다.

③ 분배는 대체로 생산자에서 소비자에 이르는 유통 과정에 있어 중요한 기능이라 할 수 있다.

④ 수합은 다양한 공급원으로부터 소규모로 제공되는 동질적인 제품들을 한데 모아 대규모 공급이 가능하게 만드는 것이다.

⑤ 구색화는 상호연관성이 있는 제품들로 일정한 구색을 갖추어 함께 취급하는 것을 말한다.

03 제조업자와 백화점의 비인기상품, 재고품, 하자상품 및 이월상품 등을 자사명의로 대폭적인 할인가격으로 판매하는 초저가 판매형 소형 할인업태는?

① 아웃렛
② 하이퍼마켓
③ 디스카운트 스토어
④ 카테고리 킬러
⑤ 슈퍼슈퍼마켓(SSM)

04 다음 중 한정기능 도매상에 대한 설명으로 옳지 않은 것은?

① 유통경로상에서 도매기관의 기능 중 일부만을 수행한다.
② 주요 형태로 현금거래 도매상, 트럭 도매상, 직송 도매상 등이 있다.
③ 거래되는 제품에 대한 소유권을 가진다.
④ 독립적인 도매상이 아니며 제조업자가 제품을 소유하고 직접 운영한다.
⑤ 현금거래 도매상은 신용판매를 하지 않고 현금거래만을 취급한다.

05 소매상 진화발전 이론 중 소매점의 진화과정을 주로 소매점에서 취급하는 상품 구색의 폭으로 설명한 이론은?

① 소매상 수레바퀴 이론(Wheel of Retailing Theory)
② 소매점 아코디언 이론(Retail Accordion Theory)
③ 변증법적 과정(Dialectic Process)
④ 소매상 수명주기이론 (Retail Life Cycle Theory)
⑤ 소매기관 적응행동 이론(Adaptive Theory)

06 다음 중 소매업 수레바퀴가설(The Wheel of Retailing)에 부합하는 업태의 예와 가장 거리가 먼 것은?

① TV홈쇼핑
② 회원제 창고형 소매점
③ 편의점
④ 인터넷 전자상거래
⑤ 대형 할인점

07 다음 도매상의 유형 중 대리점에 대한 설명으로 옳은 것을 모두 고르면?

> ㉠ 제품 소유권을 직접적으로 가지지 않는다.
> ㉡ 특성 유형의 제품만을 취급하며, 일반 도매상들이 십난화되어 제품의 다양성을 갖춤으로써 구매자들의 다양한 복구를 충족시켜 준다.
> ㉢ 구매자나 판매자 한 쪽을 대표하며, 일반적으로 이들과 비교적 장기적인 거래관계를 갖는다.
> ㉣ 제조업자가 소유하고, 제조업자 자신이 구매자에 대한 마케팅을 계획/수정하여 판매에 직접적으로 관여한다.
> ㉤ 상품매매를 촉진하고 거래가 성사되는 대가로 판매가격의 일정비율을 수수료로 받는다.

① ㉠, ㉡, ㉢   ② ㉠, ㉡, ㉤
③ ㉠, ㉢, ㉤   ④ ㉡, ㉢, ㉤
⑤ ㉢, ㉣, ㉤

08 다음 중 유통기업의 전략으로 잘못된 것은?

① 유통기업의 전략은 기업수준의 전략과 사업부 수준의 전략으로 구분할 수 있다.
② 유통기업이 수직적 통합, 기업인수 합병, 해외 사업진출과 같은 결정이나 각 사업 분야에 경영자원을 배분하는 것은 기업수준의 전략에 해당한다.
③ 유통기업이 경영전략을 수립하기 위해서는 비전이나 목표를 설정해야 하는데, 비전은 기업의 미래상으로서 목표에 비해 정량적이며 구체성을 지니고 있어야 한다.
④ 유통기업의 경영전략 수립에 전제가 되는 비전은 목표와 달리 구체적일 필요 없이 기업의 방향만 설정해도 충분하다.
⑤ 유통기업의 측면에서 기업전략은 어떤 업종에서 경쟁할 것인가 보다는 어떤 업태에서 경쟁할 것인가를 결정한다.

09 프랜차이즈에 대한 다음 설명 중 가장 거리가 먼 것은?

① 프랜차이즈 본부가 계약을 통해 가맹점에게 일정기간동안 자신들의 상표상호기업운영방식 등의 사용권한을 부여한다.
② 가맹점은 이에 대한 대가로 본부에 초기 가입비와 매출액에 대한 일정비율 또는 일정금액의 로얄티를 지불한다.
③ 프랜차이즈 본부의 입장에서는 과도한 자본을 투자하지 않고 가맹점과 위험을 분담함으로써 보다 빠르게 시장을 확대할 수 있는 장점을 가진다.
④ 법적 계약에 의해 프랜차이즈 본부는 가맹점에게 제품 및 서비스를 판매하는 것은 가능하지만, 추가 수익을 올리기 위한 설비의 임대 및 판매는 금지되어 있다.
⑤ 프랜차이즈 조직의 형태는 제조업자-소매상프랜차이즈, 제조업자-도매상프랜차이즈, 도매상-소매상프랜차이즈 및 서비스회사-소매상프랜차이즈로 구분된다.

10　O. Williamson은 자신의 거래비용이론에서 유통경로 상에서 수직적 통합화(기업내부화)가 이루어지는 원인에 대하여 설명하고 있다. 다음 중 수직적 계열화가 발생하는 이유와 가장 거리가 먼 것은?

① 유통시장에 소수의 거래사만이 참가하고 있을 경우
② 자산의 특수성 또는 거래특유자산이 존재하는 경우
③ 경로구성원들 간에 기회주의적인 행동이 발생할 경우
④ 유통시장이 효율적으로 운영되고 있는 경우
⑤ 최선의 파트너를 선택하는 데에 제약을 받게 되는 경우

11　선물포장에 대한 내용으로 가장 옳지 않은 것은?

① 가격표는 제거할 것
② 글씨는 되도록 판매원이 쓰도록 할 것
③ 선물 받는 사람의 특성을 포장 시에 고려할 것
④ 글씨를 쓰고 나면 손님에게 보여줄 것
⑤ 글씨를 완전히 말린 후 포장할 것

12　소매집적이란 다양한 크기의 동종 또는 이종 소매업종과 소매업태가 서로 관련성을 가지고 한 장소에 모인 집단소매시스템을 의미한다. 이렇게 집중화(집단화)됨으로써 얻을 수 있는 효과로 볼 수 없는 것은?

① 매장 면적의 증대효과　　　　　　　② 고객흡입력 증가
③ 공간적 인접성 확보　　　　　　　　④ 소비자의 집중력 확보
⑤ 점포 내 취급상품의 다양성 증가

13　다음 중 유통경로 전략에 대한 설명으로 옳지 않은 것은?

① 유통범위란 기업이 표적으로 하는 시장 내 소비자에게 어느 정도 가까이 접근할 것인가를 결정하는 것이다.
② 개방적 유통경로 전략은 희망하는 소매점이면 누구나 자사의 상품을 취급할 수 있도록 하는 것이다.
③ 유통경로에 대한 통제수준이 낮을수록 수직적 통합의 정도가 강하다.
④ 유통길이의 결정요인으로는 제품 특성, 수요 특성, 공급 특성 등이 있다.
⑤ 전속적 유통경로는 소매상 또는 도매상에 대한 통제가 가능하다.

14 유통(소매)기업에 대한 물류전략분류의 하나로 풀(Pull) 전략과 푸시(Push) 전략을 들 수 있다. 풀 전략과 푸시 전략에 관한 다음 설명 중 올바른 것은?

① 풀 전략은 과거의 수요와 물류센터의 재고 상태를 근거로 실행된다

② 푸시 전략은 지속적으로 판매되는 상품을 판매하는 유통업체에 더욱 유리하다.

③ 푸시 전략에서는 유통점포 간 상호 배송의 필요성이 더욱 줄어든다.

④ 풀 전략은 잘 알려지지 않은 브랜드의 제품을 손님이 많이 드나드는 매장에 전시함으로써 고객들을 끌어당기는 전략이다.

⑤ 정보시스템의 활용증대에 따라 풀 전략보다 푸시 전략의 활용이 더욱 늘고 있다.

15 다음 중 판매원의 표정을 결정하는 미소의 중요성을 잘못 설명한 것은?

① 미소는 상대방을 즐겁고 유쾌하게 만드는 힘이 있다.

② 미소를 띄우면서 대화하면 인상이 좋게 보인다.

③ 미소는 자신감이 있는 사람으로 보이게 한다.

④ 가식적인 미소라도 상황을 부드럽게 할 수 있다.

⑤ 미소는 사람의 가슴을 뚫고 들어가 마음을 움직이게 한다.

16 유통업자의 일반적인 경제행위와 가장 거리가 먼 것은?

① 유통업자는 소비자가 필요로 하는 재화를 구매하여 소비자에게 여러 가지 상품과 서비스를 공급한다.

② 유통업자는 소비자가 필요로 하는 재화를 소비자의 구매시점까지 잘 보관해준다.

③ 유통업자의 상품구색기능은 소비자보다는 제조업자를 위한 기능이기 때문에 제조업자에게 보다 많은 생산의 기회를 제공한다.

④ 제조업자는 자신이 제조한 상품을 직접 판매할 경우 비용부담이 많이 되기 때문에 유통업자가 제조업자를 대신하여 거래장소를 제공해준다.

⑤ 소비자에게 상품의 품질이나 가격 등의 정보를, 공급자에게 소비자의 구매성향 등의 정보를 제공해준다.

17 수평적 마케팅 시스템에 대한 설명으로 옳은 것은?

① 같은 경로수준에 있는 둘 혹은 그 이상의 기업이 결합하는 것을 말한다.

② 생산과 유통과정에서 서로 다른 단계에 위치한 독립회사들이 계약을 통해 결합한다.

③ 한 경로구성원이 다른 구성원을 모두 소유함으로써 강력한 협력체계를 이룬다.

④ 각 경로구성원들이 수평적 대등관계를 유지하며 독립적인 역할을 수행하는 것이다.

⑤ 특정 경로구성원이 공동소유권에 의해 판촉과 지원을 공유하는 것을 말한다.

18 유통경로의 설계 및 관리에 관한 설명 중 틀린 것은?

① 중간상이 제조기업에 대해 일체감을 갖고 있거나 갖게 되기를 기대함으로써 발생하는 파워를 준거적 파워라 한다.

② 유통경로 갈등의 원인 중 동일한 사실을 놓고도 경로구성원들이 인식을 달리하여 발생하는 갈등의 원인을 지각 불일치라 한다.

③ 경로 커버리지 전략 중 전속적 유통은 중간상의 푸시(Push)보다는 소비자의 풀(Pull)에 의해서 팔리는 상품에 적합하다.

④ 유통은 바톤 패스와 유사하기 때문에 제조기업이 유통기업에게 바톤을 넘기듯이 모든 유통기능을 맡기는 것이 적절하다.

⑤ 유통경로 조직은 전통적 유통경로, 수직적 유통경로, 수평적 유통경로, 복수 유통경로로 구분할 수 있다.

19 인사고과평정상의 오류로서 고과자가 피고과자의 어떠한 면을 기준으로 해서 다른 것까지 함께 평가하는 경향을 무엇이라고 하는가?

① 현혹효과
② 관대화 경향
③ 중심화 경향
④ 시간적 오류
⑤ 대비오류

20 유통산업발전법에서 규정하고 있는 유통산업발전기본계획에 대한 다음 설명 중 틀린 것은?

① 산업통상자원부장관은 유통산업의 발전을 위하여 5년마다 유통산업발전기본계획을 특별시장·광역시장 또는 도지사와의 협의를 거쳐 세우고 이를 시행하여야 한다.

② 산업통상자원부장관은 유통산업발전기본계획을 특별시장·광역시장·도지사 또는 특별자치도지사에게 알려야 한다.

③ 산업통상자원부장관은 유통산업발전기본계획에 따라 매년 유통산업발전시행계획을 관계중앙행정기관의 장과의 협의를 거쳐 세워야 한다.

④ 산업통상자원부장관은 유통산업발전시행계획을 세우기 위하여 필요하다고 인정되는 경우에는 관계중앙행정기관의 장에게 필요한 자료를 요청할 수 있다.

⑤ 산업통상자원부장관은 기본계획 및 시행계획 등의 효율적인 수립·추진을 위하여 유통산업에 대한 실태조사를 할 수 있다.

21 CRM(Customer Relationship Management, 고객관계관리)에 대한 다음 설명 중 가장 옳지 않은 것은?

① 개별 고객의 요구에 대응하는 맞춤형(Customization) 전략을 지향한다.

② 고객 이탈을 최소화하기 위해 자사의 현재 고객 전체를 대상으로 실시한다.

③ 데이터베이스를 분석 · 활용하여 기존 고객에게 교차판매, 업 셀링함으로써 수익성을 증진시키는 목적에도 활용된다.

④ 기존 고객에 관한 데이터베이스를 분석 · 활용하여 잠재고객을 개발하는 용도에도 활용된다.

⑤ CRM은 경쟁의 상황에서 지속적인 성장을 유지하기 위해 수익성이 높은 고객을 파악하고 이들과의 관계를 구축하고 유지하는 활동이다.

22 고객 유지를 위한 사후관리에 대한 설명으로 가장 옳지 않은 것은?

① 판매 종결로 모든 것이 끝나기 때문에 가치제안에서 약속한 내용들이 충실하게 수행되었는지는 확인할 필요가 없다.

② 사후관리 차원에서 정확한 대금 결제 수행 여부를 확인해야 한다.

③ 사후관리 차원에서 정확한 배송 수행 여부를 확인해야 한다.

④ 사후관리 차원에서 필요한 경우, 장비의 적절한 설치를 위해 원활한 지원을 하여야 한다.

⑤ 사후관리 차원에서 공급하는 제품의 정상적 기능 수행을 확인해야 한다.

23 다음 제품수명주기에 대한 설명 중 성장기의 내용으로 옳지 않은 것은?

① 성장기에는 대량생산이 이루어지기 때문에 제품원가는 도입기보다 줄어든다.

② 성장기에는 지속적으로 판매량이 늘어날수록 각종 비용이 줄어들어 이익이 증가한다.

③ 제품이 시장에 수용되어 정착되는 단계이다.

④ 판매량이 증가할수록 이러한 제품을 모방한 경쟁제품이 시장에 진출하게 되어 전체적인 시장의 크기가 커져서 시장이 성장기에 접어들게 된다.

⑤ 성장기 제품의 마케팅 전략은 기존 소비자를 지키는 데 적극적으로 방어하여야 한다.

24 판매촉진의 주된 역할에 대한 내용 중 가장 옳지 않은 것은?

① 소비자들에게 재구매를 설득하여 구매패턴을 확립한다.

② 기업의 제품생산을 촉진시킨다.

③ 자사제품의 판매를 증가시킨다.

④ 소비자들로 하여금 신제품을 시용(Trial)하게 한다.

⑤ 가격에 민감한 소비자들의 구매를 유도한다.

25 다음 중 서비스구매 의사결정과정에서 지각위험에 관한 설명으로 틀린 것은?

① 서비스는 무형적이고 비표준화되어 있어 높은 지각위험을 느낀다.
② 구매 전에 서비스상품에 대한 정보가 상대적으로 부족하다.
③ 서비스의 소멸성으로 인하여 서비스구매자는 높은 위험을 가진다.
④ 일반제품보다 서비스상품의 구매시 소비자는 낮은 위험을 가진다.
⑤ 서비스 상품 구매시 일반제품의 구매보다 더 높은 지각위험을 가진다.

26 다음 중 제품의 세 가지 차원에 대한 설명으로 가장 옳지 않은 것은?

① 핵심제품은 상표, 스타일, 품질, 특징 등을 통해서 구체화된 것을 의미하며 고객이 구매하는 실제 이유가 된다.
② 유형제품은 소비자가 제품으로부터 추구하는 혜택이 유형적으로 구현되어 소비자에게 인식된 것을 말한다.
③ 유형제품의 요소들을 다르게 구성함으로써 경쟁사의 제품과 차별화를 할 수 있다.
④ 제품의 설치, 배달, 대금결제방식, 보증, 애프터서비스 등이 확장제품(Augmented Product)에 해당하며 물류 또한 확장제품에 속한다.
⑤ 에어컨의 핵심제품은 '시원함'이며, 화장품의 핵심제품은 '미(아름다움)'에 속한다.

27 소매가격 설정 전략 중 High/Low가격설정과 관련된 설명 중 가장 옳지 않은 것은?

① 경쟁자와의 지나친 가격경쟁의 압박을 덜어주게 된다.
② 동일한 상품으로 다양한 고객의 특성에 소구할 수 있다.
③ 세일은 고객을 자극시키고 모으는 효과가 있다.
④ 재고부담을 줄이는 효과가 발생하기도 한다.
⑤ 가격이 품질의 척도라고 생각하고 품질의 신뢰성을 가질 수 있다.

28 시각적 머천다이징(VMD)에 대한 내용으로 옳지 않은 것은?

① Visual Merchandising의 약자로, 시각적으로 소비자의 구매를 유도해 판매에 이르게 하는 전략을 뜻한다.
② VMD의 기대효과는 들어가고 싶은 매장, 고르기 쉬운 매장, 사고 싶은 상품이 많은 매장, 판매와 관리가 편한 매장을 형성할 수 있다는 것이다.
③ VMD를 활용하여 쇼윈도 위와 스테이지 등에 전시된 상품을 일정기간 단위로 교체하면, 고객이 혼란을 느낄 수 있으므로 가급적 변화를 지양하여야 한다.
④ 마네킹, 바디 등 다양한 종류의 보조물을 목적에 따라 적절하게 사용해야 한다.
⑤ 매장에 진열되어 있는 상품을 돋보이게 하기 위해 조명을 이용하여 매장의 분위기를 연출한다.

29 소비자 구매행동의 유형 중 부조화 감소 구매행동과 가장 거리가 먼 것은?

① 소비자의 관여도가 높은 제품을 구매할 때 주로 발생한다.

② 구매 후 결과에 대하여 위험부담이 높은 제품에서 빈번하게 발생한다.

③ 주로 고가의 제품이나 전문품을 구매할 때 빈번하게 발생한다.

④ 주기적, 반복적으로 구매해야 하는 제품을 구매할 때 빈번하게 발생한다.

⑤ 각 상표 간 차이가 미미한 제품을 구매할 때 빈번하게 발생한다.

30 다음 중 POS시스템의 소프트 메리트(Soft Merit)와 가장 거리가 먼 내용은?

① 매장 내부 진열대에서의 진열상태 파악   ② 회전율이 낮은 상품에 대한 신속한 파악

③ 판촉활동에 대한 상품 매출변화 분석   ④ 상품간 결합효과에 대한 자료 파악

⑤ 데이터 상세화 등의 질적 향상

31 불만족 고객의 응대 방법으로 가장 바람직하지 않은 것은?

① 불만 고객들이 거리낌 없이 그들의 불만을 털어놓도록 잘 경청하는 태도를 유지한다.

② 고객들은 대체로 무형의 해결책보다 유형의 해결책을 선호하는 것을 인지하고 응대한다.

③ 가이드라인을 지키는 것도 중요하나 지나친 집착보다는 융통성을 발휘하여야 한다.

④ 서비스 회복에 있어서 이행상의 공정성을 강조한다.

⑤ 신속한 문제해결을 위해 불만고객에 응대하는 종업원을 자주 교체하지 않는 것이 좋다.

32 매장관리의 4가지 범주에 속하지 않는 것은?

① 선도관리   ② 고객정보관리

③ 재고관리   ④ 발주관리

⑤ 진열관리

33 효과적인 상품실연을 위한 기본원칙으로서 가장 거리가 먼 것은?

① 가능한 한 많은 제품을 제시한다.   ② 제시할 상품을 점검한다.

③ 고객 자신이 직접 상품을 실연하도록 한다.   ④ 실연은 정해진 시간 내에 끝맺는다.

⑤ 즉각적으로 상품을 제시한다.

34 소매점에서 모은 고객정보를 활용하는 방안으로 가장 옳지 않은 것은?

① 고객과의 거래를 지속적으로 기록하고 구매량에 따라 인센티브를 제공함으로써 자사 상품의 구매빈도를 높이는 고객활성화전략을 활용할 수 있다.

② 높은 고객충성도가 확인된 제품군에 대해서는 정서적 혜택보다는 물질적 혜택에만 초점을 두어 제공하는 것이 보다 바람직하다.

③ 고객이 인지부조화를 느끼기 쉬운 제품이라 판단되는 경우에는 고객유지전략을 많이 사용한다.

④ 고객의 과거 구매나 니즈에 대한 정보를 활용하여 교차판매를 가능하게 할 수 있다.

⑤ 휴면고객을 분석하여 다이렉트 메일 등을 발송함으로써 재고객화를 도모할 수 있다.

35 선반진열의 유형에 대한 설명으로 올바르지 않은 것은?

① 샌드위치 진열 : 진열대 내에서 잘 팔리지 않는 상품 곁에 이익이 높고 잘 팔리는 상품을 진열해서 판매를 촉진하는 진열이다.

② 라이트업(Right Up) 진열 : 좌측보다 우측에 진열되어 있는 상품에 시선이 머물기 쉬우므로 우측에 고가격, 고이익, 대용량의 상품을 진열한다.

③ 전진입체진열 : 상품인지가 가장 빠른 페이스 부분을 가능한 한 고객에게 정면으로 향하게 하는 진열의 원칙이다.

④ 브레이크업(Break Up) 진열 : 진열라인에 변화를 주어 고객시선을 유도함으로써 상품과 매장에 주목률을 높이고자 하는 진열이다.

⑤ 트레이팩(Tray Pack) 진열 : 상품이 든 박스 아래부분을 트레이 형태로 잘라내 그대로 진열하는 방식이다.

36 점포설계 시 고려할 점으로 가장 옳지 않은 것은?

① 표적시장의 욕구를 충족시키고 경쟁우위를 획득한다.

② 상품 구색이 바뀔 경우를 대비해 유연성을 높인다.

③ 전문점의 경우 경비 절감을 위해 비용최소화를 최우선 목적으로 한다.

④ 고객의 구매 행동을 자극하기 위해 노력한다.

⑤ 법적 규제사항을 고려하여 합법적으로 설계한다.

37 상품 구성에 관한 내용으로 옳지 않은 것은?

① 소매점이 판매하는 모든 상품의 종류와 조합을 상품구색 혹은 상품구성이라고 한다.

② 상품 구색 중 폭(Variety)은 점포가 취급하는 비경합적 상품 계열의 다양성이나 수를 나타낸다.

③ 전문점은 폭이 넓고 백화점이나 할인점은 폭이 좁다고 할 수 있다.

④ 상품 구색 중 깊이(Depth)는 동일한 상품계열 내에서 이용 가능한 변화품이나 대체품과 같은 품목의 수를 말한다.

⑤ 전문점은 편의점에 비해 깊이가 깊은 편이라고 할 수 있다.

38 접객서비스에 대한 내용 중 틀린 것은?

① 판매원이 기본적으로 갖추어야 할 요건은 지식, 태도, 기술, 습관화 등이다.

② 소비자는 보다 많은 정보를 원하므로 판매원은 무엇보다도 충분한 상품지식과 사용방법 등을 숙지하고 있어야 한다.

③ 판매원이 고객에게 상품을 제시할 때는 상품의 실연(제시)과 설명이 핵심이다.

④ 매장에서는 자신만의 개성을 최대한 발휘하여 맵시 있게 의상을 갖추어야 한다.

⑤ 판매원은 기업의 이익도 중요하지만 고객본위의 응대가 더 중요하다.

39 판매를 완료하기 위해서는 고객의 반응을 올바르게 포착하여 판매 결정을 촉구해야 한다. 다음 중 판매결정의 촉구방법으로 올바르지 않은 것은?

① 몇 가지 질문에 계속 '예'라는 긍정적인 답을 유도하는 긍정적 암시화법을 이용하여 '네, 이것 주세요'라는 대답을 이끌어 낸다.

② 고객이 구매할 것이라는 가정 하에 '손님 이것으로 하시겠어요?' 하고 자신감 있게 구매 종결로 유도하면 고객들은 구매자 체를 고민하지 않고 어느 것을 선택할까를 고민한다.

③ 판매결정에 있어서 가장 중요한 것은 타이밍이므로 손님이 망설일 기회를 주지 않고 가능한 빠른 타이밍에 판매결정을 촉 구하는 것이 중요하다.

④ 고객이 하나의 제품에 집중해서 질문하게 된다면 제품에 있어 색상 등의 선택사항에 대해 둘 중에 하나의 선택을 촉구하여 구매의 결정을 유도한다.

⑤ 추정승낙법은 고객이 살 것이라는 가정 하에 판매결정을 시도하는 것이다.

40 홍보용 선물로써 본래의 의미는 새로운 물건, 진기한 것을 뜻하지만 실용품, 장식품에 회사명이나 상품명을 넣어 소비자나 판매업자에게 무료로 배포하는 판촉수단을 일컫는 말은?

① 프로모툴(Promotool)　　　　　　② 노벌티(Novelty)

③ 샘플(Sample)　　　　　　　　　④ 프리미엄(Premium)

⑤ 쿠폰(Coupon)

41 고객본위의 접객기술로 가장 올바르지 않은 것은?

① 언제든지 고객을 맞이할 수 있는 준비와 마음가짐이 되어 있어야 하며 쾌적한 매장공간을 유지 및 보존해야 한다.

② 고객에 대한 어프로치의 비결은 고객이 구입하고 싶어 하는 상품의 특성, 즉 고객의 취미와 가치관을 재빨리 알아내는 데 있다.

③ 고객이 어떠한 특성을 가진 상품을 원하는가를 이해하고 그 패턴에 합치한 몇 개의 상품을 갖추어서 제시하는 것이 좋다.

④ 판매원이 갖는 우위성을 보여주기 위해 고객에게 전문적 용어로 제품의 상세한 기능까지 꼼꼼하게 설명하는 것이 좋다.

⑤ 고객이 상품의 선택을 자유롭게 할 수 있는 고객공간을 확보할 필요가 있으며 고객의 시야를 차단해서는 안 된다.

42 무점포 소매상의 종류와 그에 대한 설명 중 가장 올바르지 않은 것은?

① 무점포 소매상은 크게 방문판매, 다이렉트마케팅, 자동판매기 등으로 구분할 수 있다.

② 자동판매기의 경우 편의성을 추구하려는 소비자의 욕구를 잘 이용한 것이라 볼 수 있다.

③ 방문판매는 무점포 소매상 중에서 가장 오래된 형태로 화장품 및 학습지 시장에서 지속되고 있다.

④ 다단계판매방식의 경우 소비자에게 상품이 인도되기까지 회사 및 디스트러뷰터(Distributor)와 다수의 경로 구성원들이 개입된다.

⑤ 텔레마케팅의 경우 텔레마케터가 적극적으로 고객반응을 창출한다는 점에서 우편판매와 차이가 있다.

43 고객이 상품을 '구매결정'하는 단계에 근접했을 때 보이는 행동으로 가장 거리가 먼 것은?

① 상품을 집고 이리저리 살펴본다.

② 여러 가지 질문을 그 상품에 대해 집중적으로 한다.

③ 말없이 그 상품을 응시하면서 생각하기 시작한다.

④ 상품에 대한 가격을 물어온다.

⑤ 되풀이해서 유사한 질문을 한다.

44 고객 접객에 있어서 서비스품질 증진을 위한 차이 모델에 대한 설명으로 옳지 않은 것은?

① 인식 차이란 고객의 기대에 대한 지각과 명시된 서비스표준의 차이이다.

② 표준 차이란 소매업체의 소비자 기대치 인식과 고객 서비스표준 간에 존재하는 차이이다.

③ 인도 차이란 명시된 서비스표준과 실제 수행된 서비스사이의 차이이다

④ 커뮤니케이션 차이란 실제 고객에게 수행된 서비스와 소매업체의 광고에 약속된 서비스 간에 존재하는 차이이다.

⑤ 서비스품질 차이란 고객의 서비스 기대치와 지각된 서비스 간의 차이이다.

45 인적판매과정의 단계 중 다양한 제안방식이 가능하며 고객의 욕구에 초점을 두어 관심을 끌어내야 하는 단계는?

① 사전접근단계   ② 고객접근단계

③ 영업제안단계   ④ 고객발굴단계

⑤ 사후관리단계

여기서 멈출거예요? 고지가 바로 눈앞에 있어요.
마지막 한 걸음까지 시대에듀가 함께할게요!

정답 및 해설

제1회   최종모의고사 정답 및 해설

제2회   최종모의고사 정답 및 해설

제3회   최종모의고사 정답 및 해설

제4회   최종모의고사 정답 및 해설

제5회   최종모의고사 정답 및 해설

제6회   최종모의고사 정답 및 해설

제7회   최종모의고사 정답 및 해설

제8회   최종모의고사 정답 및 해설

제9회   최종모의고사 정답 및 해설

제10회   최종모의고사 정답 및 해설

제 **1** 회 　 **정답 및 해설**

정 답

01	02	03	04	05	06	07	08	09	10	11	12	13	14	15
②	⑤	③	⑤	②	⑤	⑤	②	④	④	②	③	⑤	③	⑤
16	17	18	19	20	21	22	23	24	25	26	27	28	29	30
③	③	①	③	④	⑤	③	①	②	②	④	⑤	④	②	⑤
31	32	33	34	35	36	37	38	39	40	41	42	43	44	45
①	④	②	⑤	⑤	③	⑤	④	①	④	②	③	④	①	③

제 **1** 과목　유통상식

01 수직적 유통경로보다 경로 성과성은 낮지만 유연성은 높다.
※ 수직적 유통경로의 특징
- 중앙본부에서 계획된 프로그램에 의해 수직적 유통경로상 구성원들을 전문적으로 관리 · 통제하는 경로조직이다.
- 생산부터 소비까지 유통과정이 체계적이고 통합적으로 이루어져 대량생산과 유통이 가능하다.
- 유통비용을 절감할 수 있어 가격이 안정적이며 유통경로 내의 지배력이 강력하다.
- 중앙에서 통제하기 때문에 각 유통단계 개별 주체들의 전문성이 떨어진다.
- 중앙 통제 방식에서는 시장에 유연하게 대처하기 어렵다.

02 파워센터
종래의 백화점이나 양판점과는 달리 할인점이나 카테고리 킬러 등 저가를 무기로 하여 강한 집객력을 가진 염가점들을 한 곳에 종합해놓은 초대형 소매센터를 의미한다.

03 역사적으로 볼 때 소매점은 전문점 → 백화점 → 할인점 순으로 등장하여 이 이론이 부분적으로 입증되었지만, 후진국의 경우는 이런 모든 유형의 소매점이 동시에 또는 순서가 뒤바뀌어 도입되기도 하였다.

04 방문판매의 경우 소비자에게 원하는 상품을 실제로 보여주고 자세히 설명할 수 있는 장점이 있으나, 소비자가 다른 경쟁사 상품과 비교하여 구매하기는 어려우므로 피해가 발생할 수 있다.

05 고관여상품은 저관여상품에 비해 물품 구매 단가가 높은 편이다.

06 체인본부가 만들어놓은 사업에 가맹점이 사후적으로 참여하는 것이기 때문에 가맹점이 자율적으로 결정할 수 있는 사항이 많지 않고, 체인본부가 강자의 입장에 있다.

07 유통경로의 기능 분류
- 소유권 이전기능 : 구매기능, 판매기능
- 물적 유통기능 : 운송기능, 보관기능, 하역기능
- 조성기능 : 표준화 및 등급화, 금융기능, 위험부담기능, 시장보고

08 판매종결기법의 종류
- 대안종결기법 : 영업사원이 잠재고객에게 다양한 대안을 연속적으로 제시함으로써 고객 스스로가 선택 대안을 줄이면서 의사결정에 이를 수 있도록 하는 방법

- 요약종결기법 : 영업사원이 잠재고객이 인정하는 제품이나 서비스의 혜택을 요약해서 언급하면서 고객의 구매 결심을 유도하는 방법
- 추정종결기법 : 잠재고객이 이미 구입을 결심하는 것으로 추정하고, 주문의 구체적인 내용에 대해 질문을 하는 방법
- 시험종결기법 : 잠재고객이 구매의사결정에 얼마나 가까이 왔는가를 파악하기 위해 질문하는 방법

09 편의품은 점포를 선택하는 데 신중히 검토하기 보다는 소비자에게 인접해 있는 점포, 즉 주거지 근처에서 쉽게 구매하는 상품이지만 상표에 대한 관심은 높다.

10 체인사업
같은 업종의 여러 소매점포를 직영(자기가 소유하거나 임차한 매장에서 자기의 책임과 계산아래 직접 매장을 운영하는 것)하거나 같은 업종의 여러 소매점포에 대하여 계속적으로 경영을 지도하고 상품·원재료 또는 용역을 공급하는 사업

직영점형 체인사업	체인본부가 주로 소매점포를 직영하되, 가맹계약을 체결한 일부 소매점포(가맹점)에 대하여 상품의 공급 및 경영지도를 계속하는 형태의 체인사업
프랜차이즈형 체인사업	독자적인 상품 또는 판매·경영 기법을 개발한 체인본부가 상호·판매방법·매장운영 및 광고방법 등을 결정하고, 가맹점으로 하여금 그 결정과 지도에 따라 운영하도록 하는 형태의 체인사업
임의 가맹점형 체인사업	체인본부의 계속적인 경영지도 및 체인본부와 가맹점 간의 협업에 의하여 가맹점의 취급품목·영업방식 등의 표준화사업과 공동구매·공동판매·공동시설활용 등 공동사업을 수행하는 형태의 체인사업
조합형 체인사업	같은 업종의 소매점들이 「중소기업협동조합법」 제3조에 따른 중소기업협동조합, 「협동조합 기본법」에 따른 협동조합, 협동조합연합회, 사회적 협동조합 또는 사회적 협동조합연합회를 설립하여 공동구매·공동판매·공동시설활용 등 사업을 수행하는 형태의 체인사업

11 ① JIT 시스템의 근본적인 목적은 필요한 부품을 필요한 때, 필요한 곳에, 필요한 양만큼 생산 또는 구매하여 공급함으로써 생산 활동에서 있을 수 있는 재공품의 재고를 아주 낮게 유지하는 것이다.

③ 주문서의 발행과 주문 요구를 자동적으로 해주는 정량발주 시스템 방식의 하나로 재고량이 발주점에 도달하면 자동으로 주문서를 출력시키는 재고 관리 시스템을 말한다.
⑤ 물류센터 내에서 물류를 관리하면서 발생하는 모든 활동, 즉 주문 및 입·출고 최적화, 실시간 재고 관리, 공간과 장비 최적화 등 물류 흐름상 정보를 실시간으로 제공하고 조절하는 시스템을 말한다.

12 직접 유통은 유통기관을 거치지 않고 생산지에서 소비자에게 바로 전달되는 것을 말한다.

13 ①·②·③·④ 무점포 소매상
※ 파워센터
- 정의 : 종래의 백화점이나 양판점과는 달리 할인점이나 카테고리 킬러 등 저가를 무기로 하여 강한 집객력을 가진 염가점들을 한 곳에 종합해놓은 초대형 소매센터를 의미한다.
- 특징 : 광대한 부지, 대형 주차장, 각 매장의 독립적인 점포 운영

14 ① 고객과의 언쟁은 가급적 피해야 한다.
② 고객의 이야기는 항상 경청해야 한다.
④ 외모는 단정하게 갖추어야 한다.
⑤ 언어적인 의사표현뿐만 아니라 비언어적인 의사표현에도 신중을 기해야 한다.

15 생산물을 보관하고 운반해주는 수송 보관의 기능은 물적유통 기능에 해당하는 것으로 생산 및 공급업자를 위해 소매상이 수행해 주는 기능에 해당한다.

16 직업윤리는 사회 안에서 인간이 삶의 유지를 위해 지속적인 행위과정에서 지켜야 할 상호적 관계의 도리나 사회적으로 기대되는 내·외적인 행위규준을 의미하는 것으로 국민윤리나 일반윤리보다 더 좁은 의미의 직업에 대한 가치 체계이다.

17 병행수입은 쇼핑몰 판매자의 규정에 따라 일반 업체에서 A/S를 받거나, A/S를 받지 못할 수도 있기 때문에 직접적인 애프터서비스가 확실히 보장되지 않는다.

18 직접적으로 거부의사를 전달해야 한다.

19 인터넷의 확산으로 기업과 기업 소비자, 민간 부문과 공공 부문간의 직접 거래 가능성을 높여 가치 사슬에서 소비자와 공급자의 연결을 담당하는 단순중개기능을 배제하고 온라인을 이용한 새로운 유통, 판매방식이 등장하고 있어, 중간상의 단순중개기능은 약화되었지만 그 밖의 새로운 유통, 판매방식과 관련된 기능은 강화되고 있다.

20 • 교차판매(Cross Selling) : 자체 개발한 상품에만 의존하지 않고 관련된 제품까지 판매하는 적극적인 판매방식
• 상승판매(Up Selling) : 동일한 분야로 분류될 수 있는 제품 중 소비자가 희망하는 제품보다 단가가 높은 제품의 구입을 유도하는 판매방법

---

21 소비자가 브랜드 선택 없이 방문했을 때 적합한 전략은 푸시 전략이다. 풀 전략은 브랜드 로열티가 높은 제품에 주로 사용하는 것으로 매장에 오기 전에 이미 해당 브랜드에 대한 구매결정을 하기 때문에 고객에게 직접 판매촉진 활동을 한다.

22 ① 슈퍼마켓의 계산대 앞에는 로스율이 높은 카테고리 상품을 진열한다.
② 동시구매가 많이 이루어지는 상품군은 같은 공간에 모아 진열한다.
④ 고객의 손이 쉽게 닿을 수 있는 위치에 상품을 진열하는 것이 좋다.
⑤ 10대 인구 구성비가 높은 상권의 슈퍼마켓에서는 10대에게는 판매금지상품인 주류를 위주로 진열해서는 안 된다.

23 서비스의 무형성을 극복하기 위한 대응전략
• 실체적 단서를 강조해야 한다.
• 구전활동을 적극 활용한다.
• 기업 이미지를 세심히 관리해야 한다.
• 가격설정 시 구체적인 원가분석을 실행해야 한다.
• 구매 후 커뮤니케이션을 강화해야 한다.

24 WHO : 누구를 대상으로 디스플레이를 할 것인가?

25 ① 시장잠재력의 크기에 따라 경합의 영향도가 다르기 때문에 시장잠재력이 높은 곳부터 출점해야 한다. 시장잠재력이 크다면 경합의 영향도는 작고, 반대로 시장잠재력이 작으면 경합의 영향도는 크다.

③ 점포 개점 시 신규 고객을 유치하기 위한 인지도를 확대하는 전략이 중요하기 때문에 상품이나 점포를 인지시키는 광고뿐만 아니라 점포 그 자체를 인지시킬 수 있도록 고객과 접촉 횟수를 늘리려는 노력이 필요하다.
④ 미래의 경제상황과 같은 환경 요인에 대한 평가는 부정적이든 긍정적이든, 현재 혹은 미래 사업에 영향을 미칠 잠재적인 발전 요인으로 매우 중요하다.
⑤ 경쟁력, 자본력 등이 부족한 프랜차이즈의 경우, 외곽지역에 점포를 출점한 후 점차 시장의 중심부로 영역을 확대하도록 한다.

26 ① 상품의 사용 : 내구성
② 상품의 재질 : 이용상의 난이
③ 상품의 모양 : 아름다움
⑤ 상품의 배경 : 제조회사 역사

27 POS 시스템의 장점
• 단품관리 : 상품을 제조 회사별, 상표별, 규격별로 구분하여 상품마다의 정보를 수집, 가공, 처리하는 과정에서 단품관리가 가능하다.
• 판매시점에서의 정보입력 : 상품에 인쇄되어 있는 바코드를 신속하고 정확하게 자동 판독함으로써 판매시점에서 정보를 곧바로 입력이 가능하여 금전등록기에서 일일이 자료를 입력하는 것에 비해 시간과 노력을 절약할 수 있다.
• 품절방지 및 상품의 신속한 회전 : POS 정보를 통해 인기상품과 비인기상품을 쉽게 파악할 수 있어 잘 팔리는 상품에 대해서는 신속하게 발주하거나 진열량을 늘려 품절을 최대한 방지할 수 있다.

28 브랜드 확장 시 마케팅 비용은 신규 브랜드 출시보다 적게 요구된다.

※ **브랜드 확장 전략**
- 신제품 출시를 하는 경우에 고려할 수 있는 브랜드 네임의 선택 방법이다.
- 기존 브랜드 이름을 그 기업의 신제품에 적용하는 것으로 대부분의 브랜드 확장은 라인확장을 통해 이루어진다.

29 **프리미엄(premiums)**
추첨권과 같이 손님이 상품을 샀을 때 서비스로 주는 경품을 의미하며 프리미엄형 판매촉진에는 1+1, 추첨, 당첨, 퀴즈 등이 있다.

30 **플래노그램(Planogram)**
편의점과 할인점의 계산대 옆에는 계산하면서 쉽게 집어들 수 있는 소액 상품들을 진열해서 고객이 애초에는 의도하지 않았던 구매를 유도하여 매출을 올리고 있다. 또한 백화점에서는 1층에서 귀금속 같은 고가품을 취급해 일단 가격 충격을 줌으로써 고객이 층을 올라가면서 여타 상품의 높은 가격에도 둔감해지도록 하거나, 매장에 창문과 시계를 두지 않아 고객들이 시간 가는 줄 모르고 쇼핑에만 열중하도록 하고 있다.

31 판매 담당자 선에서 해결할 수 있는 책임을 다 한 후 불만의 경중에 따라 고객관리부서나 상사에 보고해야 한다.

32 **포장부문 합리화 원칙**
포장 표준화·규격화, 모듈화, 기계화 및 자동화, 포장 재료의 개발, 포장을 고려한 제품설계, 포장의 단순화 및 적정포장, 포장화물의 단위화, ULS 추진

33
- 부메랑화법 : 상대방이 트집 잡는 내용이 장점이라고 주장하여 설득하는 화법
- 고객응대법 : 고객에게 전달하려는 뜻을 명확하게 이해시키고 그 과정을 통해서 친절함과 정중함을 동시에 전달하는 화법

34 쿠폰발행이나 포인트 적립은 판매촉진에 해당하며, 기부는 기업의 이미지 제고를 위한 사회적 책임, 새로운 메뉴 개발은 매출 향상을 위한 기업의 전략과 관련한 내용이다.

※ **고객접점서비스(MOT ; Moment Of Truth)**
- 고객과 서비스요원 사이의 15초 동안의 짧은 순간에서 이루어지는 서비스로서 이 순간을 '진실의 순간 (MOT ; Moment Of Truth)' 또는 '결정적 순간' 이라 한다.
- '결정적 순간' 이란 고객이 기업조직의 어떤 한 측면과 접촉하는 순간이며, 그 서비스의 품질에 관하여 무언가 인상을 얻을 수 있는 순간이다. 따라서 고객이 서비스상품을 구매하기 위해서는 들어올 때부터 나갈 때까지 여러 서비스요원과 몇 번의 짧은 순간을 경험하게 되는데, 그때마다 서비스요원은 모든 역량을 동원하여 고객을 만족시켜주어야 하는 것이다.

35 ① · ② · ③ · ④ 사회적 요인

36 전화 받을 사람이 즉시 받을 수 없는 경우에는 곧 다시 전화 드리겠다는 양해를 구한 후, 번호를 받아 담당자에게 메모를 남기는 것이 좋다.

37 **상품로스의 종류**
- 상품정책상의 로스 : 과잉재고나 유행이 지난 상품, 상품 구색상 실책으로 인해 남게 된 상품 때문에 장부평가 가치를 정확하게 파악할 수 없는 경우
- 상품보존상의 로스 : 상품 취급상 소홀로 인하여 상품이 훼손되는 등의 상품가치를 잃어버리는 경우
- 업무처리상 실수로 인한 로스 : 카운터의 착오나 전표의 오류기입, 부정확한 재고정리, 가격표의 입력 오류 등으로 발생한 경우
- 부정에 의한 로스 : 고객의 도벽이나 종업원의 부정으로 발생한 경우

38 **SERVQUAL의 5개 품질차원**
- 유형성 : 물리적 시설, 장비, 직원, 커뮤니케이션 자료의 외양
- 신뢰성 : 약속한 서비스를 믿을 수 있고 정확하게 수행할 수 있는 능력
- 대응성 : 고객을 돕고 신속한 서비스를 제공하려는 태세
- 확신성 : 직원의 지식과 예절, 신뢰와 자신감을 전달하는 능력
- 공감성 : 회사가 고객에게 제공하는 개별적 배려와 관심

39 성격이 급한 유형의 고객은 장황하게 과정을 설명하기 보다는 결론부터 제시한 후 설명을 진행하는 것이 좋고, 최대한 신속하게 응대해야 고객 불만을 방지할 수 있다.

40 상표의 기능
- 자타상품의 식별 기능
- 출처표시 기능
- 품질보증 기능
- 광고선전 기능
- 재산적 기능

41 차별화 마케팅
- 소매점은 여러 목표시장을 표적으로 하여 각각에 대해 상이한 제품과 서비스를 설계한다.
- 제품과 마케팅을 다양화함으로써 매출액을 늘리고 각 세분시장에서의 지위를 강화하려는 것이다.
- 여러 세분시장에서의 보다 강한 위치가 제품 범주에 대한 소비자의 전반적인 인식을 제고해줄 수 있다.
- 각 세분시장의 요구조건에 맞춰 제품을 수정하기 때문에 추가적으로 연구개발비, 마케팅 비용 등 사업운영비용이 상대적으로 높아 주로 자원이 풍부한 대기업에서 많이 사용한다.

42 조닝과 페이싱
- 조닝 : 레이아웃이 완성되면 각 코너별 상품 구성을 계획하고 진열면적을 배분하여 레이아웃 도면상에 상품 배치 구역을 구분하여 표시하는 것을 말한다.
- 페이싱 : 페이스의 수량을 뜻하는 것으로 앞에서 볼 때 하나의 단품을 옆으로 늘어놓은 개수를 말하며 진열량과는 다르다.

43 기존 고객을 유지 · 관리하는 것 보다 새로운 고객을 확보하는 데 더 많은 비용이 소요된다.

44 고객관계관리는 시장 점유율보다 고객 점유율에 더 비중을 두고 있어 기존 고객 및 잠재 고객을 대상으로 고객유지 및 이탈방지, 타 상품과의 연계판매 및 수익성이 높은 상품을 판매하기 위한 상승판매 등 1:1 마케팅 전략을 통해 고객 점유율을 높이는 전략이 필요하다.

45 제공받을 서비스가 가치가 있을수록 더 길게 기다린다.

제2회 정답 및 해설

정답

01	02	03	04	05	06	07	08	09	10	11	12	13	14	15
④	①	③	⑤	③	⑤	①	③	⑤	③	⑤	①	④	④	⑤
16	17	18	19	20	21	22	23	24	25	26	27	28	29	30
④	④	⑤	③	②	④	②	④	④	②	①	④	④	②	③
31	32	33	34	35	36	37	38	39	40	41	42	43	44	45
③	⑤	①	④	①	③	④	③	③	①	②	⑤	⑤	④	④

제1과목 유통상식

01 약탈가격(predatory pricing)은 기업이 가격을 아주 낮게 책정해 경쟁기업들을 시장에서 몰아낸 뒤 다시 가격을 올려 손실을 회복하려는 가격정책으로 불공정거래행위에 속한다.

※ 약탈가격의 위법성 여부

행위 발생 당시의 제반 경제사정과 시장구조, 제조원가 등을 종합적으로 살펴 결정하는데, 독점금지법에서는 비용보다 두드러지게 낮은 대가일 때, 행위가 계속될 때, 경쟁 사업자를 배제시킬 우려가 있을 때, 정당한 이유가 없을 때 등을 위법성 요소로 규정하고 있다. 그러나 자유로운 경쟁시장에서는 약탈가격 형성이 불가능하다고 보는 견해도 있다. 기업이 경쟁자를 물리치고 가격을 올리면, 다른 경쟁자가 시장에 진입해 다시 가격을 내린다. 이러한 상황이 반복되면 결국 소비자만 이익을 보기 때문이다.

02
• 레귤러 체인 : 통상적으로 동일한 자본에 소속되어 있는 다점포들이 각지에 분산하여 중앙본부로부터 통일적 관리를 받는 대규모 소매조직
• 프랜차이즈 체인 : 특권을 소유한 총판매업자가 연쇄점에 가입된 독립 소매점에서 일종의 특약료를 징수하는 체인조직

• 볼런터리 체인 : 독립된 자본으로 운영되어지는 점포들이 상호 협력관계를 유지하며 제품 및 자본의 공동구매, 공동교육 및 시장정보 등을 공유하는 체인조직
• 스페셜티 스토어 체인 : 전문점 중 체인 시스템을 갖춘 업태를 뜻하며, 다점포 소매업과는 구별된다. 대형 전문점은 레귤러 체인 조직이나 프랜차이즈 체인의 가맹본부 형태를 띠고, 소형 전문점은 볼런터리 체인 조직이나 프랜차이즈 체인의 가맹점 형태를 띤다.

03 ① 기업형 경로는 공동목표를 달성하기 위해 조직화된 형태이다.
② 경로 리더에 의해 생산 및 유통단계가 통합되는 것은 관리형 시스템이다. 소매상 협동조합은 계약형 시스템에 속한다.
④ 관리형 경로는 규모나 힘에 있어서 우월한 위치에 있는 기업의 조정을 위해 생산 및 유통이 통합되는 형태를 말하는데, 이는 소유권·계약관계에 의해서가 아니라 어느 한쪽의 규모와 힘에 의해 생산과 유통이 조정되는 것이 특징이다.
⑤ 기업형 경로는 기업이 생산 및 유통을 모두 소유함으로써 결합되는 형태로서 높은 통제력을 보이는 시스템의 형태이다.

04 중간상의 개입으로 거래의 총량이 감소하게 되어 제조업자와 소비자 양자에게 실질적인 비용감소를 제공하므로 소비자 효용의 감소는 유통경로의 필요성으로 보기 어렵다.

05 표준화의 목적은 생산, 소비, 유통, 서비스 등 여러 분야에 있어서 능률을 증진시키고 경제성을 추구하는 데 있다. 즉 제품의 품질개선, 생산능률 향상, 서비스의 질 향상, 상거래의 단순화와 공정화 도모를 궁극적인 목적으로 하고 있다.

06 중간상과의 거래는 일반적으로 장기계약에 의해 이루어지므로 한 번 결정되면 단시일에 바꾸기 어렵다. 또한 유통 비용이 제품 원가에 상당한 비중을 차지하고 있기 때문에 유통경로의 결정과 관리는 신중해야 한다.

07 **집중 준비의 원칙**
유통경로 과정에 도매상이 개입하여 소매상의 대량 보관 기능을 분담함으로써 사회 전체적으로 상품의 보관 총량을 감소시킬 수 있으며, 소매상은 최소량만을 보관하게 된다.

08 **직송도매상(drop shipper)**
  • 제조업자나 공급업자로부터 제품을 구매한 뒤 제품을 제조업자나 공급자가 물리적으로 보유한 상태에서 제품을 고객들에게 판매하게 되면 고객들에게 직접 제품을 직송하게 된다.
  • 목재나 석탄 등과 같이 원자재에 해당하는 제품들은 제품의 이동이나 보관이 어렵기 때문에 도매 기관이 제품을 구매한다고 하더라도 제품을 직접 보유하지 못하게 된다. 따라서 제조업자나 공급업자가 보유토록 하고 판매가 이루어지면 제조업자나 공급자가 직접 고객들에게 직송한다.

09 ⑤는 전속적 유통경로의 단점에 해당한다.

10 서류의 이동, 금전의 이동, 정보의 이동은 상적 유통의 예이다.

11 **판매원의 역할**
  • 고객의 시선을 끌 수 있도록 점포를 아름답고 온화하게 미장
  • 소비자와 직접적인 접촉을 통한 고객관계 형성
  • 적극적인 판매를 통해 생산과 소비를 균형 있게 유지
  • 소비자의 수요정보를 제조업자에게 전달

12 촉진이란 구매자와 잠재자에게 여러 사실과 정보를 줌으로써 판매를 자극하는 일이라고 할 수 있다.

13 각 점포별로 독립적인 물류시스템을 갖추게 되면 규모의 경제를 실현할 수 없기 때문에 물류센터와 배송시스템을 통합하여 운영해야 한다.

14 최근 들어 할인점과 백화점, 슈퍼마켓의 시장환경이 급변하고 있는 데 반해, 편의점 시장은 꾸준히 성장을 해오고 있다. 편의점의 성장 이유는 그동안 축적해 온 편의점 체인 운영기술과 전산 · 물류시스템, 인프라 등이 뒷받침 되었고, 변화하기 시작한 사회구조로 편의점에 대한 수요가 증가했기 때문으로 풀이된다. 사회변화로 소비자들의 니즈와 소비패턴에 많은 변화가 생기자 이에 발맞춰 택배, 공공요금 수납 등 생활서비스 아이템을 늘리면서 업태의 가치를 높이고 기능을 확대시키는 등 타 업태와 차별화한 것도 주요 성장요인이라 할 수 있다.

15 전문점은 저비용 · 저마진보다는 적당한 마진을 유지하면서 광고, 점포 진열, 서비스 면에서 강한 개성을 나타내야 한다.

16 서비스 유통경로는 소비자들이 원하는 시기 및 장소에 서비스를 받을 수 있도록 하기 위해 설치되고 수립되는 것을 말한다.

17 소매업은 단순히 유형재(有形財)인 상품의 판매 기능만이 아니라 상품 정보, 유행 정보, 생활 정보라는 무형(無形) 가치도 아울러 공급, 즉 유형재와 무형재를 동시에 제공한다.

18 문제 고객이 불만을 제기할 경우 자기의 권한 내에서 처리할 수 있는지 검토하고 그렇지 못할 경우 상급자에게 보고하고 신속히 처리할 수 있도록 해야 한다.

19 프랜차이즈 제도는 계약이 본부의 일방적 계약이기 때문에 가맹점 희망자는 자기의 요구 조건을 제시할 여유가 없다는 단점이 있다.

20 **제30조(청소년유해행위의 금지)** 누구든지 청소년에게 다음 어느 하나에 해당하는 행위를 하여서는 아니 된다.
  1. 영리를 목적으로 청소년으로 하여금 신체적인 접촉 또는 은밀한 부분의 노출 등 성적 접대행위를 하게 하거나 이러한 행위를 알선 · 매개하는 행위

2. 영리를 목적으로 청소년으로 하여금 손님과 함께 술을 마시거나 노래 또는 춤 등으로 손님의 유흥을 돋우는 접객행위를 하게 하거나 이러한 행위를 알선·매개하는 행위

3. 영리나 흥행을 목적으로 청소년에게 음란한 행위를 하게 하는 행위

4. 영리나 흥행을 목적으로 청소년의 장애나 기형 등의 모습을 일반인들에게 관람시키는 행위

5. 청소년에게 구걸을 시키거나 청소년을 이용하여 구걸하는 행위

6. 청소년을 학대하는 행위

7. 영리를 목적으로 청소년으로 하여금 거리에서 손님을 유인하는 행위를 하게 하는 행위

8. 청소년을 남녀 혼숙하게 하는 등 풍기를 문란하게 하는 영업행위를 하거나 이를 목적으로 장소를 제공하는 행위

9. 주로 차 종류를 조리·판매하는 업소에서 청소년으로 하여금 영업장을 벗어나 차 종류를 배달하는 행위를 하게 하거나 이를 조장하거나 묵인하는 행위

제 2 과목 판매 및 고객관리

21 제품이 제공하는 편익
- 경험적 편익 : 다양성, 인지적 자극 및 감각적인 즐거움 등
- 기능적 편익 : 잠재적인 문제의 예방, 좌절 및 갈등의 해결, 현재의 문제해결 등
- 사회적 편익 : 지위·소속·역할의 암시, 자아고양 및 표현 등

22 판매제시는 고객접근과 욕구결정 단계에서 파악된 고객의 욕구를 충족시켜주기 위해 상품을 고객에게 실제로 보여주고 사용해 보도록 하여 상품의 특징과 혜택을 이해시키기 위한 활동으로서, 상품의 실연(제시)과 설명이 핵심이다.

23 소멸성
판매되지 않은 제품은 재고로 보관할 수 있으나 판매되지 않은 서비스는 사라지고 만다. 즉, 서비스는 재고로 보관할 수 없다는 특성으로 서비스의 생산에는 재고와 저장이 불가능하므로 재고 조절이 곤란하다. 따라서 수요와 공급 간의 조화를 이루는 대응전략이 필요하다.

24 점포환경관리의 구성요소로는 시각적 커뮤니케이션(일관된 정보 제공이 중요), 조명(상품을 돋보이게 만드는 기술), 색상·음악·향기를 통해 고객들에게 제공되는 환경 디자인을 말한다.

25 생산에서 소비되기까지 상품의 가치가 변하지 않아야 한다(내구성).

26 대량매입과 대량진열, 대량판매 등 대량의 상품판매와 관련된 머천다이징을 '매스머천다이징(Mass Merchandising)'이라고 한다.

27 POP(Point Of Purchase)는 구매시점광고 또는 고객에게 판매하는 시점에서의 광고라는 뜻으로 고객이 상품을 구입하려는 곳인 점포 내외에서 광고하는 것을 말한다. POP는 주로 입지촉진, 상품(외식업의 경우 메뉴) 점포홍보, 메시지 게시판의 역할을 하게 된다.

28 ① 점내진열 ② 점두진열 ③ 벽(Wall)진열 ⑤ 행거진열

29 제품의 개념
인간의 욕구 충족에 도움이 되는 물리적 대상, 서비스, 장소, 아이디어 등을 모두 일컫는 말
- 핵심제품 : 구매자가 제품을 소비함으로써 얻을 수 있는 편익
  예 밀크로션 구매 – 피부 보호라는 편익
- 유형제품(실체 제품) : 소비자가 실제로 느낄 수 있는 형체를 가진 제품으로 일반적으로 제품이라 하면 이 유형을 말함
  예 서비스 – 형체를 갖출 수 없는 제품
- 확장제품 : 배달, 보증, A/S 등과 같은 것(유형적 제품 속성 이외의 부가적인 서비스)
  예 컴퓨터 판매시 – 신속한 수리, 품질 보증, 프로그래밍 서비스 등 추가

30 **효과적인 판매단계**
잠재고객 발굴 → 사전준비 및 접근 → 판매제시 및 실연
→ 이의극복 → 판매종결 → 사후관리

31 가격을 파는 것이 아니라 제품의 효용을 파는 것이라고
고객에게 인식시킨다.

32 소비자의 쇼핑 동기 중 ①·②·③·④는 개인적 동기,
⑤는 사회적 동기에 속한다.

33 판촉 수단으로서 POP를 부착해야 하는 상품으로는 알려
지지 않은 신상품, 최근에 광고하는 제품, 소비자층이 관
심을 가지는 제품, 단가가 높은 제품 등이 있다.

34 **고객관계관리(CRM)의 목적 및 효과**
CRM은 신규고객을 유치시키는 비용의 1/5정도만으로 기
존고객을 유지시키고 나아가 충성고객으로 변화·확보할
수 있는데, 이를 위해서는 해당 기업에 있어서 우량고객
의 패턴은 어떻게 되는지 객관적인 자료에 근거하여 파악
할 필요가 있다. 더불어 이탈고객의 원인도 함께 분석하
여 향후 이탈고객의 수를 감소시키거나 방지할 수 있다.
또한 기존고객들을 다각적으로 분석하여 도출한 공통점
을 통해 잠재고객의 유형을 파악할 수 있고, 이는 곧 잠재
고객을 타겟화한 집중적인 마케팅을 효과적으로 펼칠 수
있다.

35 **서비스의 무형성과 관련된 문제점**
• 특허로 보호가 곤란하다.
• 진열하거나 설명하기가 어렵다.
• 가격설정의 기준이 명확하지 않다.

36 거절할 경우에는 '양해 부탁드립니다.'라고 부탁형으로
이야기한다.

37 많은 고객과의 상담에서 터득한 경험은, 반대로 대화내용
에 대한 성급한 판단을 이끌어내어 고객의 숨겨진 욕구를
파악하지 못할 수도 있다.

38 **관계마케팅에서 중요한 개념**
기존의 마케팅 개념하에서는 주로 규모의 경제나 시장점
유율, 상표애호도가 사용되었지만, 관계마케팅 상황에서
는 시장점유율에 비해 고객점유율(Share of Customer),
규모의 경제보다는 범위의 경제(Economies of Scope),

상표애호도 대신에 고객애호도가 더욱 중요한 개념으로
대두되고 있다. 그 이유는 기존의 마케팅환경에서는 고객
의 유지보다는 고객창조에 역점을 두어왔지만, 관계마케
팅에서는 고객창조보다는 고객유지에 더 큰 비중을 두고
있기 때문이다.

39 ① **기획력** : 판매 성과를 높이기 위해서 그 시기에 맞는 시
의 적절한 상품을 어디에 목표를 두어 어떻게 소구할
것인가를 결정하는 요소
② **배치력** : 효과적인 집시 포인트의 설치, 골든 라인
(Golden Line)의 활용, 개성적·인상적인 코너 디스
플레이
④ **연출력** : 의외성을 강조, 색채 효과, 조명 효과(POP 광
고를 전개하여 충동구매를 유도하는 것은 '설득력'이다)
⑤ **설득력** : POP광고를 진행해서 소비자들에게 충동구매
를 하도록 유도

40 고객 충성도는 고객이 특정 소매업체의 점포에서만 쇼핑
하겠다고 스스로 약속하는 것으로 고객 애호도라고도 하
는데, 충성도는 단순히 하나의 소매업체를 다른 소매업체
보다 선호한다는 의미 이상이다.

41 **준거집단의 유형**
• **접촉집단(Contactual Group)** : 구성원자격을 가지고
상규적으로 대면하며, 집단의 가치, 태도, 표준을 긍정
하는 집단
• **열망집단(Aspirational Group)** : 구성원자격은 없고
대면하지도 않지만 구성원이 되기를 원하는 집단
• **거부집단(Disclaimant Group)** : 구성원자격이 있고
대면적 접촉도 가지지만 집단의 가치, 태도, 행동 등에
동의하지 않는 집단
• **회피집단(Avoidance Group)** : 구성원자격도 없고 대
면적 접촉도 하지 않으며, 집단의 가치, 태도, 행동 등
에 동의하지 않는 집단
• **의견선도자(Opinion Leader)** : 타인의 결정에 많은 영
향을 주는 사람으로서 창의성이 있고 소비자 위험지각
이 적으며, 제품군 내에서 개인적인 지식 기반과 전문
성을 겸비해 혁신적인 것을 이해하는 데 인지적인 노력
을 덜 들인다. 또한 신제품을 구입할 때 다른 이들보다
훨씬 모험적인 경향을 보인다.

42 신뢰성은 약속한 서비스를 믿을 수 있고 정확하게 수행하는 능력을 의미한다.

43 **고객접근의 타이밍**
- 판매담당자를 찾고 있는 태도가 보일 때
- 고객이 말을 걸어오거나 고객과 눈이 마주쳤을 때
- 같은 진열 코너에서 오래 머물러 있을 때
- 매장 안에서 상품을 찾고 있는 모습일 때
- 고객이 상품에 손을 댈 때

44 영양과 칼로리에 대한 규격화된 정보를 제공하는 것은 구매를 유도하기 위해 각종 정보를 포함하는 정보제시기능으로, 의사소통적 혜택에 해당한다.

45 **총평균법**
판매가능총원가를 판매가능총수량으로 나누어 단가를 결정하는 방법으로서, 이를 평균원가법(Average Cost Method) 또는 가중평균법이라고도 한다. 이 방법은 적용하기는 간편하나, 회계기말에 평균 단가가 결정되므로 기말 이외의 시점에서는 원가를 알 수 없다는 단점이 있다.

제3회 정답 및 해설

정 답

01	02	03	04	05	06	07	08	09	10	11	12	13	14	15
④	①	②	⑤	③	④	⑤	⑤	⑤	④	⑤	⑤	⑤	②	⑤
16	17	18	19	20	21	22	23	24	25	26	27	28	29	30
③	④	②	①	⑤	②	⑤	③	①	①	⑤	④	③	①	⑤
31	32	33	34	35	36	37	38	39	40	41	42	43	44	45
②	①	③	①	②	①	⑤	①	②	①	①	②	④	②	①

제 1 과목 유통상식

01 직업에 따라 보편적인 일반윤리에 포함되지 않는 내용의 규범이 있을 수 있으나, 그렇다고 일반윤리의 규범에 어긋나도 된다는 것은 아니다.

02 대형유통업체와 SSM의 출점 등으로 인하여 중소 유통업체의 상권 위축이 가속화되고 있다.

03 묶음이나 박스 단위로 판매하는 것이 특징인 소매업태는 대형 할인점이다.
※ 전문점의 본질
 • 제한된 상품ㆍ업종에 대하여 다양한 품목을 골고루 깊이 있게 취급한다.
 • 우수한 머천다이징 능력을 바탕으로 소비자의 욕구에 보다 부응할 수 있는 개성 있는 상품, 차별화 된 상품을 취급한다.
 • 고객에 대한 고도의 상담과 서비스를 제공한다.

04 전문품을 취급하는 소매상은 상품구색의 폭이 좁고, 반면에 깊이는 깊은 특징을 지니고 있다.

05 하이퍼마켓의 경우 대개 개별점포가 독자적으로 농장, 공장 등 공급자와 계약을 체결함으로써 직거래 방식으로 이루어지고 있으며 중앙집권적 관리는 최소한으로 줄인다.

06 ④는 소매상이 제공하는 효용에 해당한다.

07 수직적 유통경로는 시장이나 기술의 변화에 대해서 기민한 대응이 곤란하다.

08 ⑤ 일정한 기간 내에 매입하는 상품을 위해 바이어가 가지고 있는 소위 수중에 있는 예산을 말한다. 상품의 초과 주문이나 미달을 방지하기 위해 상품의 흐름을 지속적으로 추적하는 시스템이다.
 ① 연간재고유지비용(Holding costs)과 연간주문비용(Ordering costs)이 균형을 이룰 때 달성된다.
 ② 제품수요, 리드타임, 공급업체의 불확실성에 대비하기 위해 보유하는 재고이다. 주 생산계획 환경에서는 잘못된 예측이나 잦은 계획 변경에서 비롯된 문제점을 방지하기 위해 추가로 재고나 생산 능력을 계획할 수 있다.
 ③ d(수요율)×LT(리드타임)
 ④ 회계 기말에 있어서의 차기에 판매 가능한 상품의 양을 말한다.

09 총 거래수 최소화의 원칙에 따르면 중간상의 개입으로 거래의 총량이 감소하게 되어 제조업자와 소비자 양자에게 실질적인 비용감소가 가능해진다.

10 방문판매의 경우 소비자에게 원하는 상품을 실제로 보여주고 자세히 설명할 수 있는 장점이 있으나, 소비자가 다른 상품과 비교하여 구매하기는 어려우므로 피해가 발생할 수 있다.

11 영업지역은 서로 명확하게 구분되어 있다.

12 FABE 기법은 상품을 먼저 특징(Feature) 별로 분류해서 그 특징들이 어떠한 기능 내지 역할을 수행하고 있다는 장점(Advantage)을 열거하고, 그것이 고객의 이익(Benefit)에 어떻게 연결되느냐를 명확하게 설명하거나 증거(Evidence)를 가지고 증명해 보이는 방법으로 상품 설명에 매우 효과적인 방법이다.

13 도매상과 소매상처럼 상품들이 대량화되어 모이는 유통기구는 분산기구이다.

14 소매믹스에는 광고, 홍보, 입지, 마진 및 회전율, 인적판매, 판매촉진, 점포 분위기, VMD 광고 등이 포함된다.

15 쇼핑의 편의성, 즉 구매에 소요되는 '시간'(점포에 가고 오는 시간, 구입상품의 배달시간 등)에 대한 중요성이 증가하여 판매사원에 대한 의존도는 감소하고 있는 추세이다.

16 집중적 유통은 가능한 많은 점포들이 자사제품을 취급하도록 하는 경로 전략으로 편의품(식료품, 기호품, 생활필수품)이나 저관여제품(껌, 초콜릿, 비누 등)을 판매하는 동네 슈퍼를 예로 들 수 있다.

17 유통채널 간의 시너지 효과를 높이기 위해 차별화된 고객을 목표로 할 때 효과가 가장 높다.

18 회사를 위한 결정의 책임은 개인이 진다.

19 「체인사업」이란 같은 업종의 여러 소매점포를 직영하거나 같은 업종의 여러 소매점포에 대하여 계속적으로 경영을 지도하고 상품·원재료 또는 용역을 공급하는 다음의 어느 하나에 해당하는 사업을 말한다.
   • 직영점형 체인사업 : 체인본부가 주로 소매점포를 직영하되, 가맹계약을 체결한 일부 소매점포에 대하여 상품의 공급 및 경영지도를 계속하는 형태의 체인사업
   • 프랜차이즈형 체인사업 : 독자적인 상품 또는 판매·경영 기법을 개발한 체인본부가 상호·판매방법·매장운영 및 광고방법 등을 결정하고, 가맹점으로 하여금 그 결정과 지도에 따라 운영하도록 하는 형태의 체인사업
   • 임의가맹점형 체인사업 : 체인본부의 계속적인 경영지도 및 체인본부와 가맹점 간의 협업에 의하여 가맹점의 취급품목·영업방식 등의 표준화사업과 공동구매·공동판매·공동시설활용 등 공동사업을 수행하는 형태의 체인사업
   • 조합형 체인사업 : 같은 업종의 소매점들이 중소기업협동조합을 설립하여 공동구매·공동판매·공동시설활용 등 사업을 수행하는 형태의 체인사업

20 ⑤는 프랜차이저(본부)의 장점이다.

제 2 과목 판매 및 고객관리

21 ① 상품이 든 박스 아랫부분을 트레이 형태로 잘라내 그대로 진열하는 방식
   ③ 진열선 끝 엔드 곤돌라에 상품을 대량으로 쌓아 진열하는 방식
   ④ 매장 내 독립적으로 있는 평대에 진열하는 방법으로 고객이 사방에서 상품을 볼 수 있도록 진열하는 방식
   ⑤ 곤돌라 선반 일부를 떼어낸 후에 세로로 긴 공간을 만들고 그 곳에 대량으로 진열하는 방식

22 ⑤는 외부로부터 취득할 수 있는 시장 정보의 중요한 형태 중 촉진상 정보에 해당하는 내용이다.

23 성장기 제품의 마케팅 전략은 상표의 강화를 통한 시장점유율의 급속한 확대 전략이 효과적이다. 이는 기존 소비자와 새로운 소비자의 구매를 유도한다.

24 회전율이 높은 상품은 애호도보다는 주로 습관적인 구매행동을 보이는 편의품에 해당된다.

25 추상적인 막연한 칭찬이 아닌, 특징을 포착하여 구체적으로 해야만 진실성 있고 효과가 크다.

26 서비스의 품질을 평가하는 5차원은 ① · ② · ③ · ④ 외에 유형성(Tangibles ; 서비스의 평가를 위한 외형적인 단서)이 있다.

27 통상적으로 고객은 반드시 판매원에 대해 경계심을 지니게 된다. 그러므로 손님이 매장에 들어가자마자 기다렸다는 듯이 접객을 시작하게 되면 고객은 부담을 느끼고 해당 매장을 떠나게 된다.

28 벤더 마킹은 납품하고자 하는 상품에 라벨이나 바코드 태그를 인쇄 또는 부착해서 표시하는 방식으로 이는 주로 구두, 의류 등의 제품 및 잡화류 등에 활용된다.

29 신규 고객확보보다는 기존 고객유지에 더욱 중점을 두고 수익성 증대를 위하여 지속적인 커뮤니케이션을 수행하는 것이다.

30 엔드 진열은 진열선 끝 엔드 곤돌라에 상품을 대량으로 쌓아 변화 진열을 하는 방식으로 엔드 곤돌라는 고객의 눈에 가장 잘 띄는 장소이기 때문에 중요한 자리이다. 엔드 진열의 최대 목적은 출구 쪽으로 돌아서는 고객을 다시 멈추게 하는데 있다.

31 라이프 스타일은 AIO 변수의 정도에 따라 여유 안정형, 개방 혁신형, 견실 정면형, 향락 감각형, 고립형, 폐쇄형 등으로 나뉜다.

32 고객의 거주지 요소는 상품의 진열 공간 할당보다는 점포 매출 및 상권형성 요소로 작용한다.

33 **소비자 구매행동의 영향요인**
- 외부 환경요인 : 문화, 사회계층, 준거집단, 가족 등
- 개인적 요인 : 지각, 학습, 동기, 개성과 라이프 스타일, 태도 등

34 서비스의 경우는 상당부분 인적정보원천에만 의존하게 된다.

35 고객 클레임에 대한 전담자를 따로 두는 것보다는 문제가 발생했을 때 이를 해결할 수 있도록 일선 종업원들을 훈련시키고 권한을 부여해야 한다.

36 상품 선택이나 구매의 결정은 어디까지나 고객 자신이 하도록 해야 한다.

37 **불평처리단계**
불평을 듣는다 → 불평의 원인을 분석한다 → 해결책을 찾아낸다 → 해결책을 전한다 → 결과를 검토한다
불만 처리 과정 중 해결책을 찾아내는 경우 회사방침에 맞았는가를 재검토하고, 권한 외의 경우에는 이관한다. 하지만 충분한 설명 및 연락을 취해 판매자가 진행역이 된다.

38 셀링포인트는 판매점 또는 판매기점으로 상품판매 계획을 세울 때 특히 강조하는 점으로서, 제품이나 서비스가 지니고 있는 특질, 성격, 품격 가운데서 사용자에게 편의나 만족감을 주는 것을 말한다.

39 인적판매원의 역할에는 정보전달자, 수요창출자, 고객상담자, 서비스제공자 등이 있다.
※ **판매원의 역할(Thomas Wotruba)**
- 공급자 단계 : 단순히 제품을 공급만 하는 역할
- 설득자 단계 : 소비자에게 제품을 구매하도록 설득하는 역할
- 조망자 단계 : 보다 적극적으로 제품을 구매할 가능성이 있는 고객을 찾아내는 역할
- 해결자 단계 : 구매자가 요구하는 문제에 대한 해결 방안을 제시해 주는 역할
- 산출자 단계 : 더욱 적극적으로 고객에게 유리한 것을 창조하는 역할 수행

40 서비스의 시간적 소멸성에 대한 대안
- 수요완화 : 예약제도, 가격인센티브제도, 수요억제를 위한 선전
  - **예** 저녁이니 주말에 힐인 에릭, 피크타임에 쇼핑 피아 도록 선전
- 서비스 능력 조정 : 파트타임 노동력, 근무교대조의 일 정조정, 고객의 셀프서비스제도
- 고객으로 하여금 기다리게 하는 것 : 가장 소극적인 방법

41 컴플레인을 하는 고객이 침묵하는 불만족고객보다는 오히려 낫다고 보아야 한다.

42 상시적으로 가장 보기 쉬운 높이의 위치는 눈높이에서 20도가 내려간 부분인데, 이 높이는 가장 손에 닿기 쉬운 부분이므로 이것을 특히 유효진열범위 중에서도 골든 라인(Golden Line) 또는 골든 존(Golden Zone)이라고 한다. 바닥 가까이에 있는 상품은 골드라인 범위뿐 아니라 유효진열범위에서 벗어난 곳으로 잘 팔리는 곳이 아니다.

43 내성적인 고객은 자신의 의사표현을 잘 하지 않으므로 지나친 관심을 피하면서 조용한 상태로 느긋하게 응대하는 것이 좋다.

44 가격저항이 있을 때 판매원이 대응하는 방법
- 후광화법 : 유명인이나 매출자료(즉 후광자료)를 제시하여(등에 업고) 고객의 반대저항을 감소시켜나가는 심리적 화법
- 보상화법 : 비싼 것은 더 좋은 것을 창조한다는 식으로 '비싸다' 는 저항요인을 해소시키는 화법
- 아론슨 화법 : 고객이 단점(저항요인)을 지적하면 곧바로 나른 한번의 상섬을 세시함으로써 저항의 강도를 낮춰가는 화법
- 부메랑화법 : '지적된 약점(저항요인)이 바로 우리의 강점(구매이유)이다' 라고 역전시키는 저항완화화법
- 막차 좌석법 : 지금 떠나면 내일에나 승차할 자동차가 온다는 압박감을 주어 저항자체를 스스로 소화하도록 유도하는 화법

45 실시간 상품식별 및 위치 추적 데이터는 RFID(Radio Frequency Identification) 시스템을 통해 얻을 수 있다.
※ POS 시스템을 통해 얻는 정보
- 상품정보
  - 금액정보 : 관심을 가지는 기간 동안 또는 대상에 대해 금액으로 환산하여 얼마를 판매했는가 하는 정보
  - 단품정보 : 구체적으로 어떤 상품이 얼마나 팔렸는가를 나타내주는 정보
- 고객정보
  - 객층정보 : 유통기업을 이용하는 고객정보는 어떤 사람들인가를 나타내는 정보
  - 개인정보 : 고객개인의 구매실적, 구매성향 등에 관한 정보

제4회 정답 및 해설

정 답

01	02	03	04	05	06	07	08	09	10	11	12	13	14	15
①	⑤	④	⑤	②	⑤	④	①	②	②	①	⑤	④	②	⑤
16	17	18	19	20	21	22	23	24	25	26	27	28	29	30
②	④	②	④	①	③	②	②	⑤	④	③	①	③	③	③
31	32	33	34	35	36	37	38	39	40	41	42	43	44	45
④	②	⑤	③	④	②	③	②	④	③	③	①	⑤	④	②

제1과목 유통상식

01 시간적 기능 - 보관기능, 장소적 통일기능 - 운송기능

02 유통경로상의 여러 경로기관의 유통 흐름은 크게 나누어 다음과 같은 5가지 유형의 흐름에 의하여 연결되어 있다.
- 물적 흐름 : 생산자로부터 최종소비자에 이르기까지의 제품의 이동(물적 유통)
- 소유권 흐름 : 유통기관으로부터 다른 기관으로의 소유권의 이전
- 결제(지급) 흐름 : 고객이 대금을 지급하거나, 판매점이 생산자에게 송금
- 정보 흐름 : 유통기관 사이의 정보의 흐름
- 촉진 흐름 : 광고, 판촉원 등 판매촉진 활동의 흐름

03 소비재 유통경로
- 제조업자가 소비자에게 직접 판매하는 경우 : 제조업자 → 소비자
- 소매상을 경로로 하는 경우 : 제조업자 → 소매상 → 소비자
- 도매상과 소매상을 경로로 하는 경우 : 제조업자 → 도매상 → 소매상 → 소비자
- 도매상, 중간도매상, 소매상을 경로로 하는 경우 : 제조업자 → 도매상 → 중간도매상 → 소매상 → 소비자

04 상품구색 면에서 볼 때 할인점은 주로 유명제조업자 상표의 일상생활용품을 판매하며 제품계열 폭은 광범위한 반면 제품계열 깊이는 얕다.

05 소유권 이전기능은 생산자와 소비자 간의 소유권적 내지 인적 격리를 조절하여 마케팅이 이루어지게 하는 기능으로 구매활동과 판매활동이 해당된다. 구매활동은 생산이나 영업활동에 필요한 자재를 구입하는 활동이고, 판매활동은 예상되는 구매자가 상품을 구매하도록 하거나, 구매욕구를 불러일으킬 수 있도록 하는 모든 활동을 말한다.

06 현금판매-무배달 도매기관
- 소규모의 소매상 상대
- 소매상이 직접 찾아와 구매
- 현금만으로 거래
- 서비스 지원이 없는 대신 저렴한 도매가격

07 지문은 Lewison 교수가 정의한 마이크로머천다이징에 대한 설명이다.

08 컨슈머리즘(Consumerism)
소비자의 기본권을 보호하기 위한 소비자·정부·기타 사회단체의 이념 또는 운동을 말한다. 소비자의 소비생활에 문제나 불만이 제기되고 있는 것에 대한 반응으로 나타난 것으로 소비자 운동을 하는 사람에게만 국한된 것이 아니고, 소비자 권리의 보호에 관련되는 소비자, 기업, 국가, 지방공공단체 등 많은 사람에게 관련되고 있다.

09 촉진지원금은 판매 증진을 위해 회사와 판매원 간의 협의를 통해 목표를 설정하고 이를 달성하였을 때 제공되는 수당을 의미한다.

10 단품관리는 적절한 단위품목(Unit)을 설정하여 품목마다 매입, 판매, 재고의 수량을 파악하고 수량판매계획을 실적과 일치시키는 재고관리의 일종이다.

11 윤리 행동을 평가하고 그 결과는 반드시 보상하여야 한다.

12 진공지대이론에서는 서비스량이 극소한 상태에서 서비스를 증가시키면 가격은 상승하지만 소비자의 선호는 증가한다고 하였다.
※ 진공지대이론(Vacuum Zone Theory)
• 소비자의 서비스와 가격에 대한 선호도를 중심으로 새로운 업태의 등장을 설명하는 이론
• 저가-저서비스 업태와 고가-고서비스 업태가 양극단에 위치한다고 할 때, 만약 소비자가 가장 선호하는 업태가 그 중간점(중가-중서비스)에 위치한다면 기존 업태가 중간점으로 업태를 전환하면서 그 결과, 양극단에 새로운 업태가 들어설 수 있는 여지가 발생한다고 보는 이론

13 수직적 마케팅 시스템의 도입 이유
• 대량 생산에 의한 대량 판매의 요청
• 가격 안정(또는 유지)의 필요성
• 유통 비용의 절감
• 경쟁자에 대한 효과적인 대응
• 기업 및 상품 이미지 제고
• 목표 이익의 확보
• 유통경로 내에서의 지배력 획득

14 전속적 유통경로
• 일정한 상권 내에 자사제품만을 취급할 수 있는 소매점을 가지는 방식
• 장점 : 소매점에 대한 통제를 확보하여 소매점과의 긴밀한 협조체제를 형성함으로써 거래비용의 감소와 제

품 이미지 제고가 가능
• 주로 전문품과 선매품으로 구체적으로는 자동차, 고급 의류, 고가가구 등이 해당

15 플래쉬 세일(Flash Sale)은 한정된 수량의 상품을 일정한 시간동안 할인해 판매하는 방식으로, 이는 직배송으로 인한 번거로운 관세 또는 구매대행 과정이 생략되어 안전하고 빠르게 쇼핑을 즐길 수 있는 소셜커머스 방식이다.

16 물류비용은 기업의 다양한 활동과 관련된 비용이 서로 상충되는 트레이드 오프(Trade-off) 특성에 근거한다. 즉, 수송서비스를 선택할 때 물류채널에 있어서 재고수준에 영향을 미치는 간접비용과 수송비용의 직접비용이 서로 상충되고 있다.

17 양판점의 특성
• 다품종 대량판매를 목적으로 다점포화를 추진하여 매출증대를 꾀하는 업태
• 셀프서비스 방식을 사용하고, 체인화를 통한 대량구매의 이점을 이용하여 저렴한 가격으로 제품을 구입
• 비용절감을 위해서 유통업자상표(Private Brand) 상품을 개발하는 데 주력하여 상품에 대한 위험을 자체적으로 부담
• 중저가의 일반 생활 소모품을 취급하는 상품구성
• 중산층을 주로 겨냥하여 부도심이나 주거 밀집지역에 입지

18 인터넷 유통 채널에서의 갈등 해소 방안
• 채널기능의 차별화
• 표적시장의 차별화
• 고객가치의 차별화
• 채널구성원 간의 협조

19 목적(청소년보호법 제1조)
청소년에게 유해한 매체물과 약물 등이 청소년에게 유통되는 것과 청소년이 유해한 업소에 출입하는 것 등을 규제하고 청소년을 유해한 환경으로부터 보호·구제함으로써 청소년이 건전한 인격체로 성장할 수 있도록 함을 목적으로 한다.

20 프랜차이즈 시스템은 본부와 점포가 협의해서 계약을 결정하는 것이 아니라, 본부가 미리 계약 내용을 결정하고 일방적으로 이에 동의하는 점포만이 가맹점이 될 수 있다. 즉, 본부와 가맹점과의 계약 관계를 기반으로 하지만, 이 계약은 본부에 의해서 일방적으로 작성된 계약 형태이다.

21 상품 제시 중 상품에 손을 대보게 해도 무방하다.

22 스포터(Spotter)는 부피가 작은 상품이 많이 진열되어 있는 곤돌라에서 특정 상품 혹은 상품 그룹을 눈에 띄게 하기 위해 선반에서 튀어나와 상품표시를 한 카드를 말한다.

23 거래할인이란 일반적으로 제조업자가 해야 할 업무의 일부를 중간상인이 하는 경우에 이에 대한 보상으로 경비의 일부를 제조업자가 부담해 주는 것이다.

24 POP(Point Of Purchase)는 판매시점광고물로서 상품을 돋보이게 하거나 설명하는 보조적인 수단이다. 상품 설명 책자나 가격표, 포스터, 현수막 등이 포함되며 소비자가 상점에 들어섰을 때 진열된 상품과 함께 가장 먼저 눈으로 보고 확인하는 것이 POP이기 때문에 상품의 기능과 장점을 이해하기 쉽게 적절한 크기의 글씨나 그림, 색상으로 표현해 효과적으로 소비자에게 전달해야 한다. 또한 세일이나 판촉과 같은 행사 분위기를 연출함으로써 충동구매를 유도하는 것도 POP의 역할이다. 따라서 단순히 매장 인테리어의 장식적인 역할을 하는 삽화 및 눈길을 끄는 컬러 등은 POP의 주된 기능이라고 할 수 없다.

25 인적판매는 판매준비단계 → 판매단계 → 고객관리단계의 과정을 거치며, 고객관리 측면에서 사후관리를 통해 구매자의 반응을 체크하고 추가 구매를 위한 지속적 관계를 구축한다.

26 ① 제조업체보다 구매력을 확보하게 된 소매업체들의 파워가 증대하고 있다.
② 백화점의 성장이 둔화되고 대형할인점, 편의점, 카테고리킬러와 신업태의 경쟁이 더욱 치열해지고 있다.
④ 할인점은 성숙기 초입에 진입하고 있으며, 카테고리킬러는 도입기로서 앞으로 상당한 성장을 할 가능성이 크다.
⑤ 패스트 패션 유통은 신규점포 확장으로 시장점유율을 높이고 있는 성장기에 접어들었다.

27 선매품이란 제품을 구매하기 전에 가격·품질·형태·욕구 등에 대한 적합성을 충분히 비교하여 선별적으로 구매하는 제품을 말한다. 제품에 대한 완전한 지식이 없으므로 구매를 계획하고 실행하는 데 많은 시간과 노력을 소

비하며, 여러 제품을 비교하여 최종적으로 결정하는 구매행동을 보이는 제품이다. 식품·기호품·일상용품 등 최소한의 노력으로 구매를 결정하는 편의품에 비하여 구매단가가 높고 구매횟수가 적은 것이 보통이다. 따라서 소매점의 중요성이 높고, 선매품을 취급하는 상점들은 서로 인접해 하나의 상가를 형성하며 발전한다.

28 상품진열의 원칙 중 '보기 쉬울 것'이라는 원칙은 고객 입장에게 있어서 보기 쉽다는 뜻이며, '손으로 잡기 쉬울 것'이라는 원칙은 고객이 '고르기 쉽고 사기 쉽다'는 의미를 포함하고 있다.

29 ① 무드진열은 무드를 높여서 상품의 가치나 특성을 강조하는 진열로 이미지 효과를 목표로 하며, 고급품의 중점진열에 필요한 진열방법으로 그 상품에 알맞은 색채·조명·장식의 보조구 등을 잘 이용해서 상품의 질감에 미치는 연상이나 이미지로부터 고객의 구매 심리를 자극한다.
② 드라마틱 진열의 전형적인 방법은 마네킹을 사용해서 특정 장소를 극적으로 연출하는 것이다.
④ 극적인 연출을 위해서 사용되는 조명은 간접조명이다.

30 고객의 사전기대치를 비현실적으로 높게 하지 말아야 한다.

31 판매자의 경고는 사적 불평행동에 해당된다.
　※ **고객의 불평행동의 유형**
　• 사적 불평행동 : 개인적인 구매 중지(구매보이코트), 부정적 구전
　• 공적 불평행동 : 회사에 해결을 요구, 정부기관 및 민간단체에 해결을 요구, 법적 조치를 취함

32 고객들의 신뢰를 얻기 위해 제품에 대한 실연을 실시해야 한다.

33 **컴플레인 처리 시 유의사항**
　• 고객의 말에 동조해 가면서 끝까지 충분히 듣는다.
　• 논쟁이나 변명은 피한다.
　• 고객의 입장에서 성의 있는 자세로 임한다.
　• 감정적 표현이나 노출을 피하고 냉정하게 검토한다.
　• 솔직하게 사과한다.
　• 설명은 사실을 바탕으로 명확하게 한다.
　• 신속하게 처리한다.

34 구매 후 부조화는 구매 후 구매결정을 취소하기 어려울 때, 구매한 제품에 대한 소비자의 관여도가 높을 때, 구매 전에 마음에 드는 대안이 여러 개 있을 때 주로 발생한다. 구매 후 부조화가 발생하면 소비자늘은 스스로 관련 정보를 검색해보거나 구매의 정당성을 부여 또는 합리화함으로써 부조화를 해소하려고 노력한다.

35 MOT의 중요성은 더욱 강조되고 있다.

36 접객 중에는 다른 업무를 보지 않도록 해야 한다. 매장은 고객을 위해 존재하는 것이며, 판매원 또한 고객을 위해 대기하고 존재하는 사람이기 때문에 고객에게 직접적인 관계가 없는 행위는 접객 중에는 피해야 한다.

37 셀링 포인트를 포착하는 시점은 구매심리과정의 단계 중 상품설명 단계이다.

38 신속해야 하지만 추측하여 대답해서는 안 된다.

39 상품 진열 시 색채를 잘 이용하여 디스플레이 목적에 맞는 상품의 색 배합과 배경에 대한 색 배합을 어떻게 할 것인지를 고려할 필요가 있다.

40 고객을 점포 안으로 유도하여 주의와 관심을 불러일으키는 활동은 점포의 홍보활동이라 할 수 있다.

41 고객의 욕구를 빠르게 파악하기 위해서는 '예/아니오'로 대답할 수 있는 질문보다는 개방형 질문을 해야 한다.

42 개방형 혁신(Open Innovation)이란 '연구개발의 전 과정을 한 기업이 모두 소유, 운영하는 기존의 폐쇄형 혁신과는 달리, 가치가 있는 아이디어 혹은 기술은 그것이 내부·외부·경쟁사 등 어디에 있든지 상관없이 획득해야 하고, 이를 제품 개발과 연결할 때도 필요할 경우 외부의 아이디어와 인력을 활용해야 한다' 는 것을 주된 내용으로 하고 있다.
※ 개방형 혁신과 폐쇄형 혁신의 비교

	폐쇄형 혁신	개방형 혁신
인력관리	우리 분야의 머리 좋은 사람들은 우리를 위해 일한다.	모든 머리 좋은 사람들이 모두 우리를 위해 일하는 것은 아니다. 그렇기 때문에 우리는 회사 외부에 있는 지식과 전문가들을 찾아 활용해야 한다.
R&D	R&D에서 수익을 거두려면 우리가 독자적으로 발견하고, 제품화하며, 공급에야 한다.	외부의 R&D도 엄청난 가치를 창출할 수 있다. 내부 R&D는 그 가치의 일부에 대한 소유권을 확보하기 위해 필요하다.
신제품 개발	우리가 스스로 발견했다면, 우리가 최초로 제품을 출시할 것이다	우리가 연구를 최초로 시작하지 않았더라도 우리는 그것을 통해 수익을 올릴 수 있다.
비즈니스 모델	혁신의 성과를 최초로 제품화하는 기업이 된다면 우리는 성공할 것이다.	더 나은 사업모델을 만드는 깃이 시장에 빠서 신입하는 것보다 중요하다.
아이디어 창출	업계에서 가장 많은, 그리고 가장 뛰어난 아이디어를 낸다면 우리는 성공한다.	내부와 외부의 아이디어를 가장 잘 이용하면 우리는 성공한다.
지적 자산 관리	우리의 지식자산 활용을 통제해서 경쟁자들이 우리의 아이디어로 수익을 창출 하지 못하게 해야 한다.	남들이 우리의 지적 자산을 활용하는 것으로부터 수익을 얻고, 우리 자신의 사업모델을 발전시키는데 필요하다면 타인의 지적 자산도 구입한다.

〈자료 : MIT SLON MANAGEMENT REVIEW, Spring 2003 (The Era of Open Innovation)〉

43 손실유도가격은 소매 기업 등에서 기회비용을 고려하여 가격을 낮춰 일반 물건을 판매하는데, 이를 통해 재고를 낮추고 점포에 고객을 불러들여 제품판매를 도모한다.

44 ① 유통업체에서 직접 만든 자체 브랜드 활용
② PB 상품은 상대적으로 저렴함
③ PB 상품은 백화점·슈퍼마켓 등 대형소매상이 독자적으로 개발한 브랜드 상품으로, 패션 상품에서부터 식품·음료·잡화에 이르기까지 다양
⑤ 유통업체가 직접 개발하기 때문에 품질은 비슷한 수준을 유지하면서도 가격이 낮음

45 ① 팬던트 조명은 파이프나 와이어로 늘어뜨려 매어단 조명방식이다.
③ 상품진열면의 밝기는 점내 평균조도의 2~3배 정도가 적당하다.
④ 간접조명이라 한다.
⑤ 반간접조명은 고급전문점, 국부적인 조명을 많이 사용하는 경우에 활용된다.

제5회 정답 및 해설

정 답

01	02	03	04	05	06	07	08	09	10	11	12	13	14	15
③	④	①	⑤	⑤	④	⑤	④	⑤	③	④	②	④	①	③
16	17	18	19	20	21	22	23	24	25	26	27	28	29	30
③	⑤	①	④	②	④	⑤	⑤	①	③	②	②	⑤	②	③
31	32	33	34	35	36	37	38	39	40	41	42	43	44	45
⑤	②	①	①	③	②	②	⑤	③	③	⑤	③	④	④	②

제1과목 유통상식

01 유통경로 설계시 고려사항
- 고객이 기대하는 서비스분석
- 대기시간
- 제품의 다양성
- 구매가능한 제품의 최소단위
- 점포의 숫자의 분포
- 유통경로의 목표설정
- 제품의 특성
- 중간상의 특성
- 경쟁기업의 특성
- 자사의 특성
- 환경의 특성

02 임파워먼트(Empowerment)는 조직구성원에 활력을 불어넣기 위해 권한을 부여하는 과정으로 조직 내의 일정한 권한의 배분이나 법적 파워를 조직구성원에게 배분하는 과정으로서, 고객의 공정성에 대한 기대 상승과는 연관성이 없다.

03 다. 소매상의 자체 상표 개발의 강화는 유통업체의 파워를 더 증가시킨다.

라. 소매상이 요구하는 판촉활동에 제조업체가 참여하는 것은 힘의 우위가 소매상에 있다는 것을 의미한다. 즉 제조업체가 소매업체의 요구사항을 수용할 수밖에 없는 이유는 힘의 우위에 있어 상대적으로 열위에 있기 때문이다.

04 ⑤는 하이터치(High Touch)형 소매업태의 예이다.
- 하이테크(High Tech)형 : 진열, 보관 노하우를 바탕으로 상대적으로 낮은 마진과 대량구매 위주의 셀프서비스, 즉 '저수익률 – 고회전율' 전략으로 이마트나 롯데마트, 까르푸 등이 속한다.
- 하이터치(High Touch)형 : 제한된 제품라인과 특정 제품에 강하게 초점을 맞춘 제품구색이 특징으로 흔히 카테고리 킬러라고 한다.

05 ⑤는 소비자에 대한 소매업의 역할이다(쇼핑의 편의를 제공하는 역할).

06 방문판매 등에 관한 법률에서 규정하고 있는 판매업은 방문판매, 전화권유판매, 다단계판매, 후원방문판매, 계속거래 및 사업권유거래 등이 있다.

07 인적 판매원은 고객에게는 회사를 대표하지만, 회사 내에서는 고객을 대표하기 때문에 회사의 이익만을 최대화하기 위해 노력해서는 안 된다.

08 카테고리 킬러는 할인형 전문점으로서 특정상품계열에서 전문점과 같은 깊은 상품구색을 갖추고 저렴하게 판매하는 것을 원칙으로 한다. 취급하는 상품은 주로 완구, 스포츠용품, 가전용품, 자동차용품, 레코드, 사무용품 등이다.

09 국내의 경우 독립소매점은 유통 기능의 전문화가 어렵고, 대량상품화에 따른 이익을 기대하기 어렵다.

10 충분한 정보 수집은 가능하지만 제품에 대한 실제감 측면에서는 오프라인 점포보다 부족한 어려움이 있다.

11 **소매수레바퀴의 가설**
새로운 형태의 소매점이 주로 혁신자로 시장 진입초기에는 저가격, 저서비스, 제한적 제품 구색으로 시장에 진입하여 점차 동일 유형의 새로운 소매점들의 진입으로 인해 경쟁이 격화되면, 경쟁적 우위를 확보하기 위해 보다 세련된 점포 시설과 차별적 서비스가 증대되면서 성숙기에는 고비용, 고가격, 고서비스의 소매점으로 위치가 확립된다.

12 ② 지원활동, ①·③·④·⑤ 본원적 활동
※ **마이클 포터의 가치사슬**
모든 조직에서 수행되는 활동은 본원적 활동과 지원활동으로 나뉘어 진다.
• 본원적 활동 : 자원유입, 생산운영, 물류산출, 마케팅 및 판매, 서비스
• 지원활동 : 재무회계관리, 인적자원관리, 기술개발, 자원확보(조달프로세스)

13 **유통기능의 분류**
• 소유권 이전기능 : 구매기능, 판매기능
• 물적 유통기능 : 운송기능, 보관기능
• 조성기능 : 표준화 및 등급화, 금융기능, 위험부담기능, 시장보고

14 인적 분리를 해소하기 위한 활동인 인격적 통일기능은 다수 유통기관의 활동과 수집, 구매, 분산과 판매, 매매거래와 소유권 이전 등의 기능에 의해서 이루어진다

15 ③은 프랜차이즈 가맹점의 장점이다.

16 집약적 유통은 자사의 제품을 많은 수의 중간상들에게 취급할 수 있도록 개방하는 것을 말하며, 개별 유통업자의 협조를 얻기가 힘들고, 그로 인해 통제가 어렵다.

17 ⑤는 시장 환경요인에 속한다.

18 ① 생산성 측면
②·③·④·⑤ 효과성 측면
※ **공평성 측면** : 사회적으로 공정한 경로정책을 수행하고 있는지 평가함

19 ㉠ 취급하는 제품에 대해 소유권을 가지고 서비스를 제공하는 도매상인이 적절하다.
㉡ 거래를 촉진시키며, 소유권을 이전하지 않은 채, 구매자와 판매자 사이에서 일정 보수를 받는 도매상의 유형은 브로커(거간)이다.

20 수직적 갈등은 유통경로상에서 서로 다른 단계에 있는 구성원 사이에 발생하는 갈등이다. **예** 제조업체와 할인점의 갈등

제 **2** 과목 **판매 및 고객관리**

21 • 편의품 : 제품에 대한 완전 지식으로 최소한의 노력을 통해 적합한 제품을 구매하려는 행동의 특성을 보이는 제품이다. 주로 식료품·약품·기호품·생활필수품 등이 속하며 대량판매가 가능하다.

• 선매품 : 제품을 구매하기 전에 가격·품질·형태·욕구 등에 대한 적합성을 충분히 비교하여 선별적으로 구매하는 제품으로 제품에 대한 완전한 지식이 없으므로 구매를 계획하고 실행하는 데 많은 시간과 노력을 소비하는 제품이다.

- 전문품 : 상표나 제품의 특징이 뚜렷하여 구매자가 상표 또는 점포의 신용과 명성에 따라 구매하는 제품으로 비교적 가격이 비싸고 특정한 상표만을 수용하려는 상표집착의 구매행동 특성을 나타내는 제품이다.

따라서 편의품에 비해 선매품 및 전문품은 한 번에 대량으로 판매가 불가능하다.

22 **현대 마케팅 관점에서의 고객의 범주**
- 소비자 : 물건, 서비스를 최종적으로 사용하는 사람
- 구매자 : 물건을 사는 사람
- 구매 승인자 : 구매를 허락하고 승인하는 사람
- 구매 영향자 : 구매 의사결정에 직·간접적으로 영향을 미치는 사람

23 소비자들은 서비스의 구매에 앞서 그것에 대한 어떤 기대를 하게 되며, 구매 시에는 제공받는 서비스에 대한 지각을 함으로써 구매 전 기대와 지각과의 비교를 통해 서비스 품질을 지각 및 인식한다.
※ **서비스 무형성의 두 가지 의미**
- 객관적 의미 : 실체를 보거나 만질 수 없다.
- 주관적 의미 : 보거나 만질 수 없기 때문에 그 서비스가 어떤 것인가를 상상하기 어렵게 된다.

24 WHO는 '누구를 대상으로 디스플레이를 할 것인가?'를 의미한다.

25 머천다이징이란 시장조사와 같은 과학적 방법에 의거하여, 수요 내용에 적합한 상품 또는 서비스를 알맞은 시기와 장소에서 적정가격으로 유통시키기 위한 일련의 시책이다. 상품화계획이라고도 하며, 마케팅 활동의 하나이다. 이 활동에는 생산 또는 판매할 상품에 관한 결정, 즉 상품의 기능·크기·디자인·포장 등의 제품계획, 그 상품의 생산량 또는 판매량, 생산시기 또는 판매시기, 가격에 관한 결정을 포함한다.

26 충동구매형보다는 합리적인 비교구매형 소비를 지향한다.

27 POS 정보를 통해 인기 상품과 비인기 상품을 쉽게 파악할 수 있다. 즉, 인기 상품은 품절되지 않도록 신속히 주문하고, 비인기 상품은 일정한 기간이 지난 뒤에 바겐세일 등의 촉진 행사를 통해 신속히 처분한다. → 재고의 적정화 도모

28 홍보는 비인적 커뮤니케이션이다. 비인적 커뮤니케이션이란 개인적인 접촉이나 피드백이 없이 메시지를 전달할 수 있는 매체로 신문, 방송, 라디오 등과 같은 매스컴이 이에 속한다.

29 상품진열의 유형은 윈도우 진열, 점포 내 진열, 구매시점 진열, 판매촉진 진열, 비촉진 진열과 기업 이미지향상 진열 및 고객중심 진열로 분류할 수 있다.
- 윈도우 진열 : 점포 앞을 지나고 있는 소비자나 점포의 방문고객으로 하여금 주의를 끌게 하여 구매목적을 가지도록 하는 진열
- 점포 내 진열 : 고객으로 하여금 쉽게 보고 자유롭게 만져보고 비교할 수 있게 하며 연관 상품을 쉽게 찾을 수 있도록 하는 진열
- 구매시점 진열 : 고객으로 하여금 주의를 끌게 하고 유인하여 구매의욕을 촉진하는데 목적을 두는 진열(POP 활용 진열)
- 판매촉진 진열 : 매출증대를 위하여 잘 팔리는 상품을 가격할인과 각종 할인광고와 함께 진열
- 기업 이미지향상 진열 : 다양한 서비스와 고품질의 서비스, 최신유행의 고급품, 만족한 가격, 공익적 서비스 등을 고객에게 어필하기 위하여 다수 다량의 상품을 진열

30 반복적으로 질문을 하거나 일방적으로 대화를 이끌어 가서는 결코 고객을 설득할 수 없다.

31 **서비스품질 측정이 어려운 이유 5가지**
- 서비스품질의 개념이 주관적이기 때문에 객관화하여 측정하기 어렵다.
- 서비스품질은 서비스의 전달이 완료되기 이전에는 검증되기가 어렵다.
- 서비스품질을 측정하려면 고객에게 물어봐야 하는데, 고객으로부터 데이터를 수집하는 일이 시간과 비용이 많이 들며 회수율도 낮다.
- 자원이 서비스 전달 과정 중에 고객과 함께 이동하는 경우에는 고객이 자원의 흐름을 관찰할 수 있다. 이런 점은 서비스품질 측정의 객관성을 저해한다.
- 고객은 서비스 프로세스의 일부이며, 변화를 일으킬 수 있는 중요한 요인이기도 하다. 그러므로 고객을 대상으로 하는 서비스품질의 연구 및 측정에 본질적인 어려움이 있다.

32 고객이 하나의 상품을 열심히 보고 있을 때, 손으로 만지며 무엇을 생각할 때, 열심히 살피며 무슨 상품을 찾고 있을 때, 고객과 시선이 마주쳤을 때, 상품을 행거에서 내리거나 쇼상 백에서 꺼낼 때, 판매사원을 찾고 있는 태도가 보일 때, 고객이 말을 걸어왔을 때 등이 접근하여 응대하는 판매기법이 가장 효과적으로 작용할 수 있는 시점으로 고객이 이러한 행동을 보이는 단계는 흥미에서 연상에 이르는 단계이다.

33 ①은 전시진열에 대한 설명이다.

34 POP 광고는 구매를 완결시키는 것이 아닌, 소비자들의 제품 구매에 대한 욕구를 올리기 위한 하나의 판촉수단이다. 즉, 소비자들이 구입하게 되는 장소에서 소비자에게 정보를 알려주어 소비자의 제품구매를 도와주는 광고이다.

35 상품 제시란 단순히 상품을 고객에게 보인다던가 고객이 보기 쉽게 상품을 선반에서 내리는 것만이 아니고, 고객의 연상력을 높여 욕망을 자극시킴으로써 고객의 심리를 구매로 이끄는 것이다.

36 판매 포인트는 잠재고객에게 가장 효과적으로 어필할 수 있는 상품의 특성이 고객의 구매동기와 일치하여 기대하는 욕구를 충족시킬 수 있다는 사실을 인상 깊은 판매화법으로 간단명료하게 제시해 놓은 상품설명 문구이다.

37 **시간소멸적인 서비스능력**
서비스는 저장될 수 없기 때문에 사용되지 않으면, 영원히 사용될 기회를 잃어버린다는 특성이 있다. 수요 변동과 소멸서비스에 대해 다음 세 가지 대안을 선택할 수 있다.
- 수요완화
  - 예약이나 약속을 이용
  - 저녁이나 주말에 할인 혜택을 주는 가격 인센티브
  - 수요억제를 위한 선전
- 서비스 능력 조정
  - 파트타이머 이용
  - 군무교대조의 일정조정
  - 셀프서비스 확대
- 고객으로 하여금 기다리게 함(가장 최악의 선택)

38 **고객 충성도(로열티)**
소비자들이 제품 브랜드를 활용하고 얻는 가치는 '감성적 가치'와 '이성적 가치'로 구분되며, 소비자는 감성적 가치에 속하는 '브랜드 애착(Brand Affect)'을 통해 이성적 가치인 '브랜드에 대한 신뢰(Brand Trust)'로 귀결시킨다. 이 가치는 소비자들의 제품에 대한 가격민감성을 낮추게 되어 제품에 대한 프리미엄을 받게 해주며, 고객충성도를 형성하는 필수 요소이다.

39 호전형, 도둑형 고객 등의 불량고객은 선별적으로 관리하거나 퇴출한다.

40 진열의 3요소는 상품 및 브랜드의 선택, 진열위치, 진열의 양을 말한다.

41 ① · ② · ③ · ④ 특정 업체의 점포에서만 판매하는 브랜드
⑤ 전국적으로 판매하는 브랜드

42 판매원은 제품의 일반적인 지식뿐만 아니라 판매하려는 제품이 희소가치가 높아서 소유할 경우 과시하고 싶은 욕구를 만족시켜 주는지의 여부, 즉 감정상의 특성에 대한 정보도 활용해야 한다.

43 POP광고는 소비자들의 쇼핑에 있어 충동적 동기를 이용해 상품을 판매하는 직접적인 역할을 하므로 고객의 쇼핑에 활기와 도움을 준다.

44 ㉠ 교차판매란 기존 고객에게 다양한 상품을 판매하는 일을 말한다. 즉 고객이 선호할 수 있는 추가 제안을 통해 고객의 구매를 유도하는 전략이다.
㉡ 휴면고객은 과거 기업의 고객이었으나 현재는 활동하고 있지 않은 고객으로, 이들을 재고객화하는 것은 고객 재활성화 전략이라 할 수 있다.

45 다수의 사람들이 단골고객을 VIP고객과 동일시하나, 반드시 일치하지는 않는다. 예를 들면, 은행의 VIP고객은 은행과 거래 시 대규모 금액을 예치하지만 막상 은행의 서비스 이용에 있어서는 간혹 기본적인 입출금 서비스만 이용할 수 있다. 반면에 어떤 고객은 예금규모는 작지만 은행에 자주 방문하여 은행의 수익(수수료 등)을 가져다 주는 거래를 빈번하게 발생시킨다. 이러한 고객은 VIP고객이라고는 할 수 없지만 은행의 수익창출에 크게 기여하는 중요한 단골고객이다.

제6회 정답 및 해설

정 답

01	02	03	04	05	06	07	08	09	10	11	12	13	14	15
⑤	⑤	③	⑤	③	④	④	④	④	①	④	⑤	③	①	②
16	17	18	19	20	21	22	23	24	25	26	27	28	29	30
③	②	④	④	①	③	③	③	③	⑤	①	⑤	④	①	④
31	32	33	34	35	36	37	38	39	40	41	42	43	44	45
⑤	④	②	⑤	⑤	①	②	①	③	④	③	③	⑤	⑤	②

제 1 과목   유통상식

01 ① 다양화된 제품 개발을 통해서 소비자의 다양한 욕구를 충족시키고자 한다.
② 제품생산이 생산자주도에서 소비자주도로 강화되고 있다.
③ 시장 개방이 가속화되어 감에 따라 경쟁 속도가 빨라지고 있다.
④ 소비용품 유통에서 유통업자의 파워가 증가하고 있다.

02 고객의 가치는 유통경로가 추구하는 최선의 목표이지만, 유통경로의 특징은 경로 구성원 간의 결속이 약하다는데 있다.

03 ③은 프랜차이즈 가맹점(Franchisee)이 얻을 수 있는 장점이다.

04 유통업체의 사회적 책임은 소비자에 국한하지 않고 생산자, 중개인, 내부 종업원까지 폭넓게 적용되어야 한다.

05 백화점은 선매품을 중심으로 생활필수품, 전문품에 이르기까지 다양한 상품 계열을 취급하며, 풍부한 상품의 구색 갖춤으로 일괄 구매가 가능한 소매상이다. 반면 전문점은 제한된 상품·업종에 대해 품목을 깊이 있게 취급하며, 전문화된 상품, 개성 있는 상품, 특색 있는 상품으로 구색을 갖춘 소매상이다.

06 외국에서의 뇌물행위도 국내법에서 처벌하도록 하자는 소위 "부패라운드(Corruption Round)"가 미국의 주도하에 OECD에서 시작되었다. 이는 국제적 환경변화와 관련 있는 내용이다.

07 유통경로의 길이 결정

구 분	긴 경로	짧은 경로
제품 특성	표준화, 비부패성, 기술적 단순, 편의품	비표준화, 부패성, 기술적 복잡, 전문품
수 요	작은 단위, 규칙적 구매	큰 단위, 비규칙적 구매
공 급	생산자 수 많음	생산자 수 적음

08 유통 범위(Distribution Coverage)란 기업이 표적으로 하는 시장 내 소비자에게 어느 정도 가까이 접근할 것인가를 결정하는 것으로, 이 유통 범위의 정도에 따라 전속적 유통 경로 전략, 개방적 유통 경로 전략, 선택적 유통 경로 전략 중 하나를 결정하여야 한다.

09 소매점의 진화 과정을 소매점이 취급하는 상품 믹스(Merchandise Mix), 즉 다양한 상품의 구색 갖춤으로 보는 것은 소매점 아코디언 이론이다.

10 ① 생산이 형태효용을 창출하고 소비가 소유효용을 창출
    하는 의미가 있다면 물류는 시간효용과 장소효용을 창
    출함으로써 양자를 연결시킨다

    ※ 유통경로의 4가지 효용
    제품을 생산자로부터 소비자에게 이전시키는 과정에
    서 시간효용, 장소효용, 소유효용, 형태효용 등의 4가
    지 효용을 제공해 주고 있다. 시간효용은 보관기능을
    통해 생산과 소비 간 시간적 차이를 극복시켜 주고, 장
    소효용은 운송기능을 통해 생산지와 소비기간 장소적
    차이를 극복시켜 준다. 소유효용은 생산자와 소비자
    간 소유권 이전을 통해 효용이 발생되고, 형태효용은
    생산된 상품을 적절한 수량으로 분할 및 분배함으로써
    효용이 발생된다.

11 중간도매상인은 제품을 스스로 구매하여 소유권을 갖고
    자신의 책임하에서 재판매하여 이윤을 획득하는 데 비하
    여 중간대리상인은 마케터를 대리하여 고객을 탐색하고
    거래협상을 수행하지만 제품의 소유권을 갖지 않으며 수
    수료를 받는다.

12 수직적 갈등은 유통경로상에서 서로 다른 단계에 있는 구
    성원 사이에 발생하는 갈등을 말하며, 수평적 갈등은 유
    통경로의 동일한 단계에서 발생하는 갈등을 말한다.

13 백화점의 직접구매 및 직접판매는 투자에 대한 위험부담,
    즉 판매 및 재고관리에 대한 위험부담이 상대적으로 높기
    때문에 백화점은 일반적으로 직접매입 및 직접판매 형태
    보다 협력업체를 통한 간접판매방식을 선호한다.

14 최종 소비자들에게 제품이나 서비스를 판매하는 것과 관
    련된 모든 활동을 소매라고 하며, 이런 활동을 수행하는
    유통기관을 소매상이라 한다.

15 상품의 깊이는 각 브랜드 중 한 가지의 단위에서 얼마나 깊
    이 있는 상품이 있는지를 말한다. 즉, 동일상품 계열 내에서
    의 다양성으로 수직적인 다양성을 의미한다.

16 체인사업의 유형(유통산업발전법 제2조 제6호)
    • 직영점형 체인사업 : 체인본부가 주로 소매점포를 직영
      하되, 가맹계약을 체결한 일부 소매점포(가맹점)에 대
      하여 상품의 공급 및 경영지도를 계속하는 형태의 체인
      사업

    • 프랜차이즈형 체인사업 : 독자적인 상품 또는 판매 · 경
      영기법을 개발한 체인본부가 상호 · 판매방법 · 매장운
      영 및 광고방법 등을 결정하고 가맹점으로 하여금 그
      결정과 지도에 따라 운영하도록 하는 형태의 체인사업
    • 임의가맹점형 체인사업 : 체인본부의 계속적인 경영지
      도 및 체인본부와 가맹점간 협업에 의하여 가맹점의 취
      급품목 · 영업방식 등의 표준화사업과 공동구매 · 공동
      판매 · 공동시설활용 등 공동사업을 수행하는 형태의 체
      인사업
    • 조합형 체인사업 : 동일업종의 소매점들이 중소기업협
      동조합을 설립하여 공동구매 · 공동판매 · 공동시설활용
      등 사업을 수행하는 형태의 체인사업

17 파일럿숍은 실제적인 판매에 앞서 신제품이나 신업태 등
    에 대한 시장조사 및 수요조사, 광고효과 측정 등을 목표
    로 운영되는 점포를 말하며, 안테나숍이라고도 한다. 주
    위에서 흔히 볼 수 있는 파일럿숍으로는 체인점 본사가
    직영하는 점포가 있다. 체인점 본사는 직영점을 운영하면
    서 소비자들의 선호도를 테스트해보고 시장의 흐름을 파
    악하여 신제품이나 서비스 개발 등에 반영한다.

18 ① 상품을 옮기면서 판매하는 소매업이다.
    ② 길가의 한데에 물건을 벌여 놓고 판매하는 소매업이
       다.
    ③ 한 종류 또는 같은 계통의 상품을 전문적으로 취급하
       는 소매점으로 소자본으로 쉽게 개설이 가능하다.

19 1회성 이벤트보다는 고객과 장기적인 관계를 구축하는 것
    이 필요하다.

20 판매원의 입장에서 해석, 대응하기 보다는 모든 것을 고객
    의 입장에서 생각해야 한다.

    ※ 불량고객의 관리 원칙
    • 예방이 최선책
    • 올바른 제품/서비스의 사용법 제공
    • 고객접점에 있는 종업원의 철저한 교육
    • CRM 고객정보 시스템 정비
    • 선량한 고객을 불량한 고객으로 대하지 않음
    • 모든 것을 고객의 입장에서 생각

21 　상품은 일련의 유형적 속성들로 구성된 물리적 형태뿐만 아니라 서비스와 같은 무형적 속성을 모두 포함한다.

22 　보통 도입기의 제품에 대한 가격은 매우 높은데, 그 이유는 적은 생산량으로 인한 높은 제품개발비용, 초기 시설 투자비용, 광고비 등을 충당하기 위해서이다.

23 　③ 상품과 관련된 잘 알려진 전문가가 애용하고 있음을 들어 호기심을 유발하면서 상품설명을 하는 방법이다.
　① 상품을 제시하고 고객이 상품에 대해 자유롭게 질문하도록 하는 방법이다.
　② 고객이 의심스러워하는 문제점의 해결책을 제안하는 방법이다.
　④ 실제로 판매 포인트를 실연해 보이면서 상품설명을 하는 방법이다.
　⑤ 상품이 고객에게 주는 이점(가치 혹은 혜택)을 들어 말을 꺼내는 방법이다.

24 　잠재고객의 욕구에 대한 정보는 고객을 접촉한 이후에 입수할 수 있다.

25 　PB 상품의 특징은 가격이 상대적으로 저렴하다는 것으로 고급이라는 이미지와는 거리가 있다. PB상품은 유통업체의 입장에서 저가격 판매가능, 높은 수익률, 판매정보를 직접 상품개발에 반영할 수 있고, 제조업체의 입장에서는 설비가동률 상승, 비교적 안정된 일정량의 판매량확보, 반품 부담이 없고 마케팅 비용을 절약 할 수 있다는 장점이 있다. 또한 유통업체 입장에서 재고부담증가, 상품개발 초기투자비 증가, 상품 불만족 시 유통업자가 부담을 져야 한다는 단점이 있으며, 제조업체 입장에서도 가격결정권상실, 자사제품 개발력 저하, 생산노하우와 비용내역이 외부로 유출된다는 부담을 가지게 된다.

26 　POP(Point of Purchase) 광고는 프로모션 지향적인 매체로서 소비자의 구매행동 관련 목표를 달성하기 위한 효율적이고 효과적인 매체로서 활용될 수 있다. 또한, 고객이 상품을 구입하는 장소에서 고객에게 정보를 알려 고객의 상품구매를 도와주는 광고라고 정의할 수 있는데 최종 구매자에게 자사의 제품을 적극적으로 알리는 Push전략과 관련이 있다.

27 　백화점과 할인점 같은 대형점포는 화려하게 꾸미기보다는 소비자가 손쉽게 방문할 수 있도록 점포 외관 디자인을 설계해야 한다. 반면, 고급전문점의 경우 외관 형태를 화려하고 고급스러우며 고객들에게 우월감을 심어줄 수 있도록 해야 한다.

28 　**판매촉진의 수단**

수 단	내 용
소비자대상(지향) 판촉기법	샘플링, 시연, 프리미엄, 일시 가격할인, 콘테스트, 경품 등
유통 상 지향적 판촉기법	점포진열보조, 회계 및 재고관리보조, 협동광고, 딜러의 판매훈련, 구매시점 판촉물제공, 장려금 지급 등

29 　금속용기는 내열성, 방습성, 내한성이 우수하지만 인쇄성, 열성형성, 투명성에 결점이 있다.

30 　인스토어마킹(In-store Marking)은 각각의 소매점포에서 청과-생선·야채·정육 등을 포장하면서 라벨러나 컴퓨터를 이용하여 바코드 라벨을 출력, 이 라벨을 일일이 사람이 직접 상품에 붙이는 것을 말한다. 따라서 소스마킹에 비해 상대적인 비용 및 시간적인 면에서 비효율적이다.

31 　일반적으로 상품회전율이 높고, 매출이익률이 좋은 상품은 주된 상품이다.
　연관진열이란 서로 관련 있는 상품을 함께 진열하여 판매를 높이는 방법이다.
　예 커피와 설탕, 맥주와 마른안주

32 　판매원은 고객의 말에 귀를 기울이고 고객의 반응을 보면서 이야기해야 한다. 판매원 자신의 입장에 집착해서 일방적으로 대화를 이끌어 가서는 안 된다.

33 　지속적 관여도가 클수록 상황요인의 영향을 적게 받는다.

34 성숙기의 마케팅 전략
- 기존제품으로서 수요증대
- 기존소비자들의 소비, 사용량 증대
- 새로운 용도의 개발
- 기존제품 품질향상과 신규브랜드 개발

35 주의(Attention)-흥미(Interest)-욕구(Desire)-기억 (Memory)-행동(Action)의 단계를 거치는 것은 광고의 AIDMA원칙이다.

36 고객이탈률(Defection Rate)은 기존 고객 중 1년 동안에 떠나 버린 고객의 비율이다.

37 측면진열은 엔드 진열의 한쪽 측면 등을 활용하여 엔드 진열한 상품과 관련성을 강조하는 진열방법이다. 엔드 측 면에 진열하여 상품의 상호 연관성을 나타내 고객의 구매 욕구를 자극할 수 있다. 별도의 진열도구를 사용해서 엔 드 매대 옆에 붙이는 방법으로 진열하며, 양쪽 면에 다 붙 이거나 튀어나오면 고객 이동에 불편을 주므로 유의해야 한다.

38 고객의 입장에서 성의 있는 자세로 임한다.

39 선매품은 편의품에 비하여 회전율은 높지 않으나 마진은 상당히 높다.

40 접근 타이밍
- 판매담당자를 찾고 있는 태도가 보일 때
- 고객이 말을 걸어오거나 고객과 눈이 마주쳤을 때
- 같은 진열 코너에서 오래 머물러 있을 때
- 매장 안에서 상품을 찾고 있는 모습일 때
- 고객이 상품에 손을 댈 때

41 ⓒ 불평하는 고객이 침묵하는 불만족 고객보다 낫다.

42 ① 반응성 : 소비자들을 돕고 신속한 서비스를 제공하려 는 자세
② 확신성 : 직원의 지식과 예절, 신뢰와 자신감을 전달하 는 능력
④ 유형성 : 물리적 시설, 장비, 직원, 커뮤니케이션 자료 의 외양
⑤ 신뢰성 : 약속된 서비스를 정확하게 수행하는 지 여부

43 POP 광고란 고객에게 판매하는 시점에서의 광고라는 뜻 으로 고객이 상품을 구입하려는 점포 내부의 접객분위기 를 높이는 기능을 한다.

44 판매원의 개인적인 감정을 강조하여 고객에게 판매결정 을 강요하는 자세는 옳지 않다.

45 불평처리센터, 상품 반송 등은 고객유지를 위한 사후관리 수단에 해당한다.

제7회 정답 및 해설

정 답

01	02	03	04	05	06	07	08	09	10	11	12	13	14	15
③	③	⑤	③	②	②	⑤	①	②	①	①	③	⑤	④	⑤
16	17	18	19	20	21	22	23	24	25	26	27	28	29	30
⑤	④	⑤	④	④	①	①	③	①	②	④	①	④	①	④
31	32	33	34	35	36	37	38	39	40	41	42	43	44	45
①	③	③	①	②	③	⑤	④	⑤	⑤	③	④	②	⑤	②

제 1 과목 유통상식

01 유통은 중간상의 개입으로 총 거래 횟수를 최소화함으로써 제조업자와 소비자 양자에게 실질적인 비용을 감소시켜 거래가 보다 효율적으로 이루어지도록 하는 활동이다.

02 쇼(A.W. Shaw) 교수의 유통기능 분류
- 위험부담(Sharing the Risk)
- 재화수송(Transporting the Goods)
- 경영금융(Financing the Operations)
- 판매(Selling the Goods)
- 수집 · 분류 · 재발송(Assembling, Assorting and Reshipping)

03 수수료상인은 대리도매기관(Agent)의 한 형태이다.

04 백화점보다는 제품의 다양성이 약하며 낮은 마진을 보전하기 위하여 제한된 서비스, 낮은 시설 투자비, 셀프 서비스 등으로 점포운영비를 낮춘다.

05 공급자 및 소매상이 지리적으로 넓게 분산되어 있는 경우 도매상이 개입하게 된다.

06 저수익률과 고회전율 전략이 적합한 소매점은 할인점이다. ① · ③ · ④ · ⑤는 '고수익률과 저회전율' 전략이다.

※ 저수익률-고회전율과 고수익률-저회전율

저수익률-고회전율	고수익률-저회전율
• 최소한 또는 선택적 유통 서비스 수준	• 높은 유통서비스 수준
• 비교적 분리된 상권에 위치	• 비교적 밀집된 상권에 위치
• 다양한 제품, 얕은 제품 깊이	• 덜 다양한 제품, 얕은 제품 깊이
• 시중보다 낮은 가격	• 시중보다 높은 가격
• 가격에 초점을 둔 촉진	• 상품 지향적, 이미지 지향적 촉진
• 비교적 단순한 조직특성	• 비교적 복잡한 조직특성
• 특별한 노력 없이 팔리는 제품 특성	• 서비스 또는 A/S가 필요한 제품 취급

07 복수 유통경로의 발생 이유
- 소비자의 수량적 요구 차이
- 판매촉진에 대한 소비자의 반응 차이
- 소비자의 가격에 대한 대응 차이
- 지역 간 법률적 특이성
- 기업의 자산이 잘 맞물리지 않는 경우

08 개방적 유통은 제조회사가 자사제품을 취급하는 상점의 수를 최대한 많게 하려는 유통경로전략이다. 이는 되도록 넓은 시장에 도달하기 위해서 많은 경로에 의존함으로써 시상노출을 극대화하는 전략이다.

09 **산업재 유통경로의 특징**
• 생산자가 고객에게 직접 판매하는 형태가 흔하다.
• 구매횟수는 적지만 구매자의 1회 구매량이 많고 거액이다.
• 제품이 기술적으로 복잡하여 상대적으로 고객 서비스가 중요시된다.
• 구매자와의 장기 공급 계약이나 밀접한 인적 유대에 의하여 거래되는 경우가 많다.

10 **마케팅 환경요인**
• 내부환경 : 기업 전체의 목표와 전략 및 자원 등과 기업 내 마케팅 부분을 제외한 제반 타 기능 분야(구매, 생산, 재무, R&D)
• 과업환경 : 고객, 경쟁자, 유통경로구성원, 원료공급자
• 거시환경 : 인구, 경제, 기술, 생태, 사회문화, 정치법률

11 유통경로는 고객이 제품이나 서비스를 사용 또는 소비하는 과정에서 참여하는 상호의존적인 조직들의 집합체이다.

12 친구나 친지에게 종업원 할인을 적용하는 것은 금전적 이익을 제공하는 것이므로 비윤리적 행위에 포함된다고 할 수 있다.

13 업종의 분류는 통계청장이 작성·고시하는 한국표준산업분류의 소분류, 세분류 또는 세세분류에 따른다(중소기업협동조합법 시행령 제3조 제1항).

14 **마이크로머천다이징(Lewison 교수의 정의)**
마이크로머천다이징란 고객을 만족시키기 위해 필요한 점포특유의 제품믹스를 계획하고 수립하여 배달하는 과정을 말하며, 레이저빔소매업이라고도 한다. 즉, 레이저빔이 어떤 곳에 초점을 맞추듯이 소매업자가 고품질의 서비스제공이나 독점적인 제품의 신선도 유지 등 소매차별화의 중요요소에 모든 노력을 집중시키는 것을 말한다.

15 **소비자단체의 업무(소비자기본법 제28조 제1항)**
• 국가 및 지방자치단체의 소비자의 권익과 관련된 시책에 대한 건의
• 물품 등의 규격·품질·안전성·환경성에 관한 시험·검사 및 가격 등을 포함한 거래조건이나 거래방법에 관한 조사·분석
• 소비자문제에 관한 조사·연구
• 소비자의 교육
• 소비자의 불만 및 피해를 처리하기 위한 상담·정보제공 및 당사자 사이의 합의의 권고

16 ⑤는 동료와의 윤리적 관계에 해당하는 문제이다.

17 일반적으로 농산물 생산업자들은 잠재고객들이 어디에 위치하고 어떻게 그들에게 접근해야 하는지 알기가 어려워 이를 파악하기 위해 상당한 탐색비용을 지불하여야 한다. 그런데 하므로, 다양한 구매자층을 가진 중간상(완판마트)을 이용하면 적은 비용으로 더 많은 잠재고객에 도달할 수 있고 탐색비용도 줄일 수 있다.

18 특정 경로 구성원이 지도력을 보유하고 있고, 다른 경로구성원들의 신뢰를 획득하고 있다면 갈등의 발생 소지를 감소시킬 수 있고 보다 빨리 갈등을 해결할 수 있는 분위기가 조성될 수 있다. 하지만 신뢰를 얻지 않고 경로파워를 활용하게 되면 오히려 경로갈등은 더 증폭하게 된다.

19 SCM은 경로 전체의 최적화를 추구하며, 개별 기업의 최적화를 추구하는 것은 전통적 접근방법이다.

20 ① 같은 업종의 소매점들이 중소기업협동조합을 설립하여 공동구매·공동판매·공동시설활용 등 사업을 수행하는 형태의 체인사업
② 체인본부의 계속적인 경영지도 및 체인본부와 가맹점 간의 협업에 의하여 가맹점의 취급품목·영업방식 등의 표준화사업과 공동구매·공동판매·공동시설활용 등 공동사업을 수행하는 형태의 체인사업
③ 체인본부가 주로 소매점포를 직영하되, 가맹계약을 체결한 일부 소매점포에 대하여 상품의 공급 및 경영지도를 계속하는 형태의 체인사업

21 ②·③·④ 편의품
⑤ 전문품

22 정기적 이벤트 계획과 연관 지어서 진열상품 및 진열상태에 변화를 주는 것이 좋다. 1년 내내 똑같은 진열 방법은 고객의 이목을 집중시킬 수 없으며 고객들로 하여금 점포에 대한 흥미를 잃게 할 수 있기 때문이다.

23 고객 측의 잘못에 의한 발생원인은 제품, 상표, 매장, 회사 등에 대한 잘못된 인식, 기억의 착오, 성급한 결론, 독단적인 해석, 고압적인 자세, 할인의 구실을 찾기 위한 고의성 등이다.

24 차별화 마케팅은 무차별 마케팅보다 더 많은 매출액을 창출하는 것이 보통이지만 사업운영비용도 상대적으로 높아진다.

25 • 중간상 상표전략 : 도소매업자가 하청을 주어 생산된 제품에 도소매업자의 상표명을 부착하여 관리하는 상표전략
• 공동상표전략 : 하나의 상표명을 회사 내의 전 취급제품들에 적용하는 전략
• 개별상표전략 : 제조업체 및 유통업체 등이 생산된 제품에 대해 각각 개별의 상표명을 부착시키는 전략
• 복수상표전략 : 동일 제품군 안에서 두 개 이상의 개별 상표를 활용하는 전략
• 기업상표전략 : 기업명을 공동상표로 활용하는 전략

26 ① 따뜻한 느낌의 색상(빨강, 노랑 등)으로 구성된 점포는 소비자의 주의유발 정도가 높지만 유쾌하지 않은 느낌을 갖게 한다. 반면, 시원한 색상(푸른색, 녹색 등)은 소비자에 대한 주의유발 정도는 약하지만 유쾌한 느낌을 준다.
② 빠른 템포의 음악을 틀어주면 음식을 빨리 씹게 되어 짧은 시간 내에 식사를 마칠 수 있어 좌석 회전율은 높아지지만 손님 1명당 매상은 줄어든다. 따라서 패스트푸드점에서는 빠른 템포의 음악, 풀 코스의 정식을 갖추고 느긋하게 먹을 수 있는 고급레스토랑에서는 느린 템포의 음악이 어울린다.

③ 점포 내 회전율은 소비자들이 점포로의 출입이 잦은 정도를 말한다.
⑤ 일반적으로 넓은 진열공간의 확보와 점포 내 특별 디스플레이는 매출을 증가시킨다.

27 시장침투전략은 기존시장에서 기존제품으로 시장점유율을 증대시키기 위한 방법을 모색하는 전략이다.

28 • 제품믹스의 폭(넓이) : 회사가 취급하는 제품계열의 수
• 제품믹스의 길이 : 각 제품계열이 포함하는 품목의 평균 수
• 제품믹스의 깊이 : 특정 제품계열 내의 각 제품이 제공하는 품목의 수

29 PB는 유통업체가 제조사와 공동기획하고 개발해서 자사 점포에만 출시하는 상품으로 최근 유통기업들은 PB를 통해 소비자들의 눈길을 끌 수 있는 차별화된 상품구색을 갖추는 전략으로 다른 기업들과 경쟁하고 있다.

30 제품은 고객을 위해 제공되는 고객의 욕구충족 수단이라 할 수 있다.

31 편의품은 제품에 대해 완전한 지식이 있으므로 최소한의 노력으로 적합한 제품을 구매하려는 행동의 특성을 보이는 제품이다. 주로 일상생활에서 소비빈도가 가장 높으며, 가장 인접해 있는 점포에서 구매하려고 하기 때문에 소매점의 입지가 무엇보다 중요한 상품이다.

32 페이스 진열(정면 진열)
해당 상품의 보다 효과적인 면을 고객에게 향하게 해서 그 상품의 정면을 보이도록 하는 진열이다. 상품을 선택하기 쉽고, 적은 상품으로 양감을 강조할 수 있으므로 판매 권유나 대응 없이 고객 스스로가 상품을 자유롭게 선택하여 계산대에 가서 계산하는 Self-selection의 형태를 취하는 업체에 알맞은 진열이다.

33 CRM은 시장점유율보다는 고객점유율에 중점을 둔다.

34 ② 비선형가격이란 제품 또는 서비스의 단가가 고객이 구입하는 양에 따라 달라지는 가격체계를 말한다.

③ 묶음가격이란 소매점, 백화점 등에서 대량구매를 촉진하기 위해 제품을 몇 개씩 묶어 하나로 상품화한 다음이 묶음에 별도로 정한 가격을 말한다.

④ 단수가격이란 시장에서 경쟁이 치열할 때 소비자들에게 심리적으로 값이 싸다는 느낌을 주어 판매량을 늘리려는 심리적 가격결정의 한 방법을 말한다.

⑤ 구매자는 어떤 제품에 대해서 자기 나름대로의 기준이 되는 준거가격을 마음 속에 지니고 있어서, 제품을 구매할 경우 그것과 비교해보고 제품 가격이 비싼지 여부를 결정하는 것을 말한다.

35 성장기의 특징 및 전략

특 징	• 급속한 시장성장을 이루는 단계이다. • 실질적 이익이 창출된다. • 새로운 경쟁자가 출현하게 된다. • 촉진비용의 하락과 제조원가의 절감을 기대할 수 있다.
마케팅 전략	• 제품 품질을 향상시키고 신제품의 특징과 모델을 추가해야 한다. • 침입할 새로운 세분 시장을 모색해야 한다. • 판로 개척을 위하여 새로운 유통 경로를 모색해야 한다. • 광고 문안의 중심을 제품 인지로부터 제품 신념과 구매로 변경해야 한다.

36 이질성과 관련된 마케팅 문제는 표준화와 품질통제가 곤란하다는 점이다. 이에 대한 대응전략은 서비스의 산업화또는 개별화 전략(고객지향화)을 시행하는 것이다.

37 접객 중에는 다른 업무를 보지 않도록 해야 하며, 고객과의 거리는 매장에서 판매원이 고객의 시야를 차단하거나고객공간을 침범하지 않을 정도의 거리를 유지하여 접객효과를 높이는 데 있어 알맞은 간격이어야 한다.

38 고객 본위의 응대란 접객에 있어서 고객이 가지는 우위성을 보증하면서 고객의 동기에 재빨리 호응해서 고객의 가치관에 부응한 상품 제시와 정보제공을 고객의 수준에서행하는 것을 말한다.

39 다른 점포에서의 상품이나 주위의 아는 사람이 사용하고있는 다른 상품을 상기했다면 비교하는 것이다.

① 색채, 조명, 진열, 전시 및 연출을 통한 시각효과로 고객을 상품에 주목시키는 주의 단계이다.

② 상품을 사용해 보이거나 사용시킴으로써 고객의 관심을 끄는 흥미 단계이다.

③ 실감나는 진열과 사용상의 혜택을 줌으로써 구입에의한 사용상의 행복한 모습을 연상시키는 연상 단계이다.

④ 상품의 희소가치를 강조하고, 빨리 사지 않으면 손해본다는 인식을 심어주는 설득을 통해 고객이 제품에대한 의문과 기대를 가지게 되는 욕망 단계이다.

40 고객을 최대한 반갑게 맞이해야 하며, 45도의 각도를 유지하여 인사한다. 숙이는 정도가 너무 깊어도, 얕아도 좋지 않다.

41

42 ④는 경쟁사에 관한 정보이다.

43 고객이 많이 온 경우에는 동시에 많은 고객을 상대하기보다는 접수 순서대로 신속하게 일을 처리해야 한다.

44 **고객대기 과정에 있어서의 금지사항**
• 고객을 흘끗흘끗 쳐다본다.
• 주간지 등의 서적을 보고 있다.
• 주머니에 손을 넣거나 팔짱을 끼고 있다.
• 한 곳에 여러 명이 몰려 있다.
• 고객을 보고 웃거나 수군수군 이야기 한다.
• 손님이 오는데 큰소리로 이야기 한다.
• 무관심한 표정으로 손님을 쳐다본다.
• 매대나 행거, 기둥 등에 기대고 있다.

45 판매담당자는 전문가다운 모습도 중요하지만 경청을 통해 고객의 욕구를 파악하는 것도 중요하다.

※ **판매원의 적극적인 경청을 통해 얻는 이점**
  • 고객의 욕구를 정확히 파악해서 고객이 원하는 제품을 제시함으로써 구매결정의 시간 단축이 가능하다.
  • 고객으로부터 신뢰감을 얻어 고객이 판매원에게 편안해지는 느낌과 더불어 호감을 지니게 된다.
  • 고객의 필요 및 욕구와 더불어 욕구발생에 대한 동기까지 파악할 수 있어 고객의 핵심목적에 대한 파악이 가능하다.

제8회 정답 및 해설

제8회

정답

01	02	03	04	05	06	07	08	09	10	11	12	13	14	15
③	③	③	①	③	⑤	②	④	⑤	⑤	②	④	②	③	①

16	17	18	19	20	21	22	23	24	25	26	27	28	29	30
④	③	⑤	②	④	④	④	③	③	④	③	③	③	①	⑤

31	32	33	34	35	36	37	38	39	40	41	42	43	44	45
④	④	②	①	④	④	②	④	②	③	①	①	③	⑤	①

제1과목 유통상식

01 회사형 연쇄점은 백화점과는 달리 지역 특성에 따라 수많은 점포를 운영하되 중앙집중적 대량 구매의 이점을 살리며, 개별 점포가 모두 동일한 건축양식과 동일한 가격, 동일한 상품을 취급하므로 소비자들에게 소구력을 높이는 장점이 있다.

02 하이퍼마켓의 특징
- 일괄구매(One-stop Shopping)
- 2,500m² 이상의 매장면적
- 식료품이 매장면적의 25~35% 정도이고 나머지는 의류·가구·잡화 등 비식품으로 구성
- 대량집중 상품진열과 셀프서비스
- 인구급증 신흥지역을 배경으로 대형 주차장 설치의 완비
- 야간영업

03 집약적 유통경로는 가능한 많은 소매상이 존재하고, 시장의 범위를 최대화하여 대량으로 판매하기 때문에 낮은 마진, 재고 및 재주문 관리의 어려움, 중간상에 대한 통제력이 낮다는 특징을 가지고 있다. 따라서 중간상에 대한 통제가 불가능해져 포화효과가 발생하면 중간상의 제품 가격이 인하된다.

04 아웃렛(Outlet)은 유명 상표의 재고품이나 하자 제품을 처분하기 위해 도시 근교의 대형매장이나 공장 근처에 입지한 대형매장에서 염가로 판매하는 소매업태이다.

05 유통분야는 제조분야에 비해 변동비의 비중이 상대적으로 크므로 제조와 유통의 통합이 제조와 유통 간의 역할 분담보다 그다지 많은 이점을 갖지 않게 된다. 따라서 제조와 유통의 통합보다는 중간상에게 유통기능을 분담시키는 것이 비용 면에서 훨씬 유리할 수 있다.

06 ⑤는 편의점에 대한 설명이다.
※ 회원제 도매클럽
- 일정액의 연회비를 받는 회원제로 정기적으로 안정적인 고객을 확보할 수 있다.
- 대부분 도심 외곽지역의 넓은 부지에 창고형 매장을 갖추고 있다.
- 대량매입, 대량판매의 형식을 취하며, 박스 및 묶음 단위로 판매하는 것을 원칙으로 한다.
- 구매빈도가 높은 품목, 즉 고회전 품목을 위주로 구성한다.
- 일반 할인점에 비해 식품 비중이 높으며 배달은 하지 않는다.

07 판매원 보상제도는 크게 고정급제와 성과급제 그리고 이 둘을 합친 혼합형이 있다.

고정급제는 판매원 보상의 가장 단순한 형태로서 판매원은 업적에 관계없이 정기적으로 일정한 급여가 지급되는 제도이며, 성과급제는 종업원이 일정한 실적을 이루었을 때 그에 따라 그 성과의 정도에 따라 보상하는 제도이다. 참고로, 수수료 제도는 판매원에게 그들의 개별적인 생산성을 근거로 하여 보상하는 형태로서 판매원은 판매량, 판매금액, 총마진의 일정한 비율을 수수료로 지급받는다. 많은 기업은 고정급 제도와 수수료 제도를 혼합한 혼합형 보상제를 사용하고 있는데, 이러한 제도에 있어서 고정급은 판매원 활동에 대한 통제를 제공하고 수수료는 판매원으로 하여금 최선을 다하도록 자극하는 기능을 가진다.

08 수집이란 소규모생산으로 생산된 제품을 대량소비에 대응하는 것을 말하며, 분산이란 대량생산 또는 수집된 상품을 소비자에게 공급하기 위해 수량적으로 분할하는 것을 의미한다.

09 교육수준이 향상되면 좋은 직장에서 높은 임금을 받을 수 있게 되어 구매력이 증가한다. 또한 소비 면에서도 욕구가 다양화·고급화·개성화되고 생활의 질(Quality of Life) 또는 풍요로움(Enrichment)을 추구하는 소비패턴을 보이며, 합리적인 구매행동을 하게 된다.

10 준거적 파워는 경로구성원들 간의 일체감에 기초한 방식을 말하며, 업태 간 갈등은 경로의 동일단계에서 발생하는 동일 업종 간의 갈등이다.

11 생산과 소비를 이어주는 중간 기능 역할을 하는 것은 유통에 대한 설명이다.

12 슈퍼센터는 기존의 할인점보다 더 깊고 넓은 상품구색을 갖추고 있는 것으로서 대형할인점에 슈퍼마켓을 도입한 점포이다. 즉, 슈퍼마켓의 개념에 식료품과 비식료품 등 생활필수품에서 광범위한 상품구색을 보유하고 있으며 세탁, 구두수선, 수표교환, 간단한 식사장소 제공 등의 부수적인 서비스도 함께 제공하고 있다. 슈퍼센터는 1960년대 초반 미국의 슈퍼마켓 업체인 메이저(Meijer)에 의해 선을 보였고, 프레드 메이어(Fred Meyer)가 뒤이어 오픈하였다. 당시 형태는 슈퍼마켓을 기본으로 하고 거기에 잡화품목을 결합시킨 형태였다. 1990년 초에 등장한 월마트와 K마트는 할인점에 슈퍼마켓을 결합시킨 형태였다.

13 ②는 도덕적 측면에서 본 기업윤리의 문제점이다.

14 모르는 사항에 대해 질문을 받은 경우에도 고객의 입장에서 도와주려는 태도를 가지고 해결해 준다는 마음가짐이 필요하다.

※ 고객을 대하는 올바른 태도
  • 열성과 성실한 태도
  • 고객을 존경하고 고객의 체면을 지켜주는 태도
  • 고객의 입장에서 도와주려는 태도
  • 고객에게 감동을 주려는 태도

15 쿠폰(Coupons)은 어떤 이익이나 현금적립 혹은 선물을 주기 위해 인쇄매체의 형태를 띠고 있으며, 소비자의 재구매를 위해 기존 고객에게 발송되는 쿠폰과 신규고객 창출과 제품을 알리기 위하여 무료로 배포되는 쿠폰 등이 있다.

16 Adams의 공정성(형평성) 이론은 조직에서 공정한 보상이 얼마나 중요한가를 인식시켜 주었다는 점에서 의의가 있다. 상대적으로 자신이 보상을 적게 받았다고 느끼는 사람은 작업의 수준(질)을 낮추고 작업성과(양)를 늘리거나 작업 시간과 작업 수준을 낮추는 방법으로 투입을 감소시키고, 준거인과 동등한 대우를 요구하는 행동을 보인다.

17 동일한 유통경로의 단계에 있는 유사한 경로 구성원 간의 경쟁을 수평적 경쟁 또는 업태 간 경쟁이라고 한다. 편의점과 동네슈퍼는 소매업에 속하므로 A편의점과 B동네슈퍼 2자간의 경쟁이 업태 간 경쟁에 가장 적합한 예라고 할 수 있다.

18 이견은 상황에 따라 현장에서 바로 잡거나 여의치 않을 경우 사후관리를 통해 바로 잡아도 괜찮다. 이때 상대방의 기분을 상하게 하지 않기 위한 적절한 표정과 연기는 오히려 적절한 고객관리 기술이 되기도 한다. 또한 잘못된 정보에 근거한 이견은 혼란을 방지하기 위해 사실에 기초한 자료를 활용하여 설명함으로써 바로잡아주는 것이 좋다.

19 감독자나 상사 위주의 의사소통 경로로 집중화시키기 보다는 본인의 상사뿐만 아니라 직장 내 고충처리위원회나 외부의 전문가를 상담요원으로 지정하여 도움을 받는 것이 적절하다.

안심Touch

20 유기농산물의 공급이 수요에 비해 줄어들기 때문에 당연히 가격은 상승하게 된다. 이에 따라 초기에는 물량 확보를 위해 거래량도 증가하게 되지만 일정 공급량을 소화하게 되면 공급 요인은 더욱 악화되어 가격은 더욱 상승하게 된다. 일정 시점에 이르면 소비자는 더 이상 수요를 하지 않게 되고 점차 거래량은 감소하게 된다. 즉 거래량은 증가하기도 하고 감소하기도 하여 '알 수 없음'이라고 할 수 있다.

21 통일상표는 판매촉진비용이 비교적 적게 든다.

22 마일리지 프로그램은 고정고객 우대 프로그램으로 자주 구매하는 소비자들을 대상으로 구매금액이나 구매량에 비례하여 마일리지를 적립해 주고 소비자는 누적된 마일리지를 이용해 가격을 할인받거나 다른 제품을 구매할 수 있게 하는 방법이다.

23 점포시설에는 고객용 후방시설, 상품용 후방시설, 시설용 후방시설, 직원용 후방시설이 설치되어 있어야 영업활성화에 지장을 초래하지 않는다. 특히 고객용 후방시설에는 소비자상담실, 수선실, 유아놀이방, 기저귀 교환 및 수유실, 물품보관소 등이 있는데 이러한 시설들은 고객만족과 관계가 있다.

24 여성의 사회진출 증대로 시간과 노동력을 절약하려는 경향을 보인다.

25 고객의 기여도에 따라 보상을 차등화 하는 로열티 프로그램에만 의존하지 말고 고객이 추구하는 핵심가치의 발견과 해결에 지속적인 관심과 투자가 필요하다.

26 고객 컴플레인 중에는 감정적인 것도 있지만, 그 대부분은 상품의 결함에 대한 비판이므로 감정에 호소하여 설명하기 보다는 불평을 정중히 듣고 무엇이 원인이 되어 그렇게 되었는가를 신중히 고려해볼 필요가 있다.

27 아이템 판매보다 패키지 판매를 유발할 수 있다.

28 접근은 판매를 시도하기 위해 판매담당자가 고객에게 다가가는 것을 말한다. 고객들이 편안함을 느낄 수 있도록 해야 하고, 그들로부터 호감과 신뢰감을 획득하는 것이다.

29 POP작성 시 시선을 끌 수 있는 크기 및 색상을 선택하되 3가지 색상 이내로 사용하는 것이 효과적이다.

30 **소비자의 합리적인 의사결정과정**

> 문제인식 → 정보탐색 → 대안평가 → 구매
> → 구매 후 평가

- 문제인식 : 소비자는 자신이 현재 처해 있는 실제 상태와 그렇게 되었으면 하고 바라는 희구 상태 또는 이상 상태가 불일치되면 문제를 인식한다.
- 정보탐색 : 기억에 저장된 과거의 경험이나 지식을 통해서 정보를 끌어내는 내부 탐색과 시장이나 광고 등과 같이 외부 환경으로부터 정보를 수집하는 외부 탐색으로 구분된다.
- 대안평가 : 소비자는 정보탐색과정을 거쳐 인식된 문제를 해결해 줄 수 있는 몇 가지 대안을 갖게 되면 이들을 특정 기준에 의해서 비교·평가하게 된다.
- 구매 : 소비자는 여러 대안(상표)의 비교·평가과정을 거쳐 특정 대안을 결정하게 되면 구매를 하게 된다.
- 구매 후 평가 : 어떤 상표를 선택한 소비자가 반복구매를 할 것인가 또는 1회 구매로 그칠 것인가 하는 것은 구매 후 평가과정에 달려 있다.

31 ④ 장애물(Noise) : 발신자의 메시지를 수신자에게 전달하는 데 장애를 일으키는 요인들을 가리킨다. 이러한 잡음이 생기는 이유는 발신자와 수신자의 공통적인 경험영역이 일치하지 않고, 다른 마케터의 메시지가 해독하는 과정에서 혼잡을 주기 때문이다.
① 해독(Decoding) : 발신자가 부호화한 내용을 수신자가 자신의 의미로 해석하는 과정을 말한다.
② 피드백(Feedback) : 수신자가 받은 반응을 발신자가 다시 전달받아 순환하여 차기에 커뮤니케이션하려고 할 때 보다 효율적인 메시지를 제작하는데 도움이 된다.

③ 부호화(Encoding) : 발신자가 수신자에게 전달하려고
하는 언어적 또는 비언어적 주장이나 관념을 말한다.
⑤ 발신자(Sender) : 또 다른 개인이나 그룹 등에게 메시
지를 보내는 당사자를 말한다.

32 고객의 충동적인 구매 행동을 일으키기 위해 흥미를 유발
시킬 수 있는 다양한 POP광고물 및 보조기구를 이용한다.

33 포장의 기능
• 1차적 기능(보호성) : 외부의 충격이나 환경으로부터 내
용물을 보호해 주는 기능
• 2차적 기능(편리성) : 내용물의 운송, 보관, 사용 및 폐
기에 이르기까지 취급을 편리하게 하는 기능
• 3차적 기능(판매촉진성) : 상품의 외형을 미화하여 소비
자로 하여금 구매의욕을 불러일으키도록 하는 기능

34 소스마킹은 제조업자의 생산단계 또는 발매원의 출하단
계에서 상품포장이나 용기일부에 상품코드를 일괄해서
인쇄하는 방법이다. 반면에 인스토어 마킹은 소매점포에
서 상품 하나하나에 코드를 붙이는 방법으로, 예를 들어
생선이나 정육, 야채와 같이 점포 내에서 가공 포장을 하
는 경우에 실시하는 상품코드 방식이다.

35 ④는 환기접근법에 해당한다.

36 ① · ⑤ 도입기
② 쇠퇴기(여기서 지각수용자란 마케팅 효과와 관계없는
계층으로, 아무리 마케팅 노력을 하더라도 소용없는
계층을 말한다)
③ 성장기

37 교양 · 문화 · 오락 관련 상품은 데몬스트레이션(Demonstration)
효과가 작용하기 쉬운 경향을 보인다. 데몬스트레이션 효
과란 각자의 소비행동이 사회일반 소비수준의 영향을 받
아 남의 소비행동을 모방하려는 사회심리학적 소비성향
의 변화를 말한다. 듀젠베리가 처음으로 사용했으며 과시
효과, 시위효과, 데몬스트레이션 효과라고도 한다. 이를
테면 소득수준이 높은 도시지역과 소득수준이 낮은 농촌
지역이 접촉하게 되면 농촌지역의 사람들은 어느 정도 소
득이 상승하는 과정에서 도시지역의 생활양식을 본받아
소비성향이 높아지게 된다. 이런 현상은 도시와 농촌 간
뿐 아니라 국제적으로 선진국과 개발도상국 간에도 일어

난다. 이것은 신문, 영화, TV 등 광고의 영향이 크며, 전
시효과에 의한 소비성향의 상승이 저축률의 저하를 가져
오므로 개발도상국에서 문제시되고 있다.

38 전문품이란 상표나 제품의 특징이 뚜렷하여 구매자가 상
표 또는 점포의 신용과 명성에 따라 구매하는 제품을 말한
다. 비교적 가격이 비싸고 특정한 상표만을 수용하려는 상
표집착(Brand Insistence)의 구매행동 특성을 나타내는
제품으로, 자동차 · 피아노 · 카메라 · 전자제품 등과 독점
성이 강한 디자이너가 만든 고가품의 의류가 여기에 속한
다. 구매자가 기술적으로 상품의 질을 판단하기 어려우며,
적은 수의 판매점을 통해 유통되어 제품의 경로는 다소 제
한적일 수도 있으나, 빈번하게 구매되는 제품이 아니므로
마진이 높다. 전문품의 마케팅에서는 상표가 중요하고 제
품을 취급하는 점포의 수도 적기 때문에 생산자와 소매점
모두 광고를 광범위하게 사용한다. 생산자는 소매점의 광
고비를 분담해 주거나 광고 속에 자사의 제품을 취급하는
소매점을 소개하는 협동광고를 실시하기도 한다.

39 대기관리를 위한 고객의 인식관리 기법
• 서비스가 시작되었다는 느낌을 주어라.
• 총 예상 대기시간을 알려 주어라.
• 이용하지 않은 자원은 보이지 않게 하라.
  – 일을 하지 않고 있는 직원은 보이지 않게 하라.
  – 고객과 상호작용하지 않는 활동은 고객이 볼 수 없는
    곳에서 수행하라.
  – 대기선의 끝 지점에 가장 가까운 창구부터 우선적으
    로 처리하라.
  – 사용되지 않는 물리적 시설을 보이지 않게 하라.
• 고객의 유형별로 대응하라.

40 상품에 대한 관심이나 흥미를 환기시켜 놓고 그것을 구매
욕망으로 발화시켜나가는 효과적인 방법은 상품의 이름
→ 특징 → 역할 → 이익(가치) 순으로 포인트를 제시하는
것이다.

41 소비자 욕구가 다양화 및 개성화되면서 급변하는 소비동
향을 정확하게 파악하는 POS 시스템이 필요하게 되었다.
즉 POS 시스템은 상품을 제조 회사별, 상표별, 규격별로
구분하여 상품마다의 정보를 수집 · 가공 · 처리하는 과정
에서 단품관리가 가능하며, POS 시스템으로 얻어진 데이
터에 담긴 다양한 소비자의 욕구에 맞는 상품을 구비하여
즉각 대응할 수 있다.

42 **기업과 고객관계의 발전단계(충성도에 따른 고객의 분류)**
- 예상고객(Prospector) : 아직 기업과 거래하지 않은 상태이며, 상품구입 가능성이 높거나 스스로 정보를 요구하는 유망고객을 말한다.
- 고객(Customer) : 예상고객이 첫 거래를 한 직후를 말한다.
- 단골고객(Client) : 고객에서 단골고객으로 발전하는 단계를 말한다.
- 옹호자(Advocate) : 고객은 상품의 지속적인 구입은 물론 다른 사람에게도 적극 사용을 권유하며 기업이나 브랜드의 옹호자 역할을 한다.
- 동반자(Partner) : 기업과 고객이 융합된 상태, 즉 고객이 기업의 의사결정에 참여하고 이익을 나누는 고도화 단계를 말한다.

43 ① 생산 지향적 경영
② 판매 지향적 경영
④ 사회 지향적 경영
⑤ 제품 지향적 경영

44 상품실연은 소비자들의 감성적 소비성향과 심리적 만족을 증대시키는 방법으로, 직접 상품실연을 돕고 짧은 시간 안에 끝을 맺는다.

45 자기의 이익을 생각하기 전에 고객의 이익과 행복을 우선한다는 서비스 정신에 입각하여야 한다.

제9회 정답 및 해설

정 답

01	02	03	04	05	06	07	08	09	10	11	12	13	14	15
⑤	③	⑤	⑤	④	⑤	⑤	②	⑤	④	④	①	①	①	③
16	17	18	19	20	21	22	23	24	25	26	27	28	29	30
③	⑤	②	③	③	④	③	⑤	⑤	③	④	⑤	②	④	⑤
31	32	33	34	35	36	37	38	39	40	41	42	43	44	45
⑤	①	②	②	④	③	③	④	②	②	③	⑤	⑤	④	③

제 1 과목 유통상식

01 유통은 양질의 제품을 소비자에게 저렴하게 공급함으로써 건전한 생산을 유도하고 제조업자의 가격담합을 예방하는 등 가격의 합리화를 추구하여 소비자에게 건전한 소비를 유도한다.

02 판매담당자는 평소에 이론 · 정신 · 기술면에서 철저한 무장을 하고 행동하는 것이 중요한데, 이 중 판매담당자가 갖춰야할 지식 또는 이론에는 시장지식, 상품지식, 회사지식, 업무지식 등이 있다. 유효기간, 보증기간, 애프터서비스의 내용은 '상품지식'에 해당한다.

03 판매를 위한 연구 및 계획적인 지원을 하지만, 일반적으로 말하는 상품화 계획과 촉진은 지원하지 않는다.

04 적극적 경청을 통해 고객의 욕구를 정확히 파악해서 고객이 원하는 제품을 제시함으로써 구매결정의 시간을 단축하는 데 도움을 주지만 고객 스스로 구매의 셀링포인트를 찾게 하지는 않는다.

05 소요되는 자본이 많이 들어가고 유통경로에의 접근이 힘들며, 정부의 정책으로 인해 시장에 대한 진입이 높을 경우에는 해당 산업의 경쟁강도는 낮아진다. 즉, 진입장벽이 낮아 다수의 새로운 경쟁자가 진입하게 되면 잠재경쟁자의 진입 위협이 증가하게 된다.

06 ① 강압적인 파워 : 을에 대한 처벌이 가능한 갑의 능력
② 보상적인 파워 : 한 경로구성원이 다른 경로구성원에게 여러 가지 물질적 또는 심리적인 도움을 줄 수 있을 때 형성되는 영향력
③ 준거적인 파워 : 갑에 대한 매력을 공유하고자 하는 을의 욕망
④ 합법적인 파워 : 을에게 지시할 수 있는 갑의 인식

07 회전율이 높은 상품은 전문가들이 사용하는 고가상품보다는 주로 습관적인 구매행동을 보이는 편의품에 해당한다.

08 유통채널을 늘리게 되면 이를 관리하기 위한 경로관리 비용이 증가하며, 또한 제조기업의 경로리더십의 약화를 초래하게 된다.

09 공동매입(Joint Buying)의 장단점
- 장점
  - 대량 발주에 의한 원가 인하(수량할인 등)
  - 계획적 발주, 배송에 의한 유통경비의 절감
  - 대금결제의 유리한 조건 확보
  - 전문매입담당자에 의한 엄밀한 상품선정
  - 공동 제품개발(Private 상품 등)
- 단점
  - 개별매입과 비교하여 어떤 동기성이 결여
  - 당용매입(當用買入)에 따른 메리트(Merit) 상실

10 유통기능을 수행하는 개인이나 조직의 집합체를 유통경로라고 하며, 중간상은 그 유통경로에 포함되어 있다.

11 유통경로의 효용
- 시간 효용(Time Utility) : 재화나 서비스의 생산과 소비 간의 시차를 극복하여 소비자가 재화나 서비스를 필요로 할 때 이를 이용 가능하도록 해주는 효용을 말한다.
- 장소 효용(Place Utility) : 지역적으로 분산되어 생산되는 재화나 서비스가 소비자가 구매하기 용이한 장소로 전달될 때 창출되는 효용이다.
- 소유 효용(Possession Utility) : 생산자로부터 소비자에게 재화나 서비스가 거래되어 그 소유권이 이전되는 과정에서 발생되는 효용이다.
- 형태 효용(Form Utility) : 대량으로 생산되는 상품의 수량을 소비지에서 요구되는 적절한 수량으로 분할·분배함으로써 창출되는 효용이다.

12 프랜차이즈 사업본부는 빠른 속도 및 적은 재무투자로 인한 사업 확장이 가능하며, 프랜차이즈 운용자본 및 추가 재원 수급이 가능하다는 장점이 있다.

13 소매업체들도 소매상 협동조합을 통해 도매행위를 하고 있다.

14 해당 지문은 고객지향적 관점에서의 판매의 정의이다. 미국 마케팅협회에서는 판매를 잠재고객이 상품이나 서비스를 구매하도록 하거나, 판매자에게 상업적 의미를 갖는 아이디어에 대하여 우호적 행동을 하도록 설득하는 인적 또는 비인적 과정이라고 정의하고 있다.

15 전속적 유통경로전략
- 일정한 상권 내에 제한된 수의 소매점으로 하여금 자사 상품만을 취급하게 하는 전략
- 특징
  - 소매상 또는 도매상에 대한 통제 가능
  - 긴밀한 협조체제 형성
  - 유통비용 감소
  - 제품이미지 제고 및 유지 가능
  - 귀금속, 자동차, 고급의류 등 고가품에 적용

16 제3자 물류를 도입함으로써 물류활동에 대한 통제권을 상실할 우려가 있다.

17 POS시스템은 분산 처리하는 것이 아니라 단품별 정보, 고객정보, 매출정보, 그 밖의 판매와 관련된 정보를 수집하여 집중 처리한다.

18 유동비율은 유동자산(1년 이내 현금화할 수 있는 자산)을 유동부채(1년 이내 갚아야 하는 부채)로 나눈 비율이다. 단기부채 상환능력을 판단하는 지표로 유동비율이 클수록 현금 동원력이 좋다는 의미이다. 일반적으로 유동비율은 200% 이상이면 양호한 것으로 평가되는데, 이를 2:1의 원칙이라고도 한다.

19 고객이 구매단위가 적고 다양한 구색을 원할수록 유통경로의 길이는 길어진다.

20 "무점포판매"란 상시 운영되는 매장을 가진 점포를 두지 아니하고 상품을 판매하는 것으로서 산업통상자원부령으로 정하는 것을 말한다.

21 편의품은 구매를 하기 위하여 사전에 계획을 세우거나 점포 안에서 여러 상표를 비교하기 위한 노력을 하지 않으므로 구매자는 대체로 습관적인 행동 양식을 나타낸다.

22 • 플로어(바닥) POP : 점두에서 점내의 플로어(마루)에 설치해 사용하며 상품의 전시판매 기능을 갖는 것이 많으며 스탠드 POP, 진열플로어, 바스켓, 몰 디스플레이, 등신대인형 등이 주된 것이다.
    • 천정형 POP : 모빌 또는 행거 등으로 동적으로 제작된 형태의 POP로서 천장에 매달려 캠페인, 신상품 출시, 계절성 행사 등을 화려한 그림과 함께 알리는 기능을 수행한다.
    • 리플릿 겸용 POP : 인쇄물로 제작된 POP로 팸플릿보다 부피가 작으며 한 두 장의 전단으로 제작하여 매장 입구 등에 배치하며 공간상 제약으로 자세한 정보를 전달할 수 없다.
    • 스탠드업 POP : 매장의 점두, 점외, 점내 등에 설치되어 소비자의 시선을 끌 수 있는 광고로, 광고캠페인의 캐릭터 등 인쇄된 특징이 있는 인물상의 실제 크기로 만든 POP를 말한다.

23 고객은 서비스에 대해 자신에게만 원하는 정보를 얻기를 희망한다. 그러므로 판매원은 고객 개개인에 대해 같은 정보의 공유가 아닌 그 고객에게만 정보를 제공한다는 인식을 심어주어야 한다.

24 ① 판매동선은 짧을수록 좋다.
    ② 고객은 정보의 수용자인 동시에 정보를 제공하는 원천이 되기도 한다.
    ③ 반품은 당연한 것으로 받아들여 신속하게 처리함으로써 결국 반품을 줄이고 재구매율을 높일 수 있다.
    ④ 기능적으로 복잡한 상품일수록 각 상품별로 판매원을 배정하는 것이 좋다.

25 매장은 고객을 위한 공간이 되어야 하는 것이 기본 원칙이다.

26 상품제시 상황에서는 소비자들이 제품을 잘 알지 못하는 경우에 전문용어를 사용하게 되면 오히려 고객들에게 오해를 불러일으켜 그들의 마음을 닫게 할 수 있다.

27 **확장된 서비스 마케팅 믹스(7P)**
    서비스 마케팅에서는 기존의 마케팅믹스를 그대로 적용하는데 한계가 있어 기본 마케팅 믹스(4P)에 확장적 마케팅 믹스 요소 3P를 추가하였다.
    • 사람(People) : 구매자의 지각에 영향을 주는 모든 행위자(직원, 고객, 서비스 환경 내의 다른 고객들)
    • 물리적 증거(Physical evidence) : 서비스가 전달되고 기업과 고객이 접촉하는 환경, 즉 서비스 성과나 커뮤니케이션을 용이하게 해주는 유형적 요소
    • 프로세스(Process) : 서비스가 실제로 수행되는 절차와 활동의 메커니즘과 흐름

28 POP 광고 및 설명서를 읽는 것은 제품에 대한 디자인 또는 색상 등에 주의를 기울이는 것이 아닌 제품의 성능 및 품질에 대해 명확한 인지를 하지 못하거나, 제품이 고객에게 어떠한 기능을 제공하는지의 문제를 다루는 부분이다.

29 **소매 커뮤니케이션 믹스**

구 분	비대면	대 면
유 료	광고	인적판매
무 료	P R	구 전

30 서비스 상품의 무형성의 약점을 보완하기 위해서는 상징과 간판, 물리적 증거, 복장과 용모 등 실체적 단서와 신뢰 및 공감을 높일 수 있는 구매 후 소통 강화가 필요하고, 서비스 전달 방식에 있어서 고객의 요구에 응대하는 종업원과의 상호작용이 필요하므로 대중매체를 통한 가시적 광고보다는 인적 정보원에 집중해야 한다.

31 기능적 욕구는 상품의 성능과 직접적으로 관련된 것으로 흔히 합리적이라고 인식되는 반면, 심리적 욕구는 상품구매 및 소유로부터 얻게 되는 개인적인 만족과 관련된 것으로 감정적이라고 인식된다.

32 고객접점(Moment Of Truth : MOT)

고객과 서비스요원 사이에 15초 동안의 짧은 순간에서 이루어지는 서비스를 말하므로, 이 15초 동안에 고객접점에 있는 최일선 서비스요원이 책임과 권한을 가지고 우리 기업을 선택한 고객에게 최선의 응대를 해야 한다. 즉, 고객이 서비스 상품을 구매하기 위해서는 들어올 때부터 나갈 때까지 여러 서비스 요원과 몇 번의 짧은 순간을 경험하게 되는데, 그때마다 서비스 요원은 모든 역량을 동원하여 고객을 만족시켜주어야 한다. 따라서 이를 뒷받침하기 위해서는 고객접점에 있는 서비스요원들에게 권한을 부여하고 강화된 교육이 필요하며 고객과 상호작용에 의하여 서비스가 순발력 있게 제공될 수 있는 서비스전달시스템을 갖추어야 한다.

33 선매품의 경우 푸시전략을 사용하는 것이 좋다.

34 전화응대를 할 때는 천천히, 정확히 하여 상대가 되묻는 일이 없도록 해야 한다.

35 쇠퇴기에는 유지 전략, 철수 전략, 재활성화 전략을 선택할 수 있다.

36 관리적 VMS는 경로구성원들의 마케팅활동이 소유권이나 계약에 의하지 않으며, 어느 한 경로구성원의 규모, 파워 또는 경영지원에 의해 조정되는 경로유형이다. 관리적 VMS의 경로구성원들은 일반적으로 개별적인 경로목표들을 추구하며, 경로리더의 역할을 하는 특정 경로구성원의 마케팅프로그램을 중심으로 비공식적으로 협력함으로써 공유된 경로목표를 달성한다.

37 프리미엄이란 어떤 상품을 구입하는 고객에게 경품이나, 쿠폰을 제공하고 그것을 경품과 맞바꾸거나, 여행, 영화 관람 등에 초대하는 방법을 통해서 판매 촉진을 꾀하는 것을 말한다.

38 벽면에 거울을 달거나 점포 일부를 계단식으로 높이면 작은 점포도 실제보다 넓게 보이게 할 수 있다.

39 NO EXPLAIN

규정이나 기준을 설명하려다 보면 손님의 감정을 더 격앙되게 하는 경우가 있으므로 회사의 규정을 먼저 설명하지 않는다. 그리고 화가 난 것은 감정적인 것이므로 고객의 입장을 이해하고 충분히 공감하는 것이 좋다.

40 자유형 배치는 백화점이나 전문점에서 주로 쓰이며, 대형마트나 창고형 매장에 적합한 것은 격자형 배치이다.

41 판매 담당자는 고객 지향적인 태도로 단기적인 이익보다는 장기적인 안목으로 고객을 응대한다. 또한, 회사의 대표로서 긍지를 가지고 고객과의 약속 사항을 반드시 지키고 상품관리를 철저히 해야 한다.

42 ① 고객은 정보의 수용자이며, 기업에게 정보를 제공하는 원천이 되기도 한다.
② 통상적으로 고객은 반드시 판매원에 대해서 경계심을 가지고 있다.
③ 반품의 경우 고객의 상황을 확인한 뒤에 신속히 반품에 응하는 것이 좋다.
④ 구입한 상품뿐만 아니라 판매원의 태도, 점포 분위기 등 전반적인 사항을 고려한다.

43 상품진열의 6가지 기본원칙

• 안전한 진열 : 비안전상품은 즉각적으로 빼내고 위험한 진열은 피해야 한다.
• 보기 쉽고 고르기 쉬운 진열 : 고객이 보기 편한 적절한 높이뿐만 아니라 동일 그룹을 묶어 진열하여 상품타입을 명확하게 보기 쉽게 한다.
• 꺼내기 쉽고 원위치하기 쉬운 진열 : 고객이 상품을 구입할 때는 상품을 만지거나 원위치 시키는 구매행동을 하게 되기 때문에 이때 상품을 꺼내기 힘들거나 제자리에 갖다놓기 어려우면 그만큼 판매기회가 줄어든다.
• 느낌이 좋은 진열 : 청결, 선도감, 신선한 이미지를 제공하는 것이 중요하다.
• 메시지, 의사표시, 정보, 설득력 있는 진열 : 진열의 좋고 나쁨은 진열을 통한 메시지의 유무에 달려있다. 즉 '무엇을', '왜' 호소하는가를 명확히 해야 한다.
• 수익성을 고려한 진열 : 진열방법에 따라 매출, 매출이익이 크게 변화한다.

44 고객은 일반적으로 같은 비용에 대해 점점 더 높은 수준의 서비스와 만족을 기대하게 된다.

45 불만처리 4원칙은 원인파악 철저, 신속 해결, 우선 사과, 비논쟁 원칙이다.

제10회 정답 및 해설

정 답

01	02	03	04	05	06	07	08	09	10	11	12	13	14	15
①	①	①	④	②	③	③	③	④	④	②	⑤	③	②	④
16	17	18	19	20	21	22	23	24	25	26	27	28	29	30
③	①	④	①	①	②	①	⑤	②	④	①	①	③	④	①
31	32	33	34	35	36	37	38	39	40	41	42	43	44	45
②	②	①	②	①	③	③	④	③	②	④	④	①	①	③

제1과목 유통상식

01 백화점은 선매품을 중심으로 생필품, 전문품에 이르기까지 다양한 상품 계열을 취급한다.

02 등급은 다양한 공급원으로부터 제공된 이질적인 제품들을 상대적으로 동질적인 집단으로 구분하는 것을 말한다.

03 아웃렛은 대량생산하거나 철 지난 브랜드를 저가에 파는 'Off Price Store'와 대량구매를 통하여 제품을 저가에 파는 'Discount Store(할인매장)'와는 다른 개념으로, 브랜드가 만든 이월상품, 시제품, 전시품, 경미한 하자 등으로 인하여 일반 브랜드매장에서 팔 수 없는 제품을 계획적으로 소진시켜 판매하는 형태로 정가의 30%~70% 할인된 가격에 브랜드제품을 판매하는 것을 말한다. 이로 인하여 소비자는 합리적인 가격으로 유명명품브랜드를 구매할 수 있으며, 패션업계는 재고의 부담을 줄일 수 있어 아웃렛과 업계, 소비자 서로에게 Win-win전략이 된다.

04 한정기능 도매상은 완전기능 도매상과는 달리 도매상의 기능 중에서 일부만을 수행하는 도매상이지만 제품의 소유권을 가지고 직접 운영하는 독립적인 도매상이다.

05 ② 소매점은 다양한 상품 구색을 갖춘 점포로 시작하여, 시간이 경과함에 따라 점차 전문화되고 한정된 상품계열을 취급하는 소매점 형태로 진화하며, 이는 다시 다양하고 전문적인 제품계열을 취급하는 소매점으로 진화하는, 즉 상품믹스의 확대 → 축소 → 확대 과정이 아코디언과 유사하여 이름 붙여진 이론이다.
① 사회 · 경제적 환경이 변화됨에 따른 소매상의 진화와 발전을 설명하는 이론이다.
③ 소매점의 진화과정을 변증법적 유물론에 입각하여 해석하는 이론으로, 정반합 과정으로 설명한다.
④ 소매점 유형이 도입기 → 성장기 → 성숙기 → 쇠퇴기의 단계를 거치게 된다는 이론이다.
⑤ 기존 이론이 환경적 영향을 무시하는데 비해 소매변천이론을 환경적 변수에서 찾고 있는 이론이다. 소비자의 구매행동, 욕망, 기술발달, 법적 요인 등을 강조하고 있다.

06 소매업 수레바퀴 이론은 근래에 들어와 개발된 신유통업태인 TV 홈쇼핑, 인터넷 전자상거래, 할인점 등의 성공적 소매시장에 대한 진입을 효율적으로 설명해 주는 이점이 있는 반면에, 가격을 소매업 변천의 주요한 원인으로 파악하고 있다는 한계점을 지닌다.

07 ㉠·㉢·㉣ 대리점 : 제품에 대한 소유권은 없이 단지 제조업자나 공급자를 대신해서 제품을 판매해주는 도매상이다. 대체로 제품을 대신 판매하고 난 뒤 제조업자나 공급자로부터 수수료(Commission)를 받는다.

㉡ 전문도매상 : 동일분류에 속하는 상품 중에서 특수한 상품만을 전문적으로 취급하는 도매상이다.

㉣ 제조업자도매상 : 제조업자가 직접 도매기능을 수행하며, 대개의 경우 제조업자의 생산자나 고객이 있는 시장에 가까이 위치하는 것이 특징이다.

08 비전은 기업이 추구하는 장기적이고 이상적인 미래상이며, 목표는 기업의 비전과 사명을 경영활동과 연계시키기 위한 보다 구체적인 미래상이다.

09 프랜차이즈 본부의 수익 중에는 초기 가맹금 외에 설비의 임대 및 판매로 추가 수익을 올리는 것이 일반적이다.

10 수직적 계열화가 발생하는 이유
- 제한된 합리성
- 정보의 밀집성(정보의 비대칭성)
- 거래빈도
- 성과의 계측성
- 유통시장에 적은 수의 거래자들만이 참가
- 자산의 특수성 또는 거래특유자산이 존재
- 유통경로구성원들 간의 기회주의적인 행동

11 선물 포장 시 주의사항
- 가격표는 반드시 제거 할 것
- 글씨는 가급적 손님이 쓰도록 할 것
- 선물 받는 사람의 특성을 고려할 것
- 글씨를 쓰고 나면 손님에게 보일 것
- 글씨는 충분히 건조시킨 후 포장할 것

12 소매집적은 소매업태가 서로 관련성을 가지고 한 장소에 모인 것을 의미하는데, 이러한 집적효과는 집적 입지가 단독입지에 비해 더욱 유리한 소매성과를 올릴 수 있게 해 줄 수 있다. 이로 인한 효과로는 해당 매장의 면적의 증대효과, 소비자흡입력의 증가, 공간성 인접성의 확보, 소비자의 집중력 확보 등이 있다.

13 유통경로에 대한 통제수준이 높을수록 유통경로에 대한 수직적 통합의 정도가 강화되어 기업이 소유하게 되며, 통제수준이 최저로 되는 경우에는 독립적인 중간상을 이용하게 된다.

14 푸시(Push)전략은 제품이 제조회사에서 도매와 소매를 거쳐 소비자에 도달되는 과정에서 제품의 흐름상 위쪽에서 아래쪽으로 작용을 가하는 전략을 말한다. 제조회사는 도매상을 상대로 재정 원조, 제품 설명, 판매 방법 지도, 판매 의욕 환기(리베이트 등) 등을 하고, 이어 도매상은 소매상을 상대로 작용을 가하며, 소매상은 소비자를 상대로 제품 및 브랜드의 우수성을 납득시켜 구매로 이끈다. 인적판매(유통업체)와 전시를 중심으로 제품을 밀어내는 전략으로서 강력한 브랜드 선호가 없으며 소비자는 편의성에 따라 구입하는 것이 특징이다.
① 푸시 전략은 과거의 수요와 물류센터의 재고 상태를 근거로 실행이 된다.
③ 푸시 전략에서는 유통점포 간 상호 배송의 필요성이 더욱 늘어난다.
④ 풀 전략은 잘 알려진 브랜드의 제품을 대상으로 한다.
⑤ 정보시스템의 활용증대에 따라 푸시 전략보다 풀 전략의 활용이 더욱 늘고 있다.

15 미소란 자기 마음의 감정표현이기 때문에 형식적이거나 가식이 있을 수 없으며, 가식이 있는 미소는 고객이 기대하는 미소가 아니라는 것을 잊어서는 안된다.

16 유통업자(소매상)의 상품구색기능은 제조업자보다는 소비자를 위한 기능으로, 소비자가 원하는 상품구색을 제공하여 소비자 선택의 폭을 넓혀 준다.

17 수평적 유통경로
동일한 경로단계에 있는 두 개 이상의 기업이 대등한 입장에서 자원과 프로그램을 결합하여 일종의 연맹체를 구성함으로써 공생·공영하는 시스템을 의미한다. 공생적 마케팅이라고도 한다.

18 유통경로 구성원(제조기업, 유통기업 등)들은 각자 수행하는 유통기능이 있기 때문에 제조기업이 유통기업에게 모든 유통기능을 맡기는 것은 부적절하다.

19 현혹효과란 피고과자의 한 가지 장점에 현혹되어 모든 것을 좋게 평가하거나, 반대로 한 가지 단점 때문에 모든 것을 나쁘게 평가하는 경향을 말한다.

20 산업통상자원부장관은 유통산업의 발전을 위하여 5년마다 유통산업발전기본계획을 관계중앙행정기관의 장과의 협의를 거쳐 세우고 이를 시행하여야 한다(유통산업발전법 제5조 제1항).

21 CRM은 고객 전체를 대상으로 하는 고객관계관리가 아니라, 선별된 고객으로부터 수익을 창출하고 장기적인 고객 관계를 가능하게 함으로써 보다 높은 이익을 창출할 수 있는 솔루션을 말한다.

22 구매가 이루어진 2~3일 후에 전화를 통해 구매 후의 만족도를 확인하는 고객과의 지속적인 커뮤니케이션이 이루어져야 한다.

23 성장기 제품의 마케팅 전략은 상표의 강화를 통한 시장점유율의 급속한 확대 전략이 효과적이다. 이는 기존 소비자의 구매와 새로운 소비자의 구매를 유도한다.

24 ② 판매촉진은 소비자에게 실제 구매나 점포에 들어오도록 자극하는 역할을 하는 것으로 기업의 제품생산을 촉진시키는 것은 주된 역할이라고 할 수 없다.
　① 자사의 상표에 대한 소비자의 기억을 되살려 소비자의 마음속에 유지시킴으로써 재구매의 구매패턴을 확립한다.
　③ 판촉은 광고보다 즉각적인 반응을 유발시킬 수 있고, 신속한 판매 증가를 통해 수익증대를 가져온다.
　④ 판촉은 소액할인, 샘플, 경품 등을 제공받게 함으로써 소비자들의 신제품 사용을 유도할 수 있다.
　⑤ 경쟁상표 수의 증가나 제품 간의 차이가 점점 없어지고, 소비자가 가격에 민감하게 반응하고 있는 상황에서 판매촉진은 단기간에 소비자들에게 제품이나 점포를 인식시킬 수 있는 수단으로 많이 활용된다.

25 서비스는 무형적이고 비표준화되어 있으며, 품질 보증없이 판매되기 때문에 서비스 상품을 구매할 때 일반 제품의 구매시 보다 지각 위험이 높은 것으로 알려져 있다.

26 핵심제품은 소비자가 상품을 소비해 얻을 수 있는 핵심적인 효용을 말한다.

27 경쟁자와의 지나친 가격경쟁의 압박을 덜어주는 것은 EDLP 가격전략의 장점이다.

※ **EDLP 전략과 High/Low 가격전략**

EDLP 전략	• 상시 저가격을 유지하는 가격전략(Every Day Low Price)이다. • 규모의 경제, 효율적 물류시스템의 구축, 경영의 개선 등을 통한 저비용의 결과물이다. • 대형마트에서 사용한다.
High/Low 가격전략	• EDLP전략보다 높은 가격을 제공하면서 때로는 낮은 가격으로 할인하기도 하는 가격전략이다. • 백화점이나 슈퍼마켓 등에서 주로 이용한다(백화점 - High전략, 슈퍼마켓 - Low전략).

28 VMD를 활용하여 고객의 시점에서 보았을 때 구매 욕구를 일으키거나 흥미가 가도록 시각적인 것을 중심으로 상품을 시기나 유행에 알맞게 교체하여 판매 장소나 근처에 진열한다.

29 **부조화 감소 구매행동**
구매하는 제품에 대해 비교적 관여도가 높고, 제품의 가격이 비싸거나, 자주 구매하는 제품이 아니면서 구매 후 결과에 대해 위험부담이 있는 경우 또는 각 상표 간 차이가 미미할 때 빈번하게 발생하는 구매행동을 말한다.

30 소프트 메리트(Soft Merit)는 POS 활용을 통해 얻을 수 있는 효과를 의미하고, 하드 메리트(Hard Merit)는 POS 설치를 통해 기기 자체에서 얻을 수 있는 효과를 의미한다. 즉, 매장 내부 진열대에서의 진열상태를 파악하는 일은 하드 메리트에 더 가깝다.

31 고객들은 물질적인 혜택과 같은 유형의 해결책보다는 기본적으로 고객에 대한 진심 또는 고객을 어떻게 생각하는지에 대한 무형의 해결책을 선호한다.

32 매장관리의 4대 원칙은 청결관리, 선도관리, 친절한 서비스, 상품품절방지 등이며, 발주관리, 재고관리, 진열관리는 기본 4원칙의 매장관리에 포함된다.
고객정보관리는 고객관계관리(CRM)의 범주에 속한다.

33 가능한 한 많은 제품을 제시하게 되면 정해진 시간에 끝나지 않을 수 있다.

※ **효과적인 상품실연 방법**
- 제시할 상품의 준비여부 및 상태를 확인한다.
- 구매에 따른 연상효과가 높아질 수 있도록 고객 자신이 직접 상품을 실연하도록 한다.
- 짧은 시간 내에 끝맺는다.
- 예상 고객의 요구나 판단된 욕구에 따라 상품을 즉각적으로 제시한다.

34 고객충성도가 높은 고객에 대해서는 물질적 혜택보다는 정서적 혜택에 초점을 두어 제공하는 것이 바람직하다.

35 샌드위치 진열

진열대 내에서 잘 팔리는 상품 곁에 이익은 높으나 잘 팔리지 않는 상품을 진열해서 고객 눈에 잘 띄게 하여 판매를 촉진하는 진열이다. 이 진열은 무형의 광고 효과가 있기 때문에 진열대 내에서 사각공간(죽은 공간)을 무력화시키는 효율 높은 진열 방법이다.

36 전문점의 경우 자기 점포의 개성이 명확히 식별될 수 있도록 기업 식별화를 적극적으로 전개해야 하며, 저비용·저마진보다는 적당한 마진을 유지하면서 광고, 점포진열, 서비스 면에서 강한 개성을 나타내야 한다.

37 전문점은 제한된 상품에 대해 다양한 품목을 깊이 있게 취급하므로 폭이 좁고, 백화점이나 할인점은 다양한 상품계열을 취급하므로 폭이 넓다고 할 수 있다.

38 옷차림은 판매담당자의 첫인상을 좌우하므로 단정해야 한다.

39 판매결정의 촉구에서 가장 중요한 것은 타이밍이다. 판매결정을 위한 좋은 기회는 고객이 다음과 같은 표정, 동작, 말투를 보였을 때가 가장 적절한 타이밍이 된다.
- 질문이 하나의 제품이나 한 곳으로 집중될 때
- 말없이 생각하기 시작할 때
- 되풀이하여 같은 질문을 하거나 한 제품을 유심히 살필 때
- 갑자기 팔짱을 끼거나 몇 번이고 고개를 끄덕일 때
- 판매담당자를 뚫어지게 쳐다볼 때
- 상품에 대한 가격을 물어올 때
- 얼굴에 갑자기 웃음이 퍼진다거나 또는 굳어질 때
- 애프터서비스를 문의할 때

40 ② 사은품의 개념으로 광고주의 이름이나 브랜드가 붙여진 물품을 뜻한다. 가두에서 불특정 다수의 사람들에게 돌리거나, 개점기념 혹은 창립기념 등 특정 시기에 무료로 돌리는 판촉수단이다.

① 촉진목표를 달성하기 위하여 마케터가 구사할 수 있는 도구 또는 촉진분야에서 마케터가 당면하는 의사결정 변수들이다. 대표적인 촉진도구는 광고, 인적판매, 홍보, 판매촉진이다.

⓪ 긴체 특진의 품질이니 싱태를 일이블 수 있도록 그 일부를 뽑아 놓거나 미리 선보이는 물건이다.

④ 손님이 상품을 샀을 때에 서비스로 주는 경품으로 추첨권 등도 프리미엄의 일종이다.

⑤ 소매상이 백화점 등의 대규모 판매점에 대항하기 위한 수단으로 발전시킨 신용판매방법 또는 여기에 사용되는 표를 말한다.

41 전문용어를 남용하지 않아야 하며, 부득이 사용하는 경우에는 반드시 해설을 붙여서 고객이 이해하기 쉽도록 해야 한다.

42 다단계판매방식은 본부 회사와 독립된 가입자(판매원)가 연쇄적으로 다른 판매원을 판매조직에 가입시켜 차례로 조직 내의 상위 그룹으로 승진함으로써 조직을 확대해 나가는 방식이다. 중간에 수많은 판매원이 개입되어 있긴 하지만, 상품 자체는 중간과정을 거치지 않고 직접 소비자에게 전달되므로 직접판매의 형식을 취한다.

43 고객이 구매결정을 하는 단계에 근접했을 때 보이는 행동
- 질문이 하나의 제품이나 한 곳으로 집중된다.
- 말없이 생각하기 시작한다.
- 상품에 대한 가격을 물어본다.
- 되풀이하여 같은 질문을 하거나 한 제품을 유심히 살핀다.
- 갑자기 팔짱을 끼거나 몇 번이고 고개를 끄덕인다.
- 판매담당자를 뚫어지게 쳐다본다.
- 얼굴에 갑자기 웃음이 퍼지거나 또는 굳어진다.
- 애프터서비스를 문의한다.

44 서비스품질 향상을 위한 갭 모형(Gap Model)
- 인식 차이 : 서비스 품질에 대한 고객 기대와 기대에 대한 지각
- 표준 차이 : 고객의 기대에 대한 지각과 명시된 서비스 표준
- 인도 차이 : 명시된 서비스 표준과 실제 수행된 서비스
- 커뮤니케이션 차이 : 실제 수행된 서비스와 서비스 품질에 대한 소매 커뮤니케이션

45 인적판매과정의 단계는 판매 전 단계, 판매 단계, 판매 후 단계로 구분된다.

사전접근단계와 고객접근단계, 고객발굴단계는 잠재고객을 선별하고 기초조사를 통해 접근방법을 결정하는 판매 전 단계에 속하고, 사후관리단계는 판매 후 단계에 속한다. 영업제안단계는 고객욕구를 파악하여 프리젠테이션을 통한 질문 및 반론 처리 등을 수행하는 단계이므로 다양한 제안방식이 가능하고, 고객의 욕구에 초점을 두는 판매 단계에 속한다.

안심Touch

여기서 멈출거예요? 고지가 바로 눈앞에 있어요.
마지막 한 걸음까지 시대에듀가 함께할게요!

최근
기출문제

2021년 1회 기출문제

2021년 2회 기출문제

2021년 3회 기출문제

제 **1** 회 **최근기출문제**

제 **1** 과목   **유통상식**

01 유통산업발전법[시행 2021.1.1.][법률 제17761호, 2020.12.29., 타법개정]에서 규정한 유통산업시책의 기본방향으로 옳지 않은 것은?

① 유통산업에서의 소비자 편익의 증진
② 유통구조의 선진화 및 유통기능의 효율화 촉진
③ 유통산업의 국제경쟁력 제고
④ 무점포 판매의 경쟁력 제고
⑤ 유통산업의 지역별 균형발전의 도모

 유통산업시책의 기본방향(유통산업발전법 제3조)
- 유통구조의 선진화 및 유통기능의 효율화 촉진
- 유통산업에서의 소비자 편익의 증진
- 유통산업의 지역별 균형발전의 도모
- 유통산업의 종류별 균형발전의 도모
- 중소유통기업(유통산업을 경영하는 자로서 「중소기업기본법」 제2조에 따른 중소기업자에 해당하는 자를 말함)의 구조개선 및 경쟁력 강화
- 유통산업의 국제경쟁력 제고
- 유통산업에서의 건전한 상거래질서의 확립 및 공정한 경쟁여건의 조성
- 그 밖에 유통산업의 발전을 촉진하기 위하여 필요한 사항

02 유통경로에서 중간상이 필요한 이유로 가장 옳지 않은 것은?

① 거래의 복잡성을 줄이고 거래 과정을 활성화한다.
② 소유, 장소, 시간상의 효용을 창출한다.
③ 분류과정을 통한 구색상의 차이를 조정한다.
④ 생산자와 소비자 모두에게 탐색의 비용을 절감해준다.
⑤ 거래를 비정례화하여 교환거래를 역동적으로 구성한다.

해설 수요와 공급의 품질적 격리를 조절하여 거래 과정에서 거래 단위, 가격, 지불 조건 등을 표준화한다.

03 총 거래 수 최소의 원칙에 대한 설명으로 옳은 것은?

① 도매상을 개입시킴으로써 각 경로구성원에 의해 보관되는 제품의 총량을 감소시킬 수 있다.

② 소비자가 원하는 시간에 제품을 구매할 수 있게 한다.

③ 소비자가 편리한 장소에서 제품을 구매할 수 있게 한다.

④ 유통경로에서 다양하게 수행되는 기능들을 전문성을 가진 유통업체에게 맡김으로써 경제성을 강화한다.

⑤ 중간상의 참여는 거래빈도의 수를 줄이고 이로 인한 거래비용을 낮춘다.

> **해설** ① 집중 준비의 원칙
> ② 시간 효용
> ③ 장소 효용
> ④ 분업의 원칙
> ※ 총 거래 수 최소화의 원칙
> 중간상의 개입으로 거래의 총량이 감소하게 되어 제조업자와 소비자 양자의 실질적인 비용이 감소한다. 즉 중간상의 개입으로 제조업자와 소비자 사이의 거래가 보다 효율적으로 이루어지므로 중간상의 개입이 정당화될 수 있다는 논리이다.

04 직장 내에서 준수해야할 양성평등에 대한 설명으로 옳지 않은 것은?

① 단순히 남성과 여성을 고정관념으로 구분 짓기보다 상황에 맞춰 고려해야 한다.

② 지위를 이용한 성적 언동으로 상대에게 혐오감을 느끼게 하는 행위를 해서는 안 된다.

③ 진정한 양성평등을 위해서는 항상 절대적 평등을 적용해야 한다.

④ 성희롱 관련 상담 및 고충 처리를 위해 공식 창구를 운영해야 한다.

⑤ 성희롱 예방교육 등을 주기적으로 실시해야 한다.

> **해설** 진정한 양성평등을 위해서는 절대적 평등과 상대적 평등을 모두 적용해야 한다.
> ※ 양성평등의 의미
> • 절대적 양성평등 : 인격적 존중, 기회의 균등, 기본권의 보장
> • 상대적 양성평등 : 능력으로만 평가 · 대우받는 것

05 소매업의 유형 중 편의점의 특징으로 옳지 않은 것은?

① 고객이 원하는 시간에 언제라도 구매할 수 있기 때문에 시간적 편의성이 높다.

② 고객의 접근이 용이한 지역에 위치하여 공간적 편의성이 높다.

③ 구매빈도가 높고 재고회전이 빠른 생필품 위주의 제품계열을 주로 취급한다.

④ 제품판매 이외의 다양한 생활편의 서비스를 제공하고 있다.

⑤ 프랜차이즈형 편의점은 독립형 편의점에 비해 운영의 자율성이 높다.

> **해설** 프랜차이즈형 체인사업은 독자적인 상품 또는 판매 · 경영 기법을 개발한 체인본부가 상호 · 판매방법 · 매장운영 및 광고방법 등을 결정하고, 가맹점으로 하여금 그 결정과 지도에 따라 운영하도록 하는 형태의 체인사업이므로 프랜차이즈형 편의점은 독립형 편의점에 비해 운영의 자율성이 낮다.

06 소매상과 생산자 · 도매상의 상대적 특성 비교로 옳지 않은 것은?

구 분	소매상	생산자 · 도매상
㉠	소량판매 위주	대량판매 위주
㉡	일반 소비자를 대상으로 판매	소매상을 대상으로 판매
㉢	판매상품의 단위당 가격이 낮음	판매상품의 단위당 가격이 높음
㉣	교통편의성이 높은 입지조건에 유리	교외지역이나 지대비용이 낮은 입지조건에 유리
㉤	소매점 내의 점포 구성을 중시	점포(창고) 내의 점포구성 중요성이 낮음

① ㉠   ② ㉡
③ ㉢   ④ ㉣
⑤ ㉤

해설 🔍 대량판매를 하는 생산자 및 도매상의 단위당 상품 가격이 소량판매를 하는 소매상보다 더 낮은 것이 일반적이다.

07 마케팅 경로 구성원이 수행하는 기능들에 대한 설명으로 옳지 않은 것은?

① 정보 : 소비자, 생산자 그리고 거래를 계획하고 촉진하는 데 필요한 마케팅환경 영향요인에 관한 정보를 수집하고 배포함
② 촉진 : 생산자들이 제품을 적시에 제공할 수 있도록 자극함
③ 접촉 : 예상되는 구매자를 탐색하고 커뮤니케이션 함
④ 조정 : 상품을 구매자의 요구조건에 맞춤, 제조, 등급화, 조립, 포장하는 활동이 포함됨
⑤ 협상 : 제품의 소유권 이전을 위해 상품의 가격과 기타 조건에 대한 합의를 이끌어냄

해설 🔍 마케팅 경로 구성원이 수행하는 촉진 기능은 제품에 관한 설득적 커뮤니케이션을 개발하고 배포하는 것을 말한다.
※ 마케팅 경로 구성원이 수행하는 기능
　• 시장조사(research) : 교환을 계획하고 촉진시키기에 필요한 정보를 수집한다.
　• 촉진(promotion) : 제품에 관한 설득적 커뮤니케이션을 개발하고 배포한다.
　• 접촉(contact) : 잠재고객을 탐색하고 적절한 커뮤니케이션을 수행한다.
　• 조응(matching) : 생산자들의 제품을 고객을 위한 구색으로 갖춘다.
　• 협상(negotiation) : 교환이 원활하게 일어나도록 거래조건을 합의시킨다.
　• 물적 유통(physical distribution) : 수송과 보관을 담당한다.
　• 금융(financing) : 생산자나 고객을 위하여 자금을 지원한다.
　• 위험부담(risk taking) : 생산자나 고객의 위험을 부담한다.

08 일반적인 판매원의 역할에 대한 설명으로 옳지 않은 것은?

① 고객이 느끼는 제품 문제를 고객의 입장에서 이해하고 상담해주는 상담사의 역할
② 고객에게 필요한 제품과 더불어 서비스를 제공하는 서비스 제공자의 역할
③ 제품에 대한 다양한 지식과 서비스를 통해 고객의 문제를 해결해주는 상담사의 역할
④ 고객의 숨겨진 욕구를 발견하여 판매를 이끌어 내는 수요 창출자의 역할
⑤ 기업의 입장에서 기업이 원하는 바를 고객에게 잘 전달하는 정보전달자의 역할

해설 🔍 판매원은 단순한 판매처리 업무뿐만 아니라 회사와 고객과의 관계에서 정보매개자로 활동하므로 고객의 입장에서 고객이 원하는 바를 회사에 잘 전달하는 역할을 한다.

09 매장의 윤리강령 중 시장 및 소비자 지향적인 내용으로 가장 옳은 것은?

① 국가 및 지역사회의 일원으로서 법규 및 규정 준수

② 협력사와의 투명하고 공정한 거래를 통해 협력관계 구축

③ 직원을 독립된 인격체로 존중하고 공정한 기회 제공

④ 고객만족을 위해 최고의 제품과 서비스 제공을 위해 노력

⑤ 매장의 운영방침에 따라 각자의 맡은 직무를 충실히 수행

해설 ① 사회규범 지향적
②·③ 정당한 방법 지향적
⑤ 근면성실 지향적

10 수직적 유통경로를 도입하는 이유에 대한 설명으로 옳지 않은 것은?

① 유통비용을 절감하기 위해

② 혁신적인 기술을 보유하기 위해

③ 자본이나 생산설비의 시너지 효과를 얻기 위해

④ 경쟁자에게 효과적으로 대응하기 위해

⑤ 원재료를 안정적으로 확보하기 위해

해설 ③은 수평적 유통경로를 도입하는 이유에 해당한다.
※ 수직적 유통경로의 도입 이유
• 대량 생산에 의한 대량 판매의 요청
• 가격 안정(또는 유지)의 필요성
• 유통 비용의 절감
• 경쟁자에 대한 효과적인 대응
• 기업의 상품이미지 제고
• 목표 이익의 확보
• 유통경로 내에서의 지배력 획득

11 소비자기본법 [시행 2019.7.1.][법률 제16178호, 2018.12.31., 일부개정]에서 규정하고 있는 소비자안전센터에 대한 설명으로 옳지 않은 것은?

① 소비자안전시책을 지원하기 위한 한국소비자원 소속의 센터이다.

② 소비자 권익증진 · 안전과 관련된 방송사업을 할 수 있다.

③ 소비자안전과 관련된 교육 및 홍보를 담당한다.

④ 위해 물품 등에 대한 시정 건의를 할 수 있다.

⑤ 소비자안전에 관한 국제협력 업무를 담당한다.

소비자안전센터의 설치(소비자기본법 제51조)
  - 소비자안전시책을 지원하기 위하여 한국소비자원에 소비자안전센터를 둔다.
  - 소비자안전센터에 소장 1인을 두고, 그 조직에 관한 사항은 정관으로 정한다.
  - 소비자안전센터의 업무는 다음과 같다.
    - 위해정보의 수집 및 처리
    - 소비자안전을 확보하기 위한 조사 및 연구
    - 소비자안전과 관련된 교육 및 홍보
    - 위해 물품 등에 대한 시정 건의
    - 소비자안전에 관한 국제협력
    - 그 밖에 소비자안전에 관한 업무

12 윤리경영의 주요 내용으로 옳지 않은 것은?

① 사회적 책임 · 사회 공헌성
② 환경공헌성
③ 청렴성 · 윤리성
④ 신뢰성과 열린 경영
⑤ 위계적 노사관계

위계적 노사관계(×) → 민주적 · 합리적 노사관계(○)
의사결정의 절차와 내용이 민주적 · 합리적이어야 하며, 이에 따라 구성원들이 신뢰를 바탕으로 상호 협력하여 청렴한 조직문화를 형성해야 한다.

13 직업윤리의 기본원칙으로 옳지 않은 것은?

① 업무의 공공성을 바탕으로 공사구분을 명확히 하는 객관성의 원칙
② 자신이 속한 기업이나 단체의 이익을 최우선으로 생각하는 성실의 원칙
③ 자기업무에 전문가로서의 능력과 의식을 갖고 책임을 다하는 전문성의 원칙
④ 업무를 정직하게 수행하고 본분과 약속을 지키는 정직과 신용의 원칙
⑤ 법규를 준수하고 경쟁원리에 따라 공정하게 행동하는 공정경쟁의 원칙

① · ③ · ④ · ⑤ 외에 고객에 대한 봉사를 최우선으로 생각하고 현장중심 · 실천중심으로 일하는 원칙인 고객중심의 원칙이 직업윤리의 기본원칙에 해당된다. 성실의 원칙은 고객에게 유해상품, 결함상품, 허위 · 과대광고, 정보은폐, 가짜상표, 허위 · 과대 효능 및 성분 등을 표시하여 신의를 지키는 것이다.

14 아래 글상자가 설명하는 경로파워로 옳은 것은?

> 공급업자가 재판매업자에 대해 어떠한 행동을 요구할 수 있는 정당성을 지니고 있다고 인식하는 정도로 정당한 권리에 의해 발생되거나 분화적 가치기순으로부터 발생하기도 하는 경로파워

① 보상력   ② 강제력
③ 합법력   ④ 준거력
⑤ 전문력

해설 ① 보상적 권력(Reward Power) : 한 경로구성원이 다른 경로구성원에게 여러 가지 물질적 또는 심리적인 도움을 줄 수 있을 때 형성되는 영향력
② 강압적 권력(Coercive Power) : 한 경로구성원의 영향력 행사에 대해서 구성원들이 따르지 않을 때, 처벌이나 부정적 제재를 받을 것이라고 지각하는 경우에 미치는 영향력
④ 준거적 권력(Referent Power) : 한 경로구성원이 여러 측면에서 장점을 갖고 있어 다른 경로구성원이 그와 일체성을 갖고 한 구성원이 되고 싶어 하여 거래관계를 계속 유지하고자 할 때 미치는 영향력
⑤ 전문적 권력(Expert Power) : 한 경로구성원이 특별한 전문지식이나 경험을 가졌다고 상대방이 인지할 때 가지게 되는 영향력

15 판매원이 갖추어야할 여러 가지 지식 중 시장지식으로 옳은 것은?

① 주문서 작성방법   ② 고객의 구매성향
③ 상품의 원산지   ④ 재고상황
⑤ 상품의 보증기간

해설 ① · ④ 업무지식
③ · ⑤ 상품지식

16 도매상의 기능 중 소매상을 위한 기능으로 가장 옳지 않은 것은?

① 제품공급기능   ② 구색제공기능
③ 소량분할기능   ④ 신용·재무기능
⑤ 시장정보제공기능

해설 시장정보제공기능은 도매상의 기능 중 제조업자를 위한 기능에 해당된다.

17 아래 글상자가 설명하는 소매업 변천이론으로 옳은 것은?

> 소매점은 다양한 제품 구색을 갖춘 점포에서 전문화된 좁은 구색의 점포로 변화되었다가 다시 다양하고 전문적인 제품을 취급하는 형태로 진화해 가는 과정을 반복한다.

① 진공지대이론   ② 소매수명주기이론
③ 변증법적 이론   ④ 수레바퀴이론
⑤ 소매아코디언이론

> **해설** ① 진공지대이론 : 소비자의 서비스와 가격에 대한 선호도를 중심으로 새로운 업태의 등장을 설명하는 이론이다.
> ② 소매수명주기이론 : 제품 수명 주기 이론과 동일하게 소매점 유형이 도입기 → 성장기 → 성숙기 → 쇠퇴기의 단계를 거치게 된다는 것이다.
> ③ 변증법적 이론 : 소매점의 진화과정을 변증법적 유물론에 입각하여 해석하는 이론으로, 정반합 과정으로 설명한다.
> ④ 수레바퀴이론 : 사회 경제적 환경이 변화됨에 따른 소매상의 진화와 발전을 설명하는 대표적인 이론이다.

18 판매원이 가져야 할 올바른 마음가짐에 대한 설명으로 옳지 않은 것은?

① 자신의 담당 업무에서 최고가 되기 위해 정성을 다해야 한다.
② 담당 업무의 질을 높이려고 노력해야 한다.
③ 판매이외에도 서비스 관련 의사결정과정에 참여하는 적극성을 가져야 한다.
④ 현장 중심의 감각적인 마인드를 가져야 한다.
⑤ 자기만의 방식을 고집해야 한다.

> **해설** 판매원은 고객의 입장에서 생각하는 방식을 지향해야 한다.

19 유통과 관련된 설명으로 가장 옳지 않은 것은?

① 유통은 생산과 소비를 이어주는 중간 기능으로 생산품의 사회적 이동에 관계되는 모든 경제활동을 말한다.
② 매매는 생산과 소비 사이의 사회적 분리를 극복하기 위해 생산자로부터 상품을 구입하고 소비자에게 판매함으로써 상품의 소유권을 이전시키는 기본적인 기능이다.
③ 운송은 생산과 소비 사이의 장소적 분리를 극복하기 위해 생산지에서 소비지까지 상품을 운송하는 것을 말한다.
④ 보관은 내용물에 대한 식별을 가능하게 하고 제품자체를 보호하며, 수송 중 환경오염으로부터 보호하는 기능을 포함한다.
⑤ 정보전달은 생산자와 소비자 간의 정보를 수집·전달하여 상호 의사소통을 원활하게 해준다.

> **해설** 보관은 생산과 소비의 시간적 분리를 극복하기 위해서 상품을 생산시기에서부터 소비시기까지 안전하게 관리하는 기능이다.

20 판매원의 매장 내에서의 역할로 옳지 않은 것은?

① 판매원은 일련의 판매과정을 통해 상품 판매를 성사시키기 위해 노력한다.

② 판매원은 고객에게 자사의 제품과 서비스에 대해 정보를 전달한다.

③ 판매원은 고객의 관심사보다는 판매자의 입장에서 구매를 설득한다.

④ 판매원은 고객의 관심사를 대변하고 소비자와 판매자 관계를 관리한다.

⑤ 판매원은 고객에게 서비스를 제공하고, 일상적인 마케팅정보 수집 업무를 수행한다.

해설 판매원은 판매자의 입장보다는 고객의 관심사를 고려하여 구매를 설득한다.

※ 판매원의 역할
- 단순한 판매처리 업무뿐만 아니라 회사와 고객과의 관계에서 정보매개자로 활동한다.
- 수요창출을 위해 어떻게 고객이 요구하는 가치를 발견할 것인지 노력한다.
- 상담자로서 고객이 인식하고 있는 문제를 고객의 입장에서 해결해주려는 마음가짐이 필요하다.
- 단순히 제품 자체만이 아닌 고객의 총체적 욕구를 채워줄 수 있는 서비스까지 제공한다.

제 2 과목 판매 및 고객관리

21 고객의 구매과정 순서로 옳은 것은?

① 채널, 점포, 서비스에 대한 정보탐색 – 욕구인식 – 채널, 점포, 서비스 대안 평가 – 구매 – 구매 후 평가

② 채널, 점포, 서비스에 대한 정보탐색 – 채널, 점포, 서비스 대안 평가 – 욕구인식 – 구매 – 구매 후 평가

③ 욕구인식 – 채널, 점포, 서비스에 대한 정보탐색 – 채널, 점포, 서비스 대안 평가 – 구매 – 구매 후 평가

④ 욕구인식 – 채널, 점포, 서비스 대안 평가 – 채널, 점포, 서비스에 대한 정보탐색 – 구매 – 구매 후 평가

⑤ 채널, 점포, 서비스에 대한 정보탐색 – 구매 – 채널, 점포, 서비스 대안 평가 – 욕구인식 – 구매 후 평가

해설 소비자의 합리적인 구매과정

문제 및 욕구인식(실제 상태와 희구 상태 또는 이상 상태의 불일치 인식) → 정보탐색(과거의 경험 등을 통해서 정보를 끌어내는 내부탐색과 광고 등과 같은 외부 환경으로부터 정보를 수집하는 외부탐색) → 대안평가(정보탐색과정에서 얻어낸 몇 가지 대안을 특정 기준에 의해 비교, 평가) → 구매(특정 대안을 결정하여 구매) → 구매 후 평가(구매 후 평가과정에서 반복구매 의사 여부가 결정됨)

---

22 소비자의 점포 선택 행동에 대한 설명으로 가장 옳지 않은 것은?

① 소매기업의 인지도와 그 소매기업 점포수 등에 따라 점포선택이 달라진다.

② 점포 인테리어, 매장 청결성 등이 점포 선택에 영향을 미친다.

③ 점포까지의 거리 및 주차시설 등의 점포이용 편리성이 점포선택에 영향을 준다.

④ 점포가 제공하는 상품 다양성이나 품질에 따라 선택하는 점포가 달라진다.

⑤ 점포의 입점유형이 점포선택의 주요 기준이 된다.

해설 점포의 입점유형은 주변 상권 및 입지분석의 주요 기준이 된다.

※ 소비자의 점포선택 결정요인

- 점포선택의 결정적인 속성은 대개 위치, 제품구색의 특성, 가격, 광고 및 촉진, 판매원, 서비스, 물리적 점포 특성(엘리베이터, 조명, 에어컨 등), 점포 고객의 특성, 점포 분위기, 거래 후 만족과 서비스와 같은 범주로 나뉘게 된다(Engel, Blackwell & Miniard 1990).
- Spiggle and Murphy(1987)는 소비자들의 점포선택과 점포선호에 영향을 미치는 요인으로 소비자 특성변수와 소비자 심리적 변수, 점포 특성변수의 세 가지로 구분하였으며, 점포 특성변수로는 점포의 입지조건, 판매하는 상품의 구색과 가격, 촉진관리, 판매원, 점포분위기 등을 설정하였다.

23 고객응대 전화매너에 대한 설명으로 옳지 않은 것은?

① 전화를 받을 때는 인사말과 함께 받는 사람의 소속과 이름을 정확히 말한다.

② 답변이나 상담은 명확하고 상세하게 설명하되, 고객이 이해했는지 여부를 확인할 필요는 없다.

③ 고객문의 사항에 대해서는 전화를 처음 받은 직원이 끝까지 안내하는 것이 일반적인 원칙이다.

④ 받은 전화를 다른 직원에게 연결할 경우에는 사전 양해를 구한 후 해당 업무 담당자의 소속, 성명, 전화번호를 알려드린 다음 연결한다.

⑤ 문의사항 안내가 끝난 뒤 전화를 끊을 때에는 고객이 끊은 것을 확인하고 수화기를 내려놓는 것이 좋다.

해설 답변이나 상담은 명확하고 상세하게 설명하되, 고객이 이해했는지 여부도 확인해야 할 필요가 있다.

24 아래 글상자의 (   )안에 들어갈 용어로서 가장 옳은 것은?

> 고가의 전문용품 매장은 일반적으로 백화점 안에서 고객들의 통행이 많지 않은 구역에 배치한다. 그 이유는 고가의 전문용품 매장은 (   )에 해당하기 때문이다

① 특선품구역 ② 판매촉진구역

③ 독립입지구역 ④ 목적구매구역(행선지구역)

⑤ 고객서비스구역

해설 목적구매구역은 이미 소비자가 매장을 들어올 때부터 구입할 목적을 가지고 있는 상품이 있는 구역이므로 고객들의 통행이 많지 않은 구역에 배치한다.

① 특선품구역 : 고객의 관심을 끌어 원하는 반응을 이끌어내기 위해 설치된 구역이다.

② 판매촉진구역 : 기업의 제품이나 서비스를 고객들이 구매하도록 유도할 목적으로 해당 제품이나 서비스의 성능에 대해서 고객을 대상으로 정보를 제공하거나 설득하여 판매가 늘어나도록 유도하는 구역이다.

③ 독립입지구역 : 전혀 점포가 없는 곳에 독립하여 점포를 운영하는 구역이다.

⑤ 고객서비스구역 : 재화나 서비스 상품을 구입한 고객에게 사후 관리 서비스를 제공하는 구역이다.

25 고객의 주의를 끌기 위해 활용할 수 있는 특선품구역(feature areas)으로 가장 옳지 않은 것은?

① 곤돌라 진열대

② 쇼윈도우

③ 자유진열대

④ 판매촉진구역

⑤ 계산대(POS)구역

해설 특선품구역은 고객의 관심을 끌기 위해 설치하는 것으로 판매촉진구역, 자유진열대, 쇼윈도우, 계산구역, 엔드매대 등으로 나눌 수 있다.

※ 곤돌라 진열

많은 양의 상품들이 소비자들에게 잘 보임과 더불어 소비자들로 하여금 풍요함을 직접적으로 느끼게 하면서 상품을 가장 편하게 집을 수 있도록 한 입체식 진열로, 대부분 가공식품이나 비식품을 곤돌라에 진열한다.

26 점포배치 중 격자형 레이아웃에 대한 설명으로 옳지 않은 것은?

① 주된 통로를 중심으로 여러 매장의 입구가 연결되어 있고, 고객들이 쉽게 여러 매장으로 들어갈 수 있도록 배려한 점포배치 방법이다.

② 매장 전체를 한 눈에 둘러보고 자기가 원하는 물건을 쉽게 찾길 바라는 고객들에게 적합하다.

③ 통로를 따라 진열대, 곤돌라, 쇼케이스 등의 진열기구가 직각으로 놓여 진 배치이다.

④ 다른 배치 형태에 비하여 공간 낭비도 줄일 수 있고, 내부시설이 일반적인 규격으로 표준화되어 있어 비용면에서도 효과적이다.

⑤ 제약 중 하나는 점포의 모든 상품이 고객들에게 노출되지 않는다는 점이다.

해설 ①은 자유형 레이아웃에 대한 설명이다.

27 서점에서는 보통 판타지, 로맨스, 여행, 요리, 자기개발, 비즈니스 등 주제별로 부문(sections)을 나누고 관련 서적들을 진열하는데, 이 진열방법의 명칭으로 가장 옳은 것은?

① 적재 진열

② 전면 진열

③ 수평적 진열

④ 스타일/품목별 진열

⑤ 아이디어지향형 진열

해설 ① 적재 진열 : 대량의 상품을 한꺼번에 쌓아 진열하는 방법으로 계절상품을 진열해서 고객의 이목을 집중시켜 충동 구매를 유발시킨다.

② 전면 진열 : 고객의 시선을 끌기 위해 가능하면 상품 전체를 노출하고자 하는 방법이다.

③ 수평적 진열 : 동종의 상품을 좌우로 진열하는 방법이다.

28 효과적인 디스플레이 방법에 대한 설명으로 가장 옳지 않은 것은?

① 같은 품목 별로, 같은 스타일 별로 상품을 분류한다.

② 판매되어 빠진 상품은 바로 보충하도록 한다.

③ 샘플을 진열하여 구매 상품을 미리 만져 보기 쉽도록 한다.

④ 항상 큰 것을 맨 위에 배치한다.

⑤ 진열 유효 범위인 골든 스페이스를 활용하여 디스플레이 한다.

> **해설** 디스플레이의 기본 원칙은 손으로 잡기 쉬워야 하는데 항상 큰 것을 맨 위에 배치하면 상품을 손으로 잡거나 고르기 어렵기 때문에 효과적인 디스플레이 방법이 될 수 없다. 따라서 크거나 무거운 상품은 하단에 배치하여 안정감을 주어야 한다.

29 고객을 위한 대기시간 관리전략으로 옳지 않은 것은?

① 서비스 창구나 판매직원을 추가배치 하여 원활한 서비스를 제공하도록 한다.

② 대기고객이 순서에 따라 준비된 창구로 이동하게 하여 서비스를 제공하도록 한다.

③ 대기시간이 길어진 이유에 대해 안내하고 설명한다.

④ 대기 공간을 쾌적하게 유지한다.

⑤ 불만을 표출하는 고객들에게 우선적으로 서비스를 제공한다.

> **해설** 불만을 표출하는 고객들에게 우선적으로 서비스를 제공하면, 다른 대기고객들의 불만이 더 커지게 되므로, 불만을 표출하는 고객들에게는 대기상황이 납득되도록 양해를 구하는 방식으로 응대하고, 대기 순서에 따라 서비스를 제공해야 한다.
> ※ 대기관리를 위한 고객의 인식관리 기법
> • 서비스가 시작되었다는 느낌을 주어라.
> • 총 예상 대기시간을 알려 주라.
> • 고객을 유형별로 대응하라.
> • 이용되고 있지 않은 자원은 보이지 않도록 하라.

30 판매촉진 중 소비자 촉진 유형을 모두 고른 것으로 가장 옳은 것은?

> ㉠ 쿠폰
> ㉡ 할인 촉진, 환불보장
> ㉢ 경연과 경품
> ㉣ 광고보조금과 협력광고

① ㉠, ㉡   ② ㉠, ㉢

③ ㉠, ㉡, ㉢   ④ ㉠, ㉡, ㉣

⑤ ㉡, ㉢, ㉣

> **해설** 광고보조금과 협력광고는 중간상 촉진 유형이다.

31 고객과 대화를 할 때 종업원의 기본예절로 가장 옳지 않은 것은?

① 알아듣기 쉬운 표준말을 사용한다.

② 발음을 명확히 하고 말끝을 흐리지 않는다.

③ 고객에 대한 존중의 의미로 사물존칭을 사용한다.

④ 전문용어는 남발하지 않는다.

⑤ 지나치게 큰소리 또는 속삭이듯 작은 소리로 이야기하지 않는다.

> **해설 ✚** 사람이 아닌 사물을 존대하는 사물존칭은 잘못된 언어 사용이다.

32 POS(point of sales) 데이터에 대한 설명으로 옳지 않은 것은?

① 소매점에서 계산대에 설치된 스캐너로 판매된 상품의 바코드를 읽음으로써 수집되는 데이터를 가리킨다.

② 이 데이터에는 판매된 상품의 고유번호, 수량, 시각, 가격 등이 포함된다.

③ 일부 업체에서는 판매원으로 하여금 구매자의 성별과 추정된 연령까지 입력하도록 하고 있다.

④ 이 데이터를 분석함으로써 소매점은 여러 가지 유용한 정보를 얻을 수 있다.

⑤ 바코드와 판매시점관리인 POS시스템은 동일한 것으로 간주해도 된다.

> **해설 ✚** POS시스템의 원활한 운영을 위해서 단품별 상품에 바코드를 부착하는 것이 기본이자 가장 중요한 조건이 된다. 따라서 바코드와 판매시점관리인 POS시스템은 동일한 것으로 간주하는 것이 아니라 바코드는 POS시스템 운영을 위해 필요한 필수적인 조건으로 간주한다.

33 바코드 구조 관련 아래 글상자 ㉠, ㉡, ㉢, ㉣에 기재될 사항으로 가장 옳은 것은?

〈GTIN-13코드〉

8 8 0 2 4 6 8 9 7 5 3 1 7

국가식별 코드	제조업체 코드	품목 코드	체크 디지트
㉠	㉡	㉢	㉣

(바코드 임의생성 : https://www.barcodesinc.com)

① ㉠ 880, ㉡ 246897, ㉢ 531, ㉣ 7 　　② ㉠ 88, ㉡ 02468, ㉢ 9753, ㉣ 17

③ ㉠ 880, ㉡ 24689, ㉢ 753, ㉣ 17 　　④ ㉠ 88, ㉡ 024689, ㉢ 7531, ㉣ 7

⑤ ㉠ 8802, ㉡ 4689, ㉢ 7531, ㉣ 7

> **해설 ✚** 바코드의 구조
> 국가식별 코드 3자리(880) + 제조업체 코드 6자리(246897) + 상품품목 코드 3자리(531) + 체크 디지트 1자리(7)

34 매장계획 시 평면계획과 동선계획으로 옳지 않은 것은?

① 고객의 유동성과 체류시간을 고려하여 혼잡도를 최소화할 수 있게 동선의 폭을 설정해야 한다.

② 관련 품목의 구매를 촉진하기 위해서는 관련되는 상품을 군집화 하여야 한다.

③ 매장의 깊이는 상품의 성격과 진열방법, 집기의 크기를 고려하여 설정해야 한다.

④ 매장의 벽면은 고객동선에서 고객시선과 직교하게 하여야 한다.

⑤ 고객의 동선은 구매결정을 신속하게 할 수 있도록 짧게 구성하는 것이 효과적이다.

> **해설** 판매원의 동선은 짧게, 고객의 동선은 길게 구성하는 것이 효과적이다.

35 제조업자가 소비자를 대상으로 구매 후 일정액을 환불해주는 판매촉진의 기법으로 옳은 것은?

① 협동광고   ② 교육훈련

③ 리베이트   ④ 판매경진대회

⑤ 보너스

> **해설** 리베이트는 판매가격의 일정비율을 반환해 주는 것으로 소비자 촉진관리 수단이다.
> ※ 협동광고
> 생산자가 소매점의 광고비를 분담해 주거나 광고 속에 자사의 제품을 취급하는 소매점을 소개하는 것이다.

36 아래 글상자 상품분류 중 편의품과 관련이 있는 상품군을 모두 고른 것은?

㉠ 생활필수품	㉡ 유행상품
㉢ 고이익상품	㉣ 고회전상품
㉤ 연중상품	

① ㉠, ㉢   ② ㉠, ㉡

③ ㉠, ㉣, ㉤   ④ ㉡, ㉢, ㉣

⑤ ㉢, ㉣, ㉤

> **해설** ㉡ 스타일·디자인 등 정보적 가치가 중요한 선매품
> ㉢ 매우 높은 단가와 높은 마진의 전문품
> ※ 편의품의 특성
> • 높은 구매빈도
> • 낮은 단가
> • 높은 회전율
> • 낮은 마진
> • 대량생산 가능
> • 상표에 대한 높은 관심
> • 습관적 구입
> • 주거지 근처에서 구매
> • 집약적(개방적) 유통방식

37 상품은 핵심상품, 실체상품, 확장상품 등 세 가지 차원으로 구분된다. 다음 중 확장상품에 해당하는 것은?

① 상품기능   ② 품질보증

③ 브랜드명   ④ 상품속성

⑤ 상품디자인

해설 확장상품은 실체상품의 효용가치를 증가시키는 부가서비스차원의 상품으로, 실체상품에 보증, 반품, 배달, 설치, 애프터서비스, 사용법 교육, 신용, 상담 등의 서비스를 추가하여 상품의 효용가치를 증대시키는 것이다.

38 전자 플래노그램(electronic planograms)에 대한 설명으로 가장 옳은 것은?

① 유통경로의 길이를 줄여줄 수 있다.

② 판촉 방식 대비 매출의 효율성을 분석할 수 있다.

③ 상품들의 진열방식을 결정하는 데 도움을 줄 수 있다.

④ 표준규격으로 포장된 상품들에만 적용할 수 있다.

⑤ 다차원적 상품 진열도구들을 사용하는 경우에는 활용할 수 없다.

해설 플래노그램

특정 제품이 속한 부서 내 제품의 진열위치를 결정하기 위해서 흔히 플래노그램을 활용하는데, 이는 제품이 각각 어디에 어떻게 놓여야 하는지를 알려주는, 일종의 진열공간의 생산성을 평가하게 해주는 지침서를 말한다.

39 고객관계관리(CRM)의 중요성에 대한 설명 중 옳지 않은 것은?

① 고객 유지보다는 고객 획득에 중점을 둔다.

② 시장점유율보다는 고객점유율에 비중을 둔다.

③ 상품 판매보다는 고객과의 관계에 중점을 둔다.

④ 기업의 입장보다 고객의 입장에서 상품을 판매한다.

⑤ 20%의 우수 고객이 80%의 일반 고객보다 기업의 수익에 더 큰 도움을 줄 수 있다.

해설 고객 획득보다는 고객 유지에 중점을 둔다.

※ 고객관계관리(CRM)

CRM은 우리 회사의 고객이 누구인지, 고객이 무엇을 원하는지를 파악하여 고객이 원하는 제품과 서비스를 지속적으로 제공함으로써 고객을 오래 유지시키고 이를 통해 고객의 평생가치를 극대화하여 수익성을 높이는 통합된 고객관계관리 프로세스이다.

40 서비스 품질에 대한 설명으로 옳지 않은 것은?

① 고객은 제공받는 서비스에 대한 지각과 기대와의 비교를 통해 서비스를 평가한다.

② 서비스 수준을 평가할 때, 신뢰성, 반응성, 확신성, 공감성, 유형성을 포함한 서비스 품질 측정도구를 활용하여 평가한다.

③ 서비스 품질 관리를 통해 고객만족을 이끌어낼 수 있다.

④ 유형성은 물리적인 시설 장비 등의 외형적인 부분을 의미한다.

⑤ 고객은 지각한 서비스 품질이 기대수준과 같거나 높을 때 불만족하게 된다.

41 판매담당자가 판매결정(closing the sale) 단계에 취해야 하는 기본자세로 가장 옳지 않은 것은?

① 판매가 성공할 것이라는 자신감과 태도로서 고객을 응대해야 한다.
② 판매결정은 궁극적으로 판매자에 의해 이루어짐을 인지해야 한다.
③ 고객에게 지금이 구매의 최고 적기라는 강한 근거를 제시한다.
④ 고객이 원하는 방법으로 판매결정을 시도한다.
⑤ 신중하지만 신속한 판매종결이 이루어지도록 시도되어야 한다.

42 고객을 대하는 종업원의 자세로 가장 옳지 않은 것은?

① 고객을 판매의 대상으로 볼 것이 아니라 상생의 파트너로 생각해야 한다.
② 고객이 원하는 것을 구매할 수 있게 도움을 주어야한다.
③ 고객의 욕구파악보다 제품에 대한 세부정보 전달에 많은 시간을 할애한다.
④ 고객은 제품을 구매하는 것은 좋아하지만, 판매당하는 것은 싫어한다.
⑤ 고객은 제품 그 자체가 아닌 제품이 주는 가치를 구매함을 인지하여야 한다.

43 아래 글상자에서 설명하는 판매촉진 방법으로 옳은 것은?

> - 즉각적인 상품구매를 유도하여 특정상품의 과다재고를 처리할 때 유용함
> - 경제적 측면에서 혜택을 제공함으로써 직접적인 구매동기를 부여함
> - 매출을 올리기 가장 쉬운 방법이지만 브랜드 이미지를 훼손할 수 있음

① 경품 제공   ② 샘플 제공
③ 전단지 배포   ④ 회원제도
⑤ 가격 할인

44 고객이 소매점의 서비스를 평가하는 데 사용하는 유형적(tangible) 단서로서 가장 옳은 것은?

① 점포 외관   ② 종업원의 친절함

③ 서비스의 신속성   ④ 대금청구의 정확성

⑤ 영업시간의 편리성

해설 ➕ ② · ③ 대응성
　　　　④ 신빙성
　　　　⑤ 가용성

45 SERVQUAL 모형에 기반한 판매직원의 서비스 품질 평가에 대한 내용으로 가장 옳지 않은 것은?

① 약속한 서비스를 제공하여 고객이 신뢰성을 가질 수 있게 했는가를 평가한다.

② 제품에 대한 지식과 예절 있는 행동으로 판매원에 대한 확신성을 갖게 했는가를 평가한다.

③ 고객에게 개별적인 배려와 관심을 표현하는 공감성을 갖추었는가를 평가한다.

④ 고객에게 언제든지 즉각 준비된 서비스를 제공하겠다는 대응성을 가졌는가를 평가한다.

⑤ 고객에 대한 외부 커뮤니케이션과 매장 내 체험이 동일하도록 일치성을 보였는가를 평가한다.

해설 ➕ SERVQUAL 모형

서비스품질 평가 10개 차원	SERVQUAL 차원	SERVQUAL 차원의 내용
유형성	유형성	물리적 시설, 장비, 직원, 커뮤니케이션 자료의 외양
신뢰성	신뢰성	약속한 서비스를 믿을 수 있고 정확하게 수행할 수 있는 능력
대응성	대응성	고객을 돕고 신속한 서비스를 제공하려는 태세
능 력	확신성	직원의 지식과 예절, 신뢰와 자신감을 전달하는 능력
예 절		
신빙성		
안전성		
가용성	공감성	회사가 고객에게 제공하는 개별적 배려와 관심
커뮤니케이션		
고객이해		

제2회 최근기출문제

제1과목 유통상식

01 소비자기본법(법률 제17290호, 2020.5.19., 타법개정)에서 규정한 소비자단체의 업무에 해당하지 않는 것은?

① 국가 및 지방자치단체에 소비자의 권익과 관련된 시책 건의

② 물품의 거래조건이나 거래방법에 관한 조사 · 분석

③ 소비자문제에 관한 조사 · 연구

④ 소비자의 불만 및 피해를 처리하기 위한 상담

⑤ 금융기관과 금융소비자 사이에 발생하는 분쟁에 대한 자율적 분쟁조정

해설 소비자단체의 업무 등(소비자기본법 제28조 제1항)

소비자단체는 다음 각 호의 업무를 행한다.

1. 국가 및 지방자치단체의 소비자의 권익과 관련된 시책에 대한 건의

2. 물품등의 규격 · 품질 · 안전성 · 환경성에 관한 시험 · 검사 및 가격 등을 포함한 거래조건이나 거래방법에 관한 조사 · 분석

3. 소비자문제에 관한 조사 · 연구

4. 소비자의 교육

5. 소비자의 불만 및 피해를 처리하기 위한 상담 · 정보제공 및 당사자 사이의 합의의 권고

02 유통경로상에서 수행되는 유통의 기능으로 옳지 않은 것은?

① 재판매를 위해 여러 공급업자들로부터 상품을 구입한다.

② 생산지역과 소비지역을 연결함으로써 장소효용을 일으킨다.

③ 상품을 규격화함으로써 거래 및 물류가 원활히 되도록 한다.

④ 예상판매량, 가격정보, 소비자정보 등을 생산자에게 제공한다.

⑤ 소비자 니즈를 반영한 혁신적인 신제품을 개발 및 생산한다.

해설 ⑤는 생산자가 수행하는 역할에 해당한다.

03 아래 글상자는 한정기능도매상 중 어느 도매상에 대한 설명인가?

> 주로 식료품과 잡화류를 취급하는 도매상을 말하며 재고수준에 대한 조언, 저장 방법에 대한 아이디어 제공, 선반진열 업무 등을 소매상을 대신하여 직접 수행하는 도매상을 말한다.

① 현금무배달도매상   ② 직송도매상
③ 트럭도매상   ④ 진열도매상
⑤ 우편주문도매상

해설 ➊ ① 배달을 하지 않는 대신 싼 가격으로 소매 기관에 상품을 공급하며, 신용판매를 하지 않고 현금만으로 거래를 한다.
② 제조업자나 공급자로부터 제품을 구매한 뒤, 제품을 제조업자나 공급자가 물리적으로 보유한 상태에서 제품을 고객들에게 판매하게 되면, 고객들에게 직접 제품을 직송하게 된다.
③ 일반적으로 고정적인 판매루트를 가지고 있으며 트럭이나 기타 수송수단으로 판매와 동시에 상품을 배달하게 된다.
⑤ 소규모의 소매상이나 산업구매자에게 보석이나 스포츠용품 등을 제품목록을 통해 판매한다.

04 도매상의 기능 중 제조업자를 위한 기능으로 옳지 않은 것은?

① 시장담당기능   ② 판매접촉기능
③ 재고유지기능   ④ 주문처리기능
⑤ 구색제공기능

해설 ➊ 구색제공기능은 도매상의 기능 중 소매상을 위한 기능에 해당한다.

05 과거 우리나라 전통적 유통산업의 문제점으로 가장 옳지 않은 것은?

① 구조적 취약성   ② 중소유통업체의 상권위축 가속화
③ 유통환경의 전근대성   ④ 물류체계의 낙후
⑤ 규제 최소 및 지원 풍부

해설 ➊ 규제 최소 및 지원 풍부는 문제점이 아닌 장점에 대한 내용이다.

06 소비자의 구매의사결정과정으로 옳은 것은?

① 정보탐색 → 대안의 평가 → 구매 → 구매 후 행동 → 필요의 인식
② 대안의 평가 → 구매 → 구매 후 행동 → 필요의 인식 → 정보탐색
③ 구매 → 구매 후 행동 → 필요의 인식 → 정보탐색 → 대안의 평가
④ 구매 후 행동 → 필요의 인식 → 정보탐색 → 대안의 평가 → 구매
⑤ 필요의 인식 → 정보탐색 → 대안의 평가 → 구매 → 구매 후 행동

해설 ➊ 소비자의 구매의사결정과정
문제의 인식 → 정보의 탐색 → 대체안의 평가 → 구매의사의 결정 → 구매 후 행동

07 소비자 행동의 영향요인 중 내적 요인으로 옳지 않은 것은?

① 태 도　　　　　　　　　　② 기 억

③ 개성과 라이프스타일　　　　④ 학 습

⑤ 문화적 요인

해설 🔍 문화적 요인은 외적 요인에 해당한다.

08 카테고리킬러에 대한 설명으로 가장 옳지 않은 것은?

① 전문할인점이라고도 불린다.

② 한 가지 제품군을 깊게 취급한다.

③ 한정된 제품군 내의 상품을 할인점보다 저렴하게 판매한다.

④ 카테고리킬러의 성공요인으로 대형화와 체인화를 들 수 있다.

⑤ 백화점과 주요 경쟁관계에 있으며 고급스러운 분위기 구성에 신경 쓴다.

해설 🔍 카테고리킬러는 할인형 전문점으로 대량판매와 낮은 비용으로 저렴한 상품가격을 제시하며, 취급하는 상품은 주로 완구, 스포츠용품, 가전용품, 자동차용품, 레코드, 사무용품 등이다.

09 소매믹스 변수들에 대한 설명으로 가장 옳지 않은 것은?

① 적절한 시장규모와 성장성은 주요 소매믹스 변수 중 하나다.

② 물적 시설은 입지, 점포계획 등을 포함한 변수이다.

③ 상품기획은 고객의 욕구에 맞는 상품믹스를 개발, 확보, 관리하는 것을 의미한다.

④ 가격을 결정할 때는 제품가격 뿐만 아니라 제공되는 서비스가격도 고려한다.

⑤ 촉진방법으로는 주로 광고와 홍보, 인적판매와 판매촉진이 사용된다.

해설 🔍 소매믹스 변수
- 물적 시설 : 입지 및 점포계획
- 상품계획 : 소비자들의 니즈에 맞게 제품믹스를 개발, 확보, 관리
- 가격결정 : 제품가격뿐만 아니라 제공되는 서비스가격도 고려
- 촉진 : 장기적으로는 점포 이미지 포지셔닝의 개선, 공공 서비스 확대를 위한 광고 및 홍보의 활용

10 직장생활의 변화를 가져올 수 있는 양성평등 문화의 구축에 대한 설명으로 가장 옳지 않은 것은?

① 조직문화와 관행에서 남성위주의 여성차별의식을 없애야 한다.

② 직장 내에서 성희롱이 일어나지 않도록 강력한 조치가 필요하다.

③ 남성들도 여성을 함께 일해야 하는 동등한 동반자로서 인식해야 한다.

④ 여성에게 여성다움을 강조하며 예절을 더 강조하는 것은 바람직하다.

⑤ 직장 내에서 여성들도 남성들과 동등한 경쟁을 할 수 있는 여건을 마련해야 한다.

해설 ➕ 여성에게 여성다움을 강조하며 예절을 더 강조하는 것은 성차별적인 고정관념에 해당되므로 바람직하지 않다.

11 고수익-저회전율 전략에 대한 설명으로 가장 옳은 것은?

① 선택적 유통경로를 통한 서비스수준 최소화

② 특별한 노력 없이 팔리는 제품을 취급

③ 얕은 제품 깊이로 다양한 제품을 취급

④ 시중보다 낮은 가격으로 판매

⑤ 상품 지향적, 이미지 지향적인 촉진

해설 ➕ 고수익-저회전율 전략은 주로 전문품에 적용하는 전략이다.
① 전속적 유통경로를 통한 서비스수준 최대화
② 상당한 노력을 들여 팔리는 제품을 취급
③ 제한된 상품 및 업종에 대하여 깊이 있게 제품을 취급
④ 시중보다 높은 가격으로 판매

12 직업윤리의 개념과 성격에 대한 설명으로 가장 옳은 것은?

① 직업윤리는 직업생활에서의 윤리를 말하는 것으로, 사회에서 직업인에게 요구하는 사회적 규범이나 직업적 양심과는 관련이 없다.

② 직업윤리는 직업인뿐만 아니라 일반인에게도 요구되는 직업전반의 윤리를 말한다.

③ 직업윤리는 기본적으로 개인윤리와 무관하게 직업에 종사하는 과정에서 요구되는 특수한 윤리규범이다.

④ 직업윤리는 직업에 종사하는 현대인으로서 누구나 공통적으로 지켜야 할 윤리기준이다.

⑤ 공직자나 의사, 교육자 등 직업에서 강조되어야 할 윤리는 직업 일반의 윤리이다.

해설 ➕ ① 직업윤리는 사회에서 직업인에게 요구하는 사회적 규범이나 직업적 양심과도 관련이 있다.
② 직업윤리는 어떤 직업을 수행하는 사람들에게 요구되는 행동규범을 의미한다.
③ 직업윤리는 사회생활을 하는 인간이 근본적으로 직면할 수밖에 없는 윤리문제를 직업생활이라는 특수한 사회적 상황에 적용한 것이다.
⑤ 공직자나 의사, 교육자 등 직업에서 강조되어야 할 윤리는 특수 직업의 윤리이다.

13 판매원의 역할로 가장 옳지 않은 것은?

① 고객의 문제를 제대로 파악하기 위해 다양한 방법으로 고객을 탐색할 수 있어야 한다.
② 고객관리 정책을 수립하여야 한다.
③ 고객의 특성에 맞게 마케팅 제공물이나 설명방식을 변경시킬 수 있어야 한다.
④ 고객들을 대상으로 회사를 대변하여야 한다.
⑤ 회사를 대상으로 고객들의 관심사를 대변하여야 한다.

> **해설** 고객관리 정책은 관리자의 역할에 해당한다.

14 유통경로, 즉 중간상이 사라질 경우 생산과 소비 사이에서 발생할 수 있는 여러 가지 불일치 문제와 관련된 내용으로 옳지 않은 것은?

① 생산량과 수요량의 불일치
② 생산시점과 소비시점의 불일치
③ 생산지역과 소비지역의 불일치
④ 거래횟수 최소화를 통한 거래비용 불일치
⑤ 생산자와 소비자 상호 간의 정보 불일치

> **해설** 중간상이 사라질 경우에는 거래의 총량이 증가하게 되어 거래비용도 증가하게 된다.

15 판매원과 고객과의 관계에 있어서 판매원의 서비스 매너에 대한 설명으로 옳지 않은 것은?

① 고객과의 접점에서 고객에 대한 이해와 고객의 요구에 신속히 대응하는 능력이다.
② 서비스 매너는 신뢰성을 주는 이미지로 고객을 맞이하는 태도에서부터 시작된다.
③ 고객접점에서 바람직한 서비스를 제공하며 고객만족을 위해 노력하는 고객 응대 방식이다.
④ 고객 맞이에서부터 배웅에 이르기까지 고객만족을 위해 제공되는 서비스 일체와 매너 있는 서비스 제공자의 태도를 포함한다.
⑤ 판매원의 일상생활에서 갖추어야 할 모든 예의와 절차를 의미한다.

> **해설** 판매원의 일상생활이 아닌 고객을 응대하는 과정에서 갖추어야 할 모든 예의와 절차를 의미한다.

16 소매형태는 점포소매상과 무점포소매상으로 구분할 수 있는데 아래 글상자에서 점포소매상에 해당되는 것을 모두 고르면?

> ㉠ 종합할인점   ㉡ 카테고리 킬러
> ㉢ 홈쇼핑   ㉣ 통신판매

① ㉠, ㉡   ② ㉠, ㉢

③ ㉡, ㉢   ④ ㉡, ㉣

⑤ ㉢, ㉣

해설 ➕ ㉠·㉡ 점포소매상
㉢·㉣ 무점포소매상

17 아래 글상자에서 고객 불만·불평처리 방법으로 옳은 것을 모두 고르면?

> ㉠ 신속하게 처리한다.
> ㉡ 정확한 원인을 파악한다.
> ㉢ 성의 있게 해결 방안을 모색한다.
> ㉣ 겸허하게 받아들이며, 한발 양보하는 자세로 임한다.
> ㉤ 불만·불평처리 결과를 반영해 다른 유사고객들의 불만방지를 위해 미리 대처한다.

① ㉠   ② ㉠, ㉡

③ ㉠, ㉡, ㉢   ④ ㉠, ㉡, ㉢, ㉣

⑤ ㉠, ㉡, ㉢, ㉣, ㉤

해설 ➕ 고객 불만·불평처리 방법으로 모두 옳은 내용이다.
※ 고객 컴플레인 처리시 유의사항
- 고객의 말에 동조해 가면서 끝까지 충분히 듣는다.
- 논쟁이나 변명은 피한다.
- 고객의 입장에서 성의 있는 자세로 임한다.
- 감정적 표현이나 노출을 피하고 냉정하게 검토한다.
- 솔직하게 사과한다.
- 설명은 사실을 바탕으로 명확하게 한다.
- 신속하게 처리한다.

18 우리나라 유통산업의 주요한 대내·외 환경 변화로 가장 옳은 것은?

① 시장개방의 둔화

② 유통업체의 소형화 및 단일 점포화

③ 소비자 요구의 다양화

④ 멀티채널에 기반한 업태 간 경쟁약화

⑤ 첨단기술의 중요성 감소

19 텔레마케팅의 전화예절 원칙으로 옳지 않은 것은?

① 자신감을 가지고 텔레마케팅을 전개한다.

② 따뜻하고 친밀감을 느낄 수 있도록 한다.

③ 매너와 에티켓을 지킨다.

④ 목소리의 높낮이를 잘 조절하고, 억양에도 신경을 쓴다.

⑤ 친근함을 위해 최신 유행어나 줄임말을 사용한다.

20 판매원이 갖춰야할 바람직한 자세에 대한 설명으로 옳지 않은 것은?

① 고객의 질문에 성심성의껏 응대한다.

② 판매를 성사시키기 위해 다양한 방법을 사용하여 응대한다.

③ 잘 모르는 부분에 대해서는 확인하여 정확하게 응대한다.

④ 고객의 잠재된 욕구가 있는지 파악하여 응대한다.

⑤ 판매실적과 직접적인 연관이 있을 때만 응대한다.

제 **2** 과목 **판매 및 고객관리**

21 고객유형별 고객응대법으로 가장 옳지 않은 것은?

① 화가 난 고객 - 지적받은 사항에 대해 일단 사과하고 고객의 불만을 귀 기울여 경청한다.

② 예민한 고객 - 불필요한 대화를 줄이고 신속히 고객의 요구에 조치한다.

③ 무리한 요구가 많거나 거만한 고객 - 고객의 요구에 초점을 맞추고 확고하고 공정한 태도를 유지한다.

④ 의심이 많은 고객 - 감정설득화법으로 응대하며 불필요한 대화를 최소화 한다.

⑤ 무엇이든 반대하는 고객 - 질문으로 대응하되 목소리를 높이거나 말대꾸하지 말고 고객을 존중하는 태도로 임한다.

22 일반적으로 고객생애주기는 고객확보-고객유지-고객확대의 3단계로 구분한다. 이 중 고객유지단계의 활동에 대한 설명으로 가장 옳은 것은?

① 잠재고객을 발굴하여 고객관계를 형성한다.

② 평생고객으로 발전시켜 장기적 이익을 극대화 한다.

③ 기업의 옹호자가 되어 긍정적 구전을 전파하도록 독려한다.

④ 크로스셀링(cross-selling)을 통해 거래제품 수를 증가시킨다.

⑤ 우량고객이 될 가능성이 높은 후보자를 선별하여 관계를 형성한다.

해설 충성고객을 유지시키기 위해서는 고객이 구매한 상품을 기반으로 크로스셀링을 시도해볼 수 있다.
※ 크로스셀링(cross-selling)
교차판매라고도 하며, 자체 개발한 상품에만 의존하지 않고 관련된 제품까지 판매하는 적극적인 판매방식으로, 고객이 선호할 수 있는 추가제안을 통해 다른 제품을 추가 구입하도록 유도하는 판매방법을 말한다.

23 매장 디자인의 4대 요소 중 레이아웃(lay-out)에 해당하는 항목으로 옳은 것은?

① 판매원 공간   ② 벽면의 재질

③ 포스터, 게시판   ④ 조명, 온도

⑤ 건물 높이, 진열창

해설 매장 디자인의 4대 요소
• 외장(Exterior) : 점두, 입구, 건물높이, 진열창, 고유성, 시각성, 주변지역, 교통의 혼잡성, 주변점포, 정차장
• 내장(Interior) : 조명, 온도 및 습도, 색채, 판매원, 탈의장, 냄새 및 소리, 바닥, 통로, 수직 동선, 집기·비품, 벽면 재질, 셀프서비스
• 진열 : 조화, 구색, 카트, POP, 주제 및 장치, 간판, VMD 진열보조구, 포스터, 게시판, 선반 및 케이스
• 레이아웃 : 고객동선, 상품 공간, 후방 공간, 판매원 공간, 휴식 공간, 작업동선, 상품동선, 고객용 공간

24 엔드진열(end cap display)에 대한 설명으로 가장 옳은 것은?

① 진열대의 좌측보다는 우측의 끝부분에 배치된 상품이 잘 팔리기 때문에 고가격제품진열에 유리하다.

② 신상품 또는 판매주력상품을 주로 배치하여 매출을 극대화 시키는 진열방식이다.

③ 선반을 이용하지 않고 갈고리 모양의 끝부분에 진열하여 많은 상품진열에 이용되는 방식이다.

④ 가격이 싸거나 마지막 할인상품을 다양한 취향에 맞추어 구비해 놓은 진열방식을 말한다.

⑤ 가능한 많은 양의 상품이 시야에 들어오도록 진열하는 방식을 말한다.

해설 엔드진열은 진열선 끝 엔드 곤돌라에 상품을 대량으로 쌓아 변화 진열을 하는 방식으로 엔드 곤돌라는 고객의 눈에 가장 잘 띄는 장소이기 때문에 중요한 자리이다. 엔드진열의 최대 목적은 출구 쪽으로 돌아서는 고객을 다시 멈추게 하여 매출을 극대화 시키는 것이다.

25 대형마트 매장의 앞쪽에 진열되는 전형적 상품유형으로 가장 옳은 것은?

① 전문품
② 내구재
③ 산업재
④ 선매품
⑤ 충동구매상품

> **해설** 매장의 이익을 높이기 위해서는 고객이 충동구매상품으로 쇼핑을 시작하도록 매장배치를 하는 것이 좋다.

26 아래 글상자에서 설명하는 점포 레이아웃 유형으로 가장 옳은 것은?

> 이것은 주된 통로를 중심으로 여러 매장 입구가 연결되어 있어 고객들이 여러 매장들을 손쉽게 둘러 볼 수 있는 매장으로서 진열된 제품을 최대한 노출시킬 수 있는 장점이 있으며 고객들의 충동구매를 유발시킬 수 있는 배치 형태를 말한다.

① 격자형(grid type) 레이아웃
② 자유형(free-flow type) 레이아웃
③ 혼합형(hybrid type) 레이아웃
④ 경주로형(racetrack type) 레이아웃
⑤ 버블형(bubble type) 레이아웃

> **해설** ① 격자형은 쇼 케이스, 진열대, 계산대, 곤돌라 등 진열기구가 직각 상태로 되어 있는 형태로, 고객의 동일 제품에 대한 반복구매 빈도가 높은 소매점, 즉 슈퍼마켓이나 디스카운트 스토어의 경우에 주로 쓰인다.
> ② 자유형은 쇼 케이스, 진열대, 계산대, 운반카, 집기, 비품이 자유롭게 배치된 것으로, 고객이 자유로운 쇼핑과 충동적인 구매를 기대하는 매장에 적격인 점포배치이다.

27 아래 글상자에서 설명하는 매장관리를 위한 고려사항으로 옳은 것은?

> – 어떤 아이템들을 1층, 또는 2층에 배치해야 하는가?
> – 충동구매를 유발하거나 구매하기 편리한 제품들을 어디에 배치할 것인가?
> – 계절상품과 비계절상품을 어디에 배치할 것인가?

① 매장 외관
② 내부 인테리어
③ 구매시점광고
④ 고객 동선
⑤ 공간 계획

> **해설** ① 매장의 외관 디자인은 고객이 노력하지 않고도 쉽게 발견할 수 있도록 구성하고, 고객흡인형 점포는 고객이 외부에서 점포 내의 분위기를 느낄 수 있도록 설계하는 등 고객흡인기능을 중시해야 한다.
> ② 내부 인테리어는 고객의 구매 욕구를 높이기 위해 점포 내의 분위기를 즐겁게, 상품을 보다 매력적으로 느낄 수 있도록 설계해야 한다.
> ③ 구매시점(POP ; Point of Purchase)광고란 고객에게 판매하는 시점에서의 광고라는 뜻으로, 고객이 상품을 구입하려는 점포 내부의 접객분위기를 높이는 기능을 한다.

28 유통업체 브랜드(PB상품)에 관한 설명 중 아래 글상자에서 설명하는 브랜드 명칭으로 옳은 것은?

> – 상품에 독특한 브랜드나 로고를 붙이지 않는다.
> – 비용이 많이 들지 않아 저가격 판매가 가능하다.
> – 극히 간소한 포장으로 보통명사만을 사용하여 판매한다.
> – 상품의 품질에 유통업체의 의향이 반영되어 독창성이 있다.

① 더블 촙(double chop)　　　　　　② 스토어 브랜드(store brand)
③ 제네릭 브랜드(generic brand)　　④ 내셔널 브랜드(national brand)
⑤ 라이센스 브랜드(license brand)

해설 🔎 ① 상품의 생산자와 판매자 양쪽의 브랜드를 붙인 것으로, 판매자가 지명도 높은 메이커의 판매력 · 신용도 · 이미지 등의 장점을 이용할 수 있는 메리트가 있다.
② 소매업자가 독자적으로 사용하고 있는 브랜드로, 소매업자가 직접 기획하여 생산한 오리지널 브랜드와 하청을 주어 납품받은 브랜드를 말한다.
④ 전국적인 규모로 판매되고 있는 제조업체 브랜드를 말한다.
⑤ 패션상품의 제조, 판매를 상표주(licensor)로부터 허가를 받는 조건으로 기업(licensee)이 판매액의 일정액을 상표에 지불하는 계약에 의해 사용되는 브랜드를 말한다.

29 전문품의 소비와 관련된 설명으로 가장 옳지 않은 것은?

① 소비자의 구매는 비정기적이다.
② 가격의 변화에 따른 수요의 탄력성이 높다.
③ 소비자가 상품구매에 있어 특별한 구매노력을 기울인다.
④ 소비자들은 품질과 스타일 등이 아닌 가격에 근거하여 브랜드 대안을 비교한다.
⑤ 전속적 유통경로에 의한 판매지역별로 하나 또는 소수의 판매점을 활용한다.

해설 🔎 전문품은 가격보다 품질과 스타일 등에 중점을 둔다.

30 상품에 대한 일반적인 설명으로 가장 옳은 것은?

① 어떤 기업이 판매하는 모든 상품들의 집합을 상품라인이라고 한다.
② 모든 상품들은 각각 단 한 가지의 편익만을 제공한다.
③ 상품의 폭은 상품카테고리 내에서 서로 다른 품목을 의미한다.
④ 상품의 깊이는 다양한 상품카테고리를 의미한다.
⑤ 상품의 각 품목은 SKU 혹은 단품이라고 부른다.

해설 🔎 ① 디자인 · 가격 · 패션성 등 일정한 방침으로 갖춰진 상품들을 상품라인이라고 한다.
② 모든 상품들이 단 한가지의 편익만을 제공하는 것은 아니며, 복수의 편익을 제공하기도 한다.
③ 상품의 폭은 다양한 상품카테고리를 의미한다.
④ 상품의 깊이는 상품카테고리 내에서 서로 다른 품목을 의미한다.

31 3단계의 상품 수준(핵심상품, 유형상품, 부가상품)에 대한 설명으로 가장 옳지 않은 것은?

① 화장품의 경우 성분, 원료 및 기능이 핵심상품에 해당된다.
② 자동차의 경우 디자인과 스타일은 유형상품에 해당된다.
③ 의류의 경우 상품의 질 및 브랜드가 유형상품에 해당된다.
④ 냉장고의 경우 배달서비스가 부가상품에 해당된다.
⑤ 노트북의 경우 A/S 보증은 부가상품에 해당된다.

> **해설** 화장품의 경우 성분, 원료 및 기능이 유형상품에 해당된다.

32 고객유지를 위한 사후관리에 대한 내용으로 옳지 않은 것은?

① 판매원의 업무는 고객으로부터 주문받은 것으로 끝나는 것이 아니라, 계약상의 내용이 충실하게 수행될 수 있도록 사후관리를 철저히 해야 한다.
② 판매원의 사후관리활동은 장기적인 관점에서 고객 유지 및 활성화에도 큰 도움이 된다.
③ 비용적인 측면에서는 사후관리를 통해 기존고객을 유지하고 활성화하는 것보다 신규고객 확보를 위한 마케팅활동을 하는 것이 기업에게 훨씬 유리하다.
④ 고객의 유지 및 활성화는 기업의 매출 및 이익 증가에 결정적 역할을 할 수 있다.
⑤ 고객관리 소홀로 인한 고객 불만의 증가나 고객 이탈은 기업에 부정적인 영향을 가져올 수 있다.

> **해설** 비용적인 측면에서는 사후관리를 통해 기존고객을 유지하고 활성화하는 것이 신규고객 확보를 위한 마케팅활동을 하는 것보다 기업에게 훨씬 유리하다.

33 서비스의 일반적인 특징에 대한 설명으로 옳은 것은?

① 무형성 – 판매되지 않는 서비스는 사라진다.
② 비분리성 – 생산과 소비가 발생하는 시기가 다르다.
③ 이질성 – 표준화가 어렵다.
④ 이전성 – 서비스 소유권은 이전이 가능하다.
⑤ 소멸성 – 생산물에 대한 저장이 가능하다.

> **해설** ① 판매되지 않는 서비스는 사라진다는 특징을 가진 것은 소멸성이다.
> ② 비분리성은 생산과 소비가 동시에 일어난다는 것이다.
> ④ 서비스는 소유권이 설정될 수 있는 독립된 실체가 아니다.
> ⑤ 서비스는 재고로 보관할 수 없어 저장이 불가능하다.

34 고객만족을 위한 판매화법으로 가장 옳지 않은 것은?

① 고객에게 친절하면서도 적극적으로 설명한다.

② 고객이 상품 구매에 대해 자신의 생각을 정리할 수 있게 돕는다.

③ 지금이 구매의 최적 타이밍임을 느끼게 하여 구매가 완결되도록 노력한다.

④ 고객의 불만족과 불평행동을 자극하여 구매를 통해 대리만족을 느끼게 한다.

⑤ 구매한 상품뿐만 아니라 상품을 구매한 소비자 자신에 대한 만족감을 느끼게 한다.

해설 🔍 고객의 불만족과 불평행동을 자극하는 행동은 자제하고 고객의 이익이나 입장을 중심으로 이야기해야 한다

35 판매원의 고객 접객 기술로 가장 옳지 않은 것은?

① 이해하기 쉬운 용어를 사용하여 설명한다.

② 고객의 니즈에 적합한 상품과 대안을 제시한다.

③ 접객 중에는 진열이나 정돈 등의 다른 업무를 보지 않는다.

④ 격의 없는 호칭을 사용하여 친근감을 형성한다.

⑤ 판매원의 권유가 주장이나 논쟁으로 비치지 않게 유의한다.

해설 🔍 고객과의 만남에서는 평소에 쓰는 말씨가 아닌 존댓말과 상대에 따른 호칭 및 경어를 사용해야 한다.

36 촉진유형 중 샘플링(sampling)의 장점으로 가장 옳지 않은 것은?

① 신제품 또는 개선된 제품의 최초 구매유도에 효과적이다.

② 광고에 비해 적은 비용으로 빠른 반응을 얻을 수 있다.

③ 유통망이 취약한 지역에서 사용할 수 있는 효과적인 방법이다.

④ 대중적이지 않은 고관여 제품의 판매촉진으로 유용한 방법이다.

⑤ 제품의 구매수명주기가 짧은 소량포장이 가능한 제품의 판매촉진으로 적합한 방법이다.

해설 🔍 샘플링은 전체 물건의 품질이나 상태를 알아볼 수 있도록 그 일부를 뽑아 놓거나 미리 선보이는 촉진유형으로, 대중적인 저관여 제품의 판매촉진으로 유용한 방법이다.

37 유통판매촉진에 대한 설명으로 가장 옳지 않은 것은?

① 제조업체가 유통업체를 대상으로 하는 판촉활동을 의미한다.

② 제조업체가 유통업체에 대해 행하는 푸시전략(push strategy)의 일환이다.

③ 유통업체가 더 많은 물량을 매입하고 취급하도록 하기 위해 시행한다.

④ 제품의 원활한 판매를 위해 유통업체와의 유대를 강화하고 협력을 얻어내기 위해 시행한다.

⑤ 제조업체가 유통업체를 전방통합한 경우 유통판매촉진에 대한 필요성이 증가한다.

해설 전방통합은 제조업체가 유통업체를 소유·통제하는 것이므로 제조업체가 유통업체를 전방통합한 경우 유통판매촉진에 대한 필요성은 감소한다.

38 제공되는 혜택의 금전적 여부에 따라 가격판촉과 비가격판촉으로 구분할 때, 비가격판촉으로 옳은 것은?

① 진열수당(display allowance)
② 리베이트(rebate)
③ 프리미엄 제공
④ 시판대 및 특판대 수당
⑤ 촉진지원금

해설 프리미엄은 추첨권과 같이 손님이 상품을 샀을 때 서비스로 주는 경품으로, 비가격판촉에 해당한다.

39 디스플레이의 기본 원칙에 대한 설명으로 옳지 않은 것은?

① 보기 쉬울 것 : 고객에게 쉽게 눈에 띌 수 있도록 상품을 진열한다.
② 매장의 이윤을 극대화 할 수 있게 진열할 것 : 마진이 높은 상품은 고객의 눈높이의 공간에 진열한다.
③ 상품간의 관련성이 없도록 진열할 것 : 같은 종류의 상품은 개별 디스플레이하고 상품간의 관계가 없도록 다른 공간에 전시한다.
④ 제품을 파악하기 쉬울 것 : 제품을 쉽게 파악할 수 있도록 페이스 진열한다.
⑤ 손으로 잡기 쉬울 것 : 상품을 손으로 잡는다는 것은 선택하기 쉽다는 의미이다.

해설 상품간의 관련성을 가질 것 : 같은 종류의 상품을 그룹별로 디스플레이하고 그 상품과 관계가 있는 상품을 같은 공간에 집중 전시한다.

40 브랜드명(brand name)이 가져야 할 바람직한 특징으로 가장 옳지 않은 것은?

① 브랜드명은 발음하기 쉽고 재인과 기억이 용이해야 한다.
② 브랜드명 선정 작업은 제품특성, 제품편익, 목표시장, 마케팅전략 등을 세심하게 검토하는 것에서 시작된다.
③ 브랜드명을 짓는 과정에서 다른 제품범주로 사업확장이 가능한 브랜드명을 선택하는 것이 바람직하다.
④ 브랜드명은 제품의 편익과 품질을 전달하기보다는 추상적인 표현이 바람직하다.
⑤ 브랜드명은 등록과 법적 보호가 가능해야 한다.

해설 브랜드명은 추상적인 표현보다는 제품의 편익과 품질을 전달하는 것이 바람직하다.

41 아래 글상자의 (   )안에 들어갈 알맞은 단어는 무엇인가?

> (   )은(는) 구매시점 광고라고도 하며 특별판매, 할인판매 등의 프로모션을 할 때 주로 사용되는 광고 수단이다. 시각화된 요소로 인해 매장 내의 인테리어 효과를 낼 수 있고 소비자의 충동구매를 이끌어 낼 수 있다는 특징이 있다.

① 디스플레이(display)　　　　　　　　② 골든 라인(golden line)

③ 협동광고(corporate advertising)　　　④ POP(point of purchase)

⑤ PPL(product placement)

해설 ① 판매대의 설비 및 배치, 조명의 위치에 따라 상품을 배열하여 고객의 구매의욕을 자극시키기 위한 것을 말한다.
② 유효 디스플레이 범위 내에서 보다 보기 쉽고 손에 닿기 쉬운 범위의 높이를 말하며, 가장 많은 매출을 올릴 수 있는 가능성을 가진 장소로, 골든 라인의 범위는 눈높이 보다 20° 아래를 중심으로 하여 그 위의 10°에서 그 아래 20° 사이를 말한다.
③ 일반인들의 광범위한 수요를 창출하기 위하여 동일한 상품을 생산하는 기업들이 협동적으로 실시하는 광고를 말한다.
⑤ 특정 기업의 협찬을 대가로 영화나 드라마에서 해당 기업의 상품이나 브랜드 이미지를 소도구로 끼워 넣는 광고기법을 말한다.

42 SERVQUAL의 5가지 품질 차원에 대한 설명 중 가장 옳지 않은 것은?

① 신뢰성 – 약속한 서비스를 믿을 수 있게 수행하는 정도
② 확신성 – 서비스제공자의 정중, 믿음, 지식이 서비스를 제공하는 데 적합한 정도
③ 공감성 – 고객 개인의 취향을 반영한 서비스가 아닌 일반적 서비스를 제공하는 정도
④ 대응성 – 고객을 기꺼이 돕고 신속한 서비스를 제공하는 정도
⑤ 유형성 – 시설, 복장 등과 같은 물리적 요소가 서비스를 제공하는 데 적합한 정도

해설 공감성은 회사가 고객에게 제공하는 개별적 배려와 관심이기 때문에 일반적 서비스가 아닌 고객 개인의 취향을 반영한 서비스를 제공하는 정도를 의미한다.

43 아래 글상자의 (   )안에 공통적으로 들어갈 개념으로 가장 옳은 것은?

> – (   )은/는 구매 제품에 대한 정보나 경험이 구매 전의 신념과 일치하지 않아 느끼는 소비자의 불안심리상태를 말한다.
> – 기업은 소비자의 (   )을/를 최소화하기 위해 제품 구매에 대한 감사메일이나 향후 서비스에 대한 안내 등을 실시한다.
> – (   )이/가 커지면 타인에게 부정적인 구전효과를 발생시킨다.

① 서비스불평　　　　　　　　　② 인지부조화

③ 상호작용적 불공정　　　　　　④ 절차적 불공정

⑤ 결과적 불공정

해설 인지부조화는 소비자가 선택한 상표에 대해 만족을 하거나 또는 결점을 발견하고 자신의 선택에 갈등을 느낄 수도 있다는 것이다. 소비자들은 정도의 차이는 있지만 거의 모든 제품을 구매한 후에 부조화를 느끼게 된다.

44 고객불만의 처리 방법 중 MTP법에 대한 설명으로 옳지 않은 것은?

① 고객불만에 응대하는 사람을 판매사원에서 판매책임자로 바꾼다.

② 사람, 장소, 시간을 바꾸어 처리하는 방법이다.

③ 고객불만의 처리 장소를 매장에서 조용한 사무실로 바꾼다.

④ 불만이 발생하면 방안을 제시하여 즉시 해결한다.

⑤ 불만이 발생한 고객을 매장에서 고객만족팀 또는 소비자 상담실로 안내한다.

> **해설** MTP법은 불만이 발생하면 즉시 해결하는 것이 아니라 고객이 잠시 진정할 시간을 주고, 응대하는 직원 역시 진정할 시간을 줌으로써 차분하게 원인을 파악하여 해결할 수 있도록 시간을 주는 것이다.

45 서비스는 제공과정 중에 접점 직원과 고객 간의 끊임없는 상호작용이 이루어지기 때문에 기존의 마케팅 4P 이외의 확장된 7P로 고객 만족을 극대화할 필요가 있다. 여기서 확장된 3P에 해당하는 것은?

① 물리적 증거(physical evidence), 프로세스(process), 실행(practice)

② 사람(people), 물리적 증거(physical evidence), 프로세스(process)

③ 풀마케팅(pull marketing), 사람(people), 물리적 증거(physical evidence)

④ 풀마케팅(pull marketing), 푸시마케팅(push marketing), 물리적 증거(physical evidence)

⑤ 사람(people), 프로세스(process), 생산성과 품질(productivity and quality)

> **해설** 확장된 서비스 프로모션믹스(7P)
>
> 서비스 마케팅에서는 기존의 프로모션믹스를 그대로 적용하는 데 한계가 있어 기본 프로모션믹스(4P)에 확장적 프로모션믹스 요소 3P를 추가하였다.
> - 사람(People) : 구매자의 지각에 영향을 주는 모든 행위자(직원, 고객, 서비스 환경 내의 다른 고객들)
> - 물리적 증거(Physical evidence) : 서비스가 전달되고 기업과 고객이 접촉하는 환경, 즉 서비스 성과나 커뮤니케이션을 용이하게 해주는 유형적 요소
> - 프로세스(Process) : 서비스가 실제로 수행되는 절차와 활동의 메커니즘과 흐름

제**3**회 **최근기출문제**

 **유통상식**

제**1**과목

01 유통산업발전법(법률 제17761호, 2020.12.29., 타법개정)에서 규정한 유통관리사의 직무로 옳지 않은 것은?

① 유통경영 · 관리 기법의 향상

② 유통경영 · 관리와 관련한 계획 · 조사 · 연구

③ 유통경영 · 관리와 관련한 지역유통 산업발전 계획수립

④ 유통경영 · 관리와 관련한 진단 · 평가

⑤ 유통경영 · 관리와 관련한 상담 · 자문

해설 유통관리사의 직무(유통산업발전법 제24조 제1항)
유통관리사는 다음 각 호의 직무를 수행한다.
1. 유통경영 · 관리 기법의 향상
2. 유통경영 · 관리와 관련한 계획 · 조사 · 연구
3. 유통경영 · 관리와 관련한 진단 · 평가
4. 유통경영 · 관리와 관련한 상담 · 자문
5. 그 밖에 유통경영 · 관리에 필요한 사항

02 온라인 유통과 관련된 용어 설명으로 가장 옳지 않은 것은?

① E-커머스 : 컴퓨터 통신이나 인터넷을 이용해서 온라인으로 이루어지는 전자상거래

② T-커머스 : 케이블 TV와 IPTV의 디지털 셋톱박스를 이용해 발생되는 모든 종류의 상거래 서비스

③ M-커머스 : 이동전화나 휴대 단말기를 이용하는 모바일온라인 유통

④ S-커머스 : 소셜미디어 및 소비자의 네트워크를 통해 이루어지는 온라인 유통

⑤ C-커머스 : 기업을 제외한 소비자들끼리의 교환거래를 통해 이루어지는 온라인 유통

해설 C-커머스는 온라인 공간에서 다른 기업과 기술 및 정보공유를 통해 수익을 창출하는 새로운 전자상거래 방식으로, 경영기획에서부터 디자인, 설계, 제조, 생산, 납품, 물류, 구매, 판매 등 기업활동 전반의 업무 흐름에 걸쳐 협업과 지식공유를 지원한다.

03 매슬로우(Maslow)의 욕구 5단계설 중 가장 최상위의 욕구로 옳은 것은?

① 생리적 욕구 ② 안전의 욕구
③ 자아실현의 욕구 ④ 사회적 욕구
⑤ 자기존중의 욕구

해설 매슬로우의 욕구단계이론
- 1단계 : 생리적 욕구(주로 의·식·주에 해당하는 욕구)
- 2단계 : 안전에 대한 욕구(인간의 감정적·신체적인 안전을 추구하는 욕구)
- 3단계 : 애정과 소속에 대한 욕구(어떠한 집단에 소속되어 인정을 받고 싶어 하는 욕구)
- 4단계 : 자기존중의 욕구(자신의 만족 및 타인으로부터의 인정과 존경 등을 받고 싶어 하는 욕구)
- 5단계 : 자아실현의 욕구(자기계발을 통한 발전 및 자아완성을 실현하기 위한 욕구)

04 무점포 소매상의 유형에 속하는 것으로 옳은 것은?

① 할인점 ② 카테고리킬러
③ 텔레마케팅 ④ 팩토리 아웃렛
⑤ 하이퍼마켓

해설 무점포 소매상에는 자동판매기, 통신판매, 텔레마케팅, TV홈쇼핑 등이 있다.
① 할인점이란 표준적인 상품을 저가격으로 대량 판매하는 상점으로 특정의 제품을 일시적인 가격 인하로 판매하는 것이 아니라 모든 제품에 대하여 상시적으로 싼 가격(EDLP ; Every Day Low Price)으로 파는 소매점을 말한다.
② 카테고리킬러는 할인형 전문점으로서 특정상품계열에서 전문점과 같은 깊은 상품구색을 갖추고 저렴하게 판매하는 것을 원칙으로 한다.
④ 팩토리 아웃렛이란 제조업체가 유통라인을 거치지 않고 직영체제로 운영하는 상설 할인매장을 말한다.
⑤ 하이퍼마켓은 대형화된 슈퍼마켓에 할인점을 접목시켜 저가로 판매하는 초대형 소매업태이다.

05 아래 글상자의 (   ) 안에 공통적으로 들어갈 도매상의 유형으로 옳은 것은?

> 구매자와 판매자 간의 거래를 중개하는 것이 (   )의 주된 역할이다. (   )와(과) 거래 당사자들 간의 관계는 단 한 번의 거래로 끝나는 단기적 관계로, 재고를 유지하거나 금융에 관여하지 않기 때문에 거래에 대한 위험부담을 갖지 않는다.

① 상인 도매상 ② 브로커
③ 제조업체 도매상 ④ 다단계 판매업자
⑤ 전문점

해설 ① 상인 도매상은 취급하는 제품에 대해 소유권을 가지는 독립된 사업체의 도매기관으로, 제조업자들로부터 제품을 구매하고 이 제품이 소매상이나 그 이외의 사람들에게 다시 판매될 때까지 소유권을 가진다.
③ 제조업체 도매상은 제조업자가 직접 도매기능을 수행하는 것으로, 일종의 제조업자 내부에 있는 도매기능이며 대개의 경우 제조업자의 생산자나 고객이 있는 시장에 가까이 위치하는 것이 특징이다.
④ 다단계 판매업자는 제품을 구매한 고객이 새로운 판매원이 되고, 이 판매원이 다시 소비자에게 제품을 판매하는 연쇄적인 형태로 유통망을 확대하는 무점포 판매업자를 말한다.
⑤ 특정의 단일 품종 또는 관련된 상품을 전문적으로 판매하는 소매상의 한 형태이다.

06 아래 글상자에서 설명하는 소매상 발전이론으로 가장 옳은 것은?

> – 소매상의 진화과정을 소매점에서 취급하는 제품믹스에 초점을 두고 설명하고 있다.
> – 소매상은 제품구색의 확대 → 축소 → 확대 과정에 따라 종합점 → 전문점 → 종합점의 순서로 진화해 간다.
> – 저관여상품 소매업태와 고관여상품 소매업태의 발전과정을 구분하지 못하는 결정적인 한계를 지니고 있다.

① 소매상 수명주기 이론
② 변증법적 이론
③ 소매상 수레바퀴 이론
④ 자연도태 이론
⑤ 소매상 아코디언 이론

해설 ① 소매상 수명주기 이론은 제품 수명 주기 이론과 동일하게 소매점 유형이 도입기 → 성장기 → 성숙기 → 쇠퇴기의 단계를 거치게 된다는 것이다.
② 변증법적 이론은 소매점의 진화 과정을 변증법적 유물론에 입각하여 해석하고 있는 것으로, 백화점(정) → 할인점(반) → 할인 백화점(합)으로 진화해 간다는 이론이다.
③ 사회 경제적 환경이 변화됨에 따른 소매상의 진화와 발전을 설명하는 대표적인 이론으로, 역사적으로 볼 때 소매점은 전문점 → 백화점 → 할인점 순으로 등장하여 이 이론이 부분적으로 입증되었지만, 후진국의 경우는 이런 모든 유형의 소매점이 동시에 또는 순서가 뒤바뀌어 도입되기도 하였다.

07 도매상이 소매상에게 제공하는 서비스로 옳지 않은 것은?

① 구색 갖춤 기능
② 배달, 보증 등의 서비스
③ 신용판매를 통한 금융서비스
④ 숙련된 영업사원을 통한 경영지도
⑤ 기업이미지 및 브랜드관리 지원

해설 도매상이 소매상에게 제공하는 서비스
• 구색갖춤 기능 : 도매상은 다수의 제조업자로부터 제품을 제공받아 소매상의 주문업무를 단순화할 수 있는 제품구색을 갖출 수 있다.
• 소단위판매 기능 : 도매상은 제조업자로부터 대량 주문을 한 후에 제품을 소량으로 분할하여 소매상들의 소량 주문에 응하기 때문에 제조업자와 소매상 양자의 욕구를 모두 만족시켜줄 수 있다.
• 신용 및 금융 기능 : 외상판매를 확대함으로써 소매상들이 구매대금을 지불하기 전에 제품을 구매할 수 있는 기회를 제공한다.
• 소매상서비스 기능 : 소매상들은 제품의 구매처로부터 배달, 수리, 보증 등 다양한 유형의 서비스를 요구하게 된다. 도매상은 이같은 서비스를 제공함으로써 소매상들의 노력과 비용을 절감시켜 준다.
• 기술지원 기능 : 도매상은 숙련된 판매원을 통해 소매상에게 기술적 · 사업적 지원을 제공하고 있다.

08 아래 글상자에서 설명하는 소매상으로 가장 옳은 것은?

> 상대적으로 소규모 매장으로 인구밀집지역에 위치하고 대부분 24시가 영업을 하며, 재고회전이 빠른 식료품과 편의품, 의류 등 제한된 상품계열과 상품구색을 제공한다.

① 편의점   ② 백화점
③ 대형마트   ④ 카테고리킬러
⑤ 전문점

해설🔍 ② 백화점이란 선매품을 중심으로 생활필수품, 전문품에 이르기까지 다양한 상품 계열을 취급하며 대면 판매, 현금 정찰 판매, 풍부한 인적·물적 서비스로써 판매 활동을 전개하는 상품 계열별로 부문 조직화된 대규모 소매상이다.
③ 대형마트는 상품라인 구성은 백화점과 유사하지만 저마진을 유지하기 위해 건물이나 인건비 및 일반관리비 등을 낮게 운영하고, 일반 소매점보다 저렴하게 상품을 판매하여 제조업자 및 도매업자로부터 경쟁관계를 갖고 있다.
④ 카테고리킬러는 대량판매와 낮은 비용으로 저렴한 상품가격을 제시하며, 취급하는 상품은 주로 완구, 스포츠용품, 가전용품, 자동차용품, 레코드, 사무용품 등이다.
⑤ 전문점이란 특정 범위 내의 상품군을 전문으로 취급하는 소매점으로, 제한된 상품·업종에 대해서 다양한 품목을 골고루 깊이 있게 취급한다.

09 상인의 윤리강령 중 상인들 간의 상도의에 대한 설명으로 옳지 않은 것은?

① 상인들 간에는 공정하게 경쟁해야 한다.
② 동료와의 거래에서 약속한 것은 철저히 준수해야 한다.
③ 거래 당사자에 대한 예의를 지켜야 한다.
④ 나와 오랫동안 거래해 온 생산자에게만 정당한 가격을 지불하면 된다.
⑤ 이익 때문에 동료를 비난해서는 안 된다.

해설🔍 차별 없이 모든 생산자에게 정당한 가격을 지불해야 한다.

10 윤리 문제에 관한 의사결정을 할 때, 자신의 행동에 대한 윤리성 여부를 판단하기 위해 확인해 볼 수 있는 질문의 내용으로 가장 옳지 않은 것은?

① 이 행동의 결과로 인해 법을 위반할 가능성이 있는가?
② 이러한 행동에 대해 공개적인 토론을 해도 괜찮은가?
③ 이 행동이 믿음이나 가치에 부합하는가?
④ 이 행동이 나의 이익을 극대화해줄 수 있는가?
⑤ 이 행동과 관련된 구체적인 행동 강령이 있는가?

해설🔍 무조건 나의 이익을 극대화해줄 수 있는 행동보다 정당한 방법으로 이익을 추구하였는지를 확인해야 한다.

11 텔레마케터가 되기 위한 자질 및 구비조건으로 가장 옳지 않은 것은?

① 정확한 발음과 구술능력

② 훌륭한 청취력과 이해력

③ 표준어와 경어 사용 능력

④ 제품에 대한 충분한 서비스 상식

⑤ 최신 유행을 따르는 패션감각

해설 텔레마케터는 전화를 통해 마케팅 목적을 간단·명확하게 전달하는 업무를 수행하므로 최신 유행을 따르는 패션감각은 텔레마케터가 되기 위한 자질 및 구비조건에 해당하지 않는다.

12 기업에서 활용하는 고객센터 전화상담에 대한 설명으로 가장 옳지 않은 것은?

① 고객이 기업과 접촉하기 편리한 수단이다.

② 통화량이 많은 경우 긴 대기시간으로 인해 고객불만이 발생하기도 한다.

③ 상담원 근무시간으로 인해 고객센터 이용시간에 제약이 발생하기도 한다.

④ 고객의 불만사항을 직접 청취함으로써 더 생생한 내용을 전달받을 수 있다.

⑤ 이메일이나 우편에 비해 실시간 상호작용이 불가능하다.

해설 전화상담은 이메일이나 우편에 비해 실시간 상호작용이 가능하다.

13 판매원의 고객불만 관리 기대효과로 옳지 않은 것은?

① 고객은 기업이 자신의 의견에 귀를 기울인다는 인식을 갖게 된다.

② 고객불만 관리를 통해 기업의 강점과 약점을 파악할 수 있다.

③ 고객의 불만에 대해 신속하고 정확하게 대응할 수 있다.

④ 고객불만 관리 과정에서 고객의 새로운 니즈를 파악할 수 있다.

⑤ 고객들은 고객이 왕이라는 인식을 갖게 된다.

해설 고객들은 고객의 기대수준을 뛰어넘는 서비스를 받았다는 인식을 갖게 된다.

14 직장 내 성희롱에 대한 설명으로 옳지 않은 것은?

① 지위를 이용하거나 업무와 관련하여 성적 굴욕감을 준 경우도 성희롱에 해당된다.

② 성적인 행동뿐만 아니라 언어에 의한 행동도 성희롱에 해당된다.

③ 성적 굴욕감을 유발하여 고용환경을 악화시키는 것도 성희롱에 해당된다.

④ 직장 내 구성원뿐만 아니라 고객 등 제3자에 의한 행동도 성희롱에 해당된다.

⑤ 사업주는 년 1회 이상 위탁의 방법으로만 성희롱예방 교육을 실시하여야 한다.

직장 내 성희롱 예방 교육(남녀고용평등법 시행령 제3조)

① 사업주는 직장 내 성희롱 예방을 위한 교육을 연 1회 이상 하여야 한다.

② ①에 따른 예방 교육에는 다음 각 호의 내용이 포함되어야 한다.

    1. 직장 내 성희롱에 관한 법령

    2. 해당 사업장의 직장 내 성희롱 발생 시의 처리 절차와 조치 기준

    3. 해당 사업장의 직장 내 성희롱 피해 근로자의 고충상담 및 구제 절차

    4. 그 밖에 직장 내 성희롱 예방에 필요한 사항

③ ①에 따른 예방 교육은 사업의 규모나 특성 등을 고려하여 직원연수·조회·회의, 인터넷 등 정보통신망을 이용한 사이버 교육 등을 통하여 실시할 수 있다. 다만, 단순히 교육자료 등을 배포·게시하거나 전자우편을 보내거나 게시판에 공지하는 데 그치는 등 근로자에게 교육 내용이 제대로 전달되었는지 확인하기 곤란한 경우에는 예방 교육을 한 것으로 보지 아니한다.

15 바람직한 판매원의 자세로 옳지 않은 것은?

① 고객에게 웃으면서 친절한 태도로 접근한다.

② 상품의 특성, 가격 등 고객이 필요로 하는 정보를 제공한다.

③ 가능한 경우 부가적인 상품을 제안한다.

④ 고객이 현명한 선택을 한 것을 알게 하고 해당 선택에 감사한다.

⑤ 초라한 복장의 고객의 경우 제품 도난이 발생할 가능성을 고려해 감시해야 한다.

해설 🔍 복장에 따른 선입견을 가지고 고객을 대하는 자세는 옳지 않다.

16 도매업의 발전추세에 대한 설명으로 가장 옳지 않은 것은?

① 대형 소매상이 여러 도매기능을 수행하는 도매클럽이나 하이퍼마켓의 형태로 운영되기 때문에, 도매상은 자사소유의 제조업을 운영하기 시작했다.

② 도매상도 소매상과 함께하는 협동광고와 같은 마케팅을 향상시키기 위한 노력이 필요하다.

③ 원가상승과 소매상의 서비스 향상 요구는 도매상의 이익을 떨어뜨릴 것이다.

④ 거래 고객에게 효과적으로 가치를 창출, 전달하는 방법을 발견하지 못하는 도매상은 도태될 상황이 오게 될 것이다.

⑤ 정보기술의 사용이 증가함에 따라 도매상은 주문, 운송 및 재고처리에 소요되는 비용을 절감할 수 있게 되었다.

해설 🔍 도매상의 기능 중 특정 기능에 특화된 현금 무배달 도매상, 직송 도매상, 통신판매 도매상, 트럭판매 도매상, 선반 진열 도매상 등이 발달하였다.

17 모바일쇼핑에 대한 설명으로 가장 옳지 않은 것은?

① 오프라인과 온라인쇼핑의 경계가 파괴되고 있다.

② 오프라인 매장에서 제품을 살펴본 후 실제 구입은 온라인사이트를 통하는 역쇼루밍 현상이 강화되었다.

③ 스마트폰이 널리 보급되면서 모바일쇼핑 이용자의 연령대가 다양해지는 추세에 있다.

④ 모바일을 통해 이동 중에도 쇼핑이 가능하며, 오프라인 매장에서 쇼핑할 때에도 인터넷에 접속하여 해당상품의 가격비교가 가능하다.

⑤ 매장에서 상품으로 교환할 수 있는 모바일상품권으로 간편하게 선물을 주고받을 수 있다.

> **해설** 🔍 역쇼루밍은 물건에 대한 정보를 인터넷 등 온라인에서 살펴본 후, 구매는 오프라인 매장에서 하는 현상을 말한다.

18 재고에 대한 설명으로 가장 옳지 않은 것은?

① 소비자에게 판매하기 위해 창고나 매장에 대기상태로 남아있는 상품을 뜻한다.

② 재고는 영업이익 및 자본활용의 효율성을 감소시키므로 과잉재고는 억제해야 한다.

③ 과소재고는 품절이라는 문제를 유발하여 판매기회가 상실되므로 과소재고가 되지 않도록 관리되어야 한다.

④ 유통기업이 적정수준의 재고를 유지할 수 있도록 관리하는 일을 재고관리라 한다.

⑤ 일반적으로 재고유지비용에 보험료는 포함되지 않는다.

> **해설** 🔍 재고유지비용은 재고를 유지하는 데 소요되는 비용으로, 각 단위에 대한 기간으로서 소요되는 비용을 나타내며 보관비, 보험료 등이 포함된다.

19 제조업체 브랜드와 유통업체 브랜드를 비교 설명한 내용으로 가장 옳지 않은 것은?

구 분	제조업체 브랜드	유통업체 브랜드
㉠ 상표주	제조업자	중간상
㉡ 지칭용어	NB	PB
㉢ 주요 생산방식	자체 생산	OEM 방식
㉣ 장 점	높은 인지도	저가격, 높은 마진
㉤ 단 점	저품질 이미지	높은 광고비와 유통비용

① ㉠

② ㉡

③ ㉢

④ ㉣

⑤ ㉤

> **해설** 🔍 제조업체 브랜드의 단점은 높은 광고비와 유통비용이며, 유통업체 브랜드의 단점은 저품질 이미지이다.

20 상품 소매업체와 구별되는 서비스 소매업체의 일반적 특성으로 옳지 않은 것은?

① 무형성
② 비분리성(생산과 소비의 동시성)
③ 소멸성
④ 구체성
⑤ 변동성(이질성)

해설 서비스의 특성
- 무형성 : 서비스의 기본 특성은 형태가 없다는 것이다.
- 비분리성 : 서비스는 생산과 소비가 동시에 일어난다. 즉 서비스 제공자에 의해 제공되는 것과 동시에 고객에 의해 소비되는 성격을 가진다.
- 이질성 : 서비스의 생산 및 인도 과정에는 여러 가변적 요소가 많기 때문에 한 고객에 대한 서비스 업체에서도 종업원에 따라서 제공되는 서비스의 내용이나 질이 달라진다.
- 소멸성 : 판매되지 않은 서비스는 사라지고 만다. 즉 서비스는 재고로 보관할 수 없다

제 2 과목 판매 및 고객관리

---

21 VOC(Voice of Customer) 관리를 통한 기대 효과로 가장 옳지 않은 것은?

① 영업능력 향상과 높은 업무 유연성 확보
② 고객 불만과 클레임에 대한 신속한 대응
③ 고객의 욕구 파악을 통한 향후 마케팅에 활용
④ 기업의 고객응대 프로세스의 개선
⑤ 서비스 마인드 재정립 및 브랜드 이미지 쇄신 기회

해설 고객의 소리(VOC) 관리는 고객이 상품을 구매하는 과정에서 발생할 수 있는 불만 등을 관리하여 고객과의 관계를 효과적으로 유지시켜 주는 것을 의미하므로 판매자 관점에 해당하는 영업능력 향상과 높은 업무 유연성 확보는 고객의 소리 관리를 통한 기대효과와 거리가 멀다.

---

22 레이아웃 기법에 대한 설명으로 옳지 않은 것은?

① 드나드는 고객수를 예측하여 입구의 폭을 충분히 확보하여 점포분위기와 상품이 어느 정도 보일 수 있도록 만들어 준다.
② 주동선과 부동선의 적절한 폭을 유지하여 동선이 꺾이는 곳이나 일정한 간격마다 볼거리를 연출하여 체류시간을 길게 함으로써 판매기회를 가능한 한 많이 만든다.
③ 통로에서 볼 때 낮은 집기부터 높은 집기 순서로 배치하여 한 눈에 여러 상품을 보여 주도록 한다.
④ 레이아웃의 목적은 점내 고객회유(顧客回遊)에 있으며 고객은 상품을 보면서 매장을 돌게 되므로 명확한 상품분류에 의한 그루핑(grouping) 배치가 요구된다.
⑤ 고객이 매장에 들어왔을 때 철저한 정리정돈을 통해서 상품의 직접적인 체험을 제한한다.

해설 고객의 심리를 파악하여 고객이 매장에 들어왔을 때 무의식적으로 점포 안을 자유롭게 걸으면서 보다 많은 상품을 보여주고 직접 체험하도록 하는 기술을 말한다.

---

23 다음 글상자에서 설명하고 있는 기본적 진열방법 종류로 옳은 것은?

> '좌측보다 우측이 잘 팔린다' 는 개념에서 출발한 이 진열방식은 우측에 고가격, 고이익, 대용량 상품을 진열한다. 상품의 보충진열 작업을 하는 경우 잔여상품을 우측으로 몰아 진열하고, 새로 보충하는 상품은 좌측에 진열하여 선입선출(FIFO) 작업으로도 활용한다.

① 윈도 진열(Window display)   ② 라이트업 진열(Right-up display)
③ 엔드 진열(End display)   ④ 수직 진열(Vertical display)
⑤ 점두 진열(Store front display)

해설 ① 쇼윈도의 상품을 진열하는 방법으로, 짧은 시간 안에 많은 사람들의 주목을 끌고 매장으로 유입시키기 위한 방식이다.
③ 진열선 끝 엔드 곤돌라에 상품을 대량으로 쌓아 변화 진열을 하는 방식으로 엔드 진열의 최대 목적은 출구 쪽으로 돌아서는 고객을 다시 멈추게 하는 데 있다.
④ 동일 상품군이나 관련 상품을 최상단부터 최하단까지 종으로 배열하는 것으로 고객의 시선을 멈춰 상품이 눈에 띄도록 하는 효과가 있으며, 주로 벽이나 곤돌라를 이용하여 상품을 진열하는 방법이다.
⑤ 상품을 진열대 위에 직접적으로 배열하여 전시하는 방법으로 점내진열에서는 진열선반, 쇼케이스, 곤돌라 등이 사용된다.

24 시대가 변천함에 따라 고객 개념이 변화하여 고객지향적 사고라는 마케팅 콘셉트가 탄생하게 되었다. 이와 관련된 내용으로 옳지 않은 것은?

① 수요보다 공급이 많아졌기 때문이다.
② 경쟁이 심화되고, 고객의 니즈가 다양해졌기 때문이다.
③ '팔릴 수 있는 제품을 만든다' 는 사고가 생겨났다.
④ 강력한 판매조직의 구축에 기반해 마케팅활동을 진행하게 되었다.
⑤ 판매는 마케팅의 한 분야이며, 마케팅은 보다 포괄적 기능을 수행하고 있다.

해설 효과적인 촉진활동 및 강력한 판매조직을 구축하는 것은 판매지향적 사고이다.

25 점포 내에 상품을 진열할 때, 상품이 어디에 어떻게 놓여야 하는지를 알려주고 진열공간의 생산성을 평가하게 해주는 지침서에 해당되는 용어로 옳은 것은?

① 블록(block) 계획   ② 버블(bubble) 계획
③ 플래노그램(planogram)   ④ 곤돌라진열
⑤ 점포배치도

해설 특정 제품이 속한 부서 내 제품의 진열위치를 결정하기 위해서 흔히 플래노그램을 활용하는데, 이는 제품이 각각 어디에 어떻게 놓여야 하는지를 알려주는, 일종의 진열공간의 생산성을 평가하게 해주는 지침서를 말한다.
※ 버블(bubble) 계획과 블록(block) 계획
 • 버블(bubble) 계획 : 점포의 주요 기능 공간의 규모 및 위치를 간략하게 보여주는 것
 • 블록(block) 계획 : 버블계획에서 간략하게 결정된 배치를 기반으로 점포의 각 구성부분의 실제규모와 형태까지 세부적으로 결정하는 것

26 브랜드연상이란 브랜드와 관련하여 기억으로부터 떠오르는 것을 의미하는데, 다음의 브랜드연상 유형 중 성격이 가장 다른 것은?

① 제품범주에 대한 연상

② 제품속성에 대한 연상

③ 품질에 대한 연상

④ 가격에 대한 연상

⑤ 사용자에 대한 연상

> **해설** ①·②·③·④ 제품속성과 관련된 연상 유형
> ⑤ 제품속성과 관련이 없는 연상 유형

27 매장관리의 핵심요소 중 디스플레이 원칙(AIDCA)을 적용할 경우 옳지 않은 것은?

① 손으로 잡기 용이하게 진열한다.

② 상품의 가격 표시를 정확하게 한다.

③ 상품 간 관련성을 고려하여 진열한다.

④ 상품과 관련된 정보를 보기 쉽게 표시한다.

⑤ 체화재고 상품을 가장 잘 보이게 진열한다.

> **해설** 체화재고는 상품이 시장에서 처리되지 못하고 생산자나 상인의 손에 정체되어 있는 재고로, 상점의 중점 상품을 효과적으로 디스플레이하여 사람의 눈을 끌어야하는 디스플레이 원칙과는 관련이 없다.
> ※ 디스플레이 원칙(AIDCA)
> • A(Attention) : 상점의 중점 상품을 효과적으로 디스플레이해서 사람의 눈을 끌고, 가격은 고객이 잘 알아볼 수 있도록 명기하여, 잘 보이도록 전시하여야 한다.
> • I(Interest) : 눈에 띄기 쉬운 장소를 골라, 그 상품의 세일즈 포인트를 강조해서 관심을 갖게 하고, 디스플레이 상품을 설명한 표찰을 붙인다.
> • D(Desire) : '어떻게 해서든지 사고 싶다' 는 욕망을 일으키게 해서 구매 의사를 일으키도록 한다.
> • C(Conviction) : 사는 것이 유익하다는 확신을 갖게 하고, 고객에게 그 상품 구입에 대한 안심과 만족감을 주는 동시에 우월감을 줄 수 있는 디스플레이가 되도록 연구한다.
> • A(Action) : 충동적인 구매 행동을 일으키게 한다.

28 브랜드 네임을 개발할 때 검토해야 하는 내용으로 옳은 것은?

① 브랜드 네임을 통해 소비자의 신뢰도나 선호도를 증가시킬 수 없다.

② 언어적 측면에서는 콘셉트, 차별성, 대표성, 확장성을 검토한다.

③ 법률적 측면에서는 발음의 용이성, 가독성, 국제성을 검토한다.

④ 이미지 측면에서는 부정적인 연상과 의미에 대해 검토한다.

⑤ 전략적 측면에서는 법적 보호성, 디자인 적용성을 검토한다.

> **해설** ① 브랜드 네임을 통해 소비자의 신뢰도나 선호도를 증가시킬 수 있다.
> ② 전략적 측면에서는 콘셉트, 차별성, 대표성, 확장성을 검토한다.
> ③ 언어적 측면에서는 발음의 용이성, 가독성, 국제성을 검토한다.
> ⑤ 법률적 측면에서는 법적 보호성, 디자인 적용성을 검토한다.

29 고객배웅매너에 대한 설명으로 가장 옳지 않은 것은?

① 용건이 잘 처리되었는지 미흡한 점은 없는지 확인한다.

② 신속한 마무리를 위해 고객보다 먼저 일어나 서둘러 응대를 마무리한다.

③ 출구까지 안내할 경우 문을 열어 고객이 매장을 나가기 쉽도록 도와야 한다.

④ 주차 문제에 대해 잘 안내하고 조치해 드린다.

⑤ 고객과 헤어지자마자 급히 등을 돌리기보다는 가능하면 고객의 모습이 사라질 때까지 전송한다.

해설 마무리하기 전 고객이 더 필요한 것은 없는지 확인하고, 고객이 먼저 일어난 후에 일어나 고객을 문까지 배웅하면서 응대를 마무리한다.

30 협동광고(cooperative advertising)가 마케팅믹스의 중요한 역할을 수행하는 경우 소매점 의존적 마케팅의 대상으로 옳지 않은 것은?

① 관여도가 높은 상품

② 상표 애호도가 낮은 상품

③ 소비자가 지명구매하는 상품

④ 인적 서비스가 중요한 상품

⑤ 제한적 경로전략을 채택하는 상품

해설 전문화된 제품을 취급하는 점포에서는 소매점의 광고비를 분담해 주거나 광고 속에 자사의 제품을 취급하는 소매점을 소개하는 협동광고를 실시하기도 한다. 따라서 ③은 편의품의 특징에 해당하므로 옳지 않다.

31 제조업체가 광고비보다 판매촉진 활동에 많은 예산을 투입하는 이유로 가장 옳지 않은 것은?

① 소매업에서 제조업체로의 힘의 이동

② 브랜드 유사성과 가격 민감도의 증가

③ 브랜드 충성도의 감소

④ 대중시장의 분산과 미디어 효과성의 감소

⑤ 직접적인 소비자들의 반응

해설 소매업에서 제조업체로의 힘의 이동(×) → 제조업체에서 소매업으로의 힘의 이동(○)

32 POS(point of sales)시스템의 효과에 대한 설명 중 가장 옳지 않은 것은?

① POS시스템은 상품의 바코드를 판독할 수 있기 때문에 상품의 가격이나 정보를 확인할 수 있다.

② POS시스템을 통해 고객 정보를 획득할 수 있기 때문에 고객서비스를 향상시킬 수 있다.

③ POS시스템을 통해 인기상품과 비인기상품을 파악할 수 있다.

④ POS시스템을 통해 종업원의 근무상황이나 영업실적을 파악할 수 있다.

⑤ POS시스템을 통해 상품의 진열된 위치를 파악할 수 있다.

해설 🔍 POS시스템을 통해 이미 진열된 상품의 위치를 파악하는 것이 아니라, 상품을 진열하기 전 인기상품과 비인기상품을 파악하여 그에 따른 진열량과 위치 등을 결정할 수 있다.

33 고객과의 커뮤니케이션 방식으로 가장 옳지 않은 것은?

① 집중력을 가지고 고객의 이야기를 경청한다.

② 고객의 말에 고개를 끄덕거리고 맞장구를 치며 대화한다.

③ 불명확한 사항에 대해서는 질문을 해가며 대화한다.

④ 고객이 말을 하는 동안 생각을 하고 미리 답변을 계획한다.

⑤ 고객을 배려하는 긍정적인 생각을 가지고 끈기 있게 듣는다.

해설 🔍 고객이 말을 하는 동안에는 경청한 후 그에 적절한 답변을 해야 한다.

34 표준상품분류는 공통으로 상품코드를 관리하는 방법으로 상품코드는 POS 시스템과 연동되어 판매시 매출액과 재고관리를 가능하도록 구성되어 있다. 표준상품분류에 대해 잘못 설명하고 있는 것은?

① 표준상품분류는 일반적으로 13자리수이고 단축형은 8자리로 구성되어 있다.

② 표준상품분류의 맨 앞 2~3자리는 국가코드를 의미한다.

③ 표준상품분류의 맨 뒷자리는 체크숫자로 판독오류를 방지하기 위해 만들어진 코드이다.

④ 표준상품분류는 국내에서만 사용가능하며 국제적으로 일반화되어 있지 않다.

⑤ 표준상품분류에서 제조업체 코드는 4자리 숫자가 부여된다.

해설 🔍 표준상품분류는 국내뿐만 아니라 국제적으로도 일반화되어 있다.

35 고객생애주기에서 충성고객단계에 대한 설명으로 옳은 것은?

① 매스마케팅(mass marketing)을 통해 보유고객 최대화를 달성한다.

② 고객은 기업의 가격에 익숙해져 가격인상에 둔감하게 된다.

③ 불특정 다수의 잠재고객을 상대로 신규고객을 획득한다.

④ 기업에 대한 낮은 로열티(loyalty)를 통해 긍정적 구전이 가능하다.

⑤ 고객과의 대면관계를 최소화함으로써 변동거래비용을 절감할 수 있다.

해설 ✚ ① 일대일 마케팅을 통해 보유고객 최대화를 달성한다.
③ 불특정 다수를 상대로 신규고객을 획득하기보다는 기존고객을 유지하는 전략을 사용한다.
④ 기업에 대한 높은 로열티(loyalty)를 통해 긍정적 구전이 가능하다.
⑤ 고객과의 대면관계를 최대화함으로써 변동거래비용을 절감할 수 있다.

36 서비스의 특징 중 소멸성(perishability)을 극복하기 위한 방안으로 옳지 않은 것은?

① 회원권을 발행하여 이원가격제를 적용한다.

② 조조할인, 주말할증 등 차별가격제를 실시한다.

③ 서비스에 회사 고유의 상표명을 붙여 제공한다.

④ 수요를 미리 파악하고 통제하는 예약제도를 실시한다.

⑤ 대기 중인 손님에게 신문, 잡지, 커피, 녹차 등을 제공한다.

해설 ✚ 서비스에 회사 고유의 상표명을 붙여 제공하는 것은 서비스의 특징 중 무형성을 극복하기 위한 방안이다.

37 고객 서비스 전략 중 표준화 접근법(standardization)에 대한 설명으로 가장 옳지 않은 것은?

① 전체 고객집단에 대하여 동일한 서비스를 제공하는 전략이다.

② 내부에서 정해진 규칙과 절차를 토대로 지속적으로 서비스를 이행하는 전략이다.

③ 명확한 서비스 매뉴얼에 기반해 모든 고객이 만족하는 맞춤형 서비스를 제공할 수 있다.

④ 서비스 품질을 결정하는 이질성을 최소화하여 일관된 품질 수준을 유지할 수 있다.

⑤ 전국 규모의 패스트푸드 체인점에서 주로 활용하는 고객서비스 전략이다.

해설 ✚ 명확한 서비스 매뉴얼에 기반해 모든 고객에게 서비스의 동일성과 일관성을 유지할 수 있다.

38 유통서비스를 포함한 서비스의 제공 환경을 서비스 스케이프(service scapes)라고도 부른다. 서비스 스케이프의 구성요소로서 가장 옳지 않은 것은?

① 판매용 상품의 품질
② 판매지원용 설비와 기구의 배열
③ 판매지원용 시설 및 가구의 크기와 형태
④ 시설물의 위치를 알려주는 표지판
⑤ 음악, 향기, 색상 등의 점포 분위기

해설 서비스 스케이프의 구성요소
• 디자인 요소 : 내부 인테리어, 외부시설(건물 디자인, 주차장 등)
• 주변적 요소 : 음악, 조명, 온도, 색상 등 점포 분위기
• 사회적 요소 : 종업원들의 이미지, 고객과 종업원 간의 상호 교류

39 고객유형별 대응기법으로 옳지 않은 것은?

① 말이 느린 고객에게는 상대의 기분을 이해하면서 이야기를 보조한다.
② 유창하게 말하는 고객에게는 반론보다는 질문식 설득화법으로 대응한다.
③ 같은 말을 되풀이하는 고객에게는 무조건 말을 끊고 서둘러 대화를 종료한다.
④ 수다스러운 고객은 동조를 얻고 싶어할 가능성이 높기에 가능한 한 따뜻하게 수용한다.
⑤ 무엇이든 반대하는 고객에게는 질문으로 대응하되 자존심을 건드리지 않는다.

해설 같은 말을 되풀이하는 고객에게는 고객의 말에 지나치게 동조하지 말고 고객의 문제를 충분히 이해하였다는 것을 알리는 것이 좋다.

40 마케팅 믹스인 4P에 대한 세부 활동 및 내용으로 잘못 짝지어진 것은?

① product : 상품 특성, 품질수준, 브랜드
② price : 가격수준, 거래조건, 할인
③ place : 경로유형, 노출, 중간상, 경로관리
④ people : 종업원 선발, 종업원 교육
⑤ promotion : 촉진믹스, 인적판매, 광고

해설 마케팅 믹스 4P
• 가격계획(Price Planning) : 상품가격의 수준 및 범위, 판매조건, 가격결정방법 등을 결정하는 것을 의미한다.
• 제품계획(Product Planning) : 제품, 제품의 이미지, 상표, 제품의 구색, 포장 등의 개발 및 그에 관련한 의사결정을 의미한다.
• 촉진계획(Promotion Planning) : 인적판매, 광고, 촉진관리, PR 등을 통해서 소비자들에게 제품에 대한 정보 등을 알리고 이를 구매할 수 있도록 설득하는 일에 대한 의사결정을 의미한다.
• 유통계획(Place Planning) : 유통경로를 설계하고 재고 및 물류관리, 소매상 및 도매상의 관리 등을 위한 계획을 세우는 것을 의미한다.

41 고객응대시 매장 직원이 갖춰야 할 표정에 대한 설명으로 옳지 않은 것은?

① 턱을 너무 들거나 당기지 않는다.

② 고개를 한쪽으로 기울이기 않는다.

③ 감정이 드러나지 않는 무표정의 얼굴을 유지한다.

④ 상황과 대상에 맞는 표정과 미소를 짓는다.

⑤ 눈은 곁눈질을 하지 않고 정면을 바라본다.

해설 무표정한 얼굴을 유지하기보다는 부드럽고 밝은 표정으로 응대하는 것이 좋다.

42 아래 글상자의 격자형과 자유형 레이아웃의 장단점에 관한 설명 중에서 가장 옳은 것은?

구 분	장 점	단 점
격자형	㉠ 시각적으로 주의를 끌기에 유리하다.	㉡ 쇼핑 시간이 길어지고 청소가 곤란하다.
자유형	㉢ 충동구매를 촉진한다.	㉣ 단조롭고 흥미가 떨어진다. ㉤ 자유로운 기분으로 쇼핑할 수 없다.

① ㉠

② ㉡

③ ㉢

④ ㉣

⑤ ㉤

해설 ㉠ – 자유형 레이아웃의 장점

㉡ – 자유형 레이아웃의 단점

㉣ – 격자형 레이아웃의 단점

㉤ – 격자형 레이아웃의 단점

43 다음 소비자 판매촉진 중 비가격판촉에 해당하지 않는 것은?

① 프리미엄

② 견본품

③ 캐시백

④ 콘테스트

⑤ 멤버십 제도

해설 캐시백은 가격판촉에 해당한다.

44 다음 글상자의 사례에서 알 수 있는 S사의 포지셔닝(Positioning)의 종류로 가장 옳은 것은?

> A사의 휴대폰과는 달리 사진이 더 선명하다거나, 방수가 잘 된다거나, 새로운 편의기능을 제공한다는 장면들을 자연스럽게 촬영하고 이를 광고로 내보냄으로서 S사 휴대폰의 장점을 집중적으로 부각시키고 있다.

① 속성에 의한 포지셔닝
② 사용상황에 의한 포지셔닝
③ 제품사용자에 의한 포지셔닝
④ 법적 제도에 의한 포지셔닝
⑤ 경쟁제품에 의한 포지셔닝

해설 포지셔닝 전략유형
• 제품속성에 의한 포지셔닝 : 자사제품에 의한 포지셔닝은 자사제품의 속성이 경쟁제품에 비해 차별적 속성을 지니고 있어서 그에 대한 혜택을 제공한다는 것을 소비자에게 인식시키는 전략이다.
• 이미지 포지셔닝 : 제품이 지니고 있는 추상적인 편익을 소구하는 전략이다.
• 경쟁제품에 의한 포지셔닝 : 소비자가 인식하고 있는 기존의 경쟁제품과 비교함으로써 자사 제품의 편익을 강조하는 방법을 말한다.
• 사용상황에 의한 포지셔닝 : 자사 제품의 적절한 사용상황을 설정함으로써 타사 제품과 사용상황에 따라 차별적으로 다르다는 것을 소비자에게 인식시키는 전략이다.
• 제품사용자에 의한 포지셔닝 : 제품이 특정 사용자 계층에 적합하다고 소비자에게 강조하여 포지셔닝하는 전략이다.

45 상품관리에서 사용되는 단품(SKU)에 관한 설명으로 옳지 않은 것은?

① 재고보관단위로 가장 하위의 상품분류단위이다.
② 일반적으로 차별적 분류기준에 따라 유통업체에 의해 정해진다.
③ 상품에 대한 관리가 용이하도록 사용하는 식별관리코드이다.
④ 색상, 사이즈, 스타일 등의 요소를 고려해서 정한다.
⑤ 일반적으로 문자나 숫자 등의 기호로 표기한다.

해설 단품(SKU)은 점포 또는 카탈로그에서 구매 또는 판매할 수 있는 상품에 사용하는 것으로 판매자가 정한다.

좋은 책을 만드는 길
독자님과 함께하겠습니다.

도서나 동영상에 궁금한 점, 아쉬운 점, 민족스러운 점이
있으시다면 어떤 의견이라도 말씀해 주세요.
SD에듀는 독자님의 의견을 모아 더 좋은 책으로 보답하겠습니다.

www.sdedu.com

유통관리사 3급 최종점검 파이널

개정18판1쇄 발행	2022년 05월 04일 (인쇄 2022년 03월 15일)
초 판 발 행	2004년 09월 25일 (인쇄 2004년 09월 21일)
발 행 인	박영일
책 임 편 집	이해욱
저 자	안영일 · 유통관리연구소
편 집 진 행	김준일 · 김은영
표지디자인	긴도연
편집디자인	안시영 · 하한우
발 행 처	(주)시대고시기획
출 판 등 록	제 10-1521호
주 소	서울시 마포구 큰우물로 75 [도화동 538 성지 B/D] 9F
전 화	1600-3600
팩 스	02-701-8823
홈 페 이 지	www.sdedu.co.kr
I S B N	979-11-383-2154-9 (13320)
정 가	20,000원

유통관리사 3급 자격시험 모의답안지
(1문항 ~ 45문항)

답 안 표 기 란

〈1과목〉 유통상식 / 〈2과목〉 판매 및 고객관리

1	① ② ③ ④ ⑤	11	① ② ③ ④ ⑤	21	① ② ③ ④ ⑤	31	① ② ③ ④ ⑤	41	① ② ③ ④ ⑤
2	① ② ③ ④ ⑤	12	① ② ③ ④ ⑤	22	① ② ③ ④ ⑤	32	① ② ③ ④ ⑤	42	① ② ③ ④ ⑤
3	① ② ③ ④ ⑤	13	① ② ③ ④ ⑤	23	① ② ③ ④ ⑤	33	① ② ③ ④ ⑤	43	① ② ③ ④ ⑤
4	① ② ③ ④ ⑤	14	① ② ③ ④ ⑤	24	① ② ③ ④ ⑤	34	① ② ③ ④ ⑤	44	① ② ③ ④ ⑤
5	① ② ③ ④ ⑤	15	① ② ③ ④ ⑤	25	① ② ③ ④ ⑤	35	① ② ③ ④ ⑤	45	① ② ③ ④ ⑤
6	① ② ③ ④ ⑤	16	① ② ③ ④ ⑤	26	① ② ③ ④ ⑤	36	① ② ③ ④ ⑤		
7	① ② ③ ④ ⑤	17	① ② ③ ④ ⑤	27	① ② ③ ④ ⑤	37	① ② ③ ④ ⑤		
8	① ② ③ ④ ⑤	18	① ② ③ ④ ⑤	28	① ② ③ ④ ⑤	38	① ② ③ ④ ⑤		
9	① ② ③ ④ ⑤	19	① ② ③ ④ ⑤	29	① ② ③ ④ ⑤	39	① ② ③ ④ ⑤		
10	① ② ③ ④ ⑤	20	① ② ③ ④ ⑤	30	① ② ③ ④ ⑤	40	① ② ③ ④ ⑤		

유통관리사 3급 자격시험 모의답안지
(1문항 ~ 45문항)

답 안 표 기 란

〈과목〉 유통상식

번호	①	②	③	④	⑤	번호	①	②	③	④	⑤
1	①	②	③	④	⑤	11	①	②	③	④	⑤
2	①	②	③	④	⑤	12	①	②	③	④	⑤
3	①	②	③	④	⑤	13	①	②	③	④	⑤
4	①	②	③	④	⑤	14	①	②	③	④	⑤
5	①	②	③	④	⑤	15	①	②	③	④	⑤
6	①	②	③	④	⑤	16	①	②	③	④	⑤
7	①	②	③	④	⑤	17	①	②	③	④	⑤
8	①	②	③	④	⑤	18	①	②	③	④	⑤
9	①	②	③	④	⑤	19	①	②	③	④	⑤
10	①	②	③	④	⑤	20	①	②	③	④	⑤

〈2과목〉 판매 및 고객관리

번호	①	②	③	④	⑤	번호	①	②	③	④	⑤	번호	①	②	③	④	⑤
21	①	②	③	④	⑤	31	①	②	③	④	⑤	41	①	②	③	④	⑤
22	①	②	③	④	⑤	32	①	②	③	④	⑤	42	①	②	③	④	⑤
23	①	②	③	④	⑤	33	①	②	③	④	⑤	43	①	②	③	④	⑤
24	①	②	③	④	⑤	34	①	②	③	④	⑤	44	①	②	③	④	⑤
25	①	②	③	④	⑤	35	①	②	③	④	⑤	45	①	②	③	④	⑤
26	①	②	③	④	⑤	36	①	②	③	④	⑤						
27	①	②	③	④	⑤	37	①	②	③	④	⑤						
28	①	②	③	④	⑤	38	①	②	③	④	⑤						
29	①	②	③	④	⑤	39	①	②	③	④	⑤						
30	①	②	③	④	⑤	40	①	②	③	④	⑤						

부정행위자 처리안내

시험중 다음과 같은 행위를 하는 자는 유통산업발전법시행령 구정에 의거 당해시험을 중지 또는 무효로 하고 당해 시험시행일로부터 3년간 시험응시자격이 정지됩니다.

- 시험과 관련된 대화를 하는 자, 시험문제지 및 답안지 교환과, 타인의 답안지 및 문제지를 보고 답안을 작성하는 자, 대리시험을 치르자 및 치르게 한 자
- 시험문제 내용과 관련된 물건을 소지, 사용하거나 주고 받은 자
- 기타 부정 또는 불공정한 방법으로 시험을 치른 자

※ 결시자 표기

*감독위원은 결시자란에 표기하신 후 서명 또는 날인 수험자는 표기하지 마십시오.

문제지형별

A형	Ⓐ
B형	Ⓑ

- 인적사항(성명, 주민등록번호, 종목등급, 수험번호)이 잘못 인쇄되었을 경우에는 답안지에 정정하지 마시고 감독위원과 보고서의 인적상이자현황에 정정 내용을 기록하시기 바랍니다.
- 답안작성은 컴퓨터용 사인펜을 사용하지 않으면 실격 처리됩니다.
- 답안작성 유의사항
  ① 필기구는 반드시 흑색 사인 펜만을 사용할 것
  ② 응시번호는 숫자로 기재하고 해당란에 마킹을 할 것
  ③ 문제지 형별란은 문제지 표지에 표시된 형별을 마킹할 것
  ④ 정답은 2개이상 마킹하거나, 정정, 잘못 마킹한 경우에는 해당 문항을 무효로 처리함
  ⑤ 감독위원 날인이 없는 답안지는 무효 처리됨

※ 감독위원란

*감독위원 서명이 없으면 무효 처리됩니다.

성명				
주민등록번호				
종목등급				

응시번호

0	⓪	⓪	⓪	⓪
1	①	①	①	①
2	②	②	②	②
3	③	③	③	③
4	④	④	④	④
5	⑤	⑤	⑤	⑤
6	⑥	⑥	⑥	⑥
7	⑦	⑦	⑦	⑦
8	⑧	⑧	⑧	⑧
9	⑨	⑨	⑨	⑨

유통관리사 3급 자격시험 모의답안지
(1문항 ~ 45문항)

절취선

성 명	
주민등록번호	서 명
좌석번호	

응시번호

0	⓪	⓪	⓪	⓪	⓪	⓪	⓪
1	①	①	①	①	①	①	①
2	②	②	②	②	②	②	②
3	③	③	③	③	③	③	③
4	④	④	④	④	④	④	④
5	⑤	⑤	⑤	⑤	⑤	⑤	⑤
6	⑥	⑥	⑥	⑥	⑥	⑥	⑥
7	⑦	⑦	⑦	⑦	⑦	⑦	⑦
8	⑧	⑧	⑧	⑧	⑧	⑧	⑧
9	⑨	⑨	⑨	⑨	⑨	⑨	⑨

문제지 유형	
A형	Ⓐ
B형	Ⓑ

● 인적사항(성명, 주민등록번호, 좌석번호, 수험번호)이 잘못 인쇄되었을 경우에는 답안지에 정정하지 마시고 감독관에 보고서의 인적사항란에 정정할 내용을 기록하시기 바랍니다.

● 답안작성은 컴퓨터용 사인펜을 사용하지 않으면 실격 처리됩니다.

● 답안작성 유의사항
① 필기구는 반드시 흑색 사인펜만을 사용할 것
② 응시번호는 숫자를 기재하고 해당란에 마킹할 것
③ 문제지 유형란은 문제지 표지에 표시된 해당란을 마킹할 것
④ 정답을 2개이상 마킹하거나, 정정, 정정한 경우에는 해당 문항을 무효로 처리함
⑤ 감독위원 날인이 없는 답안지는 무효 처리함

답안표기란

〈1과목〉 유통상식

1	① ② ③ ④ ⑤	11	① ② ③ ④ ⑤	21	① ② ③ ④ ⑤
2	① ② ③ ④ ⑤	12	① ② ③ ④ ⑤	22	① ② ③ ④ ⑤
3	① ② ③ ④ ⑤	13	① ② ③ ④ ⑤	23	① ② ③ ④ ⑤
4	① ② ③ ④ ⑤	14	① ② ③ ④ ⑤	24	① ② ③ ④ ⑤
5	① ② ③ ④ ⑤	15	① ② ③ ④ ⑤	25	① ② ③ ④ ⑤
6	① ② ③ ④ ⑤	16	① ② ③ ④ ⑤	26	① ② ③ ④ ⑤
7	① ② ③ ④ ⑤	17	① ② ③ ④ ⑤	27	① ② ③ ④ ⑤
8	① ② ③ ④ ⑤	18	① ② ③ ④ ⑤	28	① ② ③ ④ ⑤
9	① ② ③ ④ ⑤	19	① ② ③ ④ ⑤	29	① ② ③ ④ ⑤
10	① ② ③ ④ ⑤	20	① ② ③ ④ ⑤	30	① ② ③ ④ ⑤

〈2과목〉 판매 및 고객관리

31	① ② ③ ④ ⑤	41	① ② ③ ④ ⑤
32	① ② ③ ④ ⑤	42	① ② ③ ④ ⑤
33	① ② ③ ④ ⑤	43	① ② ③ ④ ⑤
34	① ② ③ ④ ⑤	44	① ② ③ ④ ⑤
35	① ② ③ ④ ⑤	45	① ② ③ ④ ⑤
36	① ② ③ ④ ⑤		
37	① ② ③ ④ ⑤		
38	① ② ③ ④ ⑤		
39	① ② ③ ④ ⑤		
40	① ② ③ ④ ⑤		

부정행위 처리안내

시험중 다음과 같은 행위를 하는 자는 유통산업발전법시행령 규정에 의거 당해시험을 중지 또는 무효로 하고 당해 시험시행일로부터 3년간 시험응시자격이 정지됩니다.

· 시험과 관련된 대화를 하는 자, 시험문제지 및 답안지를 교환하는 자, 대리시험을 치는 자 및 시킨 자, 타인의 답안지 및 문제지를 보고 답안을 작성하는 자
· 시험문제 내용과 관련된 물건을 소지, 사용하거나 주고 받은 자
· 기타 부정 또는 불공정한 방법으로 시험을 치는 자

유통관리사 3급 자격시험 모의답안지
(1문항 ~ 45문항)

답 안 표 기 란

	〈1과목〉 유통상식					〈2과목〉 판매 및 고객관리										
1	① ② ③ ④ ⑤	11	① ② ③ ④ ⑤	21	① ② ③ ④ ⑤	31	① ② ③ ④ ⑤	41	① ② ③ ④ ⑤
2	① ② ③ ④ ⑤	12	① ② ③ ④ ⑤	22	① ② ③ ④ ⑤	32	① ② ③ ④ ⑤	42	① ② ③ ④ ⑤
3	① ② ③ ④ ⑤	13	① ② ③ ④ ⑤	23	① ② ③ ④ ⑤	33	① ② ③ ④ ⑤	43	① ② ③ ④ ⑤
4	① ② ③ ④ ⑤	14	① ② ③ ④ ⑤	24	① ② ③ ④ ⑤	34	① ② ③ ④ ⑤	44	① ② ③ ④ ⑤
5	① ② ③ ④ ⑤	15	① ② ③ ④ ⑤	25	① ② ③ ④ ⑤	35	① ② ③ ④ ⑤	45	① ② ③ ④ ⑤
6	① ② ③ ④ ⑤	16	① ② ③ ④ ⑤	26	① ② ③ ④ ⑤	36	① ② ③ ④ ⑤		
7	① ② ③ ④ ⑤	17	① ② ③ ④ ⑤	27	① ② ③ ④ ⑤	37	① ② ③ ④ ⑤		
8	① ② ③ ④ ⑤	18	① ② ③ ④ ⑤	28	① ② ③ ④ ⑤	38	① ② ③ ④ ⑤		
9	① ② ③ ④ ⑤	19	① ② ③ ④ ⑤	29	① ② ③ ④ ⑤	39	① ② ③ ④ ⑤		
10	① ② ③ ④ ⑤	20	① ② ③ ④ ⑤	30	① ② ③ ④ ⑤	40	① ② ③ ④ ⑤		

부정행위자 처리안내

시험중 다음과 같은 행위를 하는 자는 유통산업발전법시행령 구정에 의거 당해시험을 증지 또는 무효로 하고 당해
시험시행일로부터 3년간 시험응시자격이 정지됩니다.
- 시험과 관련된 대화를 하는 자, 시험문제지 및 답안지 교환가, 타인의 답안지 및 문제지를 보고 답안을 작성하는
자, 대리시험을 치른 자 및 치르게 한 자
- 시험문제 내용과 관련된 물건을 소지, 사용하거나 주고 받은 자
- 기타 부정 또는 불공정한 방법으로 시험을 치른 자

※결시자
표기

*결시자위은 결
시자란 표기한
시시오,
*수형자는 표기란
지마시시오,

문제지형별

문제지 형별	
A형	Ⓐ
B형	Ⓑ

※감독위원확인

*감독위원 서명이 없으면 무효 처리됩니다.

성명	
주민등록번호	
종목등급	

서명	

- 인적사항(성명, 주민등록번호, 종목등급, 수험번호)이 잘못 인쇄되었을 경우에는 답안지에 정정하지 마시고 감독결과 보고서의 인적상이자란에 정정 내용을 기록하시기 바랍니다.
- 답안작성은 컴퓨터용 사인펜을 사용하지 않으면 실격 처리됩니다.

● 답안작성 유의사항
① 필기구는 반드시 흑색 사인펜만을 사용할 것
② 응시번호는 숫자로 기재하고 해당란에 마킹할 것
③ 문제지 행별란은 문제지 표지에 표시된 행별을 마킹할 것
④ 정답을 2개 이상 마킹하거나, 정정, 잘못 마킹한 경우에는 해당 문항을 무효로 처리함
⑤ 감독위원 날인이 없는 답안지는 무효 처리됨

응시번호

응시번호							
0	⓪ ⓪	⓪ ⓪	⓪	⓪ ⓪	⓪ ⓪	⓪ ⓪
1	① ①	① ①	①	① ①	① ①	① ①
2	② ②	② ②	②	② ②	② ②	② ②
3	③ ③	③ ③	③	③ ③	③ ③	③ ③
4	④ ④	④ ④	④	④ ④	④ ④	④ ④
5	⑤ ⑤	⑤ ⑤	⑤	⑤ ⑤	⑤ ⑤	⑤ ⑤
6	⑥ ⑥	⑥ ⑥	⑥	⑥ ⑥	⑥ ⑥	⑥ ⑥
7	⑦ ⑦	⑦ ⑦	⑦	⑦ ⑦	⑦ ⑦	⑦ ⑦
8	⑧ ⑧	⑧ ⑧	⑧	⑧ ⑧	⑧ ⑧	⑧ ⑧
9	⑨ ⑨	⑨ ⑨	⑨	⑨ ⑨	⑨ ⑨	⑨ ⑨

[이 답안지는 마킹연습용 모의답안지입니다.]

유통관리사 2급
합격을 꿈꾸는 수험생들에게...

이론 파악으로 기본 다지기	기출문제 정복으로 실력 다지기	꼼꼼하게 실전 마무리

1단계	**2단계**	**3단계**
한권으로 끝내기	**기출문제해설**	**최종점검 파이널**
시험의 중요개념과 핵심이론을 파악하고 기초를 잡고 싶은 수험생!	최신기출문제와 상세한 해설을 통해 학습내용을 확인하고 실전감각을 키우고 싶은 수험생!	모의고사를 통해 기출문제를 보완하고 완벽한 마무리를 원하는 수험생!
시험에 출제되는 핵심이론부터 최근기출문제, 시험장에서 보는 핵심요약집까지 한권에 담았습니다. 동영상 강의 교재	알찬 해설로 개념정리부터 공부 방향까지 한 번에 잡을 수 있으며 '빨·간·키'를 통해 출제경향을 파악할 수 있습니다.	최신 내용이 반영된 최종 모의고사 10회분을 통해 합격에 가까이 다가갈 수 있습니다.

정성을 다해 만든 유통관리사 2급 도서들을
꿈을 향해 도전하는 수험생 여러분들께 드립니다.

핵심이론 다잡기
'한권으로 끝내기'와
함께하면 효율성 UP!

테마별 기출지문으로
시험 완전 정복!

유통관리사
자격증 취득

4단계

5단계

단기완성

핵심이론 위주로
학습하고 싶은 수험생!

기출문제를 완벽 분석하여
엄선한 핵심유형이론과
유형별 기출문제를 담았습니다.

테마별
기출족보 총정리

테마별 기출지문을 파악하여
시험 대비를 완벽히
마무리하고 싶은 수험생!

13개년 기출지문 전면분석으로
합격을 보장합니다